21世纪高等学校物流管理与物流工程系列教材

国际物流

（修订本）

主编 宋光 穆东

清华大学出版社
北京交通大学出版社
·北京·

内 容 简 介

本书包括10章内容,包括国际物流概述、国际贸易术语、国际物流海运港口基础设施与运作流程、国际海洋货物运输、国际航空货物运输、其他国际货物运输方式、国际运输条款和单证、国际海运保险、进出口货物报关报检,以及国际货运代理。同时,本书每章的内容附有扩展阅读,读者一方面可以了解每章内容所涉及知识的前沿发展,另一方面通过阅读思考题,对每章重点内容进行复习和回顾。

本书是高等学校物流、国际贸易专业的教材,也可作为工商管理、市场营销、电子商务等专业及社会物流运输工作者的选修教材和参考资料。

本书封面贴有清华大学出版社防伪标签,无标签者不得销售。
版权所有,侵权必究。侵权举报电话: 010-62782989　13501256678　13801310933

图书在版编目(CIP)数据

国际物流/宋光,穆东主编. —北京:北京交通大学出版社:清华大学出版社,2019.1
(2021.6重印)
ISBN 978-7-5121-3667-0

21世纪高等学校物流管理与物流工程系列教材

Ⅰ. ①国⋯ Ⅱ. ①宋⋯ ②穆⋯ Ⅲ. ①国际物流 Ⅳ. ①F259.1

中国版本图书馆CIP数据核字(2018)第179571号

国际物流
GUOJI WULIU

策划编辑:郭东青		责任编辑:郭东青		
出版发行:	清华大学出版社	邮编:100084	电话:010-62776969	
	北京交通大学出版社	邮编:100044	电话:010-51686414	
印 刷 者:	北京时代华都印刷有限公司			
经　　销:	全国新华书店			
开　　本:	185 mm×260 mm　印张:21.25　字数:572千字			
版　　次:	2019年1月第1版　2021年6月第2次印刷			
书　　号:	ISBN 978-7-5121-3667-0/F·1843			
印　　数:	3 001~6 000册　定价:56.00元			

本书如有质量问题,请向北京交通大学出版社质监组反映。对您的意见和批评,我们表示欢迎和感谢。
投诉电话:010-51686043,51686008;传真:010-62225406;E-mail:press@bjtu.edu.cn。

前 言

本书结合国际物流的理论与实操，结合国际物流标准与国际惯例，结合国际物流的传统理念与发展前沿话题，在知识体系方面，首先，从全球化和国际贸易的起源和发展入手，逐渐引入国际物流的概念，叙述国际物流和供应链管理的重要性，分析国际物流对全球化的作用，并介绍最新的国际贸易术语；其次，按照国际物流网络基础—国际物流网络管理—国际物流运作实务的逻辑，从宏观—中观—微观的层次和顺序介绍国际物流中的各种主要问题。因此，本书的知识体系合理。

在知识内容方面，本书不仅涵盖了传统的国际物流的重要知识点，还考虑到电子商务、多式联运等新兴国际贸易业务形式和物流热点话题，增添了如保税区、保税仓国际物流运作和国际多式联运等相关知识。因此，本书的知识内容具有全面性和实时性。

在结构方面，本书既对国际物流的重要知识点进行讲解，还通过丰富的实际案例进行解释。此外，作为对知识点的扩展和补充，每章还编写了扩展阅读，以扩大教材使用者的视野，使所学知识网络化、立体化、综合化。同时，本书每章也编写了与知识点相关的思考题，这些思考题源于实际国际物流案例，读者可以通过讨论思考题有效地巩固所学知识。因此，本书的知识结构科学、合理。

本书的编写和出版工作由北京交通大学教材出版基金支持。特别感谢北京交通大学教材出版基金委员会专家的指导、感谢北京交通大学经管学院的支持。感谢硕士生崔媛媛、郭杨、王晨頔、吴婧博、杨洪涛、曾小雪协助完成了本书的编写工作。

编者

2018 年 11 月

目 录

第1章 国际物流概述 ... 1
1.1 国际贸易与经济全球化 ... 1
1.1.1 经济全球化 ... 1
1.1.2 国际贸易 ... 6
1.1.3 我国国际贸易发展情况 ... 8
1.2 国际物流和供应链管理 ... 10
1.2.1 国际物流的发展历程 ... 10
1.2.2 物流和供应链管理的定义 ... 11
1.2.3 国际物流和国际供应链管理的定义 ... 12
1.2.4 国际物流管理的基本特征 ... 13
1.3 国际物流基本构成 ... 14
1.4 国际物流发展趋势 ... 18
1.4.1 物流管理 ... 18
1.4.2 物流技术 ... 19
1.4.3 物流服务 ... 20

第2章 国际贸易术语 ... 27
2.1 国际贸易术语及作用 ... 27
2.1.1 贸易术语的含义 ... 27
2.1.2 贸易术语的产生和发展 ... 27
2.1.3 贸易术语的性质和作用 ... 28
2.2 INCOTERMS® 2010中国际贸易术语的分类 ... 29
2.3 INCOTERMS® 2010中适用于各种运输方式的国际贸易术语 ... 31
2.3.1 EXW ... 31
2.3.2 FCA ... 32
2.3.3 CPT ... 33
2.3.4 CIP ... 34
2.3.5 DAT ... 35
2.3.6 DAP ... 36
2.3.7 DDP ... 37
2.4 INCOTERMS® 2010中适用于海运或内河水上运输的术语 ... 38
2.4.1 FAS ... 38

####### 2.4.2 FOB ··· 39
####### 2.4.3 CFR ·· 41
####### 2.4.4 CIF ·· 43
2.5 不同贸易术语的对比 ··· 45
####### 2.5.1 INCOTERMS® 2010 贸易术语一览表 ·· 45
####### 2.5.2 对 INCOTERMS® 2010 贸易术语分析 ·· 46

第3章 国际物流海运港口基础设施与运作流程 ·· 54
3.1 海运港口物流概念 ··· 54
3.1.1 港口的战略地位 ··· 54
3.1.2 水运港口及分类 ··· 55
3.2 港口基础设施设备 ··· 57
3.2.1 集装箱码头主要设备 ··· 57
3.2.2 散装货码头主要设备 ··· 63
3.3 港口运作流程 ·· 65
3.3.1 集装箱港口运作流程 ··· 65
3.3.2 散杂货港口运作流程 ··· 70
3.4 港口物流管理与评价 ·· 73
3.4.1 港口物流管理 ·· 73
3.4.2 港口物流系统评价 ·· 77
3.5 保税区物流运作 ·· 80
3.5.1 保税物流概述 ·· 80
3.5.2 加工贸易保税物流 ·· 82
3.5.3 保税仓储物流 ·· 83

第4章 国际海洋货物运输 ··· 88
4.1 国际海洋货物运输概述 ·· 88
4.1.1 国际货物运输概述 ·· 88
4.1.2 国际海洋货物运输概述 ·· 89
4.2 海运船舶和集装箱基础知识 ·· 91
4.2.1 船舶基础知识 ·· 91
4.2.2 集装箱基础知识 ·· 100
4.3 班轮运输 ··· 107
4.3.1 基本概念 ·· 107
4.3.2 班轮运输的特点 ·· 107
4.3.3 班轮运输的优势 ·· 108
4.3.4 班轮运输的主要关系方 ··· 108
4.3.5 班轮运输程序 ··· 110
4.4 租船运输 ··· 112
4.4.1 租船运输基本概念 ··· 112

  4.4.2 租船运输的特点 ········· 113
  4.4.3 租船运输的经营方式 ······ 113
  4.4.4 租船程序 ··············· 117
 4.5 海洋货物运输费用 ············· 119
  4.5.1 波罗的海干散货指数 ······ 119
  4.5.2 班轮运输费用 ··········· 120
  4.5.3 租船运输费用 ··········· 123
  4.5.4 集装箱运输费用 ········· 125
 4.6 国际海洋货物运输航线 ········· 126
  4.6.1 海洋货物运输航线的分类 ·· 126
  4.6.2 世界主要海洋运输航线 ···· 128
  4.6.3 我国对外贸易海运航线 ···· 129

第5章 国际航空运输 ············· 137
 5.1 国际航空货物运输概述 ········· 137
  5.1.1 国际航空货物运输的产生与发展 ·· 137
  5.1.2 国际航空货物运输的特点 ·· 138
  5.1.3 国际航空货物运输方式 ···· 138
  5.1.4 国际航空货物运输当事人 ·· 139
  5.1.5 国际航空货物运输组织 ···· 140
 5.2 国际航空货物运输的设施设备 ··· 141
  5.2.1 航空港 ················ 141
  5.2.2 航空货物运输工具 ······· 142
  5.2.3 航空货物运输集装器 ····· 143
 5.3 航空货物运输程序与运费 ······· 145
  5.3.1 航空货物运输进口业务流程 ·· 145
  5.3.2 航空货物出口运输业务流程 ·· 151
  5.3.3 航空货物运价与运费 ····· 157
 5.4 包舱（包集装箱板棚）与快递业务 ·· 160
  5.4.1 包舱、包集装箱板棚 ····· 160
  5.4.2 航空快递 ··············· 160

第6章 其他国际货物运输方式 ······ 165
 6.1 国际铁路货物运输 ············· 165
  6.1.1 国际铁路货物运输的类型 ·· 165
  6.1.2 国际铁路货物运输的限制 ·· 166
  6.1.3 国际铁路货物运输的出口业务流程 ·· 168
  6.1.4 国际铁路货物运输进口业务流程 ·· 171
 6.2 国际公路货物运输 ············· 172
  6.2.1 国际公路货物运输的类型 ·· 172

6.2.2　国际公路货物运输的特点 …………………………………… 174
　　　6.2.3　国际公路货物运输的流程 …………………………………… 175
　6.3　国际多式联运 ……………………………………………………………… 176
　　　6.3.1　国际多式联运的定义 ………………………………………… 176
　　　6.3.2　国际多式联运的特点 ………………………………………… 177
　　　6.3.3　国际多式联运的经营人 ……………………………………… 179
　　　6.3.4　国际多式联运的组织方式 …………………………………… 182

第7章　国际货物运输条款和单证 …………………………………………… 189

　7.1　国际海洋货物运输条款 ………………………………………………… 189
　　　7.1.1　国际海洋货物运输公约 ……………………………………… 189
　　　7.1.2　海运装运条款 ………………………………………………… 196
　7.2　国际海洋运输单证 ……………………………………………………… 198
　　　7.2.1　海运托运单 …………………………………………………… 198
　　　7.2.2　海运提单 ……………………………………………………… 203
　　　7.2.3　集装箱运输过程中的几种单证 ……………………………… 216
　7.3　国际航空货物运输条款及单证 ………………………………………… 217
　　　7.3.1　国际航空货物运输公约 ……………………………………… 217
　　　7.3.2　国际航空货运单 ……………………………………………… 219
　7.4　其他国际货物运输单证 ………………………………………………… 224
　　　7.4.1　国际铁路货物联运运单 ……………………………………… 224
　　　7.4.2　国际公路货物运输单证 ……………………………………… 227
　　　7.4.3　国际多式联运单证 …………………………………………… 229

第8章　国际海运保险 ………………………………………………………… 238

　8.1　国际海运保险保障范围 ………………………………………………… 238
　　　8.1.1　国际海运保险保障的风险 …………………………………… 238
　　　8.1.2　国际海运保险保障的损失 …………………………………… 241
　　　8.1.3　国际海运保险保障的费用 …………………………………… 244
　8.2　国际海运保险条款 ……………………………………………………… 245
　　　8.2.1　中国海洋运输货物保险基本条款 …………………………… 245
　　　8.2.2　伦敦保险协会海洋运输货物保险条款 ……………………… 256
　8.3　国际海运保险索赔与理赔 ……………………………………………… 264
　　　8.3.1　国际海运保险的索赔 ………………………………………… 264
　　　8.3.2　国际海运保险的理赔 ………………………………………… 267

第9章　进出口货物报关报检 ………………………………………………… 280

　9.1　通关基本概念和流程 …………………………………………………… 280
　　　9.1.1　海关概述 ……………………………………………………… 280
　　　9.1.2　报关概述 ……………………………………………………… 284

9.1.3 进出口货物报关程序 ··· 285
9.2 一般进出口货物通关 ··· 287
9.2.1 一般进出口货物的含义 ··· 287
9.2.2 一般进出口货物的特征 ··· 287
9.2.3 一般进出口货物的范围 ··· 288
9.2.4 一般进出口货物报关程序 ·· 288
9.3 保税区货物与特定减免税货物通关 ··· 294
9.3.1 保税区货物通关 ·· 294
9.3.2 特定减免税货物通关 ·· 296
9.4 暂准进出境货物与转关运输货物通关 ······································ 301
9.4.1 暂准进出境货物通关 ·· 301
9.4.2 转关运输货物通关 ··· 305
9.5 海关税费的计算 ·· 307

第10章 国际货运代理 ·· 315
10.1 国际货运代理概述 ··· 315
10.1.1 国际货运代理的概念 ·· 315
10.1.2 国际货运代理的性质及类型 ··· 315
10.1.3 国际货运代理的业务范围 ·· 316
10.1.4 国际货运代理的职能 ·· 318
10.2 国际海运货运代理 ··· 320
10.2.1 国际海运货运代理概念 ··· 320
10.2.2 国际海运出口代理业务流程 ··· 320
10.2.3 国际海运进口业务流程 ··· 326

参考文献 ·· 328

第1章　国际物流概述

第二次世界大战以来，国际贸易迅速增长，国际物流负责将大量的货物从起始地安全送达目的地，成为国际贸易的组成部分，起到支撑和保障国际贸易的作用。而后随着经济的全球一体化，生产的国际化和国际分工的深化，国际物流从国际贸易中逐渐分离出来独立运作。国际物流相对国内物流而言，既有共同之处，更有其自身的特点，是物流国际化发展和全球供应链发展的重要领域。国际物流重点研究如何根据国际分工协作的原则，依照国际惯例，利用国际化的物流网络、物流设施和物流技术，实现货物在国际流通中效率和效益的最大化，促进区域经济发展和世界资源的优化配置。

本章介绍国际贸易与经济全球化、国际物流与供应链管理，以及国际物流的基本构成和国际物流的发展趋势。

1.1　国际贸易与经济全球化

1.1.1　经济全球化

1. 经济全球化的含义

经济全球化是指世界经济活动超越国界，通过对外贸易、资本流动、技术转移、提供服务，在全球范围内形成相互依存、相互联系的有机经济整体。经济全球化是当代世界经济的重要特征之一，也是世界经济发展的重要趋势。经济全球化是贸易、投资、金融、生产等活动的全球化，目的是实现生产要素在全球范围内的最佳配置。从根源上说，经济全球化是生产力和国际分工高度发展的产物。经济全球化突出表现在三个方面。第一，商品和服务贸易自由化不断深入，各国市场流动大量增加，逐渐形成全球统一大市场；第二，包括资本、劳动力、技术等生产要素的全球化程度不断加深，尤其是资本的自由流动，使得全球金融市场趋于一体化；第三，世界经济区域集团化，生产、投资、贸易的国际化发展使各国间经济关系越来越密切，特别表现在区域间经济关系上，为了适应新形势的发展，以区域为基础，形成了国家间的经济联盟，如欧盟，美、加、墨自由贸易区等。

2. 区域经济一体化

区域经济一体化是指两个或两个以上的国家或地区，通过相互协商制定经济贸易政策和措施，缔结经济条约或协定，在经济上结合起来形成一个区域性经济贸易联合体的过程。随着区域经济一体化，集团内的经济自由化程度加深，也影响到经济全球化和国际化的进程。现阶段，已形成了北美自由贸易区、欧盟、亚太经济合作组织三个最主要的区域集团组织。

1）北美自由贸易区

北美自由贸易区（NAFTA）由美国、加拿大和墨西哥于1992年8月12日达成协议，1994年1月1日生效成立，是世界上第一个由发达国家和发展中国家组成的区域经济集团。北美自由贸易区的成立，一方面在拉美国家引起强烈的反响，许多拉美国家企图通过墨西哥同北美自由贸易区连在一起，改变了对美国的态度；另一方面也为成员国带来了好处。对于美国和加拿大来说，北美自由贸易区的建立，有利于美国和加拿大从墨西哥进口廉价、稳定的石油产品及其他消费品，有利于满足美国和加拿大国内广大的消费市场的需求，保证石油进口的多元化，将墨西哥潜力巨大的投资市场及消费市场纳入其势力范围；有利于美国加强向中美和南美的渗透，实现其美洲经济一体化的梦想，近而保持其在世界经济格局中的主导权。对于墨西哥来说，主要益处在于进入北美大市场，扩大规模经济效益、降低生产成本，创造更多的就业机会，获得美国和加拿大的先进技术和设备，利用两国的投资发展本国的经济。

北美自由贸易协定自签订至今，对贸易区内成员国的经济发展产生了积极的影响。第一，取消了关税和非关税壁垒，使区域内贸易迅速发展。第二，投资和金融自由化刺激了区域内投资增长和资金流动。北美自由贸易协定对投资者的保护做了明确的规定，建立了争端解决机制，规定了投资者"国民待遇"的原则。同时，各国又根据本国的实际情况制定了吸引外资的政策，促进了成员国之间相互投资的增加，也使这一地区成为对外资具有吸引力的地区。第三，贸易的增长为三国创造了可观的就业机会。第四，北美自由贸易协定的签订，提高了北美地区在全球经济中的地位。从客观效果来看，北美自由贸易协定的签订，不仅增加了贸易、投资，更重要的是提高了北美地区的国际地位和美国的战略目的，使美国有了自己的战略根据地，为其对外战略的实施奠定了基础。

2018年9月30日，加拿大外长弗里兰和美国贸易代表莱特希泽发表联合声明，称美国、加拿大和墨西哥达成三方贸易协议，该协议被称为"USMCA"（美墨加三国协议）。这一声明标志着美国将重新改写北美自由贸易协定。这一协定的达成，无论是对美国、墨西哥、加拿大还是对世界都具有重大的影响。

2）欧盟

欧盟（EU）是世界上最早成立的区域经济集团。1951年4月18日，法国、联邦德国、意大利、荷兰、比利时和卢森堡六国在法国首都巴黎签署关于建立《关于建立欧洲煤钢共同体条约》（又称《巴黎条约》）。1952年7月25日，欧洲煤钢共同体正式成立。这不仅是在六国境内建立一个自由流动、自由竞争的煤钢市场，更重要的是，各国从此将管理权交给了具有"超国家"性质的"共同体"。煤钢共同体的成立，大大促进了成员国之间的经济联系，加强了各国资本的相互渗透，从而为西欧实现全面的联合奠定了坚实的经济基础，使欧盟经济一体化长达五十多年的实践历程有了最重要的开端——欧洲统一运动向历史迈出了决定性的第一步。1957年3月25日，法国、联邦德国、意大利、荷兰、比利时和卢森堡六国在意大利首都罗马签署旨在建立欧洲经济共同体和欧洲原子能共同体的条约（又称《罗马条约》）。1958年1月1日，欧洲经济共同体和欧洲原子能共同体正式组建，标志着欧盟经济一体化进程的飞跃。1993年1月1日，欧盟共同体统一大市场正式诞生。统一大市场的启动，标志着欧共体（欧洲煤钢共同体、欧洲原子能共同体和欧洲经济共同体的总称）12个成员国的"经济边界"已不复存在，也为统一货币创造了环境前提。同时，统一货币也成为联盟进一步深化的内在要求。经过不懈努力，欧元于1999年正式使用。1993年11月，《马斯特里赫特条约》（简称《马约》）生效，根据内外发展的需要，欧共体正式易名为欧洲联盟（简称欧盟）。2004年10月，欧盟25个成员国首脑在意大利首都罗马签署了《欧盟宪法条约》。这是欧盟的首部宪法条约，旨在保证欧盟的有效运作以及欧洲一体化进程的顺利发展。2009年10月2日，爱尔兰举行全民公投，通过了《里斯本条约》（俗称《欧盟宪法》的简本），清除了欧洲一体化的最大障碍。

欧盟作为世界上一体化程度最高、综合实力强大的经济体，有利于各成员国资源共享、优势互补，促进了各成员国的经济增长。随着单一货币欧元的实施，欧盟的竞争力将进一步增强。目前，欧盟有28个成员国，总面积400万 km^2，人口4.5亿多，国内生产总值占世界的30%以上，对外贸易额占世界总贸易额的40%，人均收入和对外投资均居世界前列。随着综合实力的不断增强，在欧洲的国际关系格局中，欧盟已经成为最重要的板块力量和大欧洲建设的核心。随着欧盟一体化事业的发展壮大，欧盟必然会表现出越来越多的与美国的离心力，欧盟将在国际事务中发挥出更加独立和显著的影响。

英国是欧盟国家，但却不属于欧元区，由于难民问题、欧盟会费等问题，2016年6月23日英国举行全民公投，确定英国脱离欧盟。

3）亚太经济合作组织

亚太经济合作组织（APEC，简称亚太经合组织）是由发达国家和发展中国家共同组成的区域经济集团，具有论坛性质，是一个较为松散的区域经济集团。1989年11月，在澳大利亚首都堪培拉召开了由美国、日本、澳大利亚、文莱、印度尼西亚、韩国、马来西亚、新西兰、菲律宾、新加坡、泰国、加拿大12个国家外交部部长和经济部部长参加的第一届部长级会议，并宣告APEC正式成立。1991年11月，中国以主权国家身份，中国台北和香港（1997年7月1日起改为"中国香港"）以地区经济体名义正式加入亚太经合组织。截至目前，APEC获得了较大的发展，取得了实质性的进展，成为世界三大区域经济组织之一，推动了亚太经济合作不断地向纵深发展。

3. 经济全球化的驱动要素

经济全球化趋势越来越明显。20世纪后半叶国际贸易的大幅增长有很多原因。有些公司出于各种原因扩大其在国外市场的销售额，也有些公司出于各种原因在国外采购所需的原材料和供应品等。这些国际贸易的驱动要素通常可以分为四大类：市场、成本、竞争、技术。

1）*市场驱动要素*

市场驱动要素是指促使企业实施全球营销战略的市场方面的影响因素，主要包括以下两个方面。

一是客户需求差异逐渐减小。随着科技的发展和交通运输工具的进步，来自不同国家的客户的生活方式等方面逐步趋同，共同需求越来越多。以可口可乐为例，尽管全球各地的饮食习惯不同，但是现阶段几乎全球各地都有可口可乐的消费者。可口可乐公司目前总部设在美国佐治亚州的亚特兰大，是全球最大的饮料公司，拥有全球48%市场占有率以及全球前三大饮料的前二项排名（可口可乐排名第一，百事可乐第二，低热量可口可乐第三），可口可乐公司在200个国家拥有160种饮料品牌，包括汽水、运动饮料、乳类饮品、果汁、茶和咖啡，也是全球最大的果汁饮料经销商。

二是全球性客户的成长。所谓全球性客户，主要是指突破了传统的国界限定，可以利用年龄、收入、职业、教育背景和由此决定的价值观念和生活方式来进行甄别的客户群体。在消费者市场上，存在热衷购买全球标准化产品的全球性客户，即在不同的国家进行国际商务的客户都希望能享受到他们熟悉的、值得信赖的服务，例如酒店服务、广告服务及通信服务，它们的需求促进了全球连锁旅店、全球广告代理商和全球通信事业的发展。在产业市场上，有专门购买标准化服务的全球性客户。要为这些全球性的客户提供服务，跨国公司也必须适应客户需求，提高自身产品和服务的标准化水平以及全球客户管理方面的能力。

2）成本驱动要素

有些产品生产需要大量的前期资金投入，用于厂房建设和购买基础设施或者用于研发，这导致公司需要销售更多的产品来分摊成本。以华为公司为例，作为高科技公司，华为的大部分产品在研发初期都需要投入大量的成本，而且即使产品走向市场后，由于科技产品的生命周期普遍较短、更新速度快，也需要不间断地研发新一代产品以保证其对消费者的吸引力。因此，华为拥有 7 万多人的全球最大规模的研发团队，每年销售利润的 10% 投入研发，累计获得专利授权 36 511 件。过去 10 年，华为累计研发投入 250 亿美元。尽管科技产品的生产成本不是很高，但是加上如此巨大的研发成本，使其总成本居高不下。而华为公司通过全球化战略开拓国际市场，寻找全球市场内的消费者，使其产品形成规模化，极大地降低了总成本。

成本要素刺激企业进行全球化战略的另一个原因是寻找更加廉价的资源，降低采购成本。例如，零售商巨头沃尔玛为了保持行业领先的低价策略，采用全球采购策略。某个国家的沃尔玛店铺通过全球采购网络从其他国家的供应商进口商品，而从该国供应商进货则由该国沃尔玛公司的采购部门负责采购。寻求最低生产成本的做法也被大量应用到其他行业，尤其是其产品通过零售渠道卖给消费者的行业，如纺织、玩具和家居用品等行业。

3）竞争驱动要素

在一些情况下，企业之间的竞争促使一些公司向海外扩张。例如，如果一家企业的国内竞争者进入到另外一个国家，该企业可能被迫跟随，以防丢失海外市场份额。这种竞争驱动要素促使世界上两个最大的零售巨头竞争加剧。法国的家乐福和美国的沃尔玛在不同国家展开竞争，它们两家当中的任何一家企业进入到某一国外市场后，另一家企业就被迫跟进，以防止目标市场被对手垄断。此外，当一个海外竞争者进入到自己国家的市场时，为报复海外入侵者，国内企业也会进入到入侵者所在国家，在对手所在国市场中与其展开对抗。

竞争驱动也存在于外购方面。如果一个竞争者向对价格敏感的消费者提供低档次的产品，其他同类产品企业可能会为了保持市场份额，进而提供相同的产品进行报复。由于竞争者所提供的低档次产品往往是在低成本国家生产，对于这类产品，这些企业别无选择，只能从海外购买。

4）技术驱动要素

从消费者角度来看，技术的发展可以使消费者有机会购买全球范围内的产品和服务。互联网的发展使信息扩散变得简单，全球各地的消费者可以在短时间内获得同一商品的相关信息。任何人连接互联网就可以快速访问各类信息，查询网站，消费者在世界各地可以很方便地购买商品。例如，我国著名的电子商务集团阿里巴巴推出了跨境电商平台天猫国际。天猫国际有多个国家如美国、日本、德国等的专区，消费者通过天猫国际平台可以直接购买这些国家的产品。

从企业角度来看，技术的发展对经济全球化有两方面的影响。第一是技术的发展使企业有能力在全球范围内进行产品推广，吸引世界各地的消费者购买自己的产品。互联网的发展，使世界连接成一个整体，通过社交网络，消费者可以了解到其他国家和地区的人们正在使用的产品，企业也可以通过互联网对自己的产品进行全球范围内的推广。第二是技术的发展使企业有能力高效、安全地将产品从一个国家运至另一个国家。由于各种运输方式的快速发展，例如航空、海运、跨国班列等，使商品从一个国家运输到另一个国家更加便捷，成本更加低廉。

4. 经济全球化对世界经济的影响

经济全球化是当今世界经济和科技发展的产物，在一定程度上适应了生产力进一步发展的要求，促进了各国经济的较快发展。从积极作用来看，经济全球化对世界经济有以下影响。

第一，有利于各国生产要素的优化配置和合理利用。一国经济运行的效率无论多高，总要受本国资源和市场的限制，只有全球资源和市场一体化，才能使一国经济在目前条件下最大限度地摆脱资源和市场的束缚。经济全球化，可以实现以最有利的条件来进行生产，以最有利的市场来进行销售，达到世界经济发展的最优状态，提高经济效益，使商品更符合消费者的需要。

第二，促进了国际分工的发展和国际竞争力的提高。经济全球化促进了世界市场的不断扩大和区域统一，使国际分工更加深化，各国可以充分发挥自身优势，生产具有优势的产品，扩大生产规模，实现规模效益。经济全球化可以促进产业的转移和资本、技术等生产要素加速流动；可以弥补各国资本、技术等生产要素的不足，迅速实现产业演进和制度创新，改进管理，提高劳动生产率，积极开发新产品，提高自身的国际竞争力。

第三，促进了经济结构的合理优化和生产力的较大提高。在经济全球化条件下，实现了在全球范围的科技研究和开发，并使现代科学技术在全球范围内得到迅速传播。由于经济全球化带来科学技术的世界性流动，使各国特别是发展中国家可以从世界上其他国家引进自己需要的先进科学技术，借助"后发优势"，促进科技进步、经济结构优化和经济发展。

第四，促进世界经济多极化的发展。经济全球化使国际经济关系更加复杂，它使以往的国别关系、地区关系发展成为多极关系和全球关系，推动了处理这些关系的国际协调和合作机制的发展，并必然会导致一系列全球性经济规则的产生，使参与经济全球化进程的国家出让或放弃部分主权，遵守这些经济规则。因此，经济全球化是一个制度变迁的过程，是一个既相互竞争，又相互融合渗透的过程。

但是，经济全球化是在不公平、不合理的国际经济旧秩序没有根本改变的条件下形成和发展起来的。在经济全球化中占有主导地位和绝对优势的是西方发达资本主义国家，在经济全球化中资本主义的内在本质和规律性特征会得到充分体现；资本主义发展不平衡规律的作用会更加突出，使国家之间的市场竞争和民族冲突更加激烈和尖锐；少数大国一手操纵世界经济事务，使平等互利原则和国际的合作屡遭破坏；局部地区的民族摩擦、经济危机以及政治经济的震荡也极易在全球范围内传播和扩展，增加了国际政治经济的不稳定性和不确定性。

1.1.2 国际贸易

1. 国际贸易的含义

国际贸易是指世界各国（地区）之间商品、服务和技术的交换活动，包括出口和进口两个方面。从一个国家的角度看这种交换活动，称为该国的对外贸易。从国际的角度看，世界各国对外贸易的总和就构成了国际贸易，也称世界贸易。对外贸易和国际贸易都是指越过国界所进行的商品交换活动，但是它们存在明显的区别，前者是着眼于某个国家，即一个国家或地区同其他国家或地区之间的商品交换，后者着眼于国际范围，即世界上所有国家或地区。传统的国际贸易强调的是获得货物的使用价值，即取得货物的使用效用；而现代国际贸易强调的是获得商品或服务的价值增值，即通过国际贸易来获取商品或服务的价值或经济利益。随着生产力、科学技术的进步和国际经济联系的增强，在当代，国际贸易所包含的内容进一步扩大。以前国际贸易实际上只包括实物商品的交换，现在还包括服务和技术等非实物商品的交换。实物商品交换是指原材料、半制成品及工业制成品的买卖；服务交换是指在运输、邮电、保险、金融、旅游等方面为外国人提供服务，或本国工人、技术人员在国外劳动服务，从而获得外国货币报酬；技术交换包括专利、商标使用权、专有技术使用权的转让以及技术咨询和信息等的提供和接受。

2. 国际贸易发展状况

国际贸易是一个历史范畴，它是社会历史发展到一定阶段后才出现的一种经济活动。国际贸易的发展主要分为两个阶段。

首先，第二次世界大战以前，国际贸易在封建社会初步发展，随着15世纪末"地理大发现"时期的到来，国际贸易市场开始扩大，而后随着英国产业革命的发生，国际贸易发展速度开始增长，但此时有局限性，国际贸易只发生在少数几个国家。

其次，第二次世界大战之后，世界经济发生巨大变化，由于以下四个原因国际贸易出现了飞速增长：一是第二次世界大战以后国际贸易自由化的大规模发展；二是大量旨在促进国际贸易的国际组织的成立；三是运输成本和时间的大幅降低；四是大量消费者乐于接受来自国外的从食品到汽车的商品，从而促进了企业的国际化进程。如图1-1所示，以美元的不变价值为单位，全球国际贸易额在2001—2017年增长了7 397亿美元，2001—2017年的增长超过了800%。从图1-1可以看出，2001年以后世界货物的进出口贸易总额迅速增长，世界货物的进口和出口规模基本是持平的，图中的差异主要是由于在统计进口和出口规模时所用价值核算方法不同造成的。

图1-2显示了2017年世界排名前十位的贸易出口国家（地区）情况，可以看出排名第一的是欧盟，随后是中国、美国，这些国家中的大多数与它们的贸易伙伴有自由贸易政策或自由贸易协议。从排名情况可以看出，2017年出口额排名前十的国家只有一个发展中国家，可以说明，国际贸易与国家的经济发展状况紧密相关。

图1-3显示了2017年国际进出口贸易地区份额分布情况，从图中可以看出，占比最大的分别是欧洲、亚洲和北美，三个地区的出口贸易总额占据了世界出口总额的88.75%。除了历史发展的原因，区域性自由贸易发挥了重要作用。欧洲成立了欧洲联盟、亚洲成立了亚太经济合作组织、北美成立了北美自由贸易区，这些区域性自由贸易区高度开放，有力地推动了区域内各国贸易的发展。

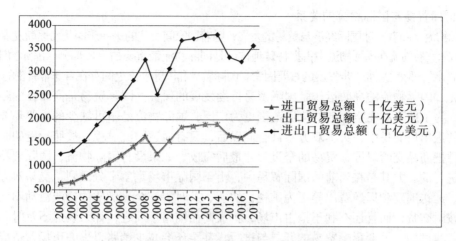

图 1-1 2001—2017 年世界货物进出口贸易总额折线图

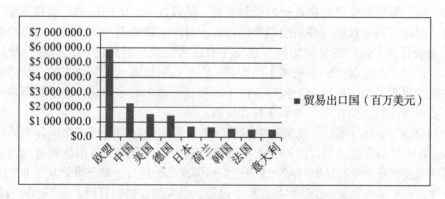

图 1-2 2017 年世界排名前十的贸易出口国家（地区）

数据来源：https：//www.wto.org/english/res_e/statis_e/statis_bis_e.htm

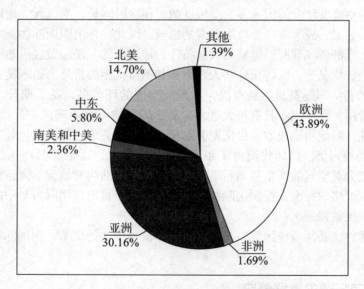

图 1-3 2017 年国际进出口地区份额分布图

数据来源：https：//www.wto.org/english/res_e/statis_e/merch_trade_stat_e.htm

3. 国际贸易与国际物流的关系

国际物流是随着全球国际经济与贸易的发展，随着国家间交往的进一步深化而逐渐发展起来的。其中，国际贸易物流在国际物流中占据特殊地位，是国际物流最重要的组成部分。国际物流已经成为影响和制约国际贸易进一步发展的重要因素。国际贸易和国际物流之间存在着非常紧密的关系。

首先，国际物流的高效运作是国际贸易持续发展的保证。国际贸易是商品在国际的流通与交换，为了使商品在空间上的流通范围更为广泛，国际物流是不可缺少的重要环节。在一笔具体的进出口交易中，买卖双方签订合同以后，只有通过物流过程，按照约定的时间、地点和条件把商品交给对方，贸易的全过程才最后完成，如果没有国际物流，国际贸易是无法开展和进行的。尤其是在当前的国际贸易中，由于国际市场竞争十分激烈，交易双方对于交货时间、运送速度和运送费用等更为重视，快速、及时、安全、优质的物流活动不仅能保证供应，按时交货，而且还有利于抢占市场，扩大商品销路。反之，如果装运不及时，运送迟缓，到货速度慢，就会影响贸易的开展与进行，甚至还会减少销路，失去市场，造成经济上的损失和信誉上的不良影响。

其次，国际贸易的发展对物流提出新的要求。随着世界经济的快速发展和全球生产力布局的改变，国际贸易表现出一些新的趋势和特点，对国际物流提出了更新、更高的要求。

（1）质量保证。国际贸易的结构正在发生着巨大变化，传统的初级产品、原材料等贸易品种逐步让位于高附加值、精密加工的产品。由于高附加值、精密加工的产品的增加，对物流工作质量提出了更高的要求。同时，由于国际贸易需求的多样化，造成物流多品种、小批量化，要求国际物流向优质服务和多样化发展。

（2）提高效率。国际贸易活动的集中表现就是合约的订立和履行，而国际贸易合约的履行是由国际物流活动来完成的，因而要求物流高效率地履行合约。从国际物流的输入方面来看，提高物流效率最重要的是如何高效率地组织所需商品的进口、储备和供应。也就是说，从订货、交货，直至国内保管、组织供应的整个过程，都应加强物流管理。根据国际贸易商品的不同，采用与之相适应的现代化运输工具和机械设备等，对于提高物流效率起着重要的作用。

（3）安全保证。由于国际分工和社会生产专业化的发展，大多数商品在世界范围内分配和生产。国际物流所涉及的国家多、地域辽阔、在途时间长，受气候、地理条件等自然因素和政局动荡、罢工、战争等社会政治因素的影响。因此，在组织国际物流时，选择运输方式和运输路径，要密切注意所经地域的气候条件、地理条件，还应关注沿途所经国家和地区的政治局势、经济状况等，以防止这些人为因素和不可抗拒的自然力造成货物灭失。

（4）经济效益。国际贸易的特点决定了国际物流的环节多、备运期长。在国际物流领域，控制物流费用、降低成本具有很大潜力。对于国际物流企业来说，选择最佳物流方案，提高物流经济性，降低物流成本，保证服务水平，是提高竞争力的有效途径。

（5）减少环境污染。国际物流由于距离长，货运量大，运输工具产生的直接和间接的环境污染大，成为对空气的严重移动污染源。欧美国家目前均对航空、海运的飞机和船舶的污染和油耗提出严格的标准，控制国际物流中的碳排放。目前，国际贸易中的碳转移问题也引起了各国的高度重视。

总之，国际物流必须适应国际贸易结构和商品流通形式的变革，向国际物流合理化的方向发展。

1.1.3 我国国际贸易发展情况

改革开放以前，我国实行"对外节制资本和对外统制贸易"的基本国策，我国的对外贸易取得了一定的成就。但是由于受多种国内外条件的限制,这一时期,对外贸易只是我国扩大再生产的补充手段,局限于互通有无、调剂余缺,其发展受到很大制约。

改革开放以来,我国实行对外开放的基本国策,我国的对外贸易进入了迅速增长的阶段。2001年,我国加入世界贸易组织,这是我国外贸史上的一个里程碑,我国政府大幅度削减关税,逐步取消关税壁垒,进一步放宽市场准入,对外贸易进入了历史上最好最快的发展时期(见图1-4)。

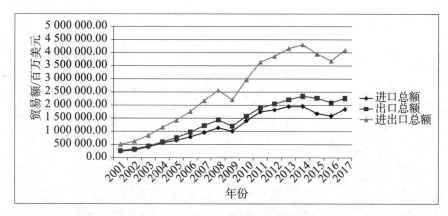

图1-4 2001—2017年我国对外贸易进出口总额折线图

数据来源:http://data.stats.gov.cn/

经过近40多年的发展,我国的对外贸易和经济发展取得了举世注目的成就。尤其是2001年2月11日加入世界贸易组织(WTO),融入国际市场,为我国带来巨大利益,对外贸易迅速扩大。

(1)我国进出口贸易总额从2001年底50 965亿美元,上升道017年的4 105 218亿美元,增长8倍,年平均增长31.6%;我国货物进出口贸易总额排名由世界第六名,上升到2017年的世界第一;我国出口额占国际贸易额的比重由2001年的4.3%,2017年上升到16%。

(2)入世以来,我国贸易结构保持较为稳定的良好状态,初级产品进出口贸易额比重保持在15%左右,工业制成品进出口贸易总额比重保持在85%左右。

(3)欧美日是主要贸易伙伴。在与主要贸易伙伴的双边贸易中,欧盟、美国、日本仍然为我国前三大主要贸易伙伴,但与此同时,我国与东盟、印度、巴西的贸易往来越发密切,对新兴经济体进出口比重提高。

(4)中国对外贸易依存度。对外贸易依存度(ration of dependence on foreign trade),又称贸易系数(coefficient of trade),是指一国在一定时期内进出口贸易总额在其国内生产总值GDP中所占的比重,它表明一国国民经济对进出口贸易的依赖程度,同时也表明对外贸易在国民经济中的地位。自2001年中国加入世界贸易组织以来,对外贸易在促进经济增长中的作用日益突出。伴随着对外贸易规模的持续扩大,我国对外贸易依存度也高于世界对外贸易依存度的平均水平。与国际相比较,我国的对外贸易依存度呈现出以下四个鲜明的特征:①我国对外贸易依存度的提高与国际发展趋势基本保持一致;②对外贸易依存度持续增长;③我国的出口贸易依存度一直高于进口贸易依存度;④我国对外贸易依存度的提高同世界经济增长是同步的。表1-1表明2001—2017年中国对外贸易依存度。

表1-1 2001—2017年中国对外贸易依存度

年份	进出口贸易总额/亿元	GDP/亿元	对外贸易依存程度/%
2001	42 183.6	110 863.1	38.1
2002	51 378.2	121 717.4	42.2
2003	70 483.5	137 422	51.3
2004	95 539.1	161 840.2	59.0
2005	116 921.8	187 318.9	62.4
2006	140 974	219 438.5	64.2
2007	166 863.7	270 232.3	61.7
2008	179 921.5	319 515.5	56.3
2009	150 648.1	349 081.4	43.2
2010	201 722.2	413 030.3	48.8
2011	236 402	489 300.6	48.3
2012	244 160.2	540 367.4	45.2
2013	258 168.9	595 244.4	43.4
2014	264 241.8	643 974	41.0
2015	245 502.9	689 052.1	35.6
2016	243 386.5	743 585.5	32.7
2017	277 900	827 122	33.6

资料来源：http://data.stats.gov.cn/easyquery.htm?cn=C01&zb=A0201&sj=2016

1.2 国际物流和供应链管理

1.2.1 国际物流的发展历程

国际物流是为国际贸易和跨国经营服务的，即选择最佳的方式和路径，以最低的费用和最小的风险，保质、保量、适时地将货物从某国的供应方运到另一国的需求方。第二次世界大战以前，国家之间的经济贸易往来虽然已经存在，但是贸易的数量和种类很有限，货物流通形式也比较简单。第二次世界大战以后，贸易环境越来越宽松，随着发达国家之间贸易的迅速发展和跨国公司对外投资的兴起，国际贸易水平显著提高，驱使国际物流在数量、技术和管理水平等方面也取得了突飞猛进的发展。一般来说，第二次世界大战之后国际物流的发展主要经历了以下三个阶段。

1. 国际物流规模不断扩大

第二次世界大战以前，国与国之间已经有了贸易往来，但是运输量很小，运输服务质量不高。第二次世界大战以后，国际的经济交往得到扩展且越来越活跃，交易水平和质量要求也逐渐提高，这种情况下，原有的满足运送必要货物的运输观念已经不能适应新的要求，系统物流就是在这个时期进入到国际领域的。20世纪60年代以来，物流技术不断提高和改进，使国际物流的规模迅速扩大，以国际物流中最重要的要素——国际运输为例，无论国际海运还是国际航空运输，都出现了运载工具大型化的趋势，如超过50万t的油轮、10万t的矿石船、宽体喷气式飞机等。然而，20世纪80年代中期以前，国际物流领域的核心问题仍然是以尽可能低的成本确保货物安全送达目的地，大部分货物运输周期较长。2000年以来，全球气候变暖，环境保护和可持续发展成为世界关注的焦点，因此对国际物流的环境要求越来越高。

2. 国际物流速度大幅度提升

20世纪70年代，由于石油危机的影响，企业不断在全球寻找更大的市场、更廉价的供应源。国际物流不仅在数量上进一步发展，船舶大型化趋势进一步加强，而且，出现了提高国际物流速度的要求，大规模、高服务型物流从石油矿石等领域向物流难度最大的中、小件杂货领域深入，其标志是国际集装箱和国际集装箱船的发展，国际各主要航线的定期班轮都投入了集装箱船。集装箱避免了多次搬运，即装箱和卸箱各只需一次；在集装箱的保护下，对货物包装的要求也随之降低，而轮船装卸的提速更加明显：一方面，不再需要事先腾空货轮装船；另一方面，只要码头有空栈，门吊即可卸船装车，同时提取堆场的新箱装船（即一次门吊作业完成卸、装两道工序）。因此，海运成本大幅度下降，包括人工和码头时间的减少。

3. 国际物流进入全球化发展阶段

20世纪90年代，冷战结束后，发展中国家迅速崛起，改变了世界经济版图，发展中国家对国际物流的参与逐渐增强。1992年欧洲经济一体化代表着国际区域经济一体化出现新的发展趋势，地区性国际物流活动也随之急速扩张。同时，以关贸总协定为代表的国际组织不断促成的贸易壁垒的降低、开放市场的努力直接推动了国际贸易的发展。贸易伙伴遍布全球，推动了国际物流全球化的发展。

在国际物流全球化发展的同时，互联网、条码技术、自动化仓储分拣系统及卫星定位系统在物流领域得到普遍的应用，而且越来越受重视。这些高科技在国际物流中的应用，极大地提高了物流信息化和物流自动化水平。在国际物流管理理念方面，国际物流开始为顾客提供定制化服务。20世纪90年代初，制造企业开始强调动态库存（包括在途运输货物），用于动态库存管理的工具包括物料需求计划（material requirement planning，MRP）和制造资源计划（manufacturing resources planning，MRPⅡ）系统。这些工具使得制造企业能够实施准时制造（just-in-time，JIT）流程。准时制造需要零部件及原材料的准时配送，促使物流服务从关注物流运输时间转向及时应对物流活动的频繁变化，货物必须在顾客指定时间内送达。此外，国际物流运作除了要确保货运工作的准确、安全和及时外，还要承担一些额外工作，如确保运输文件齐全以便顺利清关，保证包装牢固以抵御远洋运输的风险，处理国际贸易中错综复杂的安全、货币支付、保险事宜及法律问题等。

1.2.2 物流和供应链管理的定义

随着物流活动持续不断的发展，物流领域的相关研究也不断深入。20世纪80年代中期开始，物流的内涵被逐渐扩展以覆盖其他诸如市场销售和建立合作伙伴关系等活动。20 世纪 90 年代物流管理发展到供应链管理阶段。

物流管理是指为了满足客户需求而对货物、服务及相关信息从原产地到消费地的有效率、有效益的正向和反向流动及储存而进行的计划、实施与控制过程，它是供应链管理流程的一部分。供应链是指围绕着核心企业，通过对信息流、物流、资金流的控制，从采购原材料开始，制成中间产品和最终产品，最后由销售网络把产品送到消费者手中，将供应商、制造商、分销商、零售商，直至最终用户连接成一个整体功能的链条。供应链管理是指以提高企业个体和供应链整体的长期绩效为目标，对特定公司内部跨职能部门边界的运作或在供应链成员中跨公司边界的运作进行战术控制。供应链管理关注跨公司边界整合供给与需求，以核心企业为中心，以跨公司组织为框架，从价值链上的原材料到价值链终端的顾客，综合企业的产品设计、物流管理、生产运作和产品配送等主要价值创造活动，同时处理物品、信息和资金的流动，与供应链上相关企业协作，实现供应链整体的高效率和低成本的顺利运行。

当物流不仅考虑一个企业内部而是关注到供应链上相关企业的时候，物流的概念就上升为供应链的概念了。但与物流管理相比，供应链管理的含义更为宽泛，不仅包括物流管理职能，还包括对企业与供应商和客户关系的管理，有时甚至还要对这些供应商或客户与其供应商和客户的关系进行管理。供应链管理面向整个供应链，其目的是保证货物从最前端的供应商到最终端客户的平稳流通。

1.2.3 国际物流和国际供应链管理的定义

1. 国际物流的定义

国际物流广义上分成国际贸易物流和非国际贸易物流。国际贸易物流，即根据国际贸易的需要发生在不同国家之间的物流。非国际贸易物流主要是指国家的政治、文化交流、展览、国际人道主义援助，以及国际邮政等产生的物流。

国际贸易物流由于跨越国境，因此其职能包括为物品通过海关而发生的作业，如报关、商品检验检疫、国际货物保险等。而物流的一般职能也会因为货物在国际中流动而发生一定的变化，如包装需要适应远洋海运的需要，包装的尺寸规格需要符合国际通行标准，木质包装需要灭害处理并提供证书等。因此可以把国际物流的职能归纳为仓储、运输、包装、配送、装卸搬运、流通加工、报关、商检、国际货物保险和国际物流单证等。

此外，国际物流还包括非国际贸易物流、国际物流合作、国际物流投资、国际物流交流等。其中，非国际贸易物流是指国际展览与展览品物流、国际邮政物流等；国际物流合作是指不同国别的企业为完成重大的国际经济技术项目而开展的物流活动；国际物流投资是指不同国别的物流企业合资组建国际物流企业；国际物流交流则主要是指物流科学、技术、教育、培训和管理等方面的国际交流。

国际物流研究的主要内容就是如何合理、高效地组织国际的货物流动，以最小的成本、最优的服务质量保证国际贸易和国际化生产高效、有序地进行，最大限度地在供应链中创造价值。因此，本书大部分内容仅涉及狭义的国际物流。

2. 国际供应链管理的定义

国际供应链是指获得原材料，将其制成中间物品及最终产品，并通过销售系统递送到客户手中的网络结构，其实现的是供应链上的原材料、在制品、产成品在全球范围内的流动。国际供应链上各主体之间的相关活动超越了国家界限，需要通过全球的进出口贸易来实现供应链。

国际供应链与国内供应链的区别在于国际供应链涉及的范围更为广泛，链上成员分属不同的国家，成员间的合作与协调是建立在跨越国际的信息传递系统之上的；国际供应链上的企业产品的原材料采购、生产和销售等过程可能发生在不同的国家，产品的整个供应链跨越国界，这种组织、企业之间合作与协调的复杂程度超出了国内供应链。

国际供应链的产生为实现分布在全球各地的多个组织、企业之间的合作提供了有利条件。企业可利用国际供应链在全球范围内进行资源的组织和配置，从而提高企业的市场竞争能力。国际供应链可以为企业带来巨大的经济价值。

1.2.4 国际物流管理的基本特征

1. 国际物流环境差异巨大

由于世界各国的政治、经济发展存在差别，导致国际物流在政策文化环境和物流基础设施方面存在巨大差异。在物流基础设施方面，经济发达的国家或地区公路、铁路、航空等各种运输方式都很先进，而经济落后的国家或地区连基本的公路都难以保障，即使经济水平相近的国家，由于固有的基础设施系统不同，导致基础设施标准各异。在政策文化方面，差异来自于方方面面的因素，不同国家不同地区适用的法律法规不同，操作规程和技术标准不同，地理、气候等自然环境、风俗习惯等人文环境不同，经济和科技发展及各自消费水平不同。这些具有显著差异的物流环境使得国际物流的建立必须同时适应多个不同的法律法规、人文、习俗、语言、科技发展程度及相关的设施，由此国际物流相对于国内物流来说，要形成完整、高效的物流系统难度较大。

2. 国际物流运作过程参与者众多

国际物流运作过程参与者众多，专业领域差异巨大。由于国际物流的供给地和接受地分别处于不同国家或地区，由此产生了物品跨越国境运输、存储、调度、通关、商检、保险、支付等业务，这些业务专业性强，而且业务性质差别大，很难由物品的供给方和接收方单独完成，通常需要借助中介机构来操作。比如，实现货物所有权转移需要通过贸易代理商，货物运输需要通过海运承运人，海关清关需要通过报关代理人，运输的订舱需要通过货运代理人，国际物流单证需要通过银行来完成。因此，国际物流业务基本都是通过第三方物流服务供应商来完成的。

3. 国际物流中间环节多

国际物流是一个复杂的系统，包括采购、包装、仓储、运输、港口作业、货物保险、出境检验检疫、通关、国际配送信息系统等众多的子系统，复杂系统的管理带来高成本和高风险。国际物流系统众多的中间环节使得相关的现代化系统技术的开发与使用尤为重要，现代化系统技术可以降低物流过程的复杂性，减少其风险，从而使国际物流尽可能提高速度，增加效益，并推动其发展。

4. 国际物流标准化要求严格

国际物流参与者多、中间环节多，要使国际物流畅通起来，对物流标准化提出了更加严格的要求。目前，美国和欧洲基本实现了物流工具和设施的统一标准，如托盘采用 1 000mm×1 200mm，集装箱采用几种统一规格及条码技术。这样一来，大大降低了物流费用，降低了转运的难度。在与此标准不一致的国家进行国际贸易时，在转运、换车底等许多方面要多耗费时间和费用，从而降低其国际竞争能力。

5. **国际物流管理的风险性偏高**

国际物流管理涉及的风险主要包括社会风险、政治风险、经济风险和自然风险。社会风险是指由于各地区和各国家国情的不同，由于人为因素的影响，对国际物流产生的风险。政治风险主要是指由于货物所经国家的政局动荡，如罢工、战争等原因造成企业经营损失或货物受到损害或灭失。经济风险又可分为汇率风险和利率风险，主要是指国际物流运作中有关资金由于汇率和利率的变动而产生的风险。自然风险主要是指在国际物流过程中可能因自然因素，如地震、海啸、暴雨等引起的风险。

1.3　国际物流基本构成

国际物流运作是指由不同的参与方，在不同的物流节点，使用不同物流设施设备，完成国际物流任务，其简要的运作流程如图 1-5 所示。为顺利完成运作流程，国际物流需要完成采购、包装、仓储、流通加工、出入境检验检疫、装卸搬运、运输、整理再包装、国际配送、信息等功能，这些功能构成了国际物流系统（见图 1-6）。其中，运输和仓储是物流系统的主要组成部分。国际物流通过商品的运输和仓储，实现其自身的时间和空间效益，满足国际贸易活动和跨国公司经营的要求。

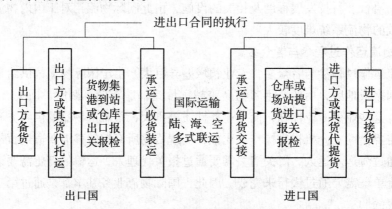

图 1-5　国际物流运作流程

1. **国际货物运输子系统**

国际货物运输的作用是将商品的使用价值进行空间转移，是国际物流运作的核心。物流系统依靠克服商品生产地和需要地之间的距离，创造商品的空间效益。国际货物运输主要包括运输方式的选择、运输单据的处理以及运输保险等相关方面的内容。国际货物运输具有线路长、环节多、涉及面广、手续繁复、风险大、时间性强、内外运两段性和联合运输等特点。

国际货物运输包括外贸运输的国内运输段（包括进口国、出口国）和国际运输段。出

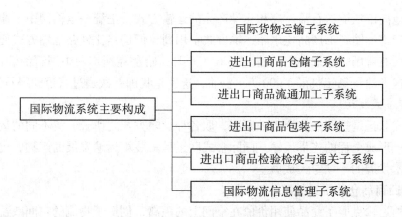

图1-6 国际物流系统主要构成

口货物的国内运输,是指出口商品由生产厂家或供货地运送到装运港(车站、机场),它是国际物流中不可缺少的重要环节。离开了国内运输,出口货源就无法从产地或供货地集运到港口、车站或机场,也就不会有国际运输段。出口货物的国内运输工作涉及面广、环节多,要求各方面协同努力,组织好运输工作。国际运输段是国内运输段的延伸和扩展,同时又是衔接出口国运输和进口国运输的桥梁和纽带,是国际物流畅通的重要环节。出口货物被集运到装运港(车站、机场),办完出关手续后直接装船/机/车发运,开始国际运输段。有的货物则需要暂时进入港口仓库储存一段时间等待发运。国际运输段可以采用由出口国装运港直达进口国目的港卸货的方式,也可以采用中转的方式,经过国际转运点,再运给用户。

目前在国际货物运输中,涉及的运输方式很多,根据所使用的运输工具和运输路线,主要分为以下几种方式。

1)铁路运输

该运输方式主要使用铁路机车来运送货物。铁路运输主要承担长距离、大批量的货物运输。在没有水运、空运条件的地区,几乎所有大批量的货物都是依靠铁路来进行运输的。

2)公路运输

该运输方式主要使用汽车在公路上进行货物的运输。公路运输主要承担近距离、小批量的货运和水运、空运、铁路运输难以到达地区的长距离、大批量货运以及水运、空运、铁路优势难以发挥作用的短距离运输。

3)水路运输

该运输方式主要包括内河运输和海洋运输。内河运输是连接内陆腹地和沿海地区的纽带,在进出口货物的运输和集散中起着重要的作用。海洋运输是国际货物运输的主要运输方式,海运量在国际货物运输总量中占80%以上。水路运输之所以被如此广泛采用,是因为它与其他国际货物运输方式相比,具有能力大、运量大、运费低等优点。

4)航空运输

该运输方式主要使用飞机来运送货物。航空运输最大的优势是时效性较强,目前,随着客户要求更高水准的服务以及国际运输量的不断增加,航空运输正在成为许多公司配送方案中的重要选择。

5)管道运输

管道运输是用管道作为运输工具的一种长距离输送液体和气体物资的运输方式,是一种专门由生产地向市场输送石油、煤和化学产品的运输方式，是统一运输网中干线运输的特殊组成部分。管道运输石油产品比水路运输方式费用高，但仍然比铁路运输方式便宜。大部分管道都被其所有者用来运输自有产品。2006年6月，哈萨克斯坦—中国石油管道正式供油。中国将通过这条油管每年获得2 000万t石油，这也是我国首次通过管道获得石油。

6）国际多式联运

国际多式联运是按照经济合理的原则，取各种运输方式之所长，将不同的运输方式有机地结合起来，形成全程的连贯运输。国际多式联运是集装箱运输发展的产物，也是当今世界货物运输技术发展的一项重大成就。

2. 进出口商品仓储子系统

国际货物运输克服了商品使用价值在空间上的距离，创造了物流的空间效益，使商品的实体位置由卖方转移到买方，而储存保管是减少商品使用价值在时间上的差异，完成货物的集和散的过程。国际物流仓储不仅包括对外贸商品的储存保管，而且还包括出口加工、拣选、整理、包装、备货、组装、配送和发运等一系列工作。国际货物的仓储点主要有车站港口、货运站、保税区，以及国际物流园区。

国际贸易和跨国经营中的商品从生产厂家或供应地被集中运送到装运港，或运到货运站集货装箱，再装运出口，是一个集和散的过程。如外贸商品从生产厂家或供应地被集中运送到装运港以备出口，有时需要临时存放一段时间，再从装运港装运出口；为了保持不间断的商品往来，满足销售出口需要，必须有一定量的周转储存，有些出口商品需要在流通领域内进行贸易前的整理、组装、再加工、再包装或换装，形成一定的贸易前的准备储存，有时由于一些货物临时到货或通知不到货主，货主不能及时运走，需要将货物临时存放在保税仓库。有时甚至会出现对货物不知最后作何处理的情况，这时买主（或卖主）将货物在保税仓库暂存一段时间。若货物最终复出口，则无须缴纳关税或其他税费；若货物内销，则可将纳税时间推迟到实际内销时为止。因此，国际货物的库存量往往会高于内贸企业的货物库存量。这种国际物流被堵塞，物流不畅的情况，将给贸易双方或港方、运输方等带来损失。

3. 进出口商品流通加工子系统

流通加工是随着科技进步，特别是物流业的发展而不断发展的。为了更好地接近国际市场，制造企业可以在流通过程中根据市场情况的变化或销售情况在配送中心对货物进行加工、重新包装等。流通加工是为了促进销售、提高物流效率和物资利用率以及维护产品的质量而采取的，能使物资或商品发生一定的物理或化学以及形状变化的加工过程，并保证进出口商品质量达到一定的要求。出口商品的加工，其重要作用是使商品更好地满足消费者的需求，不断地扩大出口。同时，也是充分利用本国劳动力和部分加工能力，扩大就业市场的重要途径。

流通加工的具体内容有两种：一是出口贸易商品服务，如袋装、定量小包装（多用于超级市场）、贴标签、配装、拣选、混装、刷标记等；二是生产性外延加工，如剪断、平整、套裁、打孔、折弯、拉拔、组装、改装及服装的检验、熨烫等。这种出口加工或流通加工，不仅能最大限度地满足客户的多元化需求，同时由于比较集中的加工，还能比没有加工的原材料出口赚取更多的利润和外汇，增加附加价值。

4. 进出口商品包装子系统

国际物流的包装主要是为了在流通过程中保护物品，提高装卸搬运效率。包装是按一定技术方法采用容器、材料及辅助物等将物品包封并予以适当的装运标志的工作的总称。包装往往是处于生产过程的终点及物流过程的起点，是物流中不可缺少的环节。

由于国际物流运输过程时间长、运量大，运输过程中货物堆积存放、多次装卸，货物损伤的可能性大，因此国际物流活动中的包装方式非常重要，集装箱的出现为国际物流活动提供了安全便利的包装方式。

在考虑商品包装设计和具体作业过程时，应该把包装、储存、装搬和运输有机联合起来统筹考虑，全面规划，实现现代国际物流系统要求的"包、储、运一体化"，即从商品一开始的包装起，就要考虑储存的方便、运输的快速，以加速国际物流，方便储运，减少物流费用。

目前我国出口商品的包装存在的问题主要是：出口商品的包装材料主要靠进口；包装产品加工技术水平低，质量差；外贸企业经营者对出口商品的包装缺乏市场意识和环境保护意识。

5. 进出口商品检验检疫与通关子系统

进出口商品检验检疫，是指货主或其代理人在规定的时限和地点向检验检疫机构报检，检验检疫机构依法对进出口商品实施法定检验检疫，检验的内容包括商品的质量、规格、重量、数量、包装及安全卫生等项目；经检验合格并签发证书后，方准进出口。在国际贸易中，从事商品检验的机构很多，包括卖方或制造厂商和买方或使用方的检验单位、国家设立的商品检验机构以及民间设立的公证机构和行业协会附设的检验机构。在我国，统一管理和监督商品检验工作的是国家进出口商品检验局及其分支机构。究竟由哪个机构实施和提供检验证明，在买卖条款中，必须明确加以规定。

国际货物出入境必须申请报关。报关是指出口商（或其代理人）、进口商（或其代理人）向海关申报出口或进口，接受海关的监督与检查，履行海关规定的手续，经海关同意，货物得到放行的过程。报关手续通常包括申报、查验、征税和放行四个基本环节。

以进口货物为例，当货物运抵进口国港、车站或机场时，进口商或其代理人应向海关提交有关单证和填报由海关发出的表格。一般来说，除了提交进口报关单、提单、商业发票或海关发票外，还需要根据海关的特殊规定，提交原产地证明书、进口证或进口配额证明、品质证书和卫生检验证书等。当报关人员填写和提交有关单证后，海关按照海关法令与规定，查审核对有关单证，并检验货物、计算进口额度、结清进口税额、办完通关手续，方可准予货物结关放行。目前这个过程的纸质文件的传输基本实现了电子化。

6. 国际物流信息管理子系统

国际物流信息管理子系统的主要功能是采集、处理和传递国际物流和商流的信息情报。国际物流信息的主要内容包括进出口单证的作业过程、支付方式信息、客户资料信息、市场行情信息和供求信息等。

国际物流信息管理子系统的特点是：信息量大，交换频繁；传递量大，时间性强；环节多，点多，线长。因此，要建立技术先进的国际物流信息管理子系统，EDI 的发展是一个重要趋势。

国际物流系统的不同阶段和不同层次通过信息流紧密地联系在一起，因而在国际物流系统中，总存在着对物流信息进行采集、存储、传播、处理、显示和分析的国际物流信息管理子系统。国际物流信息管理子系统的基本功能可以归纳为以下几个方面。

（1）数据的收集和录入。国际物流信息管理子系统首先要做的是用某种方式记录国际物流系统内外的有关数据，集中起来并转化为国际物流信息管理子系统能够接受的方式输入到系统中。

（2）信息的存储。数据进入系统之后，经过整理和加工，成为支持国际物流系统运行的物流信息，这些信息需要暂时存储或永久保存，以供应用。

（3）信息的传播。物流信息来自国际物流系统内外的有关单元，又为不同的物流职能所利用，因而克服空间障碍的信息传播是国际物流信息管理子系统的基本功能之一。

（4）信息的处理。国际物流信息管理子系统的基本目标，就是将输入的数据转化、加工、处理成物流信息。国际物流信息的处理可以是简单的查询、排序，也可以是模型求解的预测。信息处理能力的强弱是衡量国际物流信息管理子系统能力的一个重要方面。

（5）信息的输出。国际物流信息管理子系统的目的是为各级物流人员提供相关物流信息，为了便于人们对物流信息的理解，系统输出的形式应力求易读易懂、直接醒目，这是评价国际物流信息管理子系统的主要标准之一。

1.4 国际物流发展趋势

1.4.1 物流管理

1. 国际物流系统更加集约化

集约化物流是指物流企业在一定区域或范围内，把个别的、零碎的、分散而同质的生产组织形式集中成规模的、便于现代化大生产的组织形式，协调社会整体资源，规避资源重复设置和浪费，充分利用信息和网络技术，运用现代组织和管理方式，延伸供应链管理领域的服务范围，将物流、运输、仓储、配送、信息等环节进行有效资源整合，优化运作成本，并进行社会一体化协作经营的新体制物流。

在物流市场形成初期，行业竞争较小，物流服务的技术含量不高，行业壁垒较低，物流业内模仿行为相对容易，因此存在大量潜在进入者。各类物流企业因经营模式的大同小异而平分秋色，多数物流企业还没有形成独特的经营理念，企业的竞争地位不稳定，凭借"先动优势"获取较大的市场份额是企业惯用的竞争策略。随着物流市场的全面启动，物流产业将由起步初期逐渐过渡到发展期乃至成熟期，物流服务产品的标准化、规范化和全面市场化的发展对物流市场竞争格局的逐步确立将使物流产业的规模效应迅速显现出来，物流产业的空间范围将进一步扩大，物流产业将向集约化发展。

传统物流一般只是货物从起点到终点的流动过程，即产品出厂后从包装、运输、装卸到仓储这样一个流程。而现代物流，一方面，将传统物流向两头延伸并注入新的内涵，即从最早的货物采购物流开始，经过生产物流再进入销售领域，其间要经过包装、运输、装卸、仓储、加工配送等过程到最终送达用户手中，甚至最后还有回收物流。另一方面，现代物流将社会物流和企业物流、国际物流和国内物流等各种物流系统，通过利益输送、股权控制等形式有机地组织在一起，即通过统筹协调、合理规划来掌控整个商品的流动过程，以满足各种用户的需求和不断变化的需要，争取做到效益最大和成本最小。国际物流的集约化，是将整个物流系统打造成一个高效、通畅、可控制的流通体系，以此来减少流通环节、节约流通费用，达到实现科学的物流管理、提高流通的效率和效益的目的，以适应在经济全球化背景下"物流无国界"的发展趋势。可以说，过去物流企业之间的竞争是单个企业之间的竞争，现在已经演变成一群物流企业与另一群物流企业的竞争、一个供应链与另一个供应链的竞争、一个物流体系与另一个物流体系的竞争。物流企业所参与的国际物流系统的规模越大，物流的效率就越高，物流的成本就越低，物流企业的竞争力就越强，这是一种竞合关系。国际物流的这种集约化趋势，是一个国家流通业走向现代化的主要标志，也是一个国家综合国力的具体体现。当前，国际物流向集约化方向发展主要表现在两个方面：一是大力建设物流园区，二是加快物流企业整合。物流园区建设有利于实现物流企业的专业化和规模化，发挥它们的整体优势和互补优势；物流企业整合，特别是一些大型物流企业跨越国境展开"横联纵合"式的并购，或形成物流企业间的合作并建立战略联盟，有利于拓展国际物流市场，争取更大的市场份额，加速本国物流业深度地向国际化方向发展。

2. 第三方物流

第三方物流（third party logistics，3PL）是指在物流渠道中由中间商提供的服务，因此，第三方物流提供者是一个为外部客户管理控制和提供物流服务作业的公司，它们并不在供应链中占有一席之地，仅是第三方，但通过提供一整套物流活动来服务于供应链。

第三方物流优势显著，主要体现在以下几点。

（1）集中主业。企业能够实现资源优化配置，将有限的人力、财力集中于核心业务，进行重点研究，发展基本技术，开发出新产品参与世界竞争。

（2）节省费用，减少资本积压。专业的第三方物流提供者利用规模生产的专业优势和成本优势，通过提高各环节能力节省费用，使企业能从分离费用结构中获益。

（3）减少库存。企业不能承担多种原料和产品库存的无限增长，尤其是高价值的部件要及时送往装配点，实现零库存，以保证库存的最小量。

（4）提升企业形象。第三方物流提供者通过全球性的信息网络使客户的供应链完全透明化，客户随时可以通过网络了解供应链的情况。第三方物流提供者用完备的设施和训练有素的员工对整个供应链实现完全控制，减少物流的复杂性。第三方物流提供者通过遍布全球的运送网络和服务，帮助客户大大缩短交货期，帮助客户改进服务、树立自己的品牌形象，为客户在竞争中取胜创造有利条件。

1.4.2 物流技术

1. 国际物流标准更加统一化

国际物流的标准化是以国际物流为一个大系统，制定系统内部设施、机械装备、专用工具等各个分系统的技术标准；制定各子系统内分领域的包装、装卸、运输、配送等方面的工作标准；以系统为出发点，研究各分系统与分领域中技术标准与工作标准的配合性；按配合性要求，统一整个国际物流系统的标准；研究国际物流系统与其他相关系统的配合问题，谋求国际物流大系统标准的统一。

随着经济全球化的不断深入，世界各国都很重视本国物流与国际物流的相互衔接问题，努力使本国物流在发展的初期,其标准就与国际物流的标准体系相一致。因为如果忽视标准化问题,不仅会加大国际交往的技术难度,更重要的是,在现在的关税和运费本来就比较高的基础上,又增加了与国际标准不统一所造成的工作量,将使整个国际贸易物流成本增加。因此,国际物流的标准化问题不能不引起更多的重视。目前,跨国公司的全球化经营,正在极大地影响物流全球性标准化的建立。一些国际物流企业和协会,在国际集装箱和 EDI 技术发展的基础上,开始进一步对物流的交易条件、技术装备规格,特别是单证、法律条件、管理手段等方面推行统一的国际标准,使物流的国际标准更加深入地影响到国内标准,使国内物流日益与国际物流融为一体。

2. 国际物流信息化更完善

物流信息化能显著提高国际物流业的运行水平,加速国际物流市场流通,因而是国际物流系统建设的重点和难点。国际物流系统信息化主要表现在以下三个方面。

1)公共物流信息平台的建立将成为国际物流发展的突破点

公共物流信息平台是指为国际物流企业、国际物流需求企业和其他相关部门提供国际物流信息服务的公共的商业性平台。其本质是为国际物流生产提供信息化手段的支持和保障。公共物流信息平台的建立,能实现客户的快速反应。建立客户快速反应系统是国际物流企业更好地服务客户的基础。公共物流信息平台的建立,能加强同合作单位的协作。

2)物流信息安全技术将日益被重视

物流信息技术,在享受网络飞速发展带来的巨大好处的同时,也时刻可能遭受安全危机。例如,网络黑客无孔不入的恶意攻击、病毒的肆虐、信息的泄密等。应用安全防范技术,保障国际物流企业的物流信息系统平台安全、稳定地运行是国际物流企业长期面临的一项重大挑战。

3)信息网络将成为国际物流发展的最佳平台

连接全球的互联网从科技领域进入商业领域后,得到了飞速的发展。互联网以其简便、快捷、灵活、互动的方式,全天候地传送全球各地间的信息,跨越时空限制,使整个世界变成了"地球村"。网上信息流通的时间成本和交换成本空前降低,商务、政务及个人事务都可以把信息搭载在互联网上传送。互联网已经成为并将继续担负起全球信息交换的新平台。

1.4.3 物流服务

1. 绿色物流日渐重要

物流虽然促进了经济的发展,但是物流的发展同时也会给城市环境带来不利的影响,如运输工具的噪声、污染排放、对交通的阻塞等。21 世纪,人类面临人口膨胀、环境恶化、资源短缺三大危机,因此,绿色物流备受关注。绿色物流从环境的角度对物流体系进行改进,形成了一个与环境共生型的物流管理系统。

绿色物流发展的现实意义如下。

(1)绿色物流适应社会发展的潮流,是全球经济一体化的需要,随着全球经济一体化的发展,一些传统的关税和非关税壁垒逐渐取缔,环境壁垒(绿色壁垒)逐渐兴起。我国物流企业要想在国际市场上占有一席之地,发展绿色物流是理性选择。

(2)绿色物流是物流不断发展壮大的根本保障。物流作为现代新兴行业,有赖于社会化大生产的专业分工和经济的高速发展,而物流企业要发展一定要与绿色生产、绿色营销、绿色消费紧密衔接,人类的经济活动绝不能因物流而过多地消耗资源,破坏环境,以致造成再次重复污染。绿色物流是物流发展的趋势。

(3) 绿色物流是物流企业最大限度降低经营成本的必经之路。据专家分析认为,产品从投产到销出,制造加工时间仅占10%,储运、装卸、分装、二次加工,以及信息处理等物流过程几乎占90%的时间。因此,物流专业化无疑为降低成本奠定了基础。绿色物流强调低排放大物流的方式。显然,绿色物流强调的不仅是一般物流的降低成本,它更重视绿色化和由此带来的节能、高效、少污染,它对生产经营成本的节省可以说是不可估量的。

2. 物流全球化趋势明显

物流全球化就是以满足全球消费者的需求为目标,组织货物在国际的合理流动,也就是发生在全球范围内的物流。具体而言就是在全球范围内,把商品的采购、运输、仓储、加工、整理、配送、销售和信息等方面有机结合起来,选择最佳的方式与路径,以最低的费用和最小的风险,保质、保量、适时地将货物从某国的供方运到另一国的需方,为消费者提供多功能、一体化的综合性服务。物流全球化的实质是按照国际分工协作的原则,依照国际惯例,利用国际化的物流网络、物流设施和物流技术,实现商品和服务的全球流动与交换,以促进区域经济的发展和世界资源优化配置。物流全球化主要体现为以下三种形式。

(1) 作为全球化的生产企业,在世界范围内寻找原材料、零部件来源,并选择一个适应全球分销的物流中心以及关键供应物资的集散仓库,在获得原材料以及分配新产品时使用当地现有的物流网络,并推广其先进的物流技术与方法。

(2) 生产企业与专业第三方物流企业的同步全球化,即随着生产企业全球化的进程,将以前所形成的完善的第三方物流网络也带入到全球市场。例如,日资背景的伊藤洋华堂在打入中国市场后,其在日本的物流配送伙伴伊藤忠株式会社也跟随而至,并承担了其配送活动。

(3) 国际运输企业之间的结盟。为了充分应对全球化的经营,国际运输企业之间开始形成一种覆盖多种航线,相互之间以资源、经营的互补为纽带,面向长远利益的战略联盟,这不仅使全球物流更能便捷地进行,而且使全球范围内的物流设施得到了极大的利用,有效地降低了运输成本。

3. 物流服务更加多元化

物流常规服务项目通过专业化、集约化的方式实现高效的物流服务。第三方物流在现代营销理论和信息技术的支持下,取代传统物流,为客户提供更为完善、专业、合理的多元化物流增值服务,是国际物流的必然趋势。

(1) 承运人型增值服务,包括从收货到递送的货物全程追踪服务、车辆租赁服务、被客户退回的商品回收运输服务、运输设备的清洁或消毒等。

(2) 仓储型增值服务,包括材料及零部件的到货检验与安装制造、制成品的重新包装和组合、产品捆绑促销时的再包装服务、成品标记服务、商品退回的存放并协助处理追踪服务、为食品和药品类客户提供的低温冷藏服务等。

(3) 货运代理型增值服务,包括租船订舱、包机包舱、托运、仓储、包装;货物的装卸、集装箱拼装拆箱、中转及相关的短途运输服务;报关报验、保险;多式联运等。

(4) 信息型增值服务,包括向供应商下订单,并提供相关财务报告;接受客户的订单,并提供相关财务报告；利用对数据的积累和整理，对客户的需求预测，提供咨询支持；运用网络技术向客户提供在线数据查询和在线帮助服务等。

（5）第四方物流增值服务，包括向客户提供全面意义上的供应链解决方案；对第三方物流企业的管理和技术等物流资源进行整合优化。对物流作业流程进行再造，甚至对其组织结构进行重组，对客户物流决策提供咨询服务等。

（6）金融担保服务，货物抵押融资就是在货物运输或仓储过程中，将货权转移给银行，银行根据市场情况按一定比例提供融资。当生产商、贸易商或运输商向银行偿还融资金额后，银行向负责运输或仓储的机构发出放货指示，将货权还给原货主。如果贷款人不能在规定的融资期内向银行偿还融资金额，银行可以在国际、国内市场上拍卖掌握在银行手中的货物。货物抵押融资将使物流企业的经营得到国外金融机构的支持，进而在无须政府担保的情况下进行有效的运作。这种融资方式的优点在于银行不需要政府或企业的担保，而是掌握运输和仓储货物的所有，即得到了对融资的担保。此外也没有经营期货的风险，而是以实际的货物作抵押。货物抵押融资可以增加企业流动资金，降低进出口商品的费用，从而降低企业的生产成本，加速资金的流动，使经营进出口商品的物流企业更加具有竞争力。

资料1　"一带一路"——境内国际物流大通道上的新机遇

根据"一带一路"走向，陆上依托国际物流大通道，以沿线中心城市为支撑，以重点经贸产业园区为合作平台，共同打造新亚欧大陆桥、中蒙俄、中国—中亚—西亚、中国—中南半岛等国际经济合作走廊；海上以重点港口为节点，共同建设通畅、安全、高效的运输大通道和中巴、孟中印缅两个经济走廊。"一带一路"联通东、中、西三大区域，形成以我国版图为核心的陆海双向国际辐射空间布局，提升经济发展和产业布局纵深，培育欠发达地区经济发展增长极。

随着"一带一路"倡议促进对外经济贸易的快速发展，境内国际物流节点整体效能将显著提高，逐渐形成以港口、航空口岸为中心，以铁路、公路、水路为网络的立体化的境内国际物流基础设施体系。口岸物流规模迅速扩大。随着外贸进出口总量的增加，我国口岸物流规模迅速扩大，已经形成沿海、沿江水运、公路、铁路、航空全方位开放的立体化口岸体系。内陆口岸在近年增速很快，"渝新欧"自2011年以来，货运量累计达1.27万TEU，货值40多亿美元。在其示范带动下，郑州、武汉、成都、西安、合肥等中西部内陆城市，近几年也纷纷拓展面向欧亚的跨国物流。口岸物流基础设施跃上新台阶。截至2014年，全国共有对外开放口岸285个，其中空运口岸63个，水运口岸139个，公路口岸64个，铁路口岸19个。从分布情况来看，东部地区有187个，其中水运口岸118个；中部地区20个，其中空运口岸10个，公路口岸9个；西部地区78个，其中公路口岸41个。口岸物流服务范围进一步扩大。随着经济快速发展和大规模交通基础设施建设，现代大型综合性港口和机场以其强大的综合能力和广阔的影响区域，不仅在当今综合运输网络中成为不可或缺的重要组成部分，同时也是现代物流发展的重要资源。枢纽口岸在设施和后方集疏运系统的发展上积极配合，势必会创造更高效率的物流服务环境，并通过生产成本、流通成本的不断降低和信息服务的高效率，使口岸影响下的产业布局的范围得到拓展，口岸的服务和影响范围因此而扩大。

在"一带一路"倡议下，打通境内物流大通道对于我国未来的产业布局调整意义深远。通道打通后，西部延边地区货运量和货运周转量将激增。以新疆阿拉山口岸为例，2014年口岸进出口货运量达到2 545.1万t，平均年增长10%，对外贸易进出口总额154.53亿美元，全年累计监管货运专列327列，较2013年增长近3倍，共计23 656个TEU，货运量约14.28万t，货值约25.81亿美元。其中"渝新欧"专列开行次数及载运集装箱数约为2013年的3倍。以此推算，通道打通后，西部地区将继续保持货运量和货运周转量高速增长。通道打通后，中部地区可以作为东西双向港口的中转地或工业聚集地，物流地理优势明显。以河南、陕西、重庆为例，这些省份都有一定的工业基础，之前工业产品进出口都主要依托于东部沿海天津港、青岛港、宁波港、上海港、深圳等港口。"一带一路"战略引导向西开放，一旦打通境内物流大通道，中部工业大省将可以根据产成品特征选择不仅可以走传统的东部沿海港口，还可以选择走西向的快速陆路通道到欧洲，缩短物流时间，降低物流成本。中部省份在地理位置上相对东部沿海省份不再具有明显劣势，原分布于广东、江苏等省的劳动密集型制造、化工等产业有望内移至中部地区。以重庆到西欧运输为例，原先从重庆走水运到上海，再从上海发海运到西欧共2.2万km，40 d；国际物流大通道打通后，从重庆到乌鲁木齐再到西欧，全程1.12万km，14 d；从重庆到云南瑞丽再到东盟，走印度洋出海再抵西欧，全程2万km，30 d。

此外，"一带一路"倡议的境内国际物流大通道建设将在一定程度上促进中西部城镇化进程。之前郑州、石家庄被称为"火车拉来的城市"，未来在中西部，尤其是延边口岸将出现"国际物流大通道上的枢纽"这样定位的大型城市。中国的"西电东送"解决了电煤长途运输的问题，未来通过国际物流大通道建设，我们可以进口邻国廉价的能源矿产资源，减少对本土能源矿产的开采。东中西部地区利用高效的物流网络可以更好地进行国际贸易分工与合作，"前店后厂"模式将在未来应用到区域经济合作中去。如北京、上海、深圳等超大型城市发挥其优势做创新设计，中西部地区承接其非主要功能，做制造，加工，甚至是"云计算"物理存储。未来物流不再是区域之间发展不平衡的障碍因素，其发展必将带来许许多多新的机遇。

（资料来源：http://www.doc88.com/p-7038942707564.html）

资料2 跨境电商五种主要的国际物流模式

做跨境电商，物流问题是重头戏，也是卖家极为关心的话题。一般来讲，小卖家可以通过平台发货，可以选择国际小包等渠道。大卖家或者独立平台的卖家，需要优化物流成本，需要考虑客户体验，需要整合物流资源并探索新的物流形式。下面介绍跨境电商五种主要的国际物流模式。

1. 邮政包裹模式

邮政网络基本覆盖全球，比其他任何物流渠道覆盖范围都要广。这主要得益于万国邮政联盟和卡哈拉邮政组织（KPG）。万国邮政联盟是联合国下设的一个有关国际邮政事务的专门机构，通过一些公约法规来改善国际邮政业务，发展邮政方面的国际合作。万国邮政联盟由于会员众多，而且会员国之间的邮政系统发展很不平衡，因此很难促成会员国之间的深度邮政合作。于是在2002年，邮政系统相对发达的6个国家和地区（中、美、日、澳、韩等）的邮政部门在美国召开了邮政CEO峰会，并成立了卡哈拉邮政组织，后来西班牙和英国也加入了该组织。卡哈拉邮政组织要求所有会员国的投递时限要达到98%的质量标准。如果货物未能在指定日期投递给收件人，那么负责投递的运营商要按货物价格的100%赔付客户。这些严格的规定都促使会员国之间深化合作，努力提升服务水平。例如，从中国发往美国的邮政包裹，一般15d以内可以到达。据不完全统计，中国出口跨境电商的包裹70%都是通过邮政系统投递，主要是中国邮政，占据50%左右，其他邮政包括新加坡邮政等。互联易专注于跨境电商物流供应链服务，是唯一一家集全球邮政渠道于一身的企业。

2. 国际快递模式

国际快递指DHL、TNT、FEDEX和UPS这些国际快递商通过自建的全球网络，利用强大的IT系统和遍布世界各地的本地化服务，为网购中国产品的海外用户带来极好的物流体验。例如，通过UPS寄送到美国的包裹，最快可在48h内到达。然而，优质的服务伴随着昂贵的价格。一般中国商户只有在客户时效性要求很强的情况下，才使用国际快递来派送商品。

3. 国内快递模式

国内快递指EMS、顺丰和"四通一达"等快递商为用户提供的物流服务。在跨境物流方面，"四通一达"中申通和圆通布局较早，但也是近期才发力拓展，比如美国申通2014年3月才上线，圆通也是2014年4月才与CJ大韩通运快递展开合作，而中通、汇通、韵达则刚刚开始启动跨境物流业务。顺丰的国际化业务则要成熟些，目前已经开通到美国、澳大利亚、韩国、日本、新加坡、马来西亚、泰国、越南等国家的快递业务，发往亚洲国家的快件一般2~3d可以送达。在国内快递商中，EMS的国际化业务是最完善的。依托邮政渠道，EMS可以直达全球60多个国家，费用相对四大国际商业快递商要低，中国境内的出关能力很强，到达亚洲国家需2~3d，到欧美国家则需5~7d。

4. 跨境专线物流模式

跨境专线物流一般是指通过航空包舱方式将货物运输到国外，再通过合作物流公司进行目的国的派送。跨境专线物流的优势在于其能够集中运送大批量的货物到某一特定国家或地区，通过规模效应降低成本。因此，其价格一般比商业快递低。在时效上，跨境专线物流稍慢于商业快递，但比邮政包裹快很多。市面上最普遍的跨境专线物流产品是美国专线、欧洲专线、澳洲专线、俄罗斯专线等，也有不少物流公司推出了中东专线、南美专线、南非专线等。

5. 海外仓储模式

海外仓储服务是指为卖家在销售目的地进行货物仓储、分拣、包装和派送的一站式控制与管理服务。确切地说，海外仓储应该包括头程运输、仓储管理和本地配送三个部分。

（1）头程运输：中国商家通过海运、空运、陆运或者联运将商品运送至海外仓库。

（2）仓储管理：中国商家通过物流信息系统，远程操作海外仓储货物，实时管理库存。

（3）本地配送：海外仓储中心根据订单信息，通过当地邮政或快递将商品配送给客户。

以上五大模式基本涵盖了当前跨境电商的物流模式和特征，但也有一些"另类"。例如，比利时邮政虽然属于邮政包裹模式，但其定位于高质量卖家，提供的产品服务远比其他邮政产品优质。

对于跨境电商的卖家来说，首先应该根据所售产品的特点（尺寸、安全性、通关便利性等）来选择合适的物流模式，比如大件产品（如家具）就不适合采用邮政包裹模式，而更适合采用海外仓储模式；其次，在淡旺季要灵活选择不同的国际物流模式，例如在淡季时使用中邮小包降低物流成本，在旺季或者大型促销活动期间可采用新加坡邮政甚至比利时邮政来保证时效；最后，售前要明确向买家列明不同物流模式的特点，为买家提供多样化的物流选择，让买家根据实际需求来选择物流模式。

（资料来源：http://www.chinawuliu.com.cn/xsyj/201501/26/297959.shtml）

资料3　全球跨境电商寄递市场硝烟渐起

持续高温的全球跨境电商寄递市场，吸引了多家国际快递企业的关注。近期，UPS、DHL、FedEx纷纷通过重组业务、优化组合、创新服务、推陈出新等方式，积极布局全球跨境电商寄递市场。在给消费者提供更加方便、快捷的服务的同时，"三大家"的一系列动作无疑将加剧全球市场的竞争。全球跨境电商寄递市场硝烟渐起。

1. UPS立足北美　改进美墨跨境投递

美国是墨西哥最大的贸易伙伴，墨西哥是美国第二大出口市场和第三大贸易伙伴。随着墨西哥制造业的繁荣和中产阶级的扩大，美墨之间电子商务货运和联运跨境运输量增加，两国更加重视贸易通道建设。2014年，UPS建立了美国—墨西哥贸易中心，并安排一个专家组负责评估和改进服务，专注货主需求。

为保证更高效、可靠地开展业务，UPS自2016年1月起对业务范围做了如下改进：UPS货运零担更名为UPS标准零担，代理报关时还增加了投递保证；UPS航空整合货运和UPS跨境连接零担货运合并为UPS全球特快地面运输。UPS作为报关代理人，可提供投递保证；UPS航空直达货运更名为UPS全球特快空运，提供综合服务，代理报关时提供投递保证；UPS跨境整车货运更名为UPS全球特快卡车运输。

除了以上业务变更，UPS还在墨西哥推出一项新的授权委托书服务，至今已设立27个入境口岸，发货人可以减少文书工作，更高效地办理墨西哥通关手续。UPS表示，随着墨西哥中产阶级的增长，将有更多医药和零售产品从美国出口到墨西哥。

2. DHL布局欧洲　"入侵"法国B2C市场

DHL近日计划收购法国"最后一英里"投递公司RelaisColis 27.5%的股份，以进一步扩张法国B2C市场，为当地消费者提供跨境电商配送服务。

法国是欧洲第三大电商市场。据了解，此次收购将为DHL各子公司尤其是DHL包裹公司在法国提供增值物流服务带来新机遇。RelaisColis公司有450名员工，设有3个全国中心，22个分支机构和4 800个投递点，并拥有一定数量的自助包裹柜，每年处理B2C包裹约3 000万个。大部分包裹会被投递到包裹店，由消费者自取，也有小部分会投递上门。

除德国外，DHL包裹公司欧洲部目前在7个国家——荷兰、比利时、奥地利、波兰、捷克、斯洛伐克和瑞典开展业务。DHL法国公司目前还与Hermes欧洲姐妹公司Mondial Relay合作，利用其5 000个包裹点进行投递。

DHL表示，全球电子商务和B2C正经历前所未有的增长，入境包裹年均增长超过25%。法国日均B2C包裹达到15 000个，电子商务的发展真正改变了快递公司的业务。此次在法国的投资将促进公司揽投网络的发展，也有利于为终端客户推出定制投递服务。

3. FedEx 定制中国 "组合拳"打开大市场

FedEx 在中国大陆推出新业务——联邦定制货运，针对的是从中国出口至世界各地的货物以及从美国、亚洲主要市场进口到中国的货物。

据了解，联邦定制货运已在澳大利亚、日本、韩国、新加坡、中国推出，主要面向高科技、医疗和制造业领域对温控、包裹安全有特殊需求的客户。

在中国，该业务综合了 FedEx 的全球网络、航班以及快速通关的定制化增值服务，基于客户的特殊需求确定门对门路由，提供综合运输管理和调度，服务内容还包括包裹揽投专用车辆、优先处理、装货，全天候货物管理——主动监控和实时转运信息。货物抵达后，进行运输审计和文档审计跟踪，确保达到最初的服务方案设计，并满足监管合规需求。联邦定制货运业务还包括对航空货运集装箱的各种温度控制和质量支持。此外，公司还会针对产品包装、海关法规、寄递安全等问题为客户提供专业支持和建议。

FedEx 表示，公司一直努力改进、创新服务，以满足客户不断变化的需求，联邦定制货运服务就是很好的例子。

（资料来源：http://www.chinawuliu.com.cn/zixun/201604/01/310936.shtml）

思考题

1. 经济全球一体化对国际物流的影响有哪些？
2. 国际物流系统包括哪些子系统？
3. 简述国际物流运作流程。

第 2 章 国际贸易术语

在国际贸易中，买卖双方处于不同的国家或地区，货物交接过程时间长、环节多、影响因素复杂、风险大。在交易过程中，卖方企业不论是通过中介，如通过代理机构或者分销商销售产品，还是直接卖给进口商，都需要经过很多步骤，包括从提交合格的货物和单据，通过一定方式转移货物的所有权，到买方接收货物和支付货款。在货物交接过程中，买卖双方还涉及风险、责任和费用的划分问题。这些事项都必须在买卖双方磋商交易时做出明确的规定，并在合同中进行明确的说明。

由于各国法律制度、交易习惯不同，不同国家和地区的当事人对同一问题有不同的理解和解释。为了解决分歧和避免争议，国际商会、国际法协会等有关的国际组织对普遍存在的重大问题做出了具有通则性的解释和规定，以方便从事国际贸易的人员遵循。国际贸易术语便是上述国际组织对国际贸易普遍存在的重大问题的解释和规定。

本章主要介绍国际贸易术语和相关的国际惯例，以及现在国际商会认可的国际贸易术语的具体规定。

2.1 国际贸易术语及作用

2.1.1 贸易术语的含义

贸易术语（trade terms），是指国际贸易中习惯采用的，用简明的语言来概括表示商品的价格构成和交货条件，说明买卖双方在货物交接方面各自承担的责任、费用和风险的专门用语。

贸易术语所表示的贸易条件，主要分为两个方面。一方面，贸易术语说明商品的价格构成是否包括成本以外的主要从属费用，即运费和保险。另一方面，贸易术语确定交货条件，即说明买卖双方在交接货物方面彼此所承担的责任、费用和风险的划分。在实际应用中，贸易术语通常用简明的语言和英文缩写。例如，USD 13.82 per metric ton FOB Qingdao，表示价格为每吨 13.82 美元的货物，在青岛港船上交货。

2.1.2 贸易术语的产生和发展

贸易术语是国际贸易发展到一定历史阶段的产物。由于国际贸易涉及国际运输、保险、海关等方方面面的工作，需要办理货物装卸、投保、报关、纳税等手续，并需支付运费、保险费、关税以及其他各项费用。同时货物在运输和装卸过程中，还有可能遭受到自然灾害、意外事故和各种外来风险。有关这些事项由谁办理，费用由谁支付，风险由谁承担，买卖双方需要交接哪些单据，在什么地方、以什么样的方式办理交货等一系列问题在国际贸易中几乎都有涉及。如果每一次国际贸易活动都要求买卖双方反复对这些问题进行洽商，不仅费时费力，还会阻碍国际贸易的发展。因此，在长期的国际贸易实践中，各种为买卖双方所熟悉的国际贸易术语便产生了。

中世纪时，海外贸易大多通过船运方式来完成货物运输。在运输过程中，货主要承担长途运输带来的责任、费用和风险。为此，商人们要亲自远涉重洋到国外将采购的货物运回国。在装船过程中，商人们往往要求卖方将货物运到指定的船上，并经过查验后再支付货款。久而久之，商人们逐渐形成了一种由卖方将货物装上船的交货方式，这便是贸易术语的起源。

18 世纪末 19 世纪初，用来表示装运港船上交货的术语 FOB（free on board，在运输工具上交货）问世，开创了业内使用贸易术语的先河。自此之后，随着科技进步和经济发展，为国际贸易服务的第三方船运公司和保险公司应运而生，银行参与国际贸易的结算，这些都使国际贸易发生了巨大变化，直接导致以 CIF（cost insurance and freight，成本加保险费、运费）为代表的单据买卖方式的产生，并逐步成为国际贸易中最常用贸易术语之一。

从 1812 年的 FOB 术语开始，随着国际贸易的不断发展，新的贸易术语不断出现，到 1953 年被国际商会认可的贸易术语就有 9 个，1980 年贸易术语增加到 14 个，到 1990 年，被国际商会认可的贸易术语共 13 个，2010 年又修改调整为 11 个。通过国际组织、商业团体的共同努力，形成了一些术语使用的解释规则由最初仅用于船运方式，发展成适用于各种运输方式。国际贸易术语发展至今，已经被业内普遍接受，为买卖合同的顺利履行发挥重要作用。

2.1.3　贸易术语的性质和作用

1. 贸易术语的两重性

贸易术语是用来表示买卖双方各自承担义务的专门术语。从贸易术语的概念中可以看出，贸易术语具有两重性：一方面表示价格构成，另一方面表示交货条件。

1）表示价格构成

不同贸易术语代表了不同的交易模式，体现了不同的价格构成。因此，采用不同的贸易术语成交，货物的成交价格是有区别的。

由于价格构成因素不同，成交价格也有所区别。具体来说，FOB 价是国内价格加上合理的利润，不包括从装运港到目的港的运费和保险费，而 CIF 价则是在 FOB 价的基础上，加上了从装运港到目的港的运费和保险费。

2）表示交货条件

每种贸易术语都有其特定的含义，采用某种专门的贸易术语，可以确定交货条件，即买卖双方所承担的责任、费用和风险的划分。

按装运港船上交货的 FOB 术语成交和按目的地港船上交货的 DAP（delivered at place，目的地交货）术语成交，二者的交货条件不同，买卖双方各自承担的责任、费用和风险也是不同的。比如，在 FOB 交货条件下，买方要负责派船到约定的装运港接运货物，而且货物装船之后的一切费用和风险也将由买方承担。而卖方的主要责任就是把约定的货物按约定的时间交到买方指定的船上，并承担货物装上船之前所有的费用和风险。而在 DAP 交货条件下，派船将约定货物运到指定的目的港是由卖方负责的，而且卖方也要承担相应的货物在目的港船上交货之前的一切费用和风险，交货之后的一切费用和风险由买方承担。由此，可以看到，用 DAP 交货条件成交，卖方所承担的责任、费用和风险要比用 FOB 交货条件成交更大。

不同的贸易术语表明买卖双方各自承担不同的责任、费用和风险，而责任、费用和风险的大小又反过来影响成交商品的价格。一般来说，凡使用在出口国国内交货的贸易术语，如工厂交货 EXW 和装运港船边交货 FAS 等，卖方承担的责任、费用和风险都比较小，商品的成交价相对来说比较低。反之，使用在进口国国内交货的贸易术语，如目的地船上交货 DAP 和完税后交货 DDP 等，卖方承担的责任、费用和风险就比较大，这就会引起商品成交价的提高。因此，在进口国国内交货比在出口国国内交货的价格高，有时还会高出很多。所以，经常就有人把贸易术语当作单纯表示价格的用语，而称其为"价格术语"或"价格条件"。

由此可见，正是由于贸易术语具有两重性，买卖双方只要确定以何种贸易术语成交，即可明确彼此之间在货物交接方面所应当承担的责任、费用和风险，从而简化复杂的国际贸易环节，国际贸易术语被国际贸易界普遍接受并加以广泛应用。

2. 贸易术语的作用

贸易术语在国际贸易中起着积极的作用，主要表现在以下三个方面。

1）有利于买卖双方洽商交易和订立合同

由于每种贸易术语都有其特定的含义，一些国际组织对各种贸易术语也做了统一的解释与规定，这些解释与规定在国际上被广泛接受，并成为惯用的做法或行为模式。因此，买卖双方只需要商定按何种贸易术语、何种规定成交，即可明确彼此在交接货物方面所应该承担的责任、费用和风险。这样，规范且简化了交易手续，缩短了洽商交易的时间，有利于买卖双方迅速达成交易和订立合同，节约有关费用开支。

2）有利于买卖双方进行国际价格对比和成本核算

由于贸易术语表示价格构成因素，所以买卖双方确定成交价格时，必须要考虑采用的贸易术语包含哪些从属费用，如运费、保险费、装卸费、关税、增值税和其他费用，这就有利于买卖双方进行价格比较和成本核算。

3）有利于解决合同履行中的争议

买卖双方商定合同时，如果对合同条款考虑欠周，使某些事项规定不明确或不完备，致使履约过程中产生的争议不能依据合同的规定解决，可以援引有关贸易术语的一般解释来处理。这些贸易术语的一般解释已成为国际惯例，被国际贸易从业人员和法律界人士所广泛理解和接受，既可作为国际贸易中公认的一种行为和准则，也可作为具有法律效果的依据。因此，运用国际贸易中的各种贸易术语，有利于妥善解决贸易争端。

2.2　INCOTERMS® 2010 中国际贸易术语的分类

INCOTERMS® 2010 的 11 个术语根据运输方式类型分为两类（见表 2-1）。

表2-1 INCOTERMS® 2010 内容一览表

分组	缩写	全称	中译
第一类 适用于任何运输方式或多种运输方式 (all types of transport)	EXW	EX Works	工厂交货
	FCA	Free Carrier	货交承运人
	CPT	Carriage Paid To	运费付至
	CIP	Carriage and Insurance Paid to	运费、保险费付至
	DAT	Delivered At Terminal	运输终端交货
	DAP	Delivered At Place	目的地交货
	DDP	Delivered Duty Paid	完税后交货
第二类 适用于海运和内河水上运输方式 (water transport)	FAS	Free Alongside Ship	船边交货
	FOB	Free On Board	船上交货
	CFR	Cost and Freight	成本加运费
	CIF	Cost, Insurance and Freight	成本、保险费加运费

第一类国际贸易术语是适用于任何运输方式或多种运输方式的规则。这类术语包括：

EXW——工厂交货

FCA——货交承运人

CPT——运费付至

CIP——运费、保险费付至

DAT——运输终端交货

DAP——目的地交货

DDP——完税后交货

第二类国际贸易术语是只适用于海洋及内河水路运输方式的规则。这类术语包括：

FAS——船边交货

FOB——船上交货

CFR——成本加运费

CIF——成本、保险费加运费

第一类国际贸易术语包含7个INCOTERMS术语——EXW、FCA、CPT、CIP、DAT、DAP和DDP，可以适用于特定的运输方式，也可适用于一种或多种运输方式，甚至可适用于非海洋运输的情形。需要注意，以上这些规则仅适用于存在船舶作为运输工具之一的情形。

在第二类国际贸易术语中，交货点和货物送达买方的地点都是港口，所以只适用于"海运或内河水上运输"。FAS、FOB、CFR和CIF都属于这一类。最后三个术语，删除了以越过船舷为交货标准，代之以将货物装运上船。

2.3 INCOTERMS® 2010 中适用于各种运输方式的国际贸易术语

本节主要介绍适用于各种运输方式或多种运输方式的贸易术语。其中常用的有 EXW、FCA、CPT、CIP、DAT、DAP、DDP 等。本节就这几种术语做详细介绍。

2.3.1 EXW

1. EXW 的含义

EXW 的全称是 EX Works（…named place），即工厂交货（……指定地点）。EXW 适用于各种运输方式，以及多种运输方式。

"工厂交货（……指定地点）"是指当卖方在其所在地或其他指定的地点［如工场（强调生产制造场所）、工厂（制造场所）或仓库等］将货物交给买方处置时，即完成交货。卖方不需要将货物装上任何运输工具，卖方也不必为货物办理出口清关手续。

例如，合同的价格条款规定：at USD 13.86 per piece EXW XX factory, Tianjin Incoterms® 2010，表示每件货物的价格为 13.86 美元，在天津××工厂交货。

2. EXW 术语规定的卖方义务

（1）在合同规定的时间，在货物的生产地或所在地，将符合合同规定的货物置于买方处置之下。

（2）负责提供商业发票和证明货物已经被支付的单证，或者具有同等效力的电子信息。

（3）承担货物交接前的一切有关费用和风险。

3. EXW 术语规定的买方义务

（1）在规定的时间受领货物，并支付货款。

（2）承担货物交接后的一切有关风险和费用，包括保险费、办理出口海关手续、关税、其他费用，即将货物从交货地运往目的地的运费等一切费用。

（3）自负风险和费用，获取货物出口和进口许可证或其他官方许可证件，自行办理货物出口和进口所需的一切海关手续。

4. 使用 EXW 术语时的注意事项

（1）双方都应该尽可能明确货物交付地点，因为此时（交付前的）的费用与风险由卖方承担。买方必须承担在双方约定的地点或在指定地点受领货物的全部费用和风险。

（2）EXW 是卖方承担责任最小的术语。它应遵守以下使用规则。

卖方没有义务为买方装载货物，即使在实际中由卖方装载货物可能更方便。若由卖方装载货物，相关风险和费用亦由买方承担。

买方在与卖方使用 EXW 术语时应知晓，卖方仅在买方要求办理出口清关手续时负有协助的义务。但是，卖方并无义务主动办理出口清关手续。

买方承担向卖方提供关于货物出口相关信息的有限义务。但是，卖方可能需要用作诸如纳税（申报税款）、报关等目的的信息。

2.3.2 FCA

1. FCA 的含义

FCA 的全称是 Free Carrier（…named place of delivery），即货交承运人（……指定装运地）。FCA 适用于各种运输方式，也适用于多种运输方式同时使用的情况，特别适用于以集装箱为媒介的国际多式联运方式。

"货交承运人"是指卖方于其所在地或其他指定地点将货物交付给承运人或买方指定人。当事人应尽可能清楚地明确说明指定交货的具体地点，因为风险将在此转移至买方。

例如，合同的价格条款规定：at USD 15.6 per doz. FCA Shanghai airport Incoterms® 2010，表示每打货物的价格为 15.6 美元，在上海机场交货。

FCA 要求卖方在需要时办理出口清关手续。但是，卖方没有义务办理进口清关手续并支付任何进口关税或者办理其他进口海关手续。

2. FCA 术语规定的卖方义务

（1）在约定的期限或日期内，在指定的地点（如有），将货物交付给买方指定的承运人或者其他人，并就已经交货或买方指定的承运人或其他人未在约定时间内收取货物给予买方充分的通知。

（2）提供符合销售合同规定的商业发票或有同等作用的电子信息，以及合同可能要求的、证明货物符合合同规定的其他任何凭证。

（3）应买方要求，取得任何出口许可证或其他官方许可证件，并在需要办理海关手续时，办理货物出口所需的一切海关手续，并承担由此可能引起的风险和费用。采用适合货物运输的方式包装货物，并作适当标记。

（4）承担货物交至装运港船上之前的一切费用和风险。

3. FCA 术语规定的买方义务

（1）将指定的承运人或其他人的姓名、收取货物的时间、指定人使用的运输方式、指定地点内的交货地点及时、充分地通知卖方；并根据合同的规定，接受卖方提交的与合同相符的单证，受领符合合同规定的货物，支付货款。

（2）自负风险和费用，取得进口许可证或其他官方许可证件，并办理货物进口以及必要时经由他国过境运输所需的一切海关手续。

（3）根据买卖合同的规定受领货物并支付货款。

（4）承担货物在装运港交至船上后发生的一切费用和风险。

4. 使用 FCA 术语时的注意事项

（1）FCA 关于风险的转移，是以货交承运人为界限的。由买方订立运输合同，并将承运人的名称以及相关事项及时通知卖方，卖方才能如期地完成交货，并实现风险的转移。

如果买方出现以下几种情况时：

① 未能指定承运人或其他人；

② 指定的承运人或其他人未在约定时间接管货物；

③ 买方未能给予卖方通知。

买方要承担由此发生的一切额外费用，并自下列时间起承担货物的一切风险：

① 自约定日期起；

② 若无约定日期，则自买方在约定期限内通知上述情况的日期起；

③ 若没有通知日期，则自任何约定交货期限届满之日起，但以该项货物已清楚地确定为合同项下之货物者为限。

（2）在 FCA 下，交货地点的选择十分重要，双方应该尽可能清楚地约定交货地点以及具体的交付点。

若当事人意图在卖方所在地交付货物，则应当确定该所在地的地址，即指定交货地点。若当事人意图在其他地点交付货物，则应当明确确定一个具体的交货地点。

若卖方在其所在地交货，则装货由卖方负责；反之，卖方不负责装货。

若所指定的地点没有明确具体交货地点，或有几个具体交货地点可供选择，卖方可以在指定的地点选择最适合其目的的交货地点。若买方没有明确指示，则卖方可以根据运输方式和（或）货物的数量和（或）性质将货物交付运输。

2.3.3 CPT

1. CPT 的含义

CPT 的全称是 Carriage Paid To（…named place of destination），即运费付至（……指定目的地）。CPT 适用于各种运输方式，也适用于多种运输方式。

"运费付至"指卖方在指定交货地向承运人或由其（卖方）指定的其他人交货并且其（卖方）须与承运人订立运输合同，载明并实际承担将货物运送至指定目的地所产生的必要费用。

例如，合同的价格条款规定：at USD 100 per metric ton CPT Shanghai Incoterms® 2010，表示每吨货物的价格为 100 美元，卖方在出口地货交承运人，货到指定目的地上海。

CPT 要求卖方在需要办理这些手续时，办理货物出口清关手续。但是，卖方没有义务办理货物进口清关手续、支付进口关税以及办理任何进口海关手续。

2. CPT 术语规定的卖方义务

（1）自费订立将货物运往指定目的地的运输合同，负责在合同规定的日期或期限内，把符合合同规定的货物交给买方指定的承运人（多式联运下一般交给第一承运人）或其他人，并向买方发出及时、充分的通知。

（2）提供符合销售合同规定的商业发票，或有同等作用的电子信息，以及合同可能要求的、证明货物符合合同规定的其他任何凭证。

（3）自负风险和费用，取得出口许可证或其他官方许可证件，在需要办理海关手续时，办理货物出口和交货前从他国过境运输所需的一切海关手续。

（4）承担将货物交给承运人之前的一切风险和费用，以及交货后的运输费用。包括：根据运输合同规定由卖方支付的装货费用和在目的地的卸货费用，以及由卖方支付的货物从他国过境的运输费用等。

3. CPT 术语规定的买方义务

（1）在卖方已经按照合同规定将货物运至指定目的地的约定地点交货时，受领货物，并支付货款。

（2）自负风险和费用，取得所有的进口许可证或其他官方许可证件，在需要办理海关手续时，办理货物进口和交货后从他国过境运输所需的一切海关手续。

（3）承担货物在约定时间和交货地点交给承运人之后的一切风险和费用（运费除外），包括在目的地的卸货费用，从他国过境运输的费用等，除非运输合同规定这些费用由卖方承担。

4. 使用 CPT 术语时的注意事项

（1）买卖当事人应在买卖合同中尽可能准确地确定以下两点。①发生转移至买方的交货地点；②在其须订立的运输合同中明确指定目的地。如果使用多个承运人将货物运至指定目的地，且买卖双方并未对具体交货地点有所约定，则合同默认风险自货物由买方交给第一承运人时转移，卖方对这一交货地点的选取具有排除买方控制的绝对选择权。如果当事方希望风险转移推迟至稍后的地点发生，那么他们需要在买卖合同中明确约定这一点。

由于将货物运至指定目的地的费用由卖方承担，因而当事人应尽可能准确地确定目的地的具体地点。且卖方须在运输合同中载明这一具体的交货地点。卖方基于其运输合同在指定目的地卸货时，如果产生了相关费用，卖方无权向买方索要，除非双方有其他约定。

（2）卖方应及时发出装运通知，以便买方及时办理保险，否则要承担由此产生的一切损失。发出装运通知的时间一般在货物装船以后，出运前一天。以 FOB、CIF 方式出口，卖方虽然也要及时发出装运通知，但其作用是为了通知买方准备接货，并不涉及保险的问题。

2.3.4 CIP

1. CIP 的含义

CIP 的全称是 Carriage and Insurance Paid to（…named place of destination），即运费、保险费付至（……指定目的地）。CIP 适用于各种运输方式，也适用于多式联运。

"运费、保险费付至"是指在约定的地方（如果该地在双方间达成一致）卖方向承运人或是卖方指定的另一个人发货，以及卖方必须签订合同和支付将货物运至目的地的运费。

例如，合同的价格条款规定：at USD 13.86 per piece CIP New York Incoterms® 2010，表示每件货物的价格为 13.86 美元，货到指定目的地纽约。

CIP 要求卖方在必要时办理货物出口清关手续。但是，卖方没有义务办理货物进口清关手续、支付任何进口关税或者办理任何进口海关手续。

2. CIP 术语规定的卖方义务

（1）自费订立将货物运往指定目的地的运输合同，向买方提供货物的商业发票和符合合同规定的货物运输单据，或者具有同等作用的电子数据交换信息。

（2）在约定的日期和地点，将符合规定的货物交给承运人或其他人，并及时向买方发出通知。

（3）自负风险和费用，取得所有的出口许可证或其他官方许可证件，并在需要办理海关手续时，办理货物出口和交货前从他国过境运输所需的一切海关手续。

（4）承担将货物交给承运人或其他人之前的一切费用和灭失及损坏的风险，以及交货后的运输和保险费用，包括运输合同规定的由卖方支付的装货费和目的地的卸货费、货物从他国过境运输的费用等。

3. CIP 术语规定的买方义务

（1）当有权决定发货时间和指定目的地时，向卖方发出充分的通知。

（2）在卖方按照合同规定交付货物时在指定的目的地从承运人处受领货物。

（3）自负风险和费用，取得所有进口许可证或其他官方许可证件，并在需要办理海关手续时，办理货物进口和从他国过境运输所需的一切海关手续。

（4）承担货物在卖方交至交货地点后的一切风险和费用（运费和保险费除外），包括目的港的卸货费用、从他国过境的运输费用等，除非合同规定其不需要买方承担。

4. 使用 CIP 术语时的注意事项

（1）卖方必须订立保险合同以防买方货物在运输途中灭失或损坏，但只要求投保最低限度的保险险别，以合同价格的110%为保险金额。如果买方需要更多的保险保障，则需要与卖方明确地达成协议，或者自行做出额外的保险安排。

（2）买卖双方在合同中应尽可能精确地确认交货地点。若货物运输至约定目的地涉及若干承运人而买卖双方未就具体交货点达成一致，则默认为风险自货物于某一交货点被交付至第一承运人时转移，该交货点完全由卖方选择而买方无权控制。如果买卖双方希望风险在之后的某一阶段转移，则他们需要在其买卖合同中予以明确。

（3）将货物运输至具体交货地点的费用由卖方承担，因此双方最好尽可能明确在约定的目的地的具体交货地点。卖方最好制订与此次交易精确匹配的运输合同。如果卖方按照运输合同在指定的目的地卸货而支付费用，除非双方另有约定，卖方无权向买方追讨费用。

2.3.5 DAT

1. DAT 的含义

DAT 的全称是 Delivered At Terminal（…named terminal at port or place of destination），即终点站交货（……指定目的港或目的地运输终端）。DAT 适用于各种运输方式，也适用于多式联运。

"终点站交货"是指卖方在指定的目的港或目的地指定的终点站卸货后将货物交给买方处置即完成交货。"终点站"包括任何地方，无论约定或者不约定，包括码头、仓库、集装箱堆场或公路、铁路或空运货站等。卖方应承担将货物运至指定的目的地卸货所产生的一切风险和费用。

例如，合同的价格条款规定：at USD 23.82 per piece DAT Tianjin Incoterms® 2010，表示每件货物的价格为23.82美元，天津港终点站交货。

在必要的情况下，DAT 规则要求卖方办理货物出口清关手续。但是，卖方没有义务办理货物进口清关手续并支付任何进口税或办理任何进口报关手续。

2. DAT 术语规定的卖方义务

（1）卖方必须在货物到达目的地时卸货，并在双方商定的终点地，在交货日期内，将货物交给买方。

（2）卖方要提供符合合同规定的货物商业发票，或合同要求的有同等作用的电子信息。

（3）卖方负责订立运输合同，并承担货物运至双方确定的目的地或目的港所需的一切有关货物的费用（进口费用除外），以及交货之前的一切损坏和灭失的风险。

（4）自担风险和费用，取得任何出口许可证或其他官方许可证件，并办理货物出口和交货前运输过程中，从他国过境运输所需的一切海关手续。

3. DAT 术语规定的买方义务

（1）在卖方按合同规定交货时，受领货物，支付货款。

（2）自担风险和费用，取得任何进口许可证或其他官方许可证件，并办理货物进口所需的一切海关手续。

（3）承担按合同规定交货时起一切有关货物的费用，包括办理进口所涉及的关税和其他费用，以及交货时起的一切货物损坏和灭失的风险。

4. 使用 DAT 术语时的注意事项

（1）建议当事人尽量明确地指定终点站，如果可能，（指定）在约定的目的港或目的地的终点站内的一个特定地点，因为（货物）到达这一地点的风险是由卖方承担，建议卖方签订一份与这样一种选择准确契合的运输合同。

（2）若当事人希望卖方承担从终点站到另一地点的运输及管理货物所产生的风险和费用，那么此时 DAP（目的地交货）或 DDP（完税后交货）规则应该适用。

（3）DAT 是 INCOTERMS® 2010 新增的术语，取代了 INCOTERMS® 2000 中的 DEQ（目的港码头交货）。两个术语中都要求卖方承担将货物一直运达指定目的地的风险和费用，并将其卸下交给买方处置后，方才完成交货义务。但是二者的不同点在于：DEQ 的交货地点是指定的目的港码头，只适用于海运或内河运输。而 DAT 的交货地点为指定目的地的运输终端，可适用于任何运输方式。当 DAT 的指定交货地点是某港口的码头，那么它就相当于 INCOTERMS® 2000 的 DEQ。

2.3.6 DAP

1. DAP 的含义

DAP 的全称是 Delivered At Place（…named place of destination），即目的地交货（……指定目的地）。DAP 适用于各种运输方式，也适用于多式联运。

"目的地交货"的含义是，卖方在指定的交货地点，将仍处于交货的运输工具上尚未卸下的货物交给买方处置即完成交货。卖方须承担货物运至指定目的地的一切风险。

例如，合同的价格条款规定：at USD 7.56 per piece DAP New York terminal Incoterms® 2010，表示每件货物的价格为 7.56 美元，指定目的地是纽约的集散站车上交货。

DAP 是 INCOTERMS® 2010 新增的术语，取代了 INCOTERMS® 2010 中的 DAF（边境交货）、DES（目的港船上交货）和 DDU（未完税交货）三个术语。

2. DAP 术语规定的卖方义务

（1）在合同规定的日期或时期内，把货物运至双方指定的目的地，在货物到达目的地时，将货物从运输工具上卸下，交给买方。

（2）负责向买方提供符合销售合同规定的货物销售发票，或者合同要求的有同等作用的电子信息。

（3）自担风险和费用，取得任何出口许可证和其他官方许可证件，并办理货物出口和交货前运输过程中，从他国过境运输所需的一切海关手续。

(4) 承担货物到达双方指定目的地交货之前的一切风险和费用。

3. DAP 术语规定的买方义务

(1) 在卖方按合同规定交货时受领货物，并支付货款。

(2) 自担风险和费用，取得任何进口许可证和其他官方许可证件，办理货物进口所需的一切海关手续。

(3) 承担自交货时起与货物有关的一切费用，包括货物到达指定目的地后货物装卸的费用以及进口费用，并承担自交货时起的一切损坏和灭失风险。

4. 使用 DAP 术语时的注意事项

(1) 尽管卖方承担货物到达目的地前的风险，该规则仍建议双方尽量明确指定合意交货目的地。建议卖方签订恰好匹配该种选择的运输合同。如果卖方按照运输合同承担了货物在目的地的卸货费用，那么除非双方达成一致，卖方无权向买方追讨该笔费用。

(2) 在需要办理海关手续时（在必要时/适当时），DAP 规则要求应由卖方办理货物的出口清关手续，但卖方没有义务办理货物的进口清关手续或支付任何进口税或者办理任何进口海关手续，如果当事人希望卖方办理货物的进口清关手续或支付任何进口税和办理任何进口海关手续，则应适用 DDP 规则。

2.3.7 DDP

1. DDP 的含义

DDP 的全称是 Delivered Duty Paid（…named place destination），即完税后交货（……指定目的地）。DDP 适用于任何一种运输方式，也适用于多式联运。

"完税后交货"是指卖方在指定的目的地将货物交给买方处置，并办理进口清关手续，准备好将在交货运输工具上的货物卸下交与买方，完成交货。卖方承担将货物运至指定的目的地的一切风险和费用，并有义务办理出口清关手续与进口清关手续，对进出口活动负责，以及办理所需的一切海关手续。

例如，合同的价格条款规定：at USD 4.23 per piece FOB Chicago Incoterms® 2010，表示每件货物的价格为 4.23 美元，卖方交货目的地是芝加哥。

DDP 术语下卖方承担最大责任。

任何增值税或其他进口时需要支付的税项由卖方承担，合同另有约定的除外。

2. DDP 术语规定的卖方义务

(1) 在约定的日期或交货期限内，在指定的目的地将在交货运输工具上尚未卸下的货物交给买方。

(2) 自费向买方提供符合合同规定的货物商业发票，或者合同要求的有同等作用的电子信息。

(3) 自担风险和费用，取得任何出口许可证和进口许可证，或其他官方许可证件或者其他文件，并在需要办理海关手续时办理货物出口和进口以及从他国过境运输所需的一切海关手续。

(4) 承担交货前的一切费用，包括运输费、保险费、进出口通关所涉及的关税和其他费用，并承担交货前的一切风险。

3. DDP 术语规定的买方义务

（1）在卖方按规定交货时受领货物，并支付货款。

（2）应卖方要求并由其承担风险和费用，买方必须给予卖方一切协助，以帮助卖方取得为按照本规则将货物交付买方需要的、由进口国签发或传递的任何单证或有同等作用的电子信息。

（3）应卖方要求，并由其负担风险和费用，买方必须给予卖方一切协助，帮助卖方在需要办理海关手续时取得货物进口所需的进口许可证或其他官方许可证件。

（4）承担按规定交货时起与货物有关的一切费用以及货物灭失或损坏的一切风险。

4. 使用 DDP 术语时的注意事项

（1）因为到达指定地点过程中的费用和风险都由卖方承担，建议当事人尽可能明确地指定目的地。建议卖方在签订的运输合同中也正好符合上述选择的地点。如果卖方致使在目的地卸载货物的成本低于运输合同的约定，则卖方无权收回成本，当事人之间另有约定的除外。

（2）如果卖方不能直接或间接地取得进口许可证，不建议当事人使用 DDP 术语。

（3）如果当事方希望买方承担进口的所有风险和费用，应使用 DAP 术语。

2.4　INCOTERMS® 2010 中适用于海运或内河水上运输的术语

在第二类术语中，交货地点和把货物送达买方的地点都是港口，所以只适用于"海运或内河水上运输"。FAS、FOB、CFR 和 CIF 都属于这一类。其中 FOB 和 CIF 是比较常用的贸易术语。本节将具体介绍四个术语。

2.4.1　FAS

1. FAS 的含义

FAS 的全称是 Free Alongside Ship（…named port of shipment），即装运港船边交货，后跟指定的装运港，FAS 只适用于海运和内陆水上运输。

"船边交货"是指卖方在指定装运港将货物交到买方指定的船边（如码头上或驳船上），即完成交货。从那时起，货物灭失或损坏的风险发生转移，并且由买方承担所有费用。

例如，合同的价格条款规定 at USD 13.86 per box FAS Tianjin Incoterms® 2010，表示每箱货物的价格为 13.86 美元，在天津港船边交货。

当事方应当尽可能明确地指定装运港的装货地点，这是因为到这一地点的费用与风险由卖方承担，并且根据港口交付惯例，这些费用及相关的手续费可能会发生变化。

2. FAS 术语规定的卖方义务

（1）在合同规定的日期内，在指定装运港，按照该港习惯方式将合同规定的货物交至买方指定的船边。

（2）提供商业发票或有同等作用的电子信息，以及合同可能要求的、证明货物符合合同规定的其他任何凭证，并自付费用。

（3）承担货物交至买方指定装运港船边为止的一切费用和灭失、损坏等风险。

（4）取得货物出口许可证或其他官方许可证件，办理一切出口所需的海关手续，并自付费用。

3. FAS 术语规定的买方义务

（1）订立从指定装运港口运输货物的合同，支付运费，并将船名、装货地点、要求装货的时间及时、充分地通知卖方。

（2）在合同规定的时间、规定的地点受领卖方提交的货物，并按合同支付货款。

（3）承担受领货物后所产生的一切费用和风险，包括装船责任和费用、海运费、运输保险费等其他费用。

（4）取得货物进口许可证或其他官方许可证件，办理一切进口所需的海关手续，并自负费用。

4. 使用 FAS 术语时的注意事项

（1）如果买方没有及时、充分地向卖方发出关于合同时间、地点等的通知，或买方指定的船舶未准时到达，或未收取货物，或遭遇通知的时间停止装货，买方要自约定交货日期或约定期限届满之日起承担货物的一切风险，并支付由此发生的额外费用，但以该货物已清楚地确定为合同项下之货物者为限。

此外，卖方负责将货物交至装运港买方指定的船边，若买方所派船只不能靠岸，卖方应负责用驳船把货物运至船边，完成交货义务，但装船的责任和费用均由买方承担。

（2）当货物装载到集装箱里时，卖方通常将货物在集装箱码头移交给承运人，而非交到船边时，采用 FCA 更合适。

（3）按 INCOTERM® 2010 的解释，FAS 术语仅适合于海运和内陆水上运输，在船边交货。但是按照《1990 年美国对外贸易定义修订本》的解释，FAS 为装运港运输工具旁边交货。所以在同北美国家的商家交易时，应在 FAS 后面加上 Vessel 字样，加以区分。

2.4.2 FOB

1. FOB 的含义

FOB 的全称是 Free On Bord（…named port of shipment），即船上交货（……指定装运港），通常称为装运港船上交货。FOB 只适用于海运或内陆水上运输。

"船上交货"是指货物装上指定转运港船上时，完成交货。FOB 不适用于货物在装船前移交给承运人的情形。比如，货物通过集装箱运输，并通常在目的地交付。

例如，合同的价格条款规定：at USD 13.86 per piece FOB Tianjin Incoterms® 2010，表示每件货物的价格为 13.86 美元，在天津港船上交货。

在适用 FOB 时，卖方负责办理货物出口清关手续。但卖方无义务办理货物进口清关手续、缴纳进口关税或者办理任何进口报关手续。

2. FOB 术语规定的卖方义务

（1）在合同规定的时间和装运港口，将符合合同规定的货物交到买方指定的船上，并及时充分地通知买方。

（2）提供符合销售合同规定的商业发票或有同等作用的电子信息，以及合同可能要求的、证明货物符合合同规定的其他任何凭证。

（3）取得任何出口许可证或其他官方许可证件，并在需要办理海关手续时，办理货物出口所需的一切海关手续，并自担可能由此引起的风险和费用。

（4）承担货物交至装运港船上之前的一切费用和风险。

3. FOB 术语规定的买方义务

（1）订立从指定装运港运输货物的合同，负责租船或订舱，支付运费，并将船名、装货地点和要求交货的时间及时充分地通知卖方。

（2）自负风险和费用，取得进口许可证或其他官方许可证件，并办理货物进口以及必要时从他国过境运输的一切海关手续。

（3）根据买卖合同的规定受领货物并支付货款。

（4）承担货物在装运港交至船上后发生的一切费用和风险。

4. 使用 FOB 术语时的注意事项

（1）在 FOB 术语下，卖方要在规定的时间和地点完成装运，并通知买方。买方应负责租船订舱，并将船名、装船时间等信息及时、充分地通知卖方。

如果买方未能按时派船，这包括未经对方同意提前将船派到指定装运港，卖方有权拒绝交货，由此产生的仓储费、保险费以及因迟收货款而造成的利息损失等均由买方承担。相反，如果买方指派的船只按时到达指定装运港，而卖方却未能备妥货物，那么因此产生的空舱费、滞期费由卖方承担。

如果卖方装船后未能及时通知买方，影响了买方办理货物的一些相关事宜，那么由此产生的一切费用由卖方承担。有时，双方可以约定由卖方代办租船订舱业务，但卖方办理该手续的费用和风险由买方承担。如果卖方最终没能完成租船订舱业务，并及时通知买方，卖方无须负责，买方无权借此向卖方提出索赔要求或撤销合同。

（2）对 FOB 术语的不同解释。《1941 年美国对外贸易定义修订本》中对 FOB 的解释与 INCOTERMS® 2010 有所不同，主要体现在交货地点、费用、风险划分等几个方面。

① 交货地点及运输工具。美国将 FOB 概括为六种，笼统地解释为任何一种运输工具上交货，除了装运港交货之外，还有内陆运输工具上交货，所以只有在 FOB 后加"Vessel（船）"字样，并列明装运港名称时，才表明卖方在装运港船上交货。这与 INCOTERMS® 2010 中只适合水上运输的解释有很大差异。

② 出口手续的办理。按照 INCOTERMS® 2010，FOB 术语条件下，卖方必须承担"自负风险及费用，取得出口许可证或其他官方批准文件，办理货物出口所需的一切海关手续"的义务。而按照《1941 年美国对外贸易定义修订本》的解释，卖方只是"在买方请求并由其负担费用的情况下，协助买方取得由原产地及（或）装运地国家签发的、为货物出口或在目的地进口所需的各种证件"。

（3）关于风险划分界限。国际贸易实践中，关于货物交接过程中风险适合由卖方转移给买方，基本有三种做法：一是以船舷为界限，如 INCOTERMS® 2010 规定，卖方承担货物在装运港有效越过船舷之前的一切费用和风险，买方承担货物越过船舷后的一切费用和风险；二是以货物有效放置甲板为界限，这是一种不成文的国际贸易习惯做法；三是以货物有效装上船为界限。如 INCOTERMS® 2010 规定，卖方负责货物的灭失或损坏，直至货物在规定日期内装上船。所以买卖双方必须在合同中明确风险的划分界限。

(4) FOB 的变形。所谓贸易术语的变形,是指在术语后面增加语句,以此说明租船运输过程中,装卸船费用如何承担的问题。这种变形并不带来对贸易术语基本解释上的变化。

在按 FOB 成交时,已明确卖方要支付货物装上船之前的一切费用。但是在装船过程中所涉及的各项具体费用,如吊装上船、理舱、平舱等费用由谁支付,各国由于对"装船"的概念解释不同,那么对于费用划分的习惯做法也不同。

因此,为了统一装船费用的问题,贸易双方在达成交易时有必要在合同中对装船费用规定做出约定,在 FOB 术语后附加条件,形成 FOB 变形,以此来明确责任。

FOB 的变形包括以下五种。

①FOB Liner Terms(FOB 班轮条件)。FOB 班轮条件是指装船费用按照班轮的做法处理,卖方不需要承担装船费用。

②FOB under Tackle(FOB 吊钩下交货)。FOB 吊钩下交货,是指卖方只承担将货物交到买方指定船舶的吊钩所及之处的费用,卖方不承担装船费用。

③FOB Trimmed(FOBT,FOB 包括平舱费)。FOB 包括平舱费是指卖方负责将货物装入船舱并且承担包括平舱费在内的装船费用。平舱费(trimmed charges)是指为了保持船身平稳航行和不损害船身结构,对成堆装入船舱的散装大宗货物,如粮食、煤炭、矿砂等,进行填平、补齐、整理所需的费用。

④FOB Stowed(FOBS,FOB 包括理舱费)。FOB 包括理舱费是指卖方负责将货物装入船舱并且承担包括理舱费在内的装船费用。理舱费(stowed charges)是指货物装上船舱后为安置妥善和装载合理,对装入船的货物进行整理所需的费用。

⑤FOB Trimmed and Stowed(FOBTS,FOB 平舱并理舱)。在许多标准合同中常采用这种变形来表明,由卖方承担包括理舱费和平舱费在内的各项装船费用。

上述 FOB 的变形,仅仅是为了明确或改变装船费由买卖双方中哪一方承担,并不会改变 FOB 的交货地点以及风险的划分。

2.4.3 CFR

1. CFR 的含义

CFR 的全称是 Cost and Freight(…named port of destination),即成本加运费(……指定目的港)。CFR 只适用于海运及内河水上运输。

"成本加运费"是指卖方交付货物于船舶之上或采购已如此交付的货物,而货物损毁或灭失之风险从货物转移至船舶之上起转移,卖方应当承担并支付必要的成本加运费以使货物运送至目的港。

例如,合同的价格条款规定:at USD 16.63 per metric ton CFR Copenhagen Incoterms® 2010,表示每吨货物价格为 16.63 美元,目的港是哥本哈根。

因为风险转移地和运输成本的转移地是不同的,尽管合同中通常会确认一个目的港,但不一定确认指定装运港,即风险转移给买方的地方。如果装运港关乎买方的特殊利益,建议双方就此在合同中尽可能精确地加以确认。

成本加运费对于货物在装上船舶之前即已交给(原为交付)承运人的情形可能不适用,例如通常在终点站(即抵达港、卸货点)交付的集装箱货物,在这种情况下,宜使用 CPT

规则。

成本加运费原则要求卖方办理出口清关手续，若合适的话。但是，卖方无义务为货物办理进口清关、支付进口关税或者完成任何进口地海关的报关手续。

2. CFR 术语规定的卖方义务

（1）在合同规定的日期或期限内，按照该港习惯的方式，将符合销售合同规定的货物交到卖方所派的船上，并支付至目的港的运费。装船后及时向买方发出装运通知。

（2）自担风险和费用，取得任何出口许可证或其他官方许可证件，并在需要办理海关手续时，办理货物出口所需的一切海关手续。

（3）承担在装运港将货物交至船上之前的一切风险和费用；支付交货前与货物有关的一切费用，包括将货物装上船和根据运输合同规定由卖方支付的在目的港的卸货费用以及从他国过境运输的费用。

（4）提交商业发票以及自费向买方提供为买方在目的港提货所用的通常的运输单据或者电子信息。

3. CFR 术语规定的买方义务

（1）在卖方按合同的规定交货时受领货物，并支付货款。

（2）当有权决定货物运输时间和/或指定目的港内收取货物的地点时，必须向卖方发出充分的通知。

（3）自担风险和费用，办理货运保险，取得所有的进口许可证或其他官方许可证件，并在需要办理海关手续时，办理货物进口及从他国过境的一切海关手续。

（4）承担货物在装运港装上船之后的一切风险和费用（运费除外），包括在目的港的卸货费（包括驳运费和码头费在内），从他国过境运输的费用，除非根据运输合同这些费用由卖方承担。

4. 使用 CFR 术语时的注意事项

（1）卖方在货物装船后要及时发送装运通知，以便买方能及时办理保险，否则可能会出现漏保货运险的情况，那么卖方要承担由此造成的损失。发装运通知一般在货物装船以后，出运前一天。

实际上，在 FOB、CFR、CIF 术语条件下，卖方在装船后都应及时向买方发出通知。但是 FOB 和 CIF 术语下的主要作用是通知买方准备接货，并不涉及保险问题。

（2）建议双方对于目的港的问题尽可能准确确认，因为以此产生的成本加运费由卖方承担。订立与此项选择（目的港选择）精确相符的运输合同。如果因买方原因致使运输合同与卸货点基于目的港发生关系，那么除非双方达成一致，否则卖方无权从买方收回这些费用。

（3）CFR 的变形。按 CFR 成交，卖方负责安排货物的运输，并且承担到达目的地的所有运输费用以及到达目的港的装卸费用，而买方负责办理运输保险。大宗商品通常采用租船运输，但一般情况下船方按不负担装卸费用条件出租船舶。所以，为了明确卸货费由谁来承担，买卖双方需要在商定合同时，在 CFR 术语后附加条件表明卸货费用由谁承担。即 CFR 的变形。

① CFR Liner Terms（CFR 班轮条件）。CFR 班轮条件是指卸货费按照班轮办法处理，买方不承担卸货费。

② CFR Landed（CFR 卸到岸上）。CFR 卸到岸上是指由卖方承担卸货费用，其中包括驳运费在内。

③ CFR Ex Tackle（CFR 吊钩下交货）。CFR 吊钩下交货是指由卖方负责将货物从船舱吊起卸到船舶吊钩所及之处（码头或驳船上）的费用，在船舶不能靠岸的情况下，租用驳船的费用和货物从驳船卸到岸上的费用，全部由买方承担。

④ CFR Ex Ship's Hold（CFR 舱底交货）。CFR 舱底交货是指货物运达目的港后，由买方自行启舱，并负担货物从舱底起吊直至卸到码头的费用。

上述 CFR 的变形，只是为了明确卸货费由谁来承担，而不会改变交货地点和风险划分的界限。

2.4.4 CIF

1. CIF 的含义

CIF 的全称是 Cost, Insurance and Freight（…named port of destination），即成本、保险费加运费（……指定目的港）。CIF 仅适用于海运和内河运输。

成本、保险费加运费指卖方将货物装上船或指中间销售商设法获取这样交付的商品。货物灭失或损坏的风险在货物于装运港装船时转移向买方。卖方须自行订立运输合同，支付将货物装运至指定目的港所需的运费和费用。

例如，合同的价格条款规定：at USD 14.75 per box CIF No. 38 dock, Marseiles, France INCOTERMS® 2010，表示每箱货物价格为 14.75 美元，运至马赛港 38 号码头。

卖方须订立货物在运输途中由买方承担货物灭失或损坏风险的保险合同。买方须知晓在 CIF 规则下卖方有义务投保的险别仅是最低保险险别。如买方希望得到更为充分的保险保障，则需与卖方明确地达成协议或者自行做出额外的保险安排。

合同惯常会指定相应的目的港，但可能不会进一步详细指明装运港，即风险向买方转移的地点。如买方对装运港尤为关注，那么合同双方最好在合同中尽可能精确地确定装运港。

"成本、保险费加运费"术语要求卖方在适用的情况下办理货物出口清关手续。然而，卖方没有义务办理货物进口清关手续，缴纳任何进口关税或办理进口海关手续。

2. CIF 术语规定的卖方义务

（1）在装运港，按约定的日期或期限，自付费用，订立运输合同，将符合合同规定的货物装运至指定的目的港，交至卖方的船上，并支付至目的港的运费；装船后向买方发出充分通知，以便买方能够及时受领货物。

（2）提供符合合同规定的货物商业发票或有同等作用的电子信息，以及合同要求的证明货物符合合同规定的其他任何凭证。

（3）承担货物在装运港装上船之前货物灭失或损坏的一切风险以及由于各种事件造成的任何额外费用。

（4）自担风险和费用，取得任何出口许可证或其他官方许可证件，并办理出口清关手续。

（5）签订货物从装运港到目的港的保险合同，支付保险费，并向买方转让保险单或其他保险凭证，以使买方或任何其他对货物具有保险利益的人有权直接向保险人索赔。

3. CIF 术语规定的买方义务

（1）在卖方已按照约定时间交货时受领货物，并在指定的目的港从承运处收受货物，按照合同规定支付价款；向卖方发出充分的通知，否则由买方承担由此发生的一切费用。

（2）自担风险和费用，取得任何进口许可证或其他官方许可证件，办理货物进口清关及从他国过境所需的一切海关手续。

（3）承担货物在装运港装上船之后货物灭失或损坏的一切风险及由于各种事件造成的任何额外费用。

（4）必须按时受领卖方按合同规定交付的货物，接受按合同规定提交的交货凭证。

4. 使用 CIF 术语时的注意事项

1）是一种象征性交货

国际货物买卖的交货方式有两种：一种是实际交货（actual delivery），另一种是象征性交货（symbolic delivery）。实际交货是指卖方要在合同规定的时间和地点将符合合同规定的货物实实在在地交给买方或其指定人。象征性交货是指卖方只要按合同的约定完成装运，并向买方提交符合合同规定的包括物权凭证在内的各种单据就算完成了交货义务，无须保证到货。

虽然在 CIF 条件下卖方要负责办理货物的运输保险，支付货物从装运港到目的港的运费，但是只要卖方按时在规定的地点完成装运，向买方提交符合合同规定的全套有关货物的合格单证，就算完成了交货义务，而无须保证到货。所以 CIF 是一种典型的象征性交货。

由于提单具有货物所有权的性质，因此在货物到达并全部交给买方之前始终起着象征货物的作用，即交单就等于交货，只要卖方提交了合同规定的全套合格单据，即使货物已在途中损坏或灭失，买方也必须付款。反之，如果卖方提交的单据不符合规定，即使货物完好无损地运达目的地，买方也有权拒付货款。因此，按 CIF 术语达成的交易实质上是一种"单据买卖"。

2）关于保险

在 CIF 术语下，卖方要为买方办理货物运输保险，并支付保险费。这种行为属于一种代办行为，卖方并不承担保证把货物送到约定目的港的义务，也不会对运输过程中的风险负责，即如果发生承保损失，由买方凭卖方提交的保险单直接向保险公司索赔，能否索赔到手等其他问题，卖方不负责。

另外，根据 INCOTERMS® 2010 的解释，卖方只需投保最低险别即可，如《中国保险条款》（China insurance clause，CIC）中的平安险（free from particular average，FPA）或者《协会货物条款》中的 ICC（C）险办理保险即可。卖方投保的保险金额可以按照合同的 CIF 价加成 10%（即 110%），并采用合同货币投保。若买方要求加战争、罢工、暴乱和民变险等，买方需自担费用，或经卖方同意，买方自行投保。

3）CIF 并不是"到岸价"

CIF 如同 FOB 一样，是在所有术语中历史较久，使用较为普遍的术语。从术语的价格组成来看，CIF 包括到岸的运费和保险费，因此人们习惯于把 CIF 称为"到岸价"，这仅仅是从价格构成因素上考虑的。

实际上，CIF 并不是"到岸价"。虽然由卖方安排货物运输和办理货运保险，但是卖方并不承担保证把货物送到约定目的港的义务。也就是说，按规定交货后，货物灭失或损坏的风险及由于各种事件造成的任何额外费用即由卖方转移到买方。所以 CIF 是装运港交货术语，而不是目的港交货术语。真正意义上的"到岸价"应该是卖方能够保证货物在规定交货期内运到目的港的价格术语 DAP。

4）CIF 的变形

与 CFR 类似，CIF 一般用于大宗商品，那么采用租船运输时容易在卸货费用问题上引起争议。为了明确责任，买卖双方用 CIF 附加条件来说明由谁承担卸货费用，即 CIF 的变形。

CIF 的变形有以下 4 种。

（1）CIF Liner Terms（CIF 班轮条件）。CIF 班轮条件是指卸货费由卖方或船方负担，即按班轮办法处理。

（2）CIF Landed（CIF 卸至码头）。CIF 卸至码头指的是货物卸至码头的各项有关费用，包括码头费和驳船费，均由卖方承担。

（3）CIF Ex Tackle（CIF 吊钩下交货）。CIF 吊钩下交货是指货物从船舱吊起，卸到船舶吊钩所涉及之处（码头上或驳船上）的费用，由卖方承担。在船舶不能靠岸的情况下，租用驳船的费用和货物从驳船卸至岸上的费用，由买方承担。

（4）CIF Ex Ship's Hold（CIF 舱底交货）。CIF 舱底交货是指货物运达目的港在船上办理交接后，自船舱底起吊直至卸到码头的卸货费用，都由买方承担。

2.5　不同贸易术语的对比

2.5.1　INCOTERMS® 2010 贸易术语一览表

前面对 INCOTERMS® 2010 中的 11 个术语进行了详细的对比说明，如表 2-2 所示，表中按照 INCOTERMS® 2010 的分组方式，从运输方式、买卖双方权利、义务等方面对 11 个术语做了系统的归纳对比。

表 2-2　INCOTERMS® 2010 中的 11 个术语对比

组别	缩写	交货地点	风险划分界限	运输办理	保险办理	运费	保险费	出口税	进口税	适用运输方式
E 组	EXW	出口国卖方所在地工厂	货交买方	买方	买方	买方	买方	买方	买方	任何
F 组	FAS	出口国装运港船边	货交船边	买方	买方	买方	买方	卖方	买方	海运+内河水运
	FOB	出口国装运港船上	货物交到船上	买方	买方	买方	买方	卖方	买方	海运+内河水运
	FCA	出口国指定的交货地点	货交承运人	买方	买方	买方	买方	卖方	买方	任何

续表

组别	缩写	交货地点	风险划分界限	运输办理	保险办理	运费	保险费	出口税	进口税	适用运输方式
C组	CFR	出口国装运港船上	货物交到船上	卖方	买方	卖方	买方	卖方	买方	海运+内河水运
	CPT	出口国指定的交货地点	货交承运人	卖方	买方	卖方	买方	卖方	买方	任何
	CIF	出口国装运港船上	货物交到船上	卖方	卖方	卖方	卖方	卖方	买方	海运+内河水运
	CIP	出口国指定的交货地点	货交承运人	卖方	卖方	卖方	卖方	卖方	买方	任何
D组	DAT	进口国指定目的地终点站	货交买方	卖方	买方	卖方	买方	卖方	买方	任何
	DAP	进口国指定目的地	货交买方	卖方	买方	卖方	买方	卖方	买方	任何
	DDP	进口国指定目的地	货交买方	卖方	买方	卖方	买方	卖方	卖方	任何

从表2-2中可以看出，买卖双方责任划分的比较。

（1）E组只有一个术语，属于"起运合同"，它是11个术语中卖方责任最小的，只需要在出口地（即卖方所在地）将货物交给买方处置即可。

（2）F组有三个术语，其共同点是"主要运费未付"（main carriage unpaid），即F组中术语的条件下，卖方都不负责运输。

（3）C组四个术语都属于"主要运费已付"（main carriage paid），即C组中术语的条件下，由卖方负责订立货物运输合同，其中CIF和CIP除运输外还负责保险。但并不负责货物从装运地起运后发生的灭失或损坏的风险。

（4）D组三个术语都是"到达合同"（arrival contract），卖方要承担货物运往指定交货目的地（进口国）的一切风险、责任和费用。其中DDP术语条件下卖方承担的责任最大。

2.5.2 对INCOTERMS® 2010贸易术语分析

1. FOB、CIF和CFR

FOB、CIF和CFR是国际贸易中历史最为悠久、适用范围最广泛的术语。它们在买卖双方的权利和义务方面有很多相似之处，但是在费用、运输责任等方面又有所不同。这三个术语之间的异同点归纳如表2-3所示。

表2-3 FOB、CIF和CFR三种术语对比

	交货性质	凭单交货，凭单付款
相同点	运输方式	适用于海运或内河水上运输
	交货地点	出口国装运港船上交货
	风险转移点	货物交到船上
	出口清关手续	卖方办理

续表

不同点		FOB	CFR	CIF
	运输办理、运费	买方	卖方	卖方
	保险办理、费用	买方	买方	卖方

2. FCA、CIP、CPT 与 FOB、CIF、CFR 的比较

FCA、CIP、CPT 三个术语属于货交承运人术语，是分别从 FOB、CIF 和 CFR 三个传统的贸易术语发展而来的。随着运输业的变革与发展，以往单纯用于海运的 FOB、CIF、CFR 慢慢发展出适合任何运输方式的 FCA、CIP、CPT。两组之间主要的区别如表 2-4 所示。

表 2-4　FCA、CIP、CPT 与 FOB、CIF、CFR 术语的主要区别

不同因素	FCA、CIP 和 CPT	FOB、CFR 和 CIF
运输方式	各种运输方式	海运或内河水上运输
风险划分界限	货交承运人	货物交到船上
交货地点	出口国指定的交货地点	出口国装运港船上
保险险别	涉及海、陆、空、邮等有关险别的保险	主要涉及海洋货物运输保险
装卸费用负担	FCA 由卖方负担装船费，CPT 和 CIP 由买方承担装船费	通过贸易术语的变形来说明装卸费由谁来承担

资料1　国际贸易术语解释通则

《国际贸易术语解释通则》（International Rules for the Interpretation of Trade Terms，以下简称 INCOTERMS）的英文缩写形式为 INCOTERMS，它是国际商会（ICC）于 1936 年在巴黎开会制定的有关贸易术语的国际惯例，是一种应用最为广泛的惯例。随着国际贸易业务的不断发展，为了适应国际贸易的发展趋势，国际商会不断定期地对其进行修改，先后经过了 1953 年、1967 年、1976 年、1980 年、1990 年、2000 年、2010 年和 2015 年共 8 次修改和补充，共有 9 个版本问世。在国际范围，INCOTERMS® 2010 是内容最全、影响最大、应用最多的关于贸易术语的解释通则。

1.《1990 年国际贸易术语解释通则》（INCOTERMS® 1990）

随着电子数据交换（electronic data interchange，EDI）使用的日益增加，国际运输方式的多样化，特别是集装箱运输、多式联运及滚装滚卸运输方式的发展，为了能适应国际贸易新形式的需要，国际商会在 1991 年 4 月正式发布了 INCOTERMS® 1990，同年 7 月 1 日起生效实施。INCOTERMS® 1990 共有 13 个贸易术语，其主要特色如下。

（1）适应电子数据交换系统的需要。INCOTERMS® 1990 允许以电子数据交换（电子文件）取代传统的货运单据，以配合无纸贸易的需要。

（2）适应新型运输方式的需要。为了适应集装箱运输、多式联运以及滚装滚卸运输业务，将 INCOTERMS® 1980 的 FOA、FOR/FOT 并入 FRC，并改称为 FCA。

(3) 划分为四种基本类型。按双方承担的责任、费用和风险的不同,将13个贸易术语归纳为 E、F、C、D 四组基本类型,E 组只有一个 EXW,F 组分为 FAS、FOB 和 FCA,C 组有 CFR、CPT、CIF 和 CIP,D 组由 DAF、DES、DEQ、DDU 和 DDP 组成。

2. 《2000 年国际贸易术语解释通则》(INCOTERMS® 2000)

(1) INCOTERMS® 2000 概况。

1999 年,国际商会广泛征求世界各国从事国际贸易的各方面人士和有关专家的意见,通过调查、研究和讨论,对实行 60 多年的《国际贸易术语解释通则》进行了全面的回顾与总结。为使贸易术语更进一步适应无关税区的发展、交易中电子信息的使用,以及运输方式的变化,国际商会再次对《国际贸易术语解释通则》进行修订,于 1999 年 7 月公布了《2000 年国际贸易术语解释通则》(简称 INCOTERMS® 2000 或《2000 通则》),于 2000 年 1 月 1 日起生效。商会在 INCOTERMS® 2000 中对定义的 13 个贸易术语的解释更为简单明了。按双方承担的责任、费用和风险由小到大依次分组,形成 E、F、C、D 四个组,分组情况详见表 2-5(INCOTERMS® 2000 内容一览表)。

表 2-5 INCOTERMS® 2000 内容一览表

组别	术语性质	缩写	全称	中译	运输方式
E 组	起运术语	EXW	EX Works	工厂交货	任何
F 组	装运术语(主要运费未付)	FCA	Free Carrier	货交承运人	任何
		FAS	Free Alongside Ship	船边交货	海运+内河水运
		FOB	Free On Board	船上交货	海运+内河水运
C 组	装运术语(主要运费已付)	CFR	Cost and Freight	成本加运费	海运+内河水运
		CIF	Cost, Insurance and Freight	成本、保险费加运费	海运+内河水运
		CPT	Carriage Paid To	运费付至	任何
		CIP	Carriage and Insurance Paid to	运费、保险费付至	任何
D 组	到达术语(主要运费已付)	DAF	Delivered At Frontier	边境交货	任何
		DES	Delivered EX Ship	船上交货	海运+内河水运
		DEQ	Delivered EX Quay	码头交货	海运+内河水运
		DDU	Delivered Duty Unpaid	未完税交货	任何
		DDP	Delivered Duty Paid	完税交货	任何

E 组只包含 EXW 一个贸易术语,为起运术语。特点是卖方在其处所(如工厂、仓库)将货物置于卖方控制之下,即完成交货任务,卖方承担的费用和风险最小。

F 组有三个术语:FCA、FAS、FOB,为运费未付术语。在这些术语中,规定买方自付费用订立运输合同并指定承运人,买方承担交货地至目的地的运费。卖方只要将货物交给买方指定的承运人或运输工具旁边或运输工具上,即完成交货义务。

C 组有四个术语:CFR、CIF、CPT、CIP,为运费已付术语。特点是,卖方负责按通常条件订立运输合同,并支付到达合同规定的目的港或目的地的正常运费。此外,使用 CIF 和 CIP 术语时,卖方还要负责办理货物运输保险并支付保险费。

D 组有五个术语:DAF、DES、DEQ、DDU、DDP,为到达术语。卖方须负责把货物运送到约定的目的地,并承担货物交到该地为止的一切风险、费用和责任。买方承担的责任最少。

(2) INCOTERMS® 2000 相对于 INCOTERMS® 1990 的变化。

INCOTERMS® 2000 与 INCOTERMS 1990 相比,改动不大,除了在文字表达及编排形式上做了一些修改,使之更加明确具体外,带有实质性内容的修改涉及以下几个方面。

① FAS。FAS 术语规定,将 INCOTERMS® 1990 中原来由买方负责办理的出口通关事宜及承担有关费用改为由卖方来承担。

② DEQ。DEQ 术语规定,将 INCOTERMS® 1990 中原来由买方承担的进口清关及支付关税的义务改为由卖方来承担。

③ FCA。FCA 术语,对卖方将货物交付承运人的完成方式,做了更为简洁明了的规定,即若在卖方的营业场所交付货物,由其负责装货;若在卖方的营业场所之外的地点交付货物,卖方不负责卸货。

另外,对于 DAF 术语特别强调,卖方在办妥出口通关但尚未办妥进口通关,将货物置于"尚未卸载的到达运输工具上"时,即完成交货义务;DDU 术语及 DDP 术语规定买方应负责从到达的运输工具上卸货。

3.《2010 年国际贸易术语解释通则》(INCOTERMS® 2010)。

国际商会编写的《2010 年国际贸易术语解释通则》(INCOTERMS® 2010),是根据国际货物贸易的发展,对《2000 通则》的修订,于 2010 年 9 月 27 日公布,并于 2011 年 1 月 1 日开始在全球实施。2010 通则较 2000 通则更准确地说明各方承担货物运输的风险和费用的责任条款,令船舶管理公司更易理解货物买卖双方支付各种收费时的角色,有助于避免现在经常出现的码头处理费(THC)纠纷。此外,新通则也增加大量指导性贸易解释和图示,以及电子交易程序的适用方式。

虽然 INCOTERMS® 2010 于 2011 年 1 月 1 日正式生效,但并不代表 2000 通则就自动作废。因为国际贸易惯例本身不是法律,对国际贸易当事人不产生必然的强制性约束力。国际贸易惯例在适用的时间效力上并不存在"新法取代旧法"的说法,即 2010 通则实施之后并非 2000 通则就自动废止,当事人在订立贸易合同时仍然可以选择适用 2000 通则甚至 1990 通则。

相对 2000 通则,2010 通则主要有以下变化。

(1) 13 个贸易术语变为 11 个。

(2) 删除 INCOTERMS® 2000 中的四个 D 组贸易术语,即 DDU(Delivered Duty Unpaid)、DAF(Delivered At Frontier)、DES(Delivered Ex Ship)、DEQ(Delivered Ex Quay),只保留了 INCOTERMS® 2000 D 组中的 DDP(Delivered Duty Paid)。

(3) 新增加两个 D 组贸易术语,即 DAT(Delivered At Terminal)与 DAP(Delivered At Place)。

(4) 贸易术语分类由四级变为两类。

(5) 使用范围扩大至国内贸易。

(6) 电子通信方式被 2010 通则赋予完全等同的功效。

具体的变化有以下几个方面。

① 11 个贸易术语的分类。2000 通则中的 13 个贸易术语按术语缩写首字母分成四组,即 E 组、F 组、C 组和 D 组,这种分类反映了卖方对于买方的责任程度。然而,《2010 通则》将原先的 13 个贸易术语缩减为 11 个,分为适用于任何运输方式和只适用于海运和内河水上

运输方式两大类，用两组表示。

第一组：适用于任何运输方式，包括多式联运的 7 个术语，即 EXW，FCA，CPT，CIP，DAT，DAP，DDP。这些术语可以用于没有海上运输的情形。但要谨记，这些术语能够用于船只作为运输的一部分的情形，只要在卖方交货点，或者货物运至买方的地点，或者两者兼备，风险转移。

第二组：只适用于海运或水上运输方式的 4 个术语，即 FAS, FOB, CFR, CIF。这类术语条件下，卖方交货点和货物运至买方的地点均是港口，所以"唯海运不可"就是这类术语的标签。

②增加两个新的术语——DAT 和 DAP。2010 通则用 DAT 和 DAP（指定目的地和指定地点交货），取代了 2000 通则中的 DAF, DES, DEQ 和 DDU。

DAT（Delivered At Terminal）被定义为在指定目的地或目的港的终点站交货。DAT 取代了 INCOTERMS® 2000 中的 DEQ，并且扩展到适用于任何运输方式。采用 DAT 术语时，当货物从内河到达的交通工具上卸至买方指定的港口码头或者指定的地点，并在买方处置时，卖方即完成交货。与 DEQ 术语不同的是在集装箱运输中，DAT 较为方便。

DAP（Delivered At Place）指在指定目的地交货。DAP 术语取代了 INCOTERMS® 2000 中的 DAF、DES 和 DDU 三个术语。采用 DAT 术语时，运输工具仍然可以使用船舶，指定目的地可以是港口。

新的 DAP 术语完全可以取代之前的 DES。DAP 术语规定，卖方承担货物运至目的地的一切费用和风险（进口入关费用除外）。

所谓 DAT 和 DAP 术语，是"实质性交货"术语，在将货物运至目的地过程中涉及的所有费用和风险由卖方承担。此术语适用于任何运输方式，因此也适用于各种 DAF, DES, DEQ 以及 DDU 以前被使用过的情形。

③国内和国际贸易术语。INCOTERMS® 2010 还将术语的适用范围扩大到国内贸易中。贸易术语传统上运用于表明货物跨越国界传递的国际销售合同。然而，世界上一些地区的大型贸易集团，如东盟和欧洲单一市场的存在，使得原本实际存在的边界通关手续不再那么有意义。因此，2010 通则规定只有在适用的地方，才有义务履行出口（进口）所需的手续。

④使用指南。每一个 2010 通则中的术语在其条款前面都有一个使用指南。指南解释了每个术语的基本原理：何种情况应使用此术语；风险转移点是什么；费用在买卖之间是如何分配的。这些指南并不是术语正式规则的一部分，而是用来帮助和引导使用者准确有效地为特定交易选择合适的术语。

⑤电子通信。通则的早期版本已经对需要的单据做出了规定，这些单据可被电子数据交换信息替代。不过现在 2010 通则赋予电子通信方式完全等同的功效，只要各方当事人达成一致或者在使用地是惯例。因此，2010 通则有利于新的电子程序的演变发展。

⑥取消了"船舷"的概念。新修订的 INCOTERMS® 2010 取消了"船舷"的概念，取而代之的是"装上船"。买卖双方风险的划分由"货过船舷、风险自卖方转移到买方"转变为"卖方承担货物装上船为止的一切风险，买方承担货物自装运港装上船后的一切风险"。

随着国际物流运输业的不断发展，"以船舷为界"这个概念只是一个买卖双方活动领域之间假想的界限，并不能反映各国港口作业的习惯做法，这个风险转移的实际的点在现实中也并未起到实际作用。所以 INCOTERMS® 2010 最终删除了"船舷"的规定，强调在 FOB、CFR 和 CIF 下买卖双方的风险，以货物在装运港口被装上船时为界。这样有利于水路运输方式风险转移界限的划分，同时有利于装运过程中费用的确定。

⑦码头装卸费。在以前的通则中，按照"C"组术语，卖方必须负责将货物运输至约定目的地。表面上是卖方自负运输费用，但实际上是由买方负担，因为卖方早已把这部分费用包含在最初的货物价格中。

需要注意的是，运输成本有时包括货物在港口内的装卸和移动费用，或者集装箱码头设施费用，而且承运人或者码头的运营方也可能向接收货物的买方收取这些费用。譬如，在这些情况下，买方就要注意避免为一次服务付两次费，一次费用包含在货物价格中付给卖方，一次费用单独付给承运人或码头的运营方。

考虑到这些情况，2010通则在相关术语的A6/B6条款中对这种费用的分配做出了详细规定，旨在避免上述情况的发生。

⑧连串销售（string sales）。在商品的销售中，有一种和直接销售相对的销售方式，货物在沿销售链运转的过程中频繁地被销售好几次。在这种情况下，连串销售的中间销售商并不将货物"装船"，因为货物已经由处于这一销售串中的起点销售商装船。

因此，连串销售的中间销售商对其买方应承担的义务不是将货物装船，而是"设法获取"已装船货物。着眼于贸易术语在这种销售中的应用，2010通则的相关术语中同时规定了"设法获取已装船货物"和将货物装船的义务。

⑨术语的使用解释。INCOTERMS® 2010中，按照镜像原则，A条款下反映的是卖方的义务，相应地，B条款下反映的是买方的义务。但是由于一些词语的使用贯穿整个文件，2010通则在其正文中对以下被列出的词语不再作解释，而是按照以下注解为准。

承运人：就2010通则而言，承运人是指签署运输合同的一方。

出口清关：遵照各种规定办理出口清关手续，并支付各种税费。

交货：这个概念在贸易法律和惯例中有着多重含义，但是2010通则中用其来表示货物缺损的风险从卖方转移到买方的点。

电子数据：由一种或两种以上和相应纸质文件功效等同的电子信息组成的一系列信息。

"包装"和"存放"这些词语被用于不同的目的。

· 遵照合同中所有要求的货物包装。

· 使货物适合运输的包装。

· 已包装好的商品转载进货柜或其他运输工具。

资料2　CIF和CIP内陆地区产品出口中贸易术语的选择

2000年5月，美国某贸易公司（以下简称进口方）与我国江西某进出口公司（以下简称出口方）签订合同购买一批日用瓷具，价格条件为CIF LOS – ANGELES，支付条件为不可撤销的跟单信用证，出口方需要提供已装船提单等有效单证。出口方随后与宁波某运输公司（以下简称承运人）签订运输合同。8月初出口方将货物备妥，装上承运人派来的货车。途中由于驾驶员的过失发生了车祸，耽误了时间，错过了信用证规定的装船日期。得到发生车祸的通知后，我出口方即刻与进口方洽商要求将信用证的有效期和装船期延展半个月，并本着诚信原则告知进口方两箱瓷具可能受损。美国进口方回电称同意延期，但要求货价下调5%。我出口方回电据理力争，同意受震荡的两箱瓷具降价1%，但认为其余货物并未损坏，不能降价。但进口方坚持要求全部降价。最终我出口方还是做出让步，受震荡的两箱瓷具降价2.5%，其余降价1.5%，为此货价、利息等相关损失共计达15万美元。

事后，出口方作为托运人又向承运人就有关损失提出索赔。对此，承运人同意承担有关仓储费用和两箱震荡货物的损失；利息损失只赔付 50%，理由是自己只承担一部分责任，主要责任是由于出口方修改单证耽误交货时间引起的；但对于货价损失不予理赔，认为这是由于出口方单方面与进口方的协定所致，与己无关。出口方却认为货物降价及利息损失的根本原因都在于承运人的过失，坚持要求其全部赔偿。经多方协商，3 个月后承运人最终赔偿各方面损失共计 5.5 万美元。出口方实际损失 9.5 万美元。

[简要分析]

在本案例中，出口方耗费了时间和精力，损失也未能全部得到赔偿，这充分表明 CIF 术语自身的缺陷使之在应用于内陆地区出口业务时显得"心有余而力不足"。

1. 两种合同项下交货义务的分离使风险转移严重滞后于货物实际控制权的转移

在采用 CIF 术语订立贸易合同时，出口方同时以托运人的身份与运输公司即承运人签订运输合同。在出口方向承运人交付货物，完成运输合同项下的交货义务后，并不意味着他已经完成了贸易合同项下的交货义务。出口方仍要就货物越过船舷前的一切风险和损失向进口方承担责任。而在货物交由承运人掌管后，托运人（出口方）已经丧失了对货物的实际控制权。承运人对货物的保管、配载、装运等都由其自行操作，托运人只是对此进行监督。让出口方在其已经丧失了对货物的实际控制权的情况下继续承担责任和风险，这非常不合理。尤其是从内陆地区装车到港口越过船舷，中间要经过一段较长的时间，会发生什么事情，谁都无法预料。也许有人认为，在此期间如果发生货损，出口方向进口方承担责任后可依据运输合同再向承运人索赔，转移其经济损失。但是由于涉及有关诉讼费用、损失责任承担等问题而无法达成协议，再加上时间耗费，出口方很可能得不偿失。本案例中，在承运人掌管之下发生了车祸，他就应该对此导致的货物损失、延迟装船、仓储费用负责，但由此导致的货价损失、利息损失的承担双方却无法达成协议，使得出口方受到重大损失。

2. 运输单据规定有限制，致使内陆出口方无法在当地交单

根据 INCOTERMS® 2000 的规定，CIF 条件下出口方可转让提单、不可转让海运单或内河运输单据，在沿海地区这种要求易于得到满足，不会耽误结汇。货物在内陆地区交付承运人后，如果采用内河水上运输方式，也没有太大问题，但事实上一般是采用陆路运输方式，这时承运人会签发陆运单或陆海联运提单而不是 CIF 条件要求的运输单据。这样，只有当货物运至装运港装船后，出口方才能拿到提单或得到在联运提单上"已装船"的批注，然后再结汇。可见，这种对单据的限制会直接影响出口方向银行交单结汇的时间，从而影响出口方的资金周转，增加了利息负担。本案中信用证要求出口方提交的是提单，而货物采用陆路运输，因此出口方只能到港口换单结汇。如果可凭承运人内地接货后签发的单据于当地交单结汇，出口方虽然需要就货损对进口方负责，但其可以避免货价损失和利息损失。

3. 内陆地区使用 CIF 术语还有一笔额外的运输成本

CIF 价格中包括的运费应该是从装运港到目的港这一段的运费。但从内陆地区到装运港装船之前还有一部分运输费用，如从甘肃、青海、新疆等地区到装运港装船之前的费用一般要占到出口货价的一定比例，有一些会到达 20% 左右。

从以上分析可以看出，CIF 术语在内陆地区出口中并不适用。事实上，对于更多采用陆海联运或陆路出口的内陆地区来说，CIP 比 CIF 更合适。

CIP 术语是（Carriage and Insurance Paid to... named place of destination）的缩写，它与 CIF 有相似之处，主要表现在：价格构成因素中包括通常的运费、保险费，即运输合同、保险合同都由卖方负责订立；交货地点均在出口国的约定地点；出、进口清关责任划分是出口方负责出口通关、进口方负责进口通关；风险在交货地点交货完成时转移给买方，而运费、保险费却延展到目的地（港）。但两者也有明显不同，也正是这些不同使CIP术语比CIF术语更适合内陆出口业务。

（1）从适用的运输方式看，CIP比CIF更灵活，更适合内陆地区出口。CIF只适用于水上运输方式（海运、内河水上运输），CIP却适合任何运输方式。而对于内陆地区而言，出口时运输方式也是多种的，比如出口到美国、东南亚地区，一般采用陆海联运；出口到欧洲，一般采用陆运。

（2）从出口方责任看，使用CIP术语时，出口方风险与货物的实际控制权同步转移，责任可以及早减轻。CIF术语下，出口方是在装运港交货；买卖双方是以船舷为界划分风险，在货物越过船舷之前，不管货物处于何方的实际处置之下，卖方都要向买方承担货损等责任。CIP术语下则比较灵活，由双方约定，可以是在港口，也可以是在内陆地区，但无论在哪里，出口方责任以货交承运人处置时止，出口方只负责将货物安全移交承运人即完成自己的销售合同和运输合同项下的交货任务，此后货物发生的一切损失均与出口方无关。

（3）从使用的运输单据看，使用CIP术语有利于内陆出口业务在当地交单结汇。CIP涉及的通常运输单据范围要大于CIF，因具体运输方式不同，可以是上面提到的CIF使用的单据，也可以是陆运运单、空运单、多式联运单据。承运人签发后，出口方即可据以结汇。这样，缩短了结汇和退税时间，提高了出口方的资金周转速度。

另外，迅速发展的集装箱运输方式也为内陆地区出口使用CIP术语提供了便利条件。目前我国许多沿海港口如青岛、连云港都在争取"把口岸办到内地"，发展内陆地区对沿海陆运口岸的集装箱直通式运输，这势必会减少货物装卸、倒运、仓储的时间，降低运输损耗和贸易成本，缩短报关、结汇的时间，有利于CIP术语在内陆地区出口中的推广。

可以预见，随着西部大开发的顺利进行，内陆地区的产品出口业务会越来越多，而选择适当的贸易术语对于出口合同的履行，对于我出口方利益的保护都相当重要。在这种情况下，内陆出口企业的外销员一定要从本地区、本行业和所经营产品的实际出发，适当选择贸易术语，千万不要被"出口CIF"的定式迷惑。

思考题

1. 阐述设置国际贸易术语的目的和意义。
2. 解释INCOTERMS® 2010中用于水路运输的贸易术语的含义。
3. 解释INCOTERMS® 2010中用于非水路运输的贸易术语的含义。

第3章 国际物流海运港口基础设施与运作流程

在国际贸易中,海运港口承担着90%以上的国际货物运输任务,因此港口是国际物流的重要节点,港口的设施设备配置及运作流程直接影响国际物流的运营状况。同时,如何对港口物流的经营情况进行有效管理及合理评价,也是提升国际物流运营水平的一个重要环节。此外,经济全球化程度的提高促进了港口保税物流的发展,而保税物流的发展又将进一步推动经济全球化的进程。

本章主要对海运港口基础设施设备、港口运作流程、港口物流管理与评价,以及保税物流运作四个方面进行介绍。

3.1 海运港口物流概念

3.1.1 港口的战略地位

港口在国际物流中具有多重身份。按照现代物流的观点,港口在现代生产、贸易和运输中处于十分重要的战略地位。

(1) 港口是水陆运输的枢纽,又是水运货物的集散地、远洋运输的起点与终点。无论是集装箱货还是散装货,远洋运输总是承担着其中最大的运量,因而港口在整个运输链上总是最大量货物的集结点。

(2) 港口是全球生产要素的最佳结合点。要把两个国家之间有着巨大禀赋差异的生产要素以最有利的方式结合,港口往往是最合理的选址。世界主要港口基本上都是重要的工业基地。

(3) 在国际贸易中,港口一直是不同运输方式汇集的最大、最重要的节点。在港口地区落户的有货主、货运代理行、船东、船舶代理行、商品批发部、零售商、包装公司、陆上运输公司、海关、商品检验机构以及其他各种相关机构。

(4) 港口是信息中心。港口是不同运输方式汇集的节点,货主、货代船东、船代、商品批发部、零售商、包装公司、陆上运输公司、海关商检机构、银行保险等机构都在港口地区落户。因此,港口汇集了大量的货源信息、技术信息、服务信息,并在港口的辐射范围内传递,形成港口信息中心。

(5) 港口是人员服务中心。港口提供贸易谈判条件、人才供应和海员服务等,并提供舒适的生活娱乐空间,强化了港城一体化关系。因此,港口也是一个人员服务中心。

随着地区间国际贸易的发展，物流中心的计算机系统必须与上述单位的计算机系统联网，将有关商流、物流、装卸运输、仓储信息及时汇集到港口和物流中心。因此港口在现代物流体系中居于核心战略地位。

3.1.2 水运港口及分类

广义上，港口是指一些位于江河湖海等水域沿岸的、具有一定的设施和条件，能够给船舶提供各种气候条件下进出、停靠以及其他各种生活资源供给、货物装卸等作业的场所。在实际的工作过程中，港口是由岸上部分和水中部分两部分所组成的，具体包含航道、港池、锚地、码头、货场、仓库、作业设备、导航系统、通信系统以及其他相应的管理与服务系统等，一些较为现代化的港口，甚至还包含相应配套的经济腹地。水运港口分为海运港口和内陆河港口，本章所指港口为海运港口。

狭义上讲，海运港口是指具有相应设施，提供船舶靠泊，旅客上下船，货物装卸、储存、驳运以及相关服务，并按照一定规模划定的具有明确界限的水域和陆域构成的场所。根据不同标准，港口可以进行下列分类。

1. 根据港口的作用分类

（1）港湾。具有天然掩护的自然港湾（有时也辅以人工设施），可供船只停泊或临时避风的地方。如广州湾、洋浦港、龙门港等。

（2）避风港。供船舶在航行途中，或海上作业过程中躲避风浪的港口。一般是为小型船、渔船和各种海上作业船设置。

（3）港口。位于江、河、湖、海沿岸，具有一定设施和条件，供船舶进行作业性的及在恶劣气象条件下的靠泊，方便旅客上下，货物装卸，生活物料供应等作业的地方。它的范围包括水域和陆域两部分。一般设有航道、港池、锚地、码头、货场、仓库、后方运输设备、修理设备（包括修理船舶）和必要的管理与服务系统等。

2. 根据港口的位置分类

（1）海港。海港指在自然地理条件和水文气象方面具有海洋性质的港口，又可细分如下。

①海岸港。海岸港位于有掩护的或平直的海岸上。属于前者大都位于海湾中或海岸前有沙洲掩护。如旅顺军港、湛江港和榆林港等，都有良好的天然掩护，不需要建筑防护建筑物。若天然掩护不够，则需加筑外堤防护，如烟台港。位于平直海岸上的港一般都需要筑外堤掩护，如塘沽新港。

②河口港。河口港位于入海河流河口段，或河流下游潮区界内。历史悠久的著名大港多属此类。如我国的黄埔港，国外的鹿特丹港、纽约港、伦敦港和汉堡港均属于河口港。由于河口港受风浪、潮汐、沿岸输沙等的影响，一般利用海湾、岛屿、岬角等天然屏障，或建造防波堤等人工建筑物作为防护；港内有广阔的水域和深水航道，可供海船进出停泊，进行各种作业，补给燃料、淡水和其他物品，躲避风浪等。

（2）河港。河港指位于河流沿岸，且有河流水文特征的港口。如我国的南京港、武汉港和重庆港均属于此类。它可供内河运输船舶编解队、装卸作业、旅客上下和补给燃料、燃物料等。河港直接受河道径流的影响，天然河道的上游港口水位落差较大，装卸作业比较困难；中、下游港口一般有冲刷或淤积的问题，常需护岸或导治。

（3）水库港。水库港指建于大型水库沿岸的港口。水库港受风浪影响较大，常建于有天然掩护的地区。水位受工农业用水和河道流量调节等的影响，变化较大。

（4）湖港。湖港指位于湖泊沿岸或江河入湖口处的港口。一般水位落差不大，水面比较平稳，水域宽阔，水深较大，是内河、湖泊运输和湖上各种活动的基地。

3. 根据港口的商业属性分类

（1）商港。商港指以一般商船和客货运输为服务对象的港口。具有停靠船舶、上下客货、供应燃（物）料和修理船舶等所需要的各种设施和条件，是水陆运输的枢纽。如我国的上海港、大连港、天津港、广州港和湛江港等均属此类。国外的鹿特丹港、安特卫普港、神户港、伦敦港、纽约港和汉堡港也是商港。商港的规模大小用吞吐量表示。按装卸货物的种类分为综合性港口和专业性港口两类。综合性港口指装卸多种货物的港口；专业性港口指装卸某单一货类的港口，如石油港、矿石港、煤港等。一般说来，由于专业性港口采用专门设备，其装卸效率和能力比综合性港口高，在货物流向稳定、数量大、货类不变的情况下，多考虑建设专业性港口。

（2）工业港。工业港指为临近江、河、湖、海的大型工矿企业直接运输原材料及输出制成品而设置的港口。如大连地区的甘井子大化码头，上海市的吴泾焦化厂煤码头及宝山钢铁总厂码头均属此类。

（3）渔港。渔港指为渔船停泊、鱼货装卸、鱼货保鲜、冷藏加工、修补渔网和渔船生产生活物资补给的港口，是渔船队的基地。具有天然或人工的防浪设施，有码头作业线、装卸机械、加工和储存渔产品的工厂（场）、冷藏库和渔船修理厂等。

（4）军港。军港指供舰艇停泊并取得补给的港口，是海军基地的组成部分。通常有停泊、补给等设备和各种防御设施。

4. 根据港口处理的货物类型分类

（1）散装货港。散装货港指专门装卸大宗矿石、煤炭、粮食和砂石料等散装货的港口。专门装卸煤炭的专业港称煤港。这类港口一般都配置大型专业装卸设备，效率高，成本低。

（2）油港。油港指专门装卸原油或成品油的港口。一般由以下几部分组成：①靠、系船设备；②水上或水下输油管线和输油臂；③油库、泵房和管线系统；④加温设备；⑤消防设备；⑥污水处理场地和设施。为了防止污染和安全起见，油港与城镇、一般港口和其他固定建筑物都要有一定的安全距离，通常以布置在其下游、下风向为宜。根据油港所在位置和油品闪点的不同，最小安全距离分别都有不同的规定，其范围从几十米到三千米不等。由于近代海上油轮越建越大，现代海上油港也随之向深水港发展。

（3）集装箱码头。集装箱码头是指包括港池、锚地、进港航道、泊位等水域以及货运站、堆场、码头前沿、办公生活区域等陆域范围的能够容纳完整的集装箱装卸操作过程的具有明确界限的场所。集装箱码头是水陆联运的枢纽站，是集装箱货物在转换运输方式时的缓冲地，也是货物的交接点，因此，集装箱码头在整个集装箱运输过程中占有重要地位。目前集装箱船的大型化，对港口水深和装卸效率提出了较高的要求。

5. 根据港口的运输属性分类

（1）干线港。也称为基本港，属于世界性集装箱枢纽港口。干线港一般在国际上具有一定地位，有固定的集装箱船班期发往国际各个港口。

(2) 支线港。支线港指为干线服务的支线航班集装箱港口，港口的辐射范围相对较小。

(3) 喂给港。喂给港指为干线港提供箱源的中小港口。由于航道条件的限制和成本的限制，国际大船不可能将万吨级货轮开向每一个小型的内河港口或沿海港口，一些位于产业腹地的内河或沿海的小港口便承担起喂给港的角色，将产业腹地的货源源不断地通过小型驳船或中小型海轮运达干线港，大船再从干线港出海。

3.2 港口基础设施设备

3.2.1 集装箱码头主要设备

1. 集装箱码头概述

集装箱码头是专供停靠集装箱船，装卸集装箱的港口作业场所，是在集装箱运输过程中，水路和陆路运输的连接点，也是集装箱多式联运的枢纽。集装箱码头企业是指使用集装箱专用机械系统，遵循一定的操作工艺，以集装箱装卸为主要业务的生产经营型企业。除此之外，集装箱码头企业还经营库场堆存、装拆箱业务、修（洗）箱业务、货运代理业务、船务代理业务、车（驳）运输业务、电子数据交换业务、信息咨询及其他延伸业务。

集装箱码头主要有三个职能。第一，集装箱码头是集装箱运输系统的集散站；第二，集装箱码头提供装箱堆存，是转换集装箱运输方式的缓冲池；第三，集装箱码头是水路集装箱运输和陆路集装箱运输的连接点和枢纽。目前，集装箱码头已采取高度机械化和高效率的大规模生产方式，集装箱码头同船舶共同形成一个不可分割的有机整体，保证高度严密的流水作业线高效运转，充分发挥集装箱码头的三个主要职能。

集装箱码头通常应具备的必要设施有泊位、码头前沿、集装箱堆场、集装箱货运站、检查桥、控制室、集装箱维修车间等。

1）泊位

泊位是指在港口为了进行集装箱装卸，给船舶停泊靠岸，具有一定长度岸壁线的地方。码头对泊位长度和水深的要求随停泊船舶的大小而不同。目前，世界上集装箱码头泊位的长度一般为 300 m 左右，水深在 11 m 以上。

2）码头前沿

码头前沿是指沿码头岸壁线的堆场之前部分的码头面积。码头前沿是集装箱进行换装的主要地点，码头前沿装有集装箱桥吊，其宽度根据集装箱起重机的跨距和装卸机械的种类而定，一般为 30~60 m。码头前沿主要由三部分构成。

(1) 从岸壁线到集装箱桥吊第一条轨道（靠海侧）的部分，距离一般为 2~3 m；

(2) 桥吊的轨道间的部分，距离一般为 15~30 m；

(3) 从桥吊第二条轨道（靠陆侧）到堆场前的部分，距离一般为 10~25 m。

集装箱码头前沿除了安装集装箱桥吊和铺有桥吊轨道外，一般还备有高压和低压配电箱、船用电话接口、桥吊电缆沟、灯塔等设施。码头前沿应始终保持畅通，以确保集装箱桥吊的装卸效率。

3）集装箱堆场

堆场是指集装箱码头内所有堆放集装箱的场地。堆场由两部分组成：前方堆场和后方堆场。

（1）前方堆场。前方堆场位于码头前沿和后方堆场之间，是为加快船舶装卸作业效率，用以短时堆放集装箱的场地。它的主要作用是：船舶到港前，预先堆放待装船出口集装箱；卸船时，临时堆存进口集装箱。前方堆场的面积占堆场总面积的比例较大，其大小根据集装箱码头所采用的装卸工艺系统不同而定。

（2）后方堆场。后方堆场是指储存和保管空、重的场地，是码头堆场中除前方堆场之外的部分，包括中转集装箱堆场、进口重箱堆场、空箱堆场、特种集装箱堆场等。

通常，前方堆场和后方堆场并没有十分严格的分界线，仅仅是地理位置上的相对概念。堆场的场地上标有存放集装箱的规定区域，并编有号码，即场箱位。堆场要求配有照明设备、道路交通标牌、排水明沟、电源插座等设施，并要求不能有妨碍码头作业或降低码头作业效率的任何障碍物。

4）集装箱货运站

集装箱货运站是集装箱码头对拼箱货进行收发交接、装箱、拆箱、配载、保管等业务操作的场所。与传统的码头仓库不同，集装箱货运站是一个主要用于装拆箱作业的场所，而不是用于保管货物的场所。集装箱货运站一般建于码头后方，侧面靠近码头外公路或铁路。因此可以保证陆运车辆不必进入码头堆场内，而直接进出货运站。随着集装箱码头吞吐量的增加，为了充分利用码头的堆场面积，也可将集装箱货运站移至港外。

5）检查桥

检查桥是集装箱码头的出入口，是对进出码头的集装箱进行立体检查和交接的场所，是区别码头内外的一个责任分界点。由于检查桥是集装箱进出码头的必经之口，因此在检查桥入口处不仅要检查集装箱的有关单证，还要对集装箱的箱号、铅封号、集装箱的外表状况等进行检查。检查桥一般设置在集装箱码头的后方，为了保证码头机械和船舶积载的安全，还设有地磅、计算机、IC卡机等设备。

6）控制室

控制室又称控制中心，是集装箱码头进行各项作业的指挥调度中心。控制室的作用是监督、调整和指挥集装箱码头作业计划的执行，一般设置在可看到码头各个作业现场的地方。控制室内装有计算机系统、测风仪及气象预报系统，并配有用于指挥码头现场作业的无线对讲系统，用于监控码头作业现场的闭路电视、望远镜，以及用于对内对外联系的电话、传真机等通信系统。控制室是集装箱码头作业的中枢机构。

7）集装箱维修车间

集装箱维修车间是对集装箱装卸机械进行检查、修理和保养的地方，一般设置在不影响集装箱码头作业的码头后方或在保养区附近。集装箱维修车间对确保装卸机械的维修质量，使各种机械处于完好备用状况，提高集装箱码头效率和充分发挥集装箱运输的优越性都起着十分重要的作用。

2. 集装箱装卸机械

1) 集装箱专用吊具

（1）固定式吊具。集装箱专用吊具是用于起吊集装箱的工具，而固定式吊具是只能起吊一种集装箱的吊具。其优点是结构简单、自重轻、价格便宜。缺点是对箱体类型的适应性较差，更换吊具往往花费较多的时间。

（2）自动式吊具。自动式吊具可利用油压操作使吊臂自行伸缩，以满足起吊不同尺寸集装箱的要求。其优点是更换吊具所花时间少，使用灵活。缺点是自重较大，一般为 9~10 t。自动式吊具是目前在集装箱桥吊上使用最为普遍的一种集装箱专用吊具。

（3）组合式吊具。组合式吊具将起吊不同尺寸集装箱的吊具组合使用。其优点是结构简单，实用性强，自重较自动式小，一般为 4~7 t。组合式吊具主要用于跨运车等堆场作业机械。

（4）双箱吊具。这种吊具可以同时起吊两个 20 ft 的集装箱。在双箱吊具的中部增加 4 只旋锁，当吊具伸到 40 ft 位置时，可同时起吊两个 20 ft 集装箱。采用这种起吊方式要求集装箱桥吊的起重量要达到 60 t 左右。双箱起吊方法大大提高了船舶的装卸效率。

2) 岸壁式集装箱装卸桥（桥吊）

集装箱的标准化和集装箱船的专业化，为港口码头装卸机械高效化提供了良好的作业条件。在现代化的集装箱码头上，从事码头前沿集装箱装卸作业的主要设备是岸壁式集装箱装卸桥，简称桥吊。桥吊是一种体积庞大、自重高、价格昂贵的集装箱码头专用装卸设备。

桥吊主要由带有行走机构的门架、连接吊具的臂架以及承担臂架重量的拉杆三部分组成。臂架可分为海侧臂架、陆侧臂架和门中臂架。臂架的主要作用是承受带升降机构的小车重量，升降机构用于起吊集装箱吊具和集装箱。海侧臂架一般可俯仰，以便集装箱装卸桥移动时不会与船舶的上层建筑发生碰撞。

桥吊作业时，由于集装箱专用船舶的船舱内设有箱格，舱内的集装箱作业对位非常方便，无须人工协助。因此，在作业中没有像件杂货那样的舱内作业工序。

一般情况下，集装箱泊位配备桥吊时主要考虑以下几个技术参数。

（1）起重量。集装箱桥吊的起重量是额定起重量加集装箱吊具的重量。由于集装箱桥吊的吊具种类繁多，重量不一，并且受作业条件的影响，世界各国集装箱桥吊的起重量并不一致。确定桥吊的起重量一般要考虑如下作业条件。第一，起吊集装箱船舱盖板的需要。舱盖板的重量一般不超过 28 t。第二，考虑装卸非国际标准箱的需要。第三，考虑有可能采用同时起吊两个 20 ft 型集装箱的作业方式。第四，兼顾装卸其他重大件杂货的需要。

（2）起升高度。桥吊的起升高度由两部分组成，即轨道以上的高度和轨道以下的高度。起升高度取决于集装箱的型深、吃水、潮差、甲板上装载集装箱层数、码头标高以及船体倾斜等因素。目前，岸壁式集装箱装卸桥的轨道面上起升高度一般为 25 m，轨道面下起升高度一般 12 m。

（3）外伸距。外伸距是指集装箱装卸桥海侧轨道中心线向外至集装箱吊具铅垂中心线之间的最大水平距离。外伸距主要取决于集装箱的宽度，并考虑在甲板上允许堆放集装箱的最大高度，当船舶向外横向倾斜 3 度时，仍能起吊甲板上外舷侧最上层的集装箱。

（4）内升距。内升距是指集装箱装卸桥内侧轨道中心线向内至吊具铅垂中心线之间的最大水平距离。确定内升距主要考虑两个问题,一个是能否放置集装箱,另一个是能否放置舱盖板。

(5) 轨距(跨距)。轨距是指桥吊两条行走轨道中心线之间的水平距离。轨距的大小影响到装卸桥的整机稳定性。考虑到桥吊的稳定性和为了更有效地疏运岸边集装箱,轨距内最好能安排 3 条接运线。

(6) 横梁下的净高。该净高是指横梁下面到轨顶之间的垂直距离。一般取决于搬运集装箱机械的最大高度。目前,集装箱装卸桥横梁下面净高为 10 m。

3. 集装箱堆场作业机械

1) 龙门式起重机

龙门式起重机简称龙门吊,是桥式起重机的一种变形。它的金属结构像门形框架、承载主梁下安装两条支脚,可以直接在地面的轨道上行走。主梁两端可以具有外伸悬臂梁。龙门吊系统工艺是荷兰阿姆斯特丹港建码头时最先采用的,是一种在集装箱堆场上进行集装箱堆垛和车辆装卸的机械。由于龙门吊跨度大,起重机运行机构大多采用分别驱动方式,以防止起重机产生歪斜运行而增加阻力,甚至发生事故。为适应港口码头的运输需要,龙门吊的工作级别较高。龙门吊的起升速度为 8~10 m/min;跨度根据需要跨越的集装箱排数来决定,最大为 60 m 左右。

(1) 龙门吊的类型。龙门吊一般分为轮胎式(又称无轨龙门吊)和轨道式(又称有轨龙门吊)两种形式。轮胎式龙门吊的特点是机动灵活,通用性强。它不仅能前进、后退,而且还能左右转向 90 度,可从一个堆场转向另一个堆场进行作业。轮胎式龙门吊的跨距是指两侧行走轮中心线之间的距离。跨距大小取决于所需跨越的集装箱列数和底盘车的通道宽度。根据集装箱堆场的布置,通常标准的轮胎式龙门吊横向可跨 6 列集装箱和一条车道,可堆 3~4 层。

轨道式龙门吊是集装箱码头堆场上进行装卸、搬运和堆垛作业的专用机械。一般轨道式龙门吊比轮胎式龙门吊跨度大,堆垛层数多。最大的轨道式龙门吊横向可跨 19 列集装箱和 4 条车道,可堆 5~6 层高。轨道式龙门吊可沿着场地上铺设的轨道行走,因此,只能限制在所设轨道的某一个场地范围内进行作业。轨道式龙门吊确定机械作业位置的能力较强,较易实现全自动化装卸,是自动化集装箱码头比较理想的一种机械。

(2) 龙门吊的优点。第一,运行时稳定性好,维修费用较低,即使初始投资较大,但装卸成本较低。

第二,堆垛集装箱时,箱列间可不留通道,紧密堆存,因此在有限的场地面积内可堆存大量的集装箱,场地面积利用率较高。

第三,在堆场作业中运行方向一致、动作单一,容易采用计算机控制,实现自动化操作。

(3) 龙门吊的缺点。第一,由于堆存层数较高,如需取出下层的集装箱,必须经过多次倒装才能取出,操作上较为麻烦。

第二,堆场上配置的数量一般是固定的,故不能用设备数量来调整场地作业量的不平衡。因此,当货主交接的车辆集中时,可能会发生较长的待机时间,如搬运起重机发生故障,就会迫使装卸桥停止作业。

第三,搬运起重机自重较大,轮胎式搬运起重机的轮压一般为 20 t,轨道式搬运起重机的轮压更大，而且堆装层数多，故场地需要重型铺垫。

第四，大跨距的搬运起重机由于码头不均匀下沉，可能会产生轨道变形，有时会影响使用。

2）底盘车

底盘车堆存方式是由陆上拖车运输发展起来的。集装箱堆场上采用的底盘车方式是指将集装箱连同运输集装箱的底盘车一起存放在堆场上。这种集装箱堆存方式的机动性最大，随时可以有拖车将集装箱拖离堆场，而无须借助于其他机械设备。因此，底盘车方式比较适合于"门到门"的运输方式。

（1）底盘车的优点。第一，除铁路换装作业外，码头上所有作业只使用结构简单的底盘车，不需要其他辅助机械，因此装卸过程中因发生机械故障而影响装卸作业的可能性很小。

第二，由于底盘车不能重叠堆放，集装箱处于随时提取的状态中，便于实现"门到门"运输。

第三，便于装卸桥实现往复装载式的作业方法。

第四，在装卸船舶时，码头上只需要使用场地牵引车就可以了，不需要其他搬运设备，故对场地结构的要求低，一般考虑轮压时以 6 t 计，对各种地面的适应性较强。

第五，运输速度快，即使集装箱堆场的位置离码头前沿较远，也不会影响集装箱船的装卸效率。

第六，装卸船舶作业时，码头上不需要有作业人员的协助。

第七，吊箱次数少，集装箱损坏率低。

第八，便于与货主交接，减少交接时的差错。

（2）底盘车的缺点。第一，全部集装箱都放在底盘车上，不能堆装，故需要巨大的堆场面积。

第二，每一个集装箱需要一台底盘车，故需要备有大量的底盘车，因此初始投资费用很高。

第三，作业时一般内陆运输人员直接把车辆拖进场地内，如堆场发生事故时，有时难以明确事故责任。

第四，如果一个码头上有两个以上的船公司使用，各公司所提供的底盘车混杂在一起，在业务上将产生困难。

第五，每个集装箱在用装卸桥卸到底盘车上时，都需要进行对位，这将导致装卸桥的作业效率不高。

3）跨运车

跨运车是一种具有搬运、堆垛、换装等多功能的集装箱专用机械。跨运车采用旋锁机构与集装箱结合或脱开，吊具能够升降，以适应装卸和堆码集装箱的需要。同时，吊具还可以侧移、倾斜和微动，以满足对位的需要。

（1）跨运车的主要功能。跨运车工艺系统在欧洲应用比较广泛，在集装箱码头，跨运车可以完成许多作业任务。比如，集装箱装卸桥与前方堆场之间的装卸和搬运，前方堆场与后方堆场之间的装卸和搬运，后方堆场与货运站之间的装卸和搬运，对底盘车进行换装等。

然而，跨运车是一种故障率比较高的设备，在有些国家使用时，故障率高达 30% ~

40%，由此造成较高的维修费用。但是随着技术进步以及操作管理得当，跨运车在一些码头上的使用取得了很大的成功。此外，跨运车是一种价格昂贵的集装箱专用机械。为了减少码头上跨运车的使用量，节省码头设备投资，降低装卸成本，有许多采用跨运车方式的码头，从码头前沿到堆场这一段搬运过程的操作改用场地运输车来拖带，而跨运车只负责在堆场上的堆垛作业。

（2）跨运车的优点。第一，由于集装箱从船上卸下来时，采用落地方式接运，因此无须像底盘车那样要对准底盘车上的蘑菇头才能放箱，由此提高了集装箱装卸桥的工作效率。

第二，集装箱在堆场可重叠堆存，堆放层数由机种决定，重箱最高可堆放3层。但从实际作业情况来看，一般出口集装箱堆放2层，进口集装箱因箱内货物不明通常只能堆放1层，但与底盘车相比，仍然节省了一定的堆场面积。

第三，跨运车是一种多用途机械，它以24 km/h以上的速度在场地上进行各种作业，故向薄弱环节调配机械的灵活性较大。

第四，当码头每天作业量不平衡时，可根据作业量的大小随时自由地增减机车数量，而不会使装卸作业混乱。

（3）跨运车的缺点。第一，跨运车本身的价格比较贵，采用跨运车进行换装和搬运时可能会提高装卸成本。

第二，跨运车采用液压驱动、链条传运，容易损坏，故修理费用高。

第三，跨运车的轮压比底盘车大，一般轮压以10 t计，故要求较厚的场地垫层。

第四，在进行"门到门"的内陆运输时，需要用跨运车再一次把集装箱装上底盘车，比底盘车方式多了一次操作。

4）集装箱叉车

集装箱叉车是集装箱码头上常用的一种装卸机械，主要用于在吞吐量不大的综合性码头上进行集装箱的堆垛、短距离搬运和车辆的装卸作业，也用于大型集装箱码头堆场的辅助作业，是一种多功能的机械。叉车搬运集装箱一般采用两种方式，一种是吊运方式，即采用顶部起吊的专用吊具吊运集装箱；另一种是叉运方式，利用集装箱底部的叉孔用货叉起运，一般这种方式主要用于搬运20 ft的集装箱或空箱。

无论采用哪一种方式，集装箱叉车都应符合以下作业需要。首先，起重量应保证能满足装卸作业所需的各种箱型。其次，起升高度应符合堆垛层数的需要。再次，荷载中心（货叉前臂至货物重心之间的距离）取集装箱宽度的一半，即1 220 mm。最后，便于对准箱位，货架应能侧移和左右摆动。

5）正面吊

正面吊是一种目前在集装箱码头堆场上得到越来越频繁使用的专用机械。虽然这种集装箱堆场设备由于其运行方向与作业方向垂直而需要占据较宽的通道，但是堆箱的层数较高，并且可以为多排集装箱作业，设备的灵活性较强，因此很受码头堆场的欢迎。采用正面吊可以堆存3~4层重箱或7~9层空箱，因此堆场场地的利用率较高。目前，正面吊主要还是作为集装箱堆场的辅助作业机械，但被认为是一种很有前景的集装箱装卸专用设备。

3.2.2 散装货码头主要设备

1. 散装货装船机械

1) 固定式装船机

固定式装船机是一种整机不能沿码头岸线移动的装船机型。为了适应装船的需要,扩大物料的抛撒面,这类机型的悬臂可做旋转、俯仰和伸缩的动作,所以这种装船机也称为悬臂转动式皮带装船机。有的装船机的悬臂可摆动,也称为摆动式装船机。由于固定式装船机性能全面,装船效率高,对码头的承载能力要求低,可节约码头的建造费用,因此成为国内外煤炭和矿石码头的主要装船机型之一。

(1) 固定转盘式装船机。固定转盘式装船机是一种我国长江中下游煤炭和矿石出口码头上传统的、应用效果较好的装船机械。固定转盘式装船机可做200°旋转,悬臂的伸缩距离为7 m以上,可以做20°~60°的俯仰,以适应装载1 000~5 000 t级的驳船。

这种装船机的装船效率较高,但在装载重量小的驳船时,驳船容易过载。因此在装船过程中要注意驳船吃水的变化。当驳船装满后,由拖船或绞盘将重驳拖出,并再次送入空驳。在低水位时,应该将悬臂降下,使投送物料的高度降低,避免物料的冲击和粉尘的飞扬。在高水位时,为避免悬臂碰撞驳船的上层建筑,应将拖船的桅杆高度降低,在驳船靠离时,应将悬臂转向一边。

(2) 摆动式装船机。摆动式装船机由绕中心转动的桥架装置和桥架上前后移动的臂架装置构成。桥架借助于前端回转台车,沿栈桥上的轨道运行,桥架本身绕后端墩柱的支承中心回转而摆动,而整机不沿码头线移动。这类装船机的臂架装置由伸缩架前端设有臂架的构架组成,内设皮带机,伸缩架下有轨轮,可沿桥架上的轨道移动。悬臂的俯仰和伸缩架的前后移动,分别通过各自的绞车和钢丝绳的牵引来实现。摆动式装船机按前端栈桥轨道的形式不同,可分为两种,一种是弧线式装船机,另一种是直线式装船机。

弧线式装船机的前端栈桥轨道呈弧线形,装船机的前端回转台车的中心与后端墩柱中心距离不变,物料靠来回摆动的装船悬臂内皮带机装船。这种装船机所需码头岸线的长度和码头前沿皮带输送机的长度比移动式装船机明显减少,因而可节省码头建设费用。同时对船型的实用性也较转盘式装船机好,装船效率高,所以被大型的煤炭或矿石码头采用。

直线式装船机是一种整机不沿码头岸线移动的固定式装船机,一般适用15万t级以上的大型散装货码头,它与弧线式装船机的主要区别是装船机前端栈桥的轨道呈直线形,也就是装船机的桥架沿支线轨道摆动。这种装船机采用大跨距的回转桥架,由于前端有支撑轨道,所以避免了巨大的悬臂倾覆作用,有利于加大回转半径,在较小伸缩变幅的情况下,完成船舶舱口的覆盖面积。

2) 移动式装船机

移动式装船机是一种整机可沿泊位前沿轨道全长行走的装船机械。这类装船机性能完善,可在各种煤炭和矿石码头的任一船舱装载,但构造比较复杂。为了供料方便,需要沿码头设置高架栈桥和皮带机,配备可与装船机一起移动的卸料车和供料皮带机等设备。因此,对码头结构强度的要求较高。由于移动式装船机具有灵活机动、工作面大、对船型变化的适应性强的优点,所以是煤炭、矿石码头最常用的一种装船机械。

2. 散装货卸船机械

散装货卸船机械按机械工作特点可分为间歇型散装货卸船机和连续型散装货卸船机两类,主要用作煤炭和矿石的卸船作业,同时,还可用作散粮、散盐、沙等散货的卸船。

1) 间歇型散装货卸船机

间歇型散装货卸船机主要有船舶吊杆、带斗门机、装卸桥等几种,均是利用抓斗抓取物料卸船。

(1) 船舶吊杆。船舶吊杆的工作特点有以下几点。首先,为了装卸作业的安全,船舶吊杆工作时,抓斗起升高度不能太高。其次,船舶吊杆的起重量较小,卸货效率较低。再次,清仓量大。最后,在采用船舶吊杆抓斗方式卸船时,不需要在码头上配备卸船机械,因此可节约码头的建设费用。

(2) 带斗门机。这是一种在门机的门架下设置可伸缩漏斗的散装货卸船专用机械,带斗门机的工作特点是卸船效率高。这一方面是由于门架下的漏斗可根据抓斗行程调节伸缩,使抓斗带货运行的行程缩短;另一方面是因为带斗门机的起升、变幅速度比普通门机高40%~50%,从而提高了装卸效率。带斗门机适用于船型不超过5万t级的中型散装货船进口码头,卸船效率在700 t/h以下,世界上最大的带斗门机的卸船效率可达1 050 t/h。

(3) 装卸桥。装卸桥也称桥式卸船机,是大型散装货码头最主要的卸船机械,一般适用于5万t级以上的散装货专用船。装卸桥抓斗的行程路线简单,起重量大,同时装卸桥还可以承受较大的动量载荷,所以其装卸小车的工作速度可加快,抓斗的工作周期大为缩短,从而提高卸船的效率。

2) 连续型散装货卸船机

常见的连续型散装货卸船机有链斗式卸船机和斗轮卸船机两种,它们主要由垂直提升的斗式提升机和水平输送的皮带机两大部件组成。

(1) 链斗式卸船机。链斗式卸船机工作时,物料由链斗提升机提取,卸到回转转盘附近的料槽内,由臂架皮带机送进大车中的中心料斗,再经过下面的双料斗直接卸到汽车或火车内,或者流到皮带机火车上,经坑道皮带机转入库场堆存。

链斗式卸船机主要的优点如下。

第一,使用范围广。就货物而言,可用于从磷酸盐、煤(粒度在100mm以下)、矾土等轻物料直至铁矿、石灰石等重物料的卸船作业。就船舶而言,可用于从河驳到大、中型海轮的卸载。

第二,卸船效率高,工作稳定,卸船时的物料损失量低于抓斗起重机的2%,能量消耗也比用抓斗起重机低1%~2%。

第三,易于实现卸船作业自动化。

第四,防污染问题解决较好。

(2) 斗轮卸船机。斗轮卸船机的作业特点是由双排斗轮取料,物料落入中间皮带机上,输送到链斗提升机,链斗提升机将物料提升到悬臂皮带机,转送到岸上,斗轮和链斗可以由舱内操纵转动240°。

3) 散装货卸船抓斗

散装货卸船抓斗随主机的不同,分双索抓斗和船吊抓斗两种形式。

(1) 双索抓斗。双索抓斗是一种专用的散装货装卸吊具。所谓双索抓斗,即在抓斗上有两根钢丝绳分别拴在起重机的两个卷筒上,其中一根钢丝绳固定在抓斗的上承梁上,称为支持绳,其作用是承受抓斗重量;另一根钢丝绳绕过下承梁的滑轮后也固定在头部,称为开闭绳,其作用为开闭抓斗。

(2) 船吊抓斗。船吊抓斗是一种专门与双杆船吊配套使用的双索抓斗。船吊抓斗与岸机配置的双索抓斗有所区别,这是因为船舶吊杆在装卸作业过程中不能变幅旋转,所以船吊双索抓斗的开闭索除了完成抓斗开闭动作外,还要起抓斗在变换货位时的定位作用。然而,如果将起重机的双索抓斗用于船吊,其关闭索在回空时,会将抓斗关闭,也没有定位功能,不能使抓斗迅速落入货堆上抓取货物,所以起重机用的双索抓斗不能用于船吊。

3. 散装货堆场机械

散装货堆场机械是指用来完成物料的进出场和堆料作业的专用机械。物料品种、特性和堆存量是决定选用堆场机械设备的主要因素,应用的机械设备不同也会影响物料进、出场和堆存形式,因此两者要相互适应。

1)堆料机

堆料机是国内外散装货堆场常用的专用机械。堆料机有单悬臂、双悬臂、旋臂式三种机型。堆料机与堆场皮带机系统可以组成不同的堆场装卸工艺形式。

2)取料机

取料机是专用于堆场取料的机械,常见的是与水平固定式皮带机配合使用的取料机,但也有流动式取料机。取料机通常与堆料机配合使用来完成物料进出堆场作业,这种堆取分开作业的营运费用较低,但土建投资大,所以在一般情况下适用于外形尺寸长而宽的堆场。取料机的特点是两端支承在轨道上,中间是皮带机和滚斗桥架,整机可跨堆场移动,滚斗也可沿桥架移动。由滚斗从货堆上取料,再将物料转到上部桥架上,最后卸入平行轨道设置的固定皮带机上。

3)皮带输送机

皮带输送机是散装货装卸作业线连接装卸船、装卸车、堆场机械和各种储存给料作业环节之间水平运输的转运工具。随着装卸船效率和煤炭、矿石装卸工艺的发展,皮带输送机已具有固定式、大容量、长距离和高效率等特点。皮带输送机效率的选用要与装船机和卸船机相适应。目前,世界新型皮带机系统的输送效率已达 40 000t/h。高效率的皮带输送机对皮带的强度要求高,对皮带的带宽和带速也提出了更高的要求。

3.3 港口运作流程

3.3.1 集装箱港口运作流程

1. 集装箱进口业务流程

集装箱进口业务的主要环节如图 3-1 所示。

1)确认到港信息

首先,发货人需将正本提单或电放副本、装箱单、发票、合同等全套单据发给收货人。

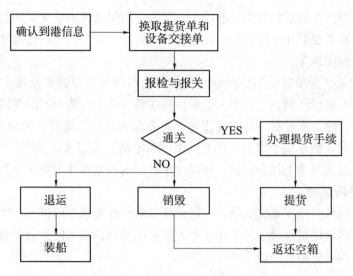

图 3-1 集装箱进口业务流程图

为了确定船到港的时间及地点（如需转船，应确认二程船名），并了解确认换单费、押箱费、换单的时间，收货人在接到单据后，需提前与船公司或船舶代理部门联系。同时，收货人也应联系好场站，确认好提箱费、掏箱费、装车费、回空费等费用。

2）换取提货单和设备交接单

凭带背书的正本提单（如果是电报放货，可带电报放货的传真件与保函）去船公司或船舶代理部门换取提货单和设备交接单。换单时要注意以下几点。

（1）正本提单的背书有两种形式，如果提单上收货人栏显示"TO ORDER"，则由发货人与提单持有人背书；如果收货人栏显示某一特定的收货人，则需收货人背书。

（2）保函是由进口方出具给船舶代理的一份请求放货的书面证明。保函内容包括进口港、目的港、船名、航次、提单号、件重尺及进口方签章。

（3）换单时应仔细核对提单或电放副本与提货单上的集装箱箱号及封号是否一致。

（4）提货单共分五联，分别为白色提货联、蓝色费用账单、红色费用账单、绿色交货记录、浅绿色交货记录。

（5）设备交接单是集装箱进出灌区、场站时，用箱人、运箱人与管箱人或其代理人之间交接集装箱及其他机械设备的凭证，并兼有发放集装箱凭证的功能。当集装箱或机械设备在集装箱码头堆场或货运站借出或回收时，由码头堆场或货运站制作设备交接单，经双方签字后，作为两者之间设备交接的凭证。集装箱设备交接单分进场和出场两种交接手续，均在码头堆场大门口办理。出码头堆场时，码头堆场工作人员与用箱人、运箱人就设备交接单上的以下主要内容共同进行审核：用箱人名称和地址，出堆场时间与目的，集装箱箱号、规格、封志号以及是空箱还是重箱，有关机械设备的情况等。进码头堆场时，码头堆场的工作人员与用箱人、运箱人就设备交接单上的以下内容共同进行审核：集装箱、机械设备归还日期、具体时间及归还时的外表状况，集装箱、机械设备归还人的名称与地址，进堆场的目的，整箱货交箱货主的名称和地址，拟装船的船次、航线、卸箱港等。

3）报检与报关

（1）报检。若是法检商品，应办理检验检疫手续。如需商检，则要在报关前持进口商检申请单（带公章）和两份报关单办理登记手续，并在报关单上盖商检登记在案章以便通关。验货手续在最终目的地办理。如需动植检、卫检，也要在报关前持箱单、发票、合同、报关单去代报验机构申请报验，在报关单上盖放行章以便通关。

（2）报关。用换来的提货单白色提货联和红色费用账单并附上报关单据前去报关。海关放行后在白色提货联上加盖放行章，作为进口方提货的凭证。报关单据还有正本装箱单、正本发票、合同、进口报关单一式两份、正本报关委托协议书、海关监管条件所涉及的各类证件。报关过程中当海关要求开箱查验货物时，应提前与场站取得联系，将所查货箱调至海关指定的场站。

4）通关

通关是一种要式的行政行为，必须由海关在报关单上加盖放行章后方可生效。通关是海关对进出口货物实施监管的最终结果。对进口货物而言，根据货物的性质不同，其通关的标志也不尽相同。一般贸易、易货贸易、补偿贸易、寄售方式成交的货物和进口捐赠物资、加工贸易中委托加工有价提供的机器设备，海关放行即为通关；而保税加工进口货物、经海关批准减免税或缓纳税的进口货物、暂时进出境货物等，海关放行并不意味着通关，而是需要经过后续管理这一特定通关程序。后续管理主要有核查和销毁两个环节。

5）办理提货手续

报关报检手续办理后，凭带有海关放行章的提货单以及船公司或其代理人签发的设备交接单，到港区办理提箱手续，并交纳相关的港建费、港杂费等费用。费用结清后，港方将提货联退给提货人供提货用。

6）提货

所有提货手续办妥后，可通知事先联系好的堆场提货。提货时须注意以下事项。

（1）应与港池调度室取得联系，安排计划并做好相应提货记录。

（2）根据提箱的多少与堆场联系足够的车辆，尽可能在港方要求的时间内提清，以免产生转栈堆存费用。

（3）提箱过程中应与堆场有关人员共同检查箱体是否有重大残破，如存在破损，要求港方在设备交接单上签残。

7）返还空箱

重箱由堆场提到场地后应在免费期内及时掏箱以免产生超期。如若超期则需收取滞箱费。返还空箱后，收货人需向船公司或船舶代理部门取回押箱费。

2. 集装箱出口业务流程

集装箱出口业务与传统的班轮运输出口业务大体相同，区别在于增加了发放和接受空箱和重箱、集装箱的装箱作业等环节，改变了货物的交接方式，制定和采用了适应集装箱作业和交接的单证。集装箱出口业务的主要环节如图 3-2 所示。

1）订舱或托运

货主或者货运代理人根据货物的数量、性质、适箱情况、航线船期、运价、箱位和集装箱类型等填制集装箱货物托运单，向船公司或其代理人在其所营运的船舶截单期前办理托运订舱，以得到船公司或其代理人的确认。托运单的主要内容如下。

（1）装箱港以及承运人收到集装箱的地点。

（2）卸货港以及货运目的地。

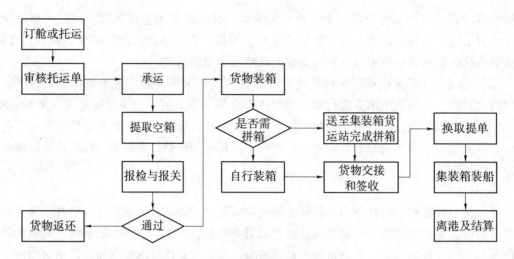

图 3-2 集装箱出口业务流程图

(3) 发货人以及发货人的代理人。
(4) 货名、数量、吨数、货物外包装、货类以及特种货情况的说明。
(5) 集装箱的种类、规格和箱数。
(6) 集装箱的交接地点及方式。
(7) 填明内陆承运人由发货人还是船公司安排。
(8) 货物交接时应注明装箱地点、日期及抵达堆场的承运人和日期。
(9) 拼箱货中如有超长货，应注明规格及尺寸。

2) 审核托运单

托运单是由托运人根据贸易合同和信用证的有关内容向承运人或其代理人办理货物运输的书面凭证。托运单主要记载有关货物情况及对运输的要求等内容。在集装箱运输中，为简化手续，是以场站收据联单的第一联作为集装箱货物的托运单，该联单由货主或货主委托货运代理人缮制。货运代理人对托运单进行审核，如果托运单内容与货物情况一致，则确认无误后接受托运。

3) 承运

船公司或其代理人审核托运单，确认无误可以接受订舱后，在装货单上签章，以表明承运货物的"承诺"，同时填写船名、航次、提单号等信息，然后留下船代留底和运费通知，将其余各联退还给货运代理人，作为对该批货物订舱的确认，以备向海关办理货物出口报关手续；船公司或其代理人在承诺承运货物后，根据集装箱货物订舱单的船代留底联缮制集装箱货物清单，分送集装箱堆场和集装箱港务公司（或集装箱装卸作业区），据以准备空箱的发放和重箱的交接、保管以及装船。

利用集装箱运输货物需要进行正确的配载。配载时需要正确掌握货物的知识，不仅要选择适合于集装箱的货物，而且也要选择适合于货物的集装箱。因此在提取空箱之前应全面考虑，编制好集装箱预配清单，按预配清单的需要提取空箱。

4) 提取空箱

通常，集装箱是由船公司无偿借给托运人或集装箱货运站使用的。船公司或其代理人在接受订舱、承运货物后，即签发集装箱设备交接单交给托运人或其货运代理人，据此到集装箱堆场或内陆集装箱空箱场站提取空箱。如果在承运人的集装箱货运站装箱，则由货运站提取空箱。不论由哪一方提取空箱，都必须事先缮制出场设备交接单。提取空箱时，必须向空箱场站提交空箱提交单，在空箱场站的检查桥或门卫处，双方在集装箱设备交接单上签字交接，并各执一份。应该特别注意的是，在交接时或交接前，应对集装箱外部、内部、箱门、附件和清洁状态进行检查。

5）报检与报关

（1）报检。发货人或其货运代理人依照国家有关法规并根据商品特性，在规定的期限内填好申报单，分别向商检、卫检、动植检等口岸监管检验部门申报检验。经监管检验部门审核或查验，视不同情况分别予以免检放行或经查验、处理后出具有关证书放行。如果托运危险品，还需凭危险品清单、危险品性能说明书、危险品包装证书、危险品装箱说明书、危险品准装申报单等文件向港务监督办理申报手续。

（2）报关。发货人或其货运代理人依照国家有关法规，于规定期限内持报关单、场站收据五至七联，商业发票、装箱单、产地证明书等相关单证向海关办理申报手续。根据贸易性质、商品特性和海关有关规定，必要时还需提供出口许可证、核销手册等文件。经海关审核后，根据不同情况分别予以直接放行或查验后出具证书放行，并在场站收据装货单（第五联）上加盖放行章。

6）货物装箱

货物装箱应根据货运代理的集装箱出口业务员编制的集装箱预配清单，在集装箱货运站或发货人的仓库进行。

整箱货由发货人或其货运代理人办理货物出口报关手续后，在海关派员监装下自行负责装箱，施加船公司或货运代理集装箱货运站铅封和海关关封。在内陆装箱运输至集装箱码头的整箱货，应有内地海关关封，并向出境地海关办理转关手续。

拼箱货由货主或其代理人将不足整箱的货物连同其事先缮制的场站收据，送交集装箱货运站，集装箱货运站核对由货主或其代理人缮制的场站收据和送交的货物，接收货物后，在场站收据上签收。如果接收货物时发现货物外表状况有异状，则应在场站收据上按实际情况做出批注。集装箱货运站将拼箱货物装箱前，须由货主或其代理人办理货物出口报关手续，并在海关派人监督下装箱，同时还应从里到外按货物装箱的顺序编制装箱单。

7）货物交接和签收

港口根据出口集装箱船舶班期，按集装箱货物的装船先后顺序向海上承运人或其代理人发出装船通知，海上承运人应及时通知托运人。托运人或其代理人在收到装船通知后，应于船舶开装前 5 d 开始将出口集装箱和货物按船舶受载的先后顺序运进码头堆场或指定货运站，并于装船前 24 h 截止进港。

不论是由货主自行装箱的整箱货物，还是由货运代理人安排装箱的整箱货物，或者是由承运人以外的集装箱货运站装运的整箱货物，经海关监装并施加海关关封后的重箱，随同装箱单、设备交接单，以及场站收据，通过内陆的公路、铁路或水路送交港口的集装箱堆场，集装箱堆场的检查桥或门卫同送箱人对进场的重箱进行检验后，双方签署设备交接单，集装箱堆场业务人员则在校对集装箱清单、场站收据和装箱单后，接收货物并在场站收据上签字，然后留下经过签署的场站收据的装货、收货单两联，将场站收据正本退还送箱人。之后，集装箱入港站堆场等待装船。

8）换取提单

港站集装箱堆场签发场站收据以后，将装货单留下作为结算费用和查询之用，而将大副收据联交理货人员送船上大副留存。货运代理人收到签署后的场站收据正本，到船公司或其代理人处，交付预付运费，要求换取提单。船公司还要确认在场站收据上是否有批注，然后在已编制好的提单上签字。

9）集装箱装船

集装箱进入港区集装箱堆场后，港务公司根据待装集装箱的流向和装船顺序编制集装箱装船计划，在船舶到港前将待装船的集装箱移至集装箱前方堆场，按顺序堆码于指定的箱位。

集装箱船舶的配载应由海上承运人或其代理人负责编制预配图，港口据此编制船舶配载图，并经海上承运人确认。船舶到港后，港口按集装箱装船计划和船舶配载图，组织按顺序装船，装船完毕后，由外轮理货公司编制船舶积载图。

船舶代理人应于船舶开航前 2 h 向船方提供提单副本、舱单集装箱装箱单、集装箱清单、集装箱积载图、特殊货物集装箱清单、危险货物说明书等完整的随船单证，并于开航后采用传真、电传、邮寄等方式向卸货港或中转港发出必要的资料。

集装箱装船后，货运代理人应发货人的委托及时向买方或其代理人发出装船通知，以便对方准备付款赎单、办理进口报关和接货手续。如 CFR 或 FOB 合同条款，便于买方及时办理投保手续。

10）离港及结算

船舶离港后，集装箱货物运输的货运代理人应抓紧退证，办理退关费用结算，做好航次小结；船公司与货主进行航次费用清算，货方进行结汇、收汇核销、退税等业务。

3.3.2　散杂货港口运作流程

1. 散杂货运输的概念

散杂货运输包括散装货物运输和件杂货运输。散装货物又称散装货，是指不加包装的块状、颗粒状、粉末状货物，如矿石、煤炭、散运的盐等，一般批量较大。件杂货是指除鲜活货物外的一般货物的总称。件杂货品种繁多，性质各异，包装形式不一。

散杂货运输可采用租船和订船两种运输方式。租船运输是指船舶所有人把船舶租给租船人，根据租船合同规定或租船人的安排来运输货物的方式，一般适用于大批量散装货运输。订船运输是指发货人向船公司预订舱位来运输货物，一般适用于件杂货运输。

2. 散杂货的一般运输条款

1）班轮条款

班轮条款又称泊位条款或总兑条款，是指由船舶所有人负责雇用装卸工人，并负责支付装卸及堆装费用。具体来说，承租人在装货港只负责将货物送至码头、船边，并置于船舶吊钩之下，船舶所有人则在船舶吊钩所及之处接收货物。在卸货港，船舶所有人负责在船舶吊钩之下交付货物，承租人则在船舶吊钩之下接收货物。

在航运实践中，班轮条款仅仅是在装卸费的分担问题上仿效了班轮的做法，即由船舶所有人承担装卸费用，而不涉及其他的权利和义务。

2）舱内收货条款

舱内收货条款指出租人不负担装货费用条款，俗称"管卸不管装"。在这一条款之下，船舶所有人在装货港只负责在舱内收货，装货费用由承租人负担，而在卸货港所发生的费用则由船舶所有人负担。

3）舱内交货条款

舱内交货条款指在装货港由船舶所有人支付装货费，在卸货港船舶所有人只负责舱内交付货物，而卸货费则由承租人负担。

4）舱内收、交货条款

舱内收、交货条款指出租人不负担装卸费。在此条款下，船舶所有人只负责在舱内收、交货物，在装卸两港由承租人雇用装卸工人，并承担装卸费用。

5）舱内收、交货并负责积载费用条款

舱内收、交货并负责积载费用条款指出租人不负担装卸、积载及平舱费条款。该条款与班轮条款完全相反，船舶所有人不负责有关装卸的所有费用，所有雇用装卸工人及有关的装卸费用均由承租人负担。在这一条款中，装运大件货物所产生的绑扎费及需要的绑扎材料，也应该由承租人负担。

3. 散杂货的运输业务流程

除相关运输条款存在差异外，散杂货的运输业务流程与集装箱类似，具体如下。

1）接收发货人询价

当发货人咨询租船运输时，承运人应向发货人了解如下问题。

（1）运输方式。

（2）发运港和卸货港。

（3）货物的品名和数量。

（4）装率和卸率。

（5）装港和卸港的吃水线。

（6）预计运输的时间。

（7）发货人单位名称、联系人、电话、电传、电子邮件、传真等。

了解这些信息后，承运人应尽快向发货人报出租船的运费，以及在港口报关和代运的费用。

2）了解发货人装港和卸港的时间

在发货人与货运公司签订运输代理及报关协议书后，根据船到达卸港的时间，承运人应提前通知发货人提供所需的全套报关单据复印件。

此外，应注意报关对时限的要求。根据有关规定，对于进口报关，自运输工具申报进境之日起14d内申报，超日海关征收滞报金，在出税单的14 d内没缴纳税款的，海关征收滞纳金。

3）报检与报关

（1）报检。根据国家相关法规及商品特性，在规定的期限内，发货人需填好报检申报单，缴纳商检费，以向口岸监管检验部门申报检验。经监管检验部门审核或查验，对于通过检验的货物，发放品质证书及出入境通关单。同时，需对散杂货进行水尺测量。

报检时所需的单据包括：报检委托书、报验单、合同、发票、国外的水尺、重量单、品质证明书。

（2）报关。根据国家有关法规，发货人应在规定期限内向海关办理申报手续，申报时，需持有报关单和场站收据、商业发票、产地证明书等相关单证。海关对相关单证及货物进行查验，查验无误后，对相关货物征税，之后便可盖章放行，发货人即完成报关流程。

报关时所需的单据包括：报关委托书、报关单、合同、发票、国外的水尺、重量单、商检通关单、保单、信用证复印件。

4）货物交接及运输

在完成报检与报关的相关手续后，发货人可根据协议中的运输条款与货运公司完成货物交接，并将有关提货单证交给收货人。货物交接后，货运公司应尽快进行货物运输。

5）提货与费用结算

货运公司将货物运至目的地后，收货人需持相关单据进行提货。同时，根据相关协议或合同，发货人或收货人应尽快与货运公司进行费用结算，从而完成运输业务。

4. 租船运费的支付和税费

1）运费的支付

租船运费的支付与合同的条款不一定同步，要根据与船东签订的租船合同而定。常用的运费支付方式主要包括 FOB、CIF 和 CNF 三类。

在国际贸易中，习惯以港口码头作为交货地点，从而产生了上述三种最主要的价格术语。

（1）在中国的码头交货，术语叫作 FOB。例如，约定在上海港口交货，就叫作 FOB SHANGHAI。在这种方式下，除了货物本身的价值以外，还要加上发货人把货物运到上海码头的运费、报关出口手续费以及上海码头上产生的杂费。

FOB 价格是最基本的价格，计算公式为

$$FOB = 货价 + 国内运杂费$$

（2）在外国的码头交货，术语叫作 CNF。例如，约定在美国纽约港口交货，就叫作 CNF NEW YORK。在这种方式下，除了 FOB 价格之外，还要加上货物运到美国纽约的运杂费。计算公式为

$$CNF = FOB + 远洋运费$$

（3）在外国码头交货，同时，给货物上保险以减少货物损坏产生的损失，术语叫作 CIF。同样，约定在纽约港口交货就叫作 CIF NEW YORK，该方式就是在 CNF 价格的基础上，加上保险费。保险费的具体额度由保险公司来定，且根据货物类别和交货地点而略有不同。

CIF 的计算公式为

$$CIF = FOB + 远洋运费 + 保险费$$

2）税费的计算

进口关税主要以 CIF 价格条款完税，CNF 和 FOB 价格条款在计算关税时都必须换算成 CIF 价格完税，计算公式如下

$$进口关税 = 完税价格 \times 关税税率$$

$$进口增值税 = （完税价格 + 关税税额）\times 增值税率$$

根据海关商品税则所提示的，由产品方交出口关税。另外，法定缴纳的费用有关税、增值税、商检费。

3.4 港口物流管理与评价

3.4.1 港口物流管理

1. 港口物流的内涵

港口物流是一个复合的概念，可以从以下几方面进行诠释。

1）基于港口发展历史对港口物流的诠释

1992 年，联合国在《港口的发展和改善港口的现代化管理和组织原则》的研究报告中把港口的发展分为第一代、第二代和第三代，20 世纪 90 年代后港口向第四代发展。随着全球经济一体化，港口的功能从单一货运生产向综合物流汇集，从传统货流向货流、商流、金融流、技术流、信息流全面大流通，运输方式也从车船换装向联合运输、联合经营，从传统装卸工艺向以国际集装箱门到门多式联运为主要特征的现代运输方式转变。现代物流中心成为港口新的发展目标。现代港口除了具有国际多式联运的枢纽功能外，还扮演着区域或国际性的商贸中心、金融中心、信息中心的角色。因此，从港口发展历史来看，港口物流应该诠释为是以港口为中心的货流、信息流、资金流、各种物流作业和多种物流设施和服务功能的集合。

2）基于物流活动内容对港口物流的诠释

港口物流活动具体包括装卸、运输、仓储、流通加工、信息处理活动和各种辅助活动。因此，从港口物流活动的内容来看，港口物流应该是以港口为中心的将运输、仓储、装卸搬运、代理、包装加工、配送、信息处理等物流环节有机结合形成完整的供应链，能为用户提供多功能和一体化的综合物流服务的体系。

3）基于物流基本要素对港口物流的诠释

港口物流活动具备三个最基本的要素，即流体、载体和流向。流体是指经过港口的货物，载体是指流体借以流动的设施和设备，流向是指流体从起点到止点的流动方向。因此从港口物流基本要素来看，港口物流应该是以港口为中心提供优质载体，合理安排流体流动顺序以使流体按科学的流向流动的全过程。

4）基于港口物流特点对港口物流的诠释

港口物流是特殊形态的物流，与传统的港口生产和服务以及其他类型的物流相比具有国际化、多功能化、信息化、标准化、独特化、聚散效应、整合效应等特点。全球经济一体化的趋势，使得港口也凸显"一体化"。因此，从这些特点来看，港口物流则是港口为适应现代物流发展的需要而形成的新型产业系统。

5）基于港口物流服务平台对港口物流的诠释

港口物流平台结构包含环境层、供给层和需求层三个层次。环境层由港口所在地区及其腹地的经济结构、政府职能部门以及港口的物流设施等构成。供给层和需求层则分别由物流服务提供方和物流服务需求方组成。在港口区域落户的有货主、船东、货运代理商、船舶代理商、零售商、商品批发商、包装公司、陆上运输公司、海关、商检机构及其他有关机构。港区建有分拨中心、配送中心、流通加工中心等,提供仓储、装卸、包装运输、加工配送、拆装箱和信息处理等系列增值服务。因此从港口物流服务平台来看,港口物流是指依托港口这个节点形成的服务平台所进行的物流活动。

6) 基于港口在整个物流链中的独特地位对港口物流的诠释

港口在整个物流链中的独特地位体现在:第一,港口是整个水陆运输的枢纽,是整个运输链中最大量货物的集结点;第二,港口拥有先进的设备、码头岸线资源、后方陆域面积较大的堆场或仓库和良好的集疏运系统,这些硬件设施为港口从事现代物流服务奠定了良好的基础;第三,现代物流需要具有整合生产要素功能的平台。港口一般拥有向周边腹地延伸的公路、铁路、水路等比较发达的交通基础设施,是不同运输方式汇集的重要节点,港口以其无可比拟的优势成为人流、货流、商流、资金流、技术流、信息流的聚集点,具有物流生产要素整合平台的资源优势。因此,从港口在整个物流链中的独特地位来看,港口物流是指依托港口这个在整个物流链中具有独特地位的平台所形成的现代物流系统。

综上所述,港口物流是以港口作为现代物流过程中的一个无可替代的重要节点和服务平台,以促进区域性经济发展为中心,以建立货物中心、配送中心、物流信息加工和商品交易中心为目的,利用港口集运输、仓储、装卸搬运、代理、包装、加工、配送信息处理、多式联运等于一身的特长,为用户提供多功能、一体化的综合物流活动。

2. 港口物流的特点与发展趋势

1) 港口物流的特点

港口物流作为一种服务,其发展具有以下特点。

(1) 港口物流的发展与腹地经济发展状况密切相关。对于港口物流而言,腹地经济的发展水平、规模、交通运输体系以及该地区的人口密度等都会直接影响港口物流的发展。世界上大多数城市都十分重视港口的发展,并制定了以港兴城的发展战略,鼓励和扶持港口的发展使港城关系更为密切。目前,港口已成为城市不可分割的重要组成部分和新的经济增长点。

(2) 港口物流发展受国家政策和国际环境的影响。港口物流服务除了一般意义上的物流服务,还涉及关检、海上救助和海事法庭等特殊服务。国家政策往往在很大程度上决定了港口物流的发展水平,港口的经济同周边国家与地区有着不可分割的关系,周边国家与地区的经济发展水平、经济体制、开放政策和外交政策等一系列因素都会影响港口物流的发展。

(3) 港口物流面临较普通物流更为激烈的直接竞争。随着国际贸易的迅速发展,航运竞争日趋激烈,船舶大型化、高速化和集装箱化成为不可改变的趋势,港口竞相发展物流中心,使得港口物流竞争日益激烈。港口面临的竞争不仅来自邻近港口,还来自具有区域战略地位的国外港口。首先,由于腹地内高速公路、铁路和内河航道运输网络的建设,传统的腹地概念已经打破,物资的流动性、迁移性和蔓延性得到强化。对货主和船公司来说同一区域内或邻近区域内的主要港口已不存在距离上的问题,对港口的选择主要看各港口的物流服务水平。其次,大的航运企业插足港口的竞争。国际上著名的航运大企业一般都是大跨国公司的全球物流承运人和代理人,因此航运企业,尤其是大的国际航运联盟选择哪些港口作为其物流分拨基地,或作为其物流经过的口岸,对这些港口的兴衰至关重要。那些拥有世界一流的港口物流基础设施以及高速度和高效率的物流服务运作系统的港口将成为大的航运企业客户的首选。例如，全球吞吐量最大的港口鹿特丹，由于其有效的服务和完善的腹地交通，吞吐的货物80%的发货地或目的地都不在荷兰。大量的货物在港口通过一流的内陆运输网进行中转，运抵欧盟各成员国，体现出极强的竞争力。

（4）港口物流在国际物流链中居于中心地位。港口在现代物流发展中，有着诸多独特优势，在综合物流服务链中处于中心地位。港口以其独特的集疏运能力和较好的物流网络基础，成为现代物流业的主导和重点。国际贸易中货运量的90%以上靠海运完成，因而港口在整个物流链中总是最大量货物的集结点。港口是水、陆两种运输方式衔接的唯一节点，港口的建设和服务水平是整个物流链能否顺畅运转的关键。同时，经济一体化使得港口在所在地经济中的重要性进一步得到加强，各地政府都重视对港口的投资，使得港口一般拥有比较先进的装卸设备、面积相当的堆场和仓库、先进的生产组织系统、良好的集疏运条件等。这些优势的存在为港口拓展物流服务奠定了良好的硬件基础。

（5）港口物流的发展水平决定了整个国家物流发展的水平。港口由于其独特的地理优势以及比较完备的硬件设施，形成了既有的先天优势。港口汇集了大量的货主、航运企业、代理企业、零售商等，成为物流、人流、技术流、资金流的交汇中心。同腹地物流相比，港口物流的实践者比较容易接触到最先进的技术与管理。先进的技术与管理通过物流链渗透腹地，进而对腹地物流乃至整个国家物流的发展起到火车头的作用。由此可见，港口物流的发展水平很大程度上决定了整个国家物流发展的水平。

（6）港口物流具有集散效应。在港口中，由于国际货物的装卸和转运产生了装卸公司、船运公司和陆地运输公司。又因船舶的停靠产生了船舶燃料给养供给、船舶修理和海运保险公司；在货主和船公司之间还形成了无船承运人、货物代理和报关代理等中介公司。依托港口建立的发达物流体系可以为区域经济的发展提供可靠的低成本的物流支持，增强城市的辐射能力和影响力。而港口物流的发展使港口周边地区聚集大量加工企业，进而形成临港加工区，成为区域经济的增长极。港口物流的发展给城市带来大量的资金流、人流和信息流，为形成地区性的金融中心以及旅游业、信息产业的发展创造了必不可少的条件。世界上的许多城市都是凭借港口的优势发展成为世界工业和贸易中心的。从国际上看，凡是发达的综合性港口，它所依托的城市也都是发达的，且多是区域性、国际性的经济中心。

（7）港口物流具有整合效应。全球经济一体化的趋势，促使港口物流向国际化、规模化、系统化方向发展，港口物流产业内部的整合与陆域航空物流的全方位的合作是必然趋势。"前港口后工厂"的空间布局，使港口具有整合生产要素的功能。通过联合规划和作业，形成高度整合的供应链通道关系，进一步降低物流成本，提高物流效率，为客户提供更为满意的服务。同时，港口物流的服务功能也会凸显"一体化"的特点。港口物流将充分依托港口腹地开展拆装箱、包装质量控制、库存管理订货处理和开具发票等增值服务，从而提供金融保险等方面的服务以及货物在港口、海运及其他运输过程中的最佳物流解决方案等。

2）港口物流的发展趋势

世界经济一体化和贸易自由化使物流的内涵和外延正在逐渐扩大。在此背景下，港口物流也朝着国际化、多功能化、系统化、信息化和标准化的方向发展。

（1）国际化。世界经济全球化的趋势使港口的国际贸易的作用更加突出。跨国公司在企图以低成本构建全球制造和营销网络的同时,也希望获得综合物流的支持,这使得港口在国际供应链中扮演的角色越来越重要,多数港口开始承接国际物流服务,如代理报关业务、短期储存、搬运和配送,一些港口还提供从货物流通加工到送交消费者的一条龙服务,甚至还接受订货和代收取资金等服务,极大地推动了港口物流的国际化。

（2）多功能化。港口物流发展到集约阶段,通过向多功能化方向发展,形成提供仓储运输配送和各种提高附加值的流通加工服务项目的一体化物流中心。多功能化提升了港口的服务功能,推动专业化的分工,将过去多层次的货物流通途径简化为由港口集成服务到用户的门到门服务模式,提高了社会的整体生产力和经济效益。

（3）系统化。港口物流向生产和消费两头延伸并融入了新的内涵,将原本仓储运输的单一功能扩展为仓储、运输、配送、包装、装卸、流通加工等多种功能,这些功能通过统筹协调合理规划,形成物流大系统控制整个商品的流通,达到利益最大化,同时满足客户需求不断变化的要求,更加有效地服务于社会经济活动。

（4）信息化。全球经济的一体化使商品与生产要素在全球范围内快速流动,电子数据交换技术与互联网等技术的应用,提高了物流效率。因此,信息化是港口物流发展的必由之路。

（5）标准化。港口物流的国际性,要求在物流过程中实现标准化,在包装、装卸搬运、流通加工、信息处理等过程中采用国际统一标准,以便参与到区域和全球物流大系统中。

3. 港口物流的基本功能

现代港口物流的基本功能正在从单一的装卸、仓储、运输等活动的基础上逐步拓展和完善,向着高效率、低成本、人性化服务的目标发展,现代港口物流活动的功能主要包括以下几个方面。

（1）运输中转功能。运输和中转是港口物流的首要功能,在现代港口物流活动中,运输已不再是单一的、与其他业务分离的服务活动,而是构成供应链服务的中心一环。运输功能主要体现于货物的集疏运,包括公路运输、铁路运输、水路运输以及不同运输方式之间的转运,是一种能对港口内外腹地具有辐射服务的运输网络。

（2）装卸搬运功能。装卸搬运是影响货物流转速度的基本要素。专业化的装载、卸载、提升、运送、码垛等装卸搬运机械,可以提高装卸搬运作业效率,减少作业对商品造成的损毁,能够实现物流由进港地点向离港地点的移动。

（3）仓储功能。仓储功能是指储存、保管、拼装、分类等基本功能,具体是指各种运输方式转换的临时库存和为原材料、半成品及成品提供的储存和管理服务。由于经港口进出口的货物品类繁多,对仓储条件的需求也各不相同。因此,港口物流中的仓储设施应齐备才能满足不同货物的要求。

（4）加工、包装、分拣功能。加工一般分为流通加工和组装加工,前者指粘贴标签和包装作业等,后者指产品零部件的组装和满足客户个性化需求的加工。包装一般分为商品包装和运输包装,以及商品包装和运输包装的快速转换。分拣指在货物合理存放的基础上为完成客户的需求进行快速分类。这些功能既能有效降低运输成本,也可以减少装卸和运输过程中的包装损坏,还可以保证商品的完整性和合格度。

（5）配送功能。配送功能指在库存仓储、存货管理的基础上及时为企业配送所需原材料、零配件等物料。港口物流服务中应有功能较强的配送系统。同时,由于港口物流的配送覆盖面广、运输线路长、业务复杂，因此需要配有相应的管理调度系统。

（6）信息处理功能。信息处理已经成为港口进行物流运作必不可少的功能之一。港口物流要对大量的、不同品类的、不同客户的、不同流向的货物进行管理、仓储和加工。配送需要有很强的信息处理能力，通过利用港口优势信息资源和通信设施，为用户提供市场与决策信息，主要包括物流信息处理、贸易信息处理、金融信息处理和政务信息处理等。

（7）保税性质的口岸功能。该功能具体指在区域或部分区域实现保税海关监管区的功能，并设有海关检验、检疫等监管机构，为客户提供方便的通关通验服务。

（8）其他服务功能。港口物流还应具备其他一些辅助功能，如接待船舶，船舶技术供应，燃料、淡水、一切船用必需品、船员的食品供应，集装箱的冲洗引航，航次修理，天气恶劣时船舶的隐避、海难的救助等。

在现代物流体系下发展起来的港口物流，已成为一种重要的物流形态，港口物流功能的实现不仅使现代港口起到简化贸易和物流过程的作用，而且也巩固和提高了港口在国际多式联运和全球综合物流链中的地位和作用，进而为国民经济和世界经济的发展发挥更大的作用。

3.4.2 港口物流系统评价

1. 港口物流系统构成

在充分体现港口物流系统的技术性、经济性、安全性、时间性和可持续性发展的原则下，港口物流系统可分为自然地理条件、基础设施、物流信息、物流运营、相关产业和协调支持六个子系统。

（1）自然地理条件子系统由港口自然地理因素决定的港口区位条件和自然条件组成，主要包括港口区位条件、港区陆域面积、岸线条件、港口锚地条件、气象、水文、地质、泥沙潮汐等综合天然条件。它是港口物流系统运作的前提条件，不仅为港口物流系统运作提供了基本的作业环境，而且在增强港口物流系统的双向辐射能力、保证船舶顺利进出港等方面有显著作用。

（2）基础设施子系统由港口物流运作所必需的设施、装备组成，主要包括港口航道设施、码头、库场设施、辅助库场设施以及港口集疏运设施等。基础设施子系统是港口物流系统运作的物质基础，它通过为港口物流运作提供所必需的航道设施、泊位库场生产设施以及集疏运设施等，保证了港口物流系统的成功运作。

（3）物流信息子系统是指覆盖或辐射港口物流系统以及与港口物流系统运作相关的部门或机构的信息支持系统，主要完成港口物流系统的信息传递、处理、存储、加工、统计、分析等功能，能够保证港口物流系统的整体运作，对港口物流系统效率的提高、港口物流管理协调手段现代化的促进以及物流管理协调能力的增强都起到了重要的作用。

（4）物流运营子系统主要用于完成港口物流活动的计划、控制与实施，主要由港口的码头装卸、集疏港运输以及港口生产监控与调度等涉及港口物流运作的企业或部门组成。物流运营子系统作为港口物流系统的核心，是物流系统运作的中心环节，在很大程度上决定了港口物流运作的能力及效率，是提高港口物流服务质量和增强港口竞争力的核心资源。

（5）相关产业子系统主要由港口附近的物流增值服务企业、中介、配套服务企业、生产性服务企业，以及临港加工贸易企业等组成。该子系统是在港口由传统运输中转节点到综合物流服务链中重要环节的定位转变中出现的，是港口物流系统向集运输、工贸和多式联运等于一身的综合物流中心发展的体现。

（6）协调支持子系统主要负责对港口物流系统运作的管理、监督与协调，以及人才的培养，主要由政府监督协调部门、港口行政管理部门、海关联检部门和行业协会等组成。该子系统不仅为港口未来的发展积极创造良好的政策环境、市场环境，而且从港口管理体制以及人力资源等方面为港口物流系统提供制度的保证和人才的支持。

可以看出，物流运营子系统是港口物流系统的核心，是保证港口物流系统高效率、高效益运作的关键因素。自然地理条件子系统是物流运营子系统的前提条件，制约着港口物流系统的运营。反之，物流运营子系统能力的扩大和科学技术的发展，也会要求港口逐渐改善其自然地理条件。基础设施子系统是物流运营子系统的物质基础，是港口物流运营子系统的硬件环境。相关产业子系统是物流运营子系统运用现代物流理念实现服务功能扩展、服务范围延伸的结果，是港口由传统运输中转节点到综合物流服务链中重要环节转变的体现。协调支持子系统是物流运营子系统的软环境，它通过对港口物流系统的政策引导、管理监督和人才支持来保证港口物流系统的高效运作；物流运营子系统也反作用于协调支持子系统。

2. 港口物流系统评价指标体系

港口物流系统评价是港口物流系统工程的一个必不可少的步骤和重要组成部分。对港口物流系统评价的主要目的是：判定物流系统各方案是否达到了预定的各项性能指标，能否在满足各种内外约束条件的同时实现物流系统的预定目标；物流系统评价的另一个目的是按照预定的评价指标体系评出参评的各方案的优劣，为决策即选择实施方案打下基础。物流系统评价工作的好坏决定了决策的正确程度。

1）港口物流系统评价指标体系建立的原则

根据港口物流系统评价目的与其组成结构的特点，港口物流系统评价指标体系的建立应该遵循以下原则。

（1）系统性原则。港口物流系统是一个复杂的系统，在其评价指标体系建立的过程中，要求各个评价指标能够构成一个内在联系的体系。港口物流系统评价指标体系的建立，应在对港口物流系统解构和剖析的基础上，运用系统分析的方法，对港口物流各子系统进行全面和层次性的评价。

（2）通用可比性原则。运用评价指标体系评价港口物流系统时，常常需要进行纵向、横向的评价分析。因此，评价指标体系的建立一定要体现出通用性和可比性。同时，为了使港口物流系统评价指标体系能较为客观地评价出港口物流系统的综合情况，在指标设定过程中，应尽量以定量指标为主，并尽可能地将定性指标定量化，建立其具有高度对比性和操作性的评价指标体系。

（3）实用性原则。实用性原则要求评价指标体系繁简适中，评价方法中的计算要简便易行，评价指标所需的数据要易于采集。

（4）目标导向性原则。对港口物流系统进行综合评价，其目的不仅仅是单纯地评出名次和优劣，更重要的是引导和鼓励港口物流系统朝着正确的方向和目标发展。因此，在建立评价指标体系时，必须注意要使评价指标体系对港口物流系统的运作有正确的目标导向作用。

2）港口物流系统评价指标体系的结构

港口物流系统的评价指标体系非常复杂，只有建立合理的评价指标体系的结构才能准确地对港口物流系统进行评价。

在对港口物流系统组成结构进行分析的基础之上，遵循港口物流系统评价指标体系建立的原则，并根据港口物流子系统各自的特点以及它们在港口物流系统整体运作中的作用，设定了如下港口物流系统的评价指标体系。

（1）自然地理条件系统评价。在对港口物流的自然地理条件系统进行评价时，主要从区位条件和自然条件两方面进行。其中，对区位条件进行评价时，主要考虑港口与国际贸易主干线的距离及腹地辐射范围两个指标；对自然条件进行评价时，主要考虑港口陆域规划面积、规划岸线长度、气象、水文、地质、泥沙、潮汐等综合天然条件、锚地面积、锚地水深、锚地系泊能力等多个指标。

（2）基础设施系统评价。对港口物流基础设施系统的评价涉及四个方面，分别是通航设施评价、码头及库场生产设施评价、辅助库场设施评价及集疏运设施评价。其中，对通航设施的评价主要考虑航道等级和航道通航密度两个指标；对码头及库场生产设施的评价考虑的指标较多，具体有码头前沿水深、码头泊位总数、集装箱码头泊位总数、深水码头泊位总数、港口码头总通过能力、集装箱码头通过能力、前沿堆场面积、前沿仓库面积、堆场总通过能力、仓库总通过能力等；对辅助库场设施进行评价时，评价指标包括辅助库场总面积和辅助库场总通过能力；对集疏运设施进行评价时，主要从港口公路集疏运能力、港口铁路集疏运能力、港口水路集疏运能力这三个方面进行。

（3）物流信息系统评价。对物流信息系统的评价一般从硬件设施和软件功能两方面进行。针对港口物流的具体特征，在对其物流信息系统的硬件设施进行评价时，需考虑的评价指标包括港口是否拥有统一的物流信息平台、港口物流信息平台的覆盖率、EDI系统的联网比例、EDI系统用户数目等；同时，在对其物流信息系统的软件功能进行评价时，需考虑的评价指标包括船舶交通指挥系统的自动化水平、生产调度系统的快速反应能力、信息服务功能的完备程度等。

（4）物流运营系统评价。物流运营系统是港口物流系统的核心，因此，在对其进行评价时，涉及的评价内容较多，具体包括吞吐量评价、双向辐射能力评价、效率评价、效益评价、环境评价和服务质量评价六个方面。其中，对吞吐量进行评价时，具体评价指标有港口年货物吞吐量、年货物吞吐量近五年的平均增长率、港口年集装箱吞吐量、年集装箱吞吐量近五年平均增长率、集装箱年吞吐量占总货物吞吐量的比例、港口集装箱化率、港口转口贸易量占总吞吐量的比例、港口外贸量占总吞吐量的比例等；对双向辐射能力进行评价时，具体评价指标有港口航线总数、班轮航线总数、航班密度、省外腹地货源占总货源的比例；对物流运营系统的效率进行评价时，具体评价指标有集装箱码头装卸船的效率、库场容量周转次数、集装箱船舶停泊总艘数、生产性停时所占比例；对物流运营的效益进行评价时，具体评价指标有净资产报酬率、港口增加值、港口近三年增加值平均增长率；对环境进行评价时，具体评价指标有废水排放达标率、废水处理率、粉尘处理率、环境污染事故次数；对服务质量进行评价时，具体评价指标有客户满意度、货损货差率、班轮始发准班率、班列运输平均密度、内陆腹地延伸服务站点数量、内陆腹地延伸服务站点的辐射半径。

（5）相关产业系统评价。在港口物流系统中，相关产业系统是随着物流运营系统的不断发展而衍生出来的新系统，在对其进行评价时，主要从以下六个方面进行，分别是保税区企业规模、非保税区企业规模、增值服务功能、中介及配套服务、生产性服务、临港产业。其中，对保税区企业规模的评价包含的评价指标有保税区的面积、物流企业及进出口加工贸易企业的数量、物流企业及进出口加工贸易企业的营业额；对非保税区企业规模的评价包含的评价指标有物流企业及进出口加工贸易企业的数量、物流企业及进出口加工贸易企业的营业额；对增值服务功能的评价包含的评价指标有流通加工能力、分拨配送能力、年集装箱拆拼箱量比例、陆桥运量、专业化物流处理能力、货物贸易量占港口吞吐量的比例；对中介及配套服务的评价包含的评价指标有中介企业数量和相关配套服务业的集聚程度；对生产性服务的评价包含的评价指标有船舶引航率、拖轮数、拖轮最大功率；对临港产业的评价包含的评价指标有临港加工区的企业数、临港加工区企业投资总额、临港加工区企业的总产值、临港加工区的年物流生产量。

（6）协调支持系统评价。在对协调支持系统进行评价时，主要包括政府监督协调评价、港口行政管理评价、海关联检监管评价、行业协会评价、人力资源系统评价五部分。其中，对政府监督协调进行评价时，具体的评价指标有政府对港口监督协调的重视程度、政府部门政策引导和监督协调的能力、港口法的执行情况；对港口行政管理进行评价时，具体的评价指标有管理港口章程的制定情况、重大生产事故应急救援体系的完备程度、安全生产情况的监督检查力度；对海关联检监管进行评价时，具体的评价指标有港口国际集装箱的实际平均通关时间、异地海关与当地海关直通的数量、海关联检部门"一站式"服务水平；对行业协会进行评价时，具体的评价指标有是否有行业协会、行业规范完备程度、行业协会的协调能力；对人力资源系统进行评价时，具体的评价指标有高级人才所占比例、各种专业人才所占比例、人才培训体系健全程度、吸引人才的力度。

3.5 保税区物流运作

3.5.1 保税物流概述

1. 保税物流的含义

保税物流特指在海关监管区域内，包括保税区、保税仓、海关监管仓等，从事仓储、配送、运输、流通加工、装卸搬运、物流信息、方案设计等相关业务，企业享受海关实行的"境内关外"制度以及其他税收、外汇、通关方面的特殊政策。

2. 保税物流的具体内容

从物流活动的区域划分，保税物流的具体内容包括以下三个方面。

（1）在海关监管区域内的物流活动。在海关监管区域内（包括保税区、保税仓、海关监管仓、保税展览馆等）从事海关监管保税物流业务的企业享受海关实行的"境内关外"制度，以及其他税收和外汇管制方面的特殊政策。不同性质的企业可利用海关监管区域的功能进行涉外保税物流活动。这一类保税物流业务大体上可以归纳为以下几方面。

① 保税仓储。保税仓储指从国外进口到海关监管区域（如保税仓库）的货物，以保税

形式储存起来（免交关税和增值税等，一般也免各类许可证件，前提是货物不进入国内市场，如果进入国内市场，则往往需要补税补证）。进口保税仓储可以为企业节约大量税金，增加资金流动性。从国内一般地区出口的货物，进入海关监管区域（如保税仓库）被视为已经出口，部分货物可以立即退税。国外货物在中国转运，也享受保税待遇。

② 手册核销。对加工贸易合同项下加工完毕的产品，进入到保税区后，执行加工贸易的国内企业通常可核销加工贸易手册，即核对进口的原材料与出口的成品是否相符，包括核对手册上的记载、核对实际货物。如果没有问题，就核销手册；如果有问题，就追究责任。

③ 简单加工。存放在保税仓库的货物可经海关允许后进行简单加工如贴标签、更换包装等。一般情况下，简单加工指不改变货物的海关商品归类和商品编码，否则货物的进出口税率和许可证管理可能发生变化，所适用的海关管理规定也随之变化。

④ 出口拼箱。如果各托运人的货物都无法装满一个集装箱，可以将各托运人的货物拼装在同一集装箱内进行运输和仓储。保税仓库为出口拼箱提供了很大方便，因为国外货物进入保税仓库中免税，国内货物出境后可获取退税。

⑤ 进口分拨。从世界各地进口的货物可以暂存在保税仓库，进行分拣、简单加工。拆拼箱后根据国内采购商的需求进行批量送货，以减轻收货人的进口税压力及仓储负担；保税仓库还可以代办进口报关、安排国内车船运输等。

⑥ 国际转口贸易。充分利用保税区内免领进出口许可证、免征关税和进口环节增值税、简便的通关手续等优惠政策，利用国内外市场间的地区差、时间差、价格差、汇率差等，通过快速的周转货物获取利润。

⑦ 展示服务。国外大宗商品，如设备及原材料等，可存放在保税区仓库（保税存放），并可长期展示。展示结束后可以直接运回原地，避免高昂的关税和烦琐的报关手续。如果需要进口，则应补交关税，提交许可证件。

⑧ 检测维修服务。发往国外的货物，因品质或包装的原因退运，须返回工厂检测或维修的，可利用保税区功能，直接将货物退回至保税仓库，不用交纳进口税，待维修完毕后，直接复出口。

(2) 在海关监管下的转关保税物流。内地货物的出口，一般在出口商所在地的海关进行报关，由出口商所在地海关制作关封，出口商或其代理人在出境地向出境地海关出示和提交关封，以证明已经办理好货物出境手续，出境地海关即放行货物出境。货物出境后，出境地海关会通知入境地海关货物已出境。在这种情况下，货物由出口商所在地运往出境地的运输过程与保税运输相关的装卸、仓储、堆存、通关、查验、商检等环节可视为转关保税物流过程中的各组成部分。有时转关保税物流过程还包括在海关允许下的货物更换、修理、包装、晾晒、贴标等环节。内地进口的货物，一般由入境地海关同意货物入境，并制作关封交进口商或其代理人，由进口商或其代理人向进口商所在地的当地海关出示和提交关封，在进口商所在地海关正式报关，办理货物进境手续。在这种情况下，货物由入境地运往进口商所在地的运输过程应为保税运输（或海关监管运输货物还没有被放行，不得随意处置），相关的装卸、仓储、堆存、通关、查验、商检等环节可视为转关保税物流过程中的各个组成部分。未经海关允许，转关保税物流货物不得改变去向和用途，不得擅自改变运输路线、仓储地点，进口货物不得提前将货物投入生产和流通领域。

(3) 其他保税物流。其他保税物流的具体形式主要有加工贸易（保税加工）所涉及的保税物流，如未交关税的原材料的境内运输、清点和仓储等；文化演出、体育比赛、新闻报道、拍摄影视剧等活动中的保税业务等，以及与免税销售货物、保修件、国际航线的燃油和备件有关的保税物流等。

3. 保税物流特点

保税物流是物流分类中的一种，其基本特点是缓税进口，根据货物去向，再决定是免税、减税，或补税。保税物流具有不同于传统物流的特点。

（1）系统边界交叉。国内物流的边界是从国内的任意地点到口岸（装运港）。国际物流的边界为从一国的装运港（港口、机场、场站）到另一国的目的港。保税物流货物在地理上是在一国的境内（领土内），从移动的范围来看应属于国内物流。但保税物流也具有明显的国际物流的特点，例如保税区、保税物流中心及区港联动都有"境内关外"的性质，所以保税物流是国际物流与国内物流的交叉区。

（2）物流要素扩大化。物流的要素一般包括运输、仓储、信息服务、配送等，而保税物流除了具有这些基本物流要素外，还包括海关监管口岸、保税报关、退税等关键要素，两者紧密结合构成完整的保税物流体系。

（3）线性管理。一般贸易货物的通关基本程序包括申报、查验、征税、放行，是"点式"管理。而保税货物从入境、储存或加工到复运出口的全过程，货物入关是起点，核销结案是终点，是"线性"管理过程。

（4）瓶颈性。在海关的监管下进行物流运作是保税物流的本质。海关为了达到监管的效力，严格的流程、复杂的手续、较高的抽查率是必不可少的，但影响了物流便捷、高效、低成本的要求。在保税需求日益增长的情况下，海关的监管效率成为保税物流系统效率的瓶颈。

（5）平台性。保税物流的运作效率直接关系到企业正常生产与供应链正常运作，构建通畅、高效的保税物流系统是海关、政府相关部门、物流企业、生产企业、口岸等高效协作的结果，完善的政策体系、一体化的综合物流服务平台是必不可少的。

3.5.2 加工贸易保税物流

1. 加工贸易保税物流概述

加工贸易，是指经营企业进口全部或者部分原辅材料、零部件、元器件、包装物料，经加工或者装配后，将制成品复出口的经营活动。加工贸易的主要形式包括来料加工和进料加工。来料加工指进口料件由境外企业提供，经营企业不需要付汇进口，只需按照境外企业的要求进行加工或者装配，收取加工费，制成品由境外企业进行销售的经营活动。进料加工指进口料件由经营企业付汇进口，制成品由经营企业外销出口的经营活动。由于加工贸易的制成品应当出口，所以其进口料件可以暂时不交进口关税和进口增值税等进口环节税，以避免烦琐的进口征税和出口退税手续，同时减轻企业资金负担。因此，加工贸易的料件和成品处于保税状态。成品全部出口，经营企业应当到海关办理核销手续，由海关解除对保税料件和成品的监管。产品由出口转内销时，应补交进口环节税和补办其他必要手续。

2. 加工贸易保税物流监管模式

加工贸易的货物从入境到加工地点的运输，以及从加工地点到离境的运输也属于保税运输。在加工地点有物理围网（围墙、围网、河道等隔离措施，有专门通道与闭路电视等），还有非物理围网，如加工贸易手册、账册等。加工贸易手册以合同为单元，一般每个合同有一份手册，记录每一笔料件和成品的进出口，由海关实行监管。合同执行完毕后，应办理手册核销，解除监管。

　　加工贸易账册的管理特点是商务审批、备案保税、暂缓纳税、监管延伸、核销结关。商务审批指加工贸易合同需要商务主管部门批准。备案保税指海关根据商务主管部门批文为加工贸易经营企业办理手册和账册的备案，允许加工贸易经营企业开展保税业务。暂缓纳税指进口料件暂不交税，待货物的最终去向确定后再决定是否交税。监管延伸指海关对货物的监管从货物进出口地点延伸到货物的加工和仓储地点，监管时间相应延伸。核销结关指加工贸易合同执行完毕，相关加工贸易手册应予核销，解除监管。对账册的使用实行一次审批、分段备案、滚动核销、控制周转、联网核查的管理，即对某一时间段（核销周期内）进出口的料件和成品同时核销，对账册上的保税金额有上限规定，对部分高风险、需重点监管的料件和成品设定最大周转数量。手册和账册可以是电子形式，便于通关监管、核查。

　　很多加工贸易企业聚集在出口加工区，实行封闭式监管。区内企业与海关联网，有区内的保税物流，也有区外的保税物流。境内区外货物入区视同出口，区内货物出区视同进口。出口加工区与境外之间进出货物只需填写入境货物备案清单或出境货物备案清单，以代替报关单，必要时也可办理转关。出口转关由出口加工区海关向出境地海关发送电子数据，为加工贸易企业签发关封，加工贸易企业或其代理人在出境地凭关封办理转关。货物出境后，出境地海关向出口加工区海关发送电子回执，告知货物已出境。进口转关由出口加工区海关向入境地海关发送电子数据。入境地海关得到出口加工区海关的通知后，向加工贸易企业或其代理人签发关封，加工贸易企业在其所在地凭关封办理正式报关。之后，出口加工区海关向入境地海关发送电子回执，告知货物已办妥报关手续。

3.5.3　保税仓储物流

1. 保税仓储概述

　　保税仓储货物通常指经海关批准，暂不办理纳税手续入境在境内储存后复运出境的货物。保税仓储货物储存后出境可不纳税，转为正式进口时一般要补办手续并纳税（享受减免税待遇的货物除外）。保税仓储货物有时可转为保税加工货物保税仓储。保税仓储的仓库和场地实行专门管理，账册单证必须齐全，按月提交电子和书面报表，不能超时仓储。未经海关允许，不得出售、转让和抵押监管货物，货损（不可抗力等正当原因引起的货损除外）后依然要按进口货物处理（即照常纳税，交验许可证件），违规应受罚。

2. 保税仓储的经营方式

　　保税仓储的经营方式主要有：保税仓库、出口监管仓库、保税物流中心 A 型、保税物流中心 B 型、保税区、保税港区、保税物流园区等。保税物流中心 A 型是指以一个物流公司为主，满足跨国公司集团内部物流需要开展保税货物仓储、简单加工、配送的场所，这种模式目前在上海闵行区开展试点；保税物流中心 B 型是指由多家保税物流企业在空间上集中布局的公共型场所，是海关封闭的监管区域，即海关对保税物流中心 B 型按照出口加工区监管模式实施区域化和网络化的封闭管理,并实行 24h 工作制度,目前江苏省苏州工业园区采用的是 B 型模式。保税仓库、出口监管仓库、保税物流中心 A 型、保税物流中心 B 型由海关审批;保税区、保税港区、保税物流园区由国务院审批,海关验收。保税仓库的经营业务一般以存放已进口但尚未办结海关手续(尚未缴纳关税和交验许可证件等)的货物为主。保税仓库存放的货物范围主要包括:加工贸易进口货物、转口货物、国际航海航空油料物料、为维修外国产品所进口的零配件、外商进境暂存货物、未办结海关手续的一般贸易进口货物、其他应监管的货物,保税仓库的货物不可超范围存放。保税仓库分为公用型、自用型、专用型。公用型保税仓库对社会开放,各界的保税货物都可存放。自用型保税仓库只限存放本企业或企业集团的保税货物。专用型保税仓库只限存放特种保税货物,如爆炸品、冷藏品、腐蚀品专用仓库等。出口监管仓库的经营业务一般以存放出口货物为主。出口监管仓库存放的货物范围包括:准备出口的货物(可以先进入出口监管仓库,再办理出口报关手续)、已办结海关手续的出口货物、加工贸易出口货物配送的保税货物(将各种货物按需要搭配起来为货主送货上门)、需要提供流通性增值服务的货物、从其他海关监管区域转来的出口货物、为拼装车皮和集装箱而进口的货物、其他已办好手续的出口货物、某些进口保税货物等。保税物流中心 A 型指由境内企业法人单独经营的物流中心,即物流中心的所有权和保税仓储业务经营者是同一家。保税物流中心 A 型分为公用型和自用型,经营的货物范围包括出口货物、转口货物、国际中转货物、外商暂存货物、加工贸易货物、国际航线船舶和航空器物料零配件等。经营的业务范围包括:保税仓储、简单加工、全球采购分拨配送、转口贸易、国际中转等,但不得开展一般零售、生产加工、维修,不得存储违法货物。保税物流中心 B 型指由境内一家法人企业所有,多家企业入驻的物流中心,即物流中心的所有权拥有企业和保税仓储业务经营企业不是同一家。保税物流中心 B 型经营的货物范围和业务范围与保税物流中心 A 型相同。保税区同时具备保税加工和保税物流功能,区内有许多保税加工、保税物流、保税展览企业以及其他相关服务机构和企业。区内企业必须进行海关注册,建立相应的管理制度,与海关联网。加工、仓储、转口、展示的货物均可在区内享受保税待遇。区内基础设施建设所需物资、自用品(除车辆、日用品和燃料等)一般可以免税。区内加工贸易不实行保证金台账制度(保证金实质上是进口料件的押金,加工贸易合同正常执行完毕后保证金予以退还。保证金有专门台账,但不是所有加工贸易企业都必须立保证金台账)。保税港区是指经国务院批准设立的,处在港口作业区和与之相连的特定区域内,集港口作业、物流和加工于一身,具有口岸功能的海关特殊监管区域。保税港区是海关根据国情需要,适应跨国公司运作和现代物流发展需要所建立的新型监管区域。保税港区是我国目前港口与陆地区域相融合的保税物流层次最高、政策最优惠、功能最齐全、区位优势最明显的监管区域,是真正意义上的境内关外,是在形式上最接近自由贸易港的模式。保税港区的功能包括仓储物流、国际采购、分销和配送、国际中转、检测和售后服务维修、商品展示、加工制造、港口作业等。保税港区享受保税区、保税物流园区的税收和外汇管理政策。目前,中国的保税港区主要有上海洋山保税港区、天津东疆保税港区、大连大窑湾保税港区、海南洋浦保税港区等。

资料1　2017年全球前二十名集装箱港口排名出炉

2017年，全球经济进入相对强势复苏轨道，全球贸易量增速回暖，市场需求复苏。根据 IMF 预测，2017 年全球经济增速为 3.6%，不仅高于 2008—2017 年年均增速 3.3%，也高于 1980—2017 年年均 3.4% 的历史增速。受益于全球经济增速企稳，全球贸易环境有所改善，国际集装箱市场环境回暖升温，全球主要集装箱港口吞吐量增速表现亮眼，2017 年全球前二十的集装箱港口完成集装箱吞吐量 3.35 亿 TEU，同比增速为 5.6%，远高于 2016 年 1.7% 的增速。

全球前二十大集装箱港口排名中，中国港口占据半壁江山。在全球前二十名的集装箱港口吞吐量中，亚洲港口入围 16 席，欧洲港口入围 3 席，北美港口入围 1 席。亚洲港口中，中国有九大集装箱港口入围，分别是上海港（第一）、深圳港（第三）、宁波—舟山港（第四）、香港港（第五）、广州港（第七）、青岛港（第八）、天津港（第十）、厦门港（第十四）和大连港（第十六）。

2017 年全球前二十名的集装箱港口及吞吐量

2017 年	2016 年	港口	2017 年/（万 TEU）	2016 年/（万 TEU）	增速
1	1	上海	4 023	3 713	8.4%
2	2	新加坡	3 367	3 090	9.0%
3	3	深圳	2 521	2 411	4.6%
4	4	宁波—舟山	2 461	2 157	14.1%
5	6	釜山	2 140	1 945	10.0%
6	5	香港	2 076	1 981	4.5%
7	7	广州	2 037	1 858	9.6%
8	8	青岛	1 826	1 801	1.4%
9	9	迪拜	1 544	1 477	4.5%
10	10	天津	1 521	1 450	4.9%
11	12	鹿特丹	1 360	1 239	9.8%
12	11	巴生	1 206	1 317	-8.4%
13	14	安特卫普	1 045	1 004	3.6%
14	16	厦门	1 038	960	8.1%
15	13	高雄	1 024	1 046	-2.1%
16	15	大连	971	959	1.2%
17	18	洛杉矶	934	886	5.5%
18	17	汉堡	900	893	0.8%
19	19	丹戎帕拉帕斯	833	828	0.6%
20	20	林查班	776	723	7.3%

数据来源：http://mini.eastday.com/bdmip/180123120444688.html

资料 2 "丝路经济带" 推动港口物流新业态

遥想当年，古丝绸之路，张骞骆驼队出使西域，五彩丝绸、中国瓷器和香料络绎于途，为古代东西方之间经济、文化的交流做出了重要贡献。而今岁月变迁，贸易和投资在古丝绸之路上再度活跃。习近平主席在哈萨克斯坦纳扎尔巴耶夫大学发表重要演讲，提出可以用创新的合作模式，共同建设"丝绸之路经济带"，旨在使欧亚各国经济联系更加紧密、相互合作更加深入、发展空间更加广阔。

1. 内陆港建设方兴未艾

随着"丝绸之路经济带"概念的提出，国内内陆港又迎来了新一波的建设高潮，根据数据显示，我国约有 70 个城市的内陆港正处于建设或规划的状态，仅在新疆就有 4 个地区设计筹建内陆港。与以往不同的是，在这波建设高潮中，海港运营商的身影频繁出现。从 2014 年年初开始，包括青岛港、广州港、宁波港在内的多家港口运营商都相继布点内陆港建设，并意图通过内陆港延伸物流链条，实现从港口运营商向全程物流服务提供商的角色转变。

青岛港参与建设的内陆港都由统一的港口运营商管理，形成了联动系统。同时，这些内陆港也都具备报关、检验等正常的内陆港功能。宁波港、广州港等海港运营商也纷纷在自身港口辐射的经济区域内部署内陆港，实现港口—内陆港—内陆港之间的联动。除此之外，地方已有的内陆港也开始自发抱团。2015 年 5 月，内陆港分会正式成立，从而推动了各成员之间的联动协调。

抱团后的内陆港逐渐发挥出自身的优势。其中，内陆港中的佼佼者西安国际内陆港在 2015 年上半年的港口吞吐量明显增长。西安铁路集装箱中心站累计实现集装箱运量 29.06 万 TEU，西安综合保税区进出口贸易额同比增长 38%。

2. 转型全程物流服务商

根据青岛港公布的数据，青岛港 2014 年上半年物流板块的利润增长 20%，快于整个集团的利润增长。

2013 年，受整体经济形势的影响和税收政策的改变，国内各港口的利润均出现了不同幅度的下滑，虽然在 2014 年逐渐出现了一些回转，但行业的整体形势依然不容乐观。而在整体行业受困的情况下，各个港口的物流板块收入却异军突起，增幅在综合业务中名列前茅。

从长远考虑，转型为物流服务提供商是青岛港目前比较确定的一个战略，未来物流板块的增长速度每年要保持在 20% 以上。要延长港口的物流链条，深度挖掘物流利润增长点，内陆港是必不可少的。布局内陆港，也正是港口运营商试图转型为全程物流服务商的必行之路。

目前，青岛港的主业依然是仓储、装卸，而通过内陆港和海铁联运等项目的建设，可以为青岛港每年吞吐的 4 亿 t 货物提供全程物流供应链，这也同时延伸了可供挖掘的利益链条。

3. 助力内陆港海铁联运

在《物流业中长期发展规划》中，多式联运作为重点工程被提出。而在内陆港建设中，海铁联运则是不可回避的首要问题。据数据显示，通过有效的内陆港和海铁联运，可以将该港的综合物流成本降低30%左右，因此，在此次海港商参与的内陆港建设中，海铁联运依然被作为建设的主要物流渠道。

据青岛港相关人士介绍，为了推动各个内陆港之间的联动，青岛港在海铁联运方面投入了很大的精力，目前青岛港拥有的海铁联运线路达到18条，其中省内线路10条，省外线路6条，国境大列2条。

铁路具备运输成本低，受外界因素影响较小的优势，因此，海铁联运是青岛港与内陆港链接环节的首要选择。以新疆内陆港为例，从新疆到中亚四国，都是以铁路作为主要的物流通道。

从2009年开始推动海铁联运的宁波港，也通过这一渠道迅速地提高了港口运能和货物集散效率。据数据显示，2015年上半年，宁波港"海铁联运"箱量完成5.8万TEU，增速达到17.4%，成为海铁联运南方第一大港。

总之，内陆港就像是一个个据点，而这些据点必须要通过海铁联运、公路运输进行连接，才能发挥真正的内陆港作用。

（资料来源：http：//www.cnss.com.cn/html/2015/gngkxw_0311/170600.html）

思考题

1. 简述海运港口的类型和地位。
2. 港口基础设施设备有哪些？
3. 阐述港口运作的基本流程。
4. 港口物流系统的评价指标有哪些？
5. 保税区的概念和保税区物流的特点是什么？
6. 分组调研我国港口设施设备使用情况（如类型、数量、效率、自动化程度等），并撰写调研报告。

第4章 国际海洋货物运输

国际货物运输是实现国际贸易的途径,选择合适的国际货物运输方式对国际物流来说十分重要。根据联合国贸易和发展会议(UNCTAD)公布的 *Review of Maritime Transport* 系列报告,世界上有超过90%的国际贸易物流量是通过国际海洋货物运输来完成的,因此国际海洋货物运输是国际货物运输的重要组成部分。本章按照具体的国际运输方式对国际货物运输进行阐述,集中介绍国际海洋货物运输。

4.1 国际海洋货物运输概述

4.1.1 国际货物运输概述

1. **基本概念**

国际货物运输,是指国家与国家、国家与地区之间的运输。国际货物运输可分为国际贸易物资运输和非贸易物资(如展览品、个人行李、办公用品、援外物资等)运输两种,但国际货物运输中的非贸易物资运输往往只是国际贸易物资运输部门的附带业务。所以,国际货物运输通常是指国际贸易物资运输,从一国来说,就是对外贸易运输,简称外贸运输。

2. **运输方式**

国际货物运输是通过各种运输方式,使用不同的运输工具来实现和完成的。国际货物运输的主要运输方式包括国际海洋货物运输、国际航空运输、国际铁路运输、国际公路运输、国际管道运输和国际多式联运,如图4-1所示。

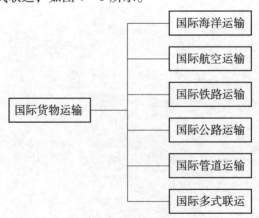

图4-1 国际货物运输方式

4.1.2 国际海洋货物运输概述

国际海洋货物运输是指使用船舶通过海上航道在不同国家和地区的港口之间运送货物的一种运输方式，也是国际物流中最主要的运输方式。

1. 国际海洋货物运输的特点

国际海洋货物运输之所以被广泛运用，是因为它与其他国际货物运输方式相比，具有以下优点。

1) 载运量大

海洋运输的载运能力远远高于其他运输方式。随着国际航运业的发展，现代化的造船技术日益精湛，海上运输船舶日趋专业化、大型化。目前世界上最大的超巨型油轮的载运量已超过 70 万 t，新一代集装箱船的载箱能力已超过 8 000 TEU。

2) 运输成本低

海洋运输主要借助天然水域和航道，不受道路、轨道的限制，除了港口建设和船舶购置的投资外，水域和航道方面几乎不需要投资。另外，海洋运输载运量大、运程远，具有规模效应，船舶的能源消耗相对较低，多方面的因素使海洋运输的单位成本低于其他运输方式。具体来看，海洋运输的单位成本约为铁路运输的 1/5，公路运输的 1/10，航空运输的 1/30。

3) 对货物的适应能力强

海运船舶能够适应固体、液体和气体等多种货物的装载和运输需求。随着科技的发展，各种专业化的船舶，如油轮、液化气船和集装箱船的出现为各类货物采用海洋运输方式提供了便利条件。另外，海运船舶货仓容积大，对于各类超长、超大、超重的货物的装载运输展现了很强的适应能力。

4) 运输时间长

海洋运输船舶体积较大、载重量大、水阻力大，行驶速度缓慢，同时运输途中装卸、交接等中间环节较多，因此海洋运输速度慢，加上国际海洋货物运输的运距长，也导致国际海洋货物运输的时间较长。

5) 运输连续性差，风险高

国际海洋货物运输受自然条件尤其是季节、气候变化的影响很大，如河流航道冬季结冰和港口封冻、枯水期水位变低等问题，都会影响船舶的正常航行。同时，在国际海洋货物运输过程中，由于船舶经常长时间在远离海岸的海洋上航行，海洋环境复杂、气象多变，随时都有可能遇到狂风、巨浪、暴雨、雷电、海啸、浮冰等自然灾害。另外，国际海洋货物运输面临复杂多变的国际环境，比如近年来某些海域海盗出没频繁，增加了海洋货物运输遭到人为危险的概率。国际海洋货物运输船舶一旦遭遇危险，造成的损失是巨大的。海运船舶的载运量大、货物数额巨大，而且海运船舶遭遇危险时获得外来力量救援的及时性差，可能进一步扩大已造成的危险和损失。另外，除了可见的船舶、货物和人员遭遇的损失外，还可能带来连带后果和损失。例如，大型油轮遭遇事故后，除了船货本身的损失外，还可能因货油流入海洋造成海洋环境的污染。

6) 政策性强，约束多

国际海洋运输是国际性的经济活动，涉及国家间的经济利益和政治利益，其活动当然受到有关国家的法律和法规的约束,政策性比较强。面对海上危险的客观存在,为分担风险、减少和防止海上事故的发生,以及便于事故发生后的处理,也形成了一系列需要遵守的海运制度和规范。另外,在国际海洋货物运输过程中可能会出现分属不同国家和地区的事故和纠纷,同一案件按不同国家的法规处理可能会有不同的结果。为此,不少国家的航运界都谋求制定一系列能为各国所接受并遵守的国际公约。

2. 国际海洋货物运输及分类

由于国际海洋运输的货物种类繁多,分类方法较多。

1) 按货物物理形态分类

(1) 散装货。散装货是指在运输过程中其物理形态为细小的粉末状或颗粒状的货物,如煤炭、矿粉、粮食、化肥和水泥等货物;在大批量水路运输时,通常也采用散装货运输方式。

(2) 液体货。液体货是指在运输过程中其物理形态为气体,经压缩变为液态,装在容器中进行运输的货物,如石油、石油制成品、液化天然气、液化煤气等。

2) 按货物性质分类

(1) 普通货物。普通货物是指在运输、装卸、保管中对车辆结构和运输组织没有特殊要求的货物。

(2) 特种货物。特种货物是指货物在性质、形状、体积等方面比较特殊,在运输保管过程中,有特殊要求,一般又分为鲜活货物、危险货物、笨重且长大货物、贵重货物和涉外货物等。

3) 按货物含水量分类

(1) 干货。干货是指基本上不含水分或含很少水分的货物,有包装的件杂货大都属于此类。

(2) 湿货。湿货是指散装液体货物,如使用金属桶或塑料桶装的液体货物。

4) 按包装形式分类

(1) 包装货。包装货是指货物本身被包装材料全部包装而不能直接看到的货物,如香烟、饼干、电脑等日常生活消费品一类的货物。

(2) 裸装货。裸装货是指货物本身主要部位被包装材料包装,而其他部分并未被包装,甚至货物的整体都未被包装,可以直接看见货物本身的货物,如钢材、发电机、机床等生产资料货物。

(3) 散装货。散装货是指货物本身呈聚散状且没有任何包装物的货物,如散粮、煤炭、矿石等初级产品。

5) 按货物的件数分类

(1) 件杂货。在运输过程中,不论物理形态如何,均经包装而形成袋装、桶装、箱装、捆装等形态之后再进行运输的货物,称为件杂货。在所有海运货物中,虽然件杂货的货运量所占比例不是特别大,但却是涉及面最广的货物,几乎所有的制成品,包括大多数机械设备、零部件、标准件、人们的日常生活用品(百货),以及农产品、水果、畜产品、冷藏食品、冷藏用品等,在运输过程中,大都表现为某种包装形态的"件杂货"。简单地讲,在运输过程中,凡需再包装的货物,称为"件杂货"。

(2) 大宗货。大宗货是指每批数量较大,规格较统一的初级产品。由于在运输过程中其大多是散装的,也称其为散装货。在英文中,大宗货与散装货都用 Bulk cargo 表示。

6) 按货物的质量和体积分类

(1) 重货。重货是指质量为 1 t,其体积小于 1.133 m^3 的货物。

（2）轻货，也叫轻泡货、泡货及体积货物。它是指质量为 1 t，其体积大于 1.133 m^3 的货物。现行的远洋运费惯例是以 1 m^3 为计算标准，凡 1 t 货物体积大于 1 m^3 时，按货物体积计收运费；反之，则按货物重量计收运费。

7）按货物度量分类

货物的重量或长度，或重量和体积同时超过了船舶对重量和长度的限定，将货物分为超长货、超重货和超重超长货。

8）按装箱货量分类

（1）整箱货。整箱货指托运人所托运的货物可以装满一个集装箱，或者不足一个集装箱，但托运人要求按一个集装箱托运。

（2）拼箱货。拼箱货指托运人的货物不足装满一个集装箱，需要与其他货主的货物拼装于同一集装箱。

3. 国际海洋货物运输的运营方式

国际海洋货物运输是随着国际贸易扩张而发展的，国际海洋货物运输的运营方式必须适应国际货物贸易对运输的需求。为了适应不同货物和不同贸易合同对运输的不同需求，同时也能使船公司合理利用船舶运力，获得更好的经济效益，当前国际海洋货物运输中，主要有班轮运输和租船运输两大类运营方式。

班轮运输又称定期船运输，租船运输又称不定期船运输。在本章接下来的章节中，会对这两种运营方式进行详细的阐述。

4.2 海运船舶和集装箱基础知识

4.2.1 船舶基础知识

船舶是国际海洋货物运输中的主要运输工具，船舶的基础知识包括海运船舶的构造、分类、性能、标识等。

1. 船舶构造

海运船舶种类众多，但各类船舶的构造基本一致，主要由以下几部分构成。

1）船壳（shell）

船壳即船的外壳，是将多块钢板铆钉或电焊结合而成的，包括龙骨翼板、弯曲外板及上舷外板三部分。

2）船架（frame）

船架是指为支撑船壳所用各种材料的总称，分为纵材和横材两部分。纵材包括龙骨、底骨和边骨，横材包括肋骨、船梁和舱壁。

3）甲板（deck）

甲板是铺在船梁上的钢板，将船体分隔成上、中、下层。大型船甲板数可多至六七层，其作用是加固船体结构和便于分层配载及装货。

4）船舱（holds and tanks）

船舱是指甲板以下的各种用途空间，包括船首舱、船尾舱、货舱、机器舱和锅炉舱等。

5）船面建筑（super structure）

船面建筑是指主甲板上面的建筑，供船员工作起居及存放船具，包括船首房、船尾房及船桥。

2. 船舶种类

海上货物运输船舶的种类繁多。货物运输船舶按照其用途不同，可分为干货船和油槽船两大类。

1）干货船（dry cargo ship）

根据所装货物及船舶结构与设备不同，可分为以下几类。

（1）杂货船（general cargo ship）。杂货船也称件杂货船，主要用于运输各种包装货和裸装的普通货物，如图4-2所示。杂货船一般定期航行于货运繁忙的航线，以装运杂货为主要业务。这种船航行速度较快，船上配有足够的起吊设备，船舶构造中由多层甲板把船舱分隔成多层货柜，以适应装载不同货物的需要，货船的吨位、大小视航线、港口及货源的不同而不同。

图4-2 杂货船

（图片来源：www.kinca.cn/saleDetail_990.html）

（2）干散装货船（bulk cargo ship）。干散装货船也称散装货船，是用以装载运输粉末状、颗粒状、块状（如煤炭、谷物、矿砂等）无包装的大宗货物的船舶，如图4-3所示。根据所装货物的种类不同，干散装货船又分为粮谷船（grain ship）、煤船（collier）和矿砂船（ore ship）。这种船大都为单甲板，舱内不设支柱，但设有隔板，用以防止在风浪中运行的船舱内货物错位。

图4-3 干散装货船

（图片来源：baike.sogou.com/h61463788.htm？sp=l61471730）

干散装货船按尺寸大小可以分为五个级别：小型散装货船、灵便型散装货船、巴拿马型散装货船、好望角型散装货船与超大型散装货船，具体分类说明如表4-1所示。

表4-1 干散装货船分类

干散装货船级别	载重量/t	特征
小型（small）散装货船	低于1万	只有一个仓，常用于内河运输
灵便型（handysize）散装货船	1万~5.9万	指通用型散装货船。这类货船占1万t载重量级别以上散装货船数量的比重达71%。其中超过4万t的船舶又被称为大灵便型散装货船（handymax bulk carrier）。典型的灵便型散装货船长150~200 m，载重量为5.2万~5.8万t，有5个货仓和4个吊机
巴拿马型（panamax）散装货船	6万~8万	指满载情况下可以通过巴拿马运河的最大尺寸的散装货船。目前可以通过巴拿马运河船舶的载重量在15万t左右的散装货船，总长不能超过274.32 m，型宽不能超过32.30 m
好望角型（Capesize）散装货船	大于8万	指由于尺寸过大，无法通过苏伊士运河或者巴拿马运河，只能绕道好望角或者合恩角进行远洋航行的散装货船。最重要的特征是专业化，93%的好望角型散装货船用于运输铁矿石和煤炭
超大型（very large）散装货船	大于20万	也可以作为好望角型散装货船的一种，一般常用于运输铁矿石

（3）冷藏船（refrigerated ship）。冷藏船是专门用于装载冷冻易腐货物的船舶，如图4-4所示。船上设有冷藏系统和多个货舱，各舱之间封闭、独立，舱壁、舱门都使用隔热材料以维持舱内温度，且能调节温度以适应各舱货物对不同温度的需要。冷藏船一般吨位较小，通常在几百吨到几千吨之间。

（4）木材船（timber ship）。木材船是专门用以装载木材或原木的船舶，如图4-5所示。这种船舱口大，舱内无梁柱及其他妨碍装卸的设施，船舱及甲板上均可装载木材。为防甲板上的木材被海浪冲出舷外，一般在船舷两侧设置不低于1m的舷墙。

图4-4 冷藏船

（图片来源：www.chinashippinginfo.net/cataimglist.aspx）

图4-5 木材船

（图片来源：www.coscol.com.cn/Server/SeaDemo.aspx? menuid=020214）

(5) 集装箱船（container ship）。集装箱船也称为吊装式集装箱船，大多利用岸上的起吊设备对集装箱进行垂直装卸，如图4-6所示。集装箱船主要可分为部分集装箱船、全集装箱船和可变换集装箱船三种。

部分集装箱船（partial container ship），仅以船的中央部位作为集装箱的专用舱位，其他舱位仍装普通杂货。

全集装箱船（full container ship），指专门用于装运集装箱的船舶，是当前航运市场的主力军。它与杂货船不同，一般为单甲板，其货舱内有格栅式货架，装有垂直导轨，便于集装箱沿导轨放下，四角有格栅制约，可防倾倒。集装箱船的舱内可堆放三层至九层集装箱，甲板上还可堆放三层至四层集装箱。

可变换集装箱船（convertible container ship），其货舱内装载集装箱的结构为可拆装式的。因此，它既可以装运集装箱，必要时也可以装运普通杂货。

集装箱船航速较快，大多数船舶本身没有起吊设备，需要依靠码头上的起吊设备进行装卸，这种集装箱船也称为吊上吊下船。随着船舶向大型化发展，集装箱船也经历了近半个世纪不断发展的过程。

图4-6 集装箱船

（图片来源：www.eworldship.com/index.php? m = content&c = index&a = show&catid = 1229&id = 217#6）

按照集装箱船的发展情况，可分为第一至第六代集装箱船。

第一代集装箱船，载重量约10 000t，集装箱船装载数可达700~1 000 TEU。

第二代集装箱船，载重量为15 000~2 000t，集装箱船装载数增加到1 800~2 000 TEU，航速也由第一代的23节提高到26~27节。

第三代集装箱船，载重量约30 000t，这代船的航速为20~22节，但由于增大了船体尺寸，提高了运输效率，致使集装箱的装载数达到了3 000 TEU。因此，第三代集装箱船是高效节能型船。

第四代集装箱船，载重量为40 000~50 000 t，集装箱装载数3 000~4 000 TEU。由于采用了高强度钢，船舶重量减轻了25%。大功率柴油机的研制，大大降低了燃料费，又由于船舶自动化程度的提高，减少了船员人数，集装箱船经济性进一步提高。

第五代集装箱船，载重量为50 000~75 000 t，集装箱装载数为6 000 TEU。这种集装箱船的船长与船宽比为7~8，使船舶的复原力增大。

第六代集装箱船，载重量可达15万t，集装箱装载数可达8 000TEU。

(6) 滚装船 (roll on/roll off ship, RO/RO)。滚装船,又称滚上滚下船,主要用来运送汽车和集装箱,如图4-7所示。这种船本身没有装卸设备,一般在船侧或船的首、尾处有开口斜坡连接码头,装卸货物时,或者是汽车,或者是集装箱(装在拖车上的)直接开进或开出船舱。滚装船的优点是不依赖码头上的装卸设备,装卸速度快,可加速船舶周转。但滚装船的载重量通常较小,一般在3 000~26 000 t。

(7) 载驳船 (barge carrier)。载驳船又称子母船,是指在大船上搭载驳船,驳船内装载货物的船舶,如图4-8所示。载驳船的主要优点是不受港口水深限制,不需要占用码头泊位,装卸货物均在锚地进行,装卸效率高。目前较常用的载驳船主要有"拉希"型(lighter aboard ship, LASH)和"西比"型(Seabee)两种。

图4-7 滚装船

(图片来源: mil. huanqiu. com/photo_ china/
2014-11/2751234_ 3. html)

图4-8 载驳船

(图片来源: uzone. univs. cn/news2_
2008_ 397736. html)

2) 油槽船 (tanker)

油槽船是指主要用来装运液体货物的船舶。油槽船根据所装货物种类不同,可分为油轮和液化天然气船。

(1) 油轮 (oil tanker)。油轮主要装运液态石油类货物,如图4-9所示。它的特点是机舱都设在船尾,船壳被分隔成数个贮油舱,有油管贯通各油舱。油舱大多采用纵向式结构,并设有纵向舱壁,在未装满货时也能保持船舶的平稳性。为取得更大的经济效益,第二次世界大战以后油轮的载重吨位不断增大,目前世界上最大的油轮载重吨位已超过60多万t。

图4-9 阿芙拉型 (Aframax) 油轮

(图片来源: wap. eworldship. com/index. php/eworldship/news/article. html? id=87893)

油轮按尺寸大小可以分为6类,如表4-2所示。

表4-2 油轮分类

油轮级别	载重量/t
成品油轮（product tanker）	1万~6万
巴拿马型（Panamax）油轮	6万~8万
阿芙拉型（Aframax）油轮	8万~12万
苏伊士型（Suezmax）油轮	12万~20万
超级（very large crude carrier, VLCC）油轮	20万~32万
超级巨型（ultra large crude carrier, ULCC）油轮	32万~55万

（2）液化天然气船（liquefied natural gas carrier）。液化天然气船专门用来装运经过液化的天然气,如图4-10所示。根据所载运货物的不同,又分为液化天然气船和液化石油气船。液化天然气船（liquefied natural gas carrier, LNG）按船舶货舱的结构不同分为独立储罐式和膜式两种类型。独立储罐式将柱形、球形等储罐置于船内,而膜式液化天然气船采用双层船壳,内壳作为液化天然气的舱壁,内附镍合金钢的膜,可起到防止液态天然气泄漏的作用。液化石油气船（liquefied petroleum gas carrier, LPG）按气体液化的方法分为压力式、半低温半压力式和低温式三种。压力式液化石油气船通过高压储罐在高压下维持石油气的液态性质,而后两种船要借助舱内的低温对石油气进行液化处理。液化气船的大小通常用货舱的容积表示,一般为6万~13万 m^3。

图4-10 液化天然气船

（图片来源：www.alu.cn/aluTrade/1998179.html）

3. 船舶吨位（ship's tonnage）

船舶吨位是船舶大小的计量单位,可分为重量吨位和容积吨位两种。

1）船舶的重量吨位（weight tonnage）

船舶的重量吨位是表示船舶重量的一种计量单位,以1 000 kg为1吨,或以2 240磅为1长吨,或以2 000磅为1短吨。目前国际上多采用公制作为计量单位。船舶的重量吨位,又可分为排水量吨位和载重吨位两种。

（1）排水量吨位（displacement tonnage）。排水量吨位是船舶在水中所排开水的吨数,也是船舶自身重量的吨数。排水量吨位又可分为轻排水量、重排水量和实际排水量三种。

① 轻排水量（light displacement）,又称空船排水量,是船舶本身加上船员和必要的给

养物品三者重量的总和,是船舶最小限度的重量。

② 重排水量(full load displacement),又称满载排水量,是船舶载客、载货后吃水达到最高载重线时的重量,即船舶最大限度的重量。

③ 实际排水量(actual displacement),是船舶每个航次载货后实际的排水量。

(2) 载重吨位(dead weight tonnage,D.W.T.)。载重吨位表示船舶在运营中能够使用的载重能力。船舶载重吨位可用于对货物的统计,作为期租船月租金计算的依据,表示船舶的载运能力;也可用作新船造价及旧船售价的计算单位。载重吨位可分为总载重吨和净载重吨。

① 总载重吨(gross dead weight tonnage)指船舶根据载重线标记规定所能装载的最大限度的重量,它包括船舶所载运的货物、船上所需的燃料、淡水和其他储备物料重量的总和。

② 净载重吨(dead weight cargo tonnage,D.W.C.T.)指船舶所能装运货物的最大限度的重量,又称载货重吨,即从船舶的总载重量中减去船舶航行期间需要储备的燃料、淡水及其他储备物品的重量所得的差数。

2) 船舶的容积吨位(registered tonnage)

船舶的容积吨位是表示船舶容积的单位,又称注册吨,是各海运国家为船舶注册而规定的一种以吨为计算和丈量的单位,以 100 ft^3 或 2.83m^3 为 1 注册吨。容积吨又可分为容积总吨和容积净吨。

(1) 容积总吨(gross registered tonnage,GRT)。容积总吨又称注册总吨,是指船舱内及甲板上所有关闭的场所的内部空间(或体积)的总和,是以 100 ft^3 或 2.83m^3 为 1 吨折合所得。

容积总吨的用途很广,它可以用于国家对商船队的统计,用于表明船舶的大小,用于船舶登记,用于政府确定对航运业的补贴或造船津贴,用于计算保险费用、造船费用以及船舶的赔偿等。

(2) 容积净吨(net registered tonnage,NRT)。容积净吨又称注册净吨,是指从容积总吨中扣除那些不供营业用的空间后所剩余的吨位,也就是船舶可以用来装载货物的容积折合成的吨数。

容积净吨主要用于船舶的报关、结关,也可以作为船舶向港口交纳的各种税收和费用的依据,或作为船舶通过运河时交纳运河费的依据。

4. 船舶载重线(ship's load line)

船舶载重线指船舶满载时的最大吃水线,它是绘制在船舷左右两侧船舶中央的标志,标明船舶入水部分的限度。船级社或船舶检验局根据船舶的用材结构、船型、适航性和抗沉性等因素,以及船舶航行的区域及季节变化等制定船舶载重线标志,目的是为了保障航行的船舶、船上承载的财产和人身安全,并已得到各国政府的承认,违反者将受到法律制裁。

载重线标志包括甲板线、载重线圆盘和与圆盘有关的各条载重线。各条载重线标记和含义如表 4-3 所示。

表 4-3　载重线标记和含义

国际标记	中国标记	含 义
TF（tropical fresh water load line）	RQ	热带淡水载重线
F（fresh water load line）	Q	淡水载重线
T（tropical load line）	R	热带海水载重线
S（summer load line）	X	夏季海水载重线
W（winter load line）	D	冬季海水载重线
WNA（winter north atlantic load line）	BDD	北大西洋冬季载重线

5. 船籍和船旗（ship's nationality and flag）

1）船籍

船籍指船舶的国籍，以该船舶的登记国国籍为准。由船舶所有人向本国或外国的船舶行政管理机关办理所有权登记后，取得本国或外国国籍和船籍证书。

2）船旗

船旗是指商船在航行中悬挂其所属国的国旗。船旗是船舶国籍的标志。按国际法规定，商船是船旗国浮动的领土，无论在公海或在他国海域航行，均需悬挂船籍国国旗。船舶有义务遵守船籍国法律的规定并享受船籍国法律的保护。原则上，只有取得该国船籍的船舶才能够悬挂该国国旗。

方便旗船（flag of convenience）是指在外国登记、悬挂外国国旗并在国际市场上运营的船舶。第二次世界大战以后，方便旗船迅速增加。挂方便旗的船舶主要属于一些海运较发达的国家和地区，如美国、希腊、日本和韩国的船东，他们将船舶转移到外国进行登记，以逃避国家重税和军事征用，且可以自由制订运价不受政府管制，自由处理船舶与运用外汇，自由雇用外国船员以支付较低工资，降低船舶标准以节省修理费用，降低运营成本以增强竞争力等。

公开允许外国船舶在本国登记的所谓"开放登记"（open register）国家，主要有巴拿马、利比里亚、巴哈马、索马里、新加坡、洪都拉斯等国。通过这种登记，可为登记国增加外汇收入。

6. 船级（ship's classification）

1）船级

船级是船舶质量的技术和性能指标，用以表示船舶航行的安全程度和适于装货的程度。船级须由专门的船舶检验机构对船舶进行检验鉴定后予以认定。

在国际航运界，凡注册总吨在 100 t 以上的海运船舶，必须在某船级社或船舶检验机构监督之下进行监造。在船舶开始建造之前，船舶各部分的规格须经船级社或船舶检验机构批准。每艘船建造完毕，由船级社或船舶检验机构对船体、船上机器设备、吃水标志等项目和性能进行鉴定，鉴定分级后发给船级证书。证书有效期一般为 4 年，期满后需重新予以鉴定。

船舶入级可保证船舶航行安全，有利于国家对船舶进行技术监督，便于租船人和托运人选择适当的船只，便于保险公司决定船、货的保险费用。

2) 船级社

世界上比较著名的船级社有英国劳埃德船级社（Lloyd's register of shipping）、法国船级社（Bureau veritas）、美国船级社（American bureau of shipping）、德意志路易船级社（Germanischer lloyd）、挪威船级社（Det Norske veritas）、日本海事协会（Nippon Kaiji Kyokai）。其中，英国劳埃德船级社是世界上历史最悠久、规模最大的船级社。它创建于1760年，该船级社由船东、海运保险业承保人、造船业、钢铁制造业和发动机制造业等各方面委员会组成并管理，其主要职责是为商船分类定级。

中国船级社简称CCS，是中华人民共和国交通部所属的船舶检验局，是中国唯一从事船舶入级检验业务的专业机构。中国船级社是国际船级社协会（IACS）11家正式会员之一，并先后于1996—1997年、2006—2007年担任IACS理事会主席。CCS最高船级符号被伦敦保险商协会纳入其船级条款，享受保费优惠待遇。截至2010年年底，CCS接受28个国家或地区的政府授权，为悬挂这些国家或地区旗帜的船舶代行法定检验。

7. 航速（ship's speed）

航速是船舶在单位时间内所航行的里程，以 n mile/h 计算，简称节（kn）。通常用计程仪测定水面船舶的航速：分为最大航速、全速、巡航航速、经济航速和最小航速。最大航速指主动力装置以最大功率运转时达到的速度；全速指主动力装置以额定总功率运转时达到的速度；巡航航速指舰船巡航时常用的速度，通常同型舰船规定一种主机航速作为巡航航速；经济航速指根据船舶运输要求和运营费用等因素确定的成本最低的航速；最小航速指船舵能发挥操纵作用的最低速度。船舶的航速依船型不同而不同。其中散装货船和油轮的航速较慢，一般为13—17节。集装箱船的航速较快，目前最快的集装箱船航速可达24.5节。

8. 船龄（age of ship，age of vessel）

船龄是指自船舶建造完毕时开始计算的船舶使用年限。船龄在某种程度上表明船舶的现有状况，因此在有关船舶和海上运输的交易中，船龄是一个重要因素。在租船交易中，船龄是租船人决定是否接受船舶，租借双方如何确定租船运费或租金的重要依据。在船舶保险中，船龄是保险人确定保险费率考虑的因素。在船舶的海损索赔中，如果对船舶的损坏项目进行以新换旧的修理，应根据船龄对修理费用作适当扣减，以确定合理的索赔额。

我国海运船舶的船龄标准如表4-4所示。

表4-4 我国海运船舶的船龄标准

船舶类别	购置、光租外国籍船船龄	特别定期检验的船龄	强制报废船龄
一类船舶	10年以下	18年以上	25年以上
二类船舶	10年以下	24年以上	30年以上
三类船舶	油船、化学品船15年以下，液化气船12年以下	26年以上	31年以上
四类船舶	18年以下	28年以上	33年以上
五类船舶	20年以下	29年以上	34年以上

9. 船舶的主要文件（ship's documents）

船舶文件是证明船舶所有权、性能、技术状况和运营必备条件的各种文件的总称。

船舶必须通过法律登记和技术鉴定并获得有关证书后,才能参加运营。国际航行船舶的船舶文件主要有船舶国籍证书(certificate of nationality)、船舶所有权证书(certificate of ownership)、船舶船级证书(certificate of classification)、船舶吨位证书(tonnage certificate)、船舶载重线证书(certificate of load line)、船员名册(crew list)、航海日志(log book)。

此外,还有轮机日志、船舶卫生检查记录表和无线电日志等。

4.2.2 集装箱基础知识

1. 集装箱基本概念

集装箱(container)又称为"货箱"或"货柜",是指具有一定强度、刚度和规格,专供周转使用的大型装货容器,是一种运输设备。使用集装箱转运货物,可直接在发货人的仓库装货,运到收货人的仓库卸货,中途更换车、船时,无须将货物从箱内取出换装。

国际标准化组织制定了集装箱统一规格,力求使集装箱达到标准化。国际标准化组织根据集装箱在装卸、堆放和运输过程中的安全需要,规定了集装箱的构造、尺寸、性能等技术特征。集装箱的标准化有助于国际货物流转的便捷合理化,推动了集装箱在国际上的流通。依据国际标准化组织 104 技术委员会(International Standardization Organization Technical Committee 104)的规定,作为运输设备,集装箱应具备以下基本条件。

(1)具有足够的强度和耐久性,能长期地反复使用。

(2)途中转运不用移动箱内货物,可以直接换装。

(3)可以进行快速装卸和搬运,设有从一种运输工具直接方便地转移到另一种运输工具的装置。

(4)便于货物的装满与卸空。

(5)具有 $1m^3$(35.32 立方英尺)或以上的容积。

2. 集装箱的种类

集装箱种类很多,主要有以下几种。

1)杂货集装箱(dry cargo container)

图 4-11 杂货集装箱

(图片来源:www.aibang.com/cangzhou/jiancai_ dd9f4b8d668c9b0d/)

杂货集装箱,也称货柜,如图 4-11 所示,用来运输无须控制温度的件杂货,使用范围很广。这种集装箱的结构通常为封闭式,一般在一端或侧面设有箱门,箱内设有一定的加固货物的装置。这种集装箱在使用时要求箱内清洁,不渗水、不漏水。对装入的货物要求有适当的包装,以便充分利用集装箱的箱容。杂货集装箱通常用来装运文化用品、化工用品、电子机械、工艺品、医药、日用品、纺织品、仪器零件,以及不受温度变化影响的各类固体散装货、颗粒或粉末状的货物。

2) 散装货集装箱（solid bulk container）

散装货集装箱用来装运粉状或粒状货物，如大豆、大米、各种饲料等，如图 4-12 所示。这种集装箱的顶部设有 2~3 个装货口，在箱的下部设有卸货口。使用这种集装箱装运散装货，一方面提高了装卸效率，另一方面提高了货运质量，减轻了粉尘对人体和环境的侵害。

图 4-12　散装货集装箱

（图片来源：cfnet. org. cn/news/textdet -13 -1687. html）

3) 罐式集装箱（tank container）

罐式集装箱专门用来装运液体货物，如酒类、油类、液体食品及化学品，如图 4-13 所示。它由罐体和框架两部分组成，罐体用于装载液体，框架用来支承和固定罐体。罐体的外壁采用保温材料以使罐体隔热，内壁一般要研磨抛光以避免液体残留在壁面。为了降低液体的黏度，罐体下部还设有加热器，对罐体内部温度可以通过安装在其上部的温度计观察。为了装卸方便，罐顶设有装货口，罐底设有排出阀。装货时液体由罐顶部装货口进入，卸货时由排货孔流出，也可用吸管从顶部装货口吸出。

4) 保温集装箱（insulated container）

保温集装箱是指一种所有箱壁都用导热率低的材料隔热，用来运输需要冷藏和保温货物的集装箱，如图 4-14 所示。

图 4-13　罐式集装箱

（图片来源：www. aibang. com/shanghai/jiancai_10c1a38f5d74d9dc/）

图 4-14　保温集装箱

（图片来源：www. hfchanglian. com/display. asp? id = 652）

保温集装箱通常有以下三种。

（1）冷藏集装箱（refrigerated container）。冷藏集装箱用来运输冷冻货物，主要是冷冻食品，如冷冻鱼、肉、虾、低温水果、蔬菜、干酪等以及胶片和某些药品等需要保持一定温度的货物。使用这种集装箱在装箱前需检验冷冻装置，船上要有电源插头，能使冷藏集装箱的制冷设备正常运转。

（2）隔热集装箱（insulatal produce container）。隔热集装箱主要用于载运水果、蔬菜等类货物。通常用冰制冷，保持时间约为 72h。

(3) 通风集装箱（ventilated container）。通风集装箱是一种为装运不需要冷冻且具有呼吸作用的水果、蔬菜等类货物，以及兽皮等在运输中会渗出汁液、会引起潮湿的货物等，而在端壁上开有通风口的集装箱。这种集装箱通常以设有通风孔的冷藏集装箱代用。

5）动物集装箱（pen container or live stock container）

动物集装箱是一种专门用来装运鸡、鸭、猪、牛等活牲畜的集装箱。为了避免阳光照射，动物集装箱的箱顶和侧壁是用玻璃纤维加强塑料制成的。另外，为了保证箱内有新鲜的空气，侧面和端面都有用铝丝网制成的窗，以加强通风。侧壁下方设有清扫口和排水口，并配有上下移动的拉门，可把垃圾清扫出去。箱体侧壁还装有喂食口。动物集装箱在船上一般装在甲板上，因为甲板上空气流通，也便于清扫和照顾。

6）服装集装箱（garment container）

服装集装箱也称挂衣箱，如图4-15所示。这种集装箱的特点是：在箱内上侧梁上装有许多根横杆，每根横杆上垂下若干条皮带扣、尼龙带扣或绳索，将成衣衣架上的钩直接挂在带扣或绳索上。这种服装装载法属于无包装运输，它不仅节约了包装材料和包装费用，而且也减少了人工，提高了服装的运输质量。

7）开顶集装箱（open top container）

开顶集装箱的特点是箱顶可以方便地装卸货物，如图4-16所示，箱顶又分硬顶和软顶两种。硬顶用薄钢板制成，可利用起重机械进行装卸作业。软顶一般用帆布、塑料布或涂塑布制成，开顶时只要向一端卷起就可以了。这种集装箱适用于装载大型货物和重货，如钢铁、木材、机械，特别是玻璃板之类的易碎的重货。利用吊机从顶部将货物吊入箱内不易损坏货物，而且也便于在箱内固定。

图4-15　服装集装箱
（图片来源：info. b2b168. com/
s168-35438836. html）

图4-16　开顶集装箱
（图片来源：cn. made-in-china. com/gongying/
jiyuanlong9816-VqyxvKBbflUT. html）

8）台架式集装箱（platform based container）

台架式集装箱的特点是没有箱顶和侧壁，甚至连端壁也去掉而只有底板和四个角柱的集装箱，如图4-17所示。这种集装箱可以从前后、左右及上方进行装卸作业，适合装载长大件和重件，如重型机械、钢材、木材、钢锭等。台架式集装箱不防水，不能装运怕水湿的货物，如果一定要装运，必须用帆布遮盖、密封好。

图 4-17　台架式集装箱

（图片来源：china. nowec. com/spdetail/33450717. html）

9）平台式集装箱（plat form container）

平台式集装箱比台架式集装箱更简化，只保留了底板，如图 4-18 所示。主要用于装卸长、重大件货物。如重型机械设备、钢材等。平台的长度与宽度与国际标准集装箱的箱底尺寸相同，可使用与其他集装箱相同的紧固件和起吊装置。这种集装箱的采用，打破了过去一直认为集装箱必须有一定容积的概念。

10）汽车集装箱（car container）

汽车集装箱是专门装运小型汽车用的，如图 4-19 所示。其结构特点是没有侧壁，仅有框架和箱底。为了防止汽车在箱内滑动，箱底专门设有绑扎设备和防滑钢板。大部分汽车集装箱设计成上下两层，可以装载多辆小汽车。这种集装箱一般不是国际标准集装箱。

图 4-18　平台式集装箱

（图片来源：www. chinawj. com. cn/info/view/detail_ 11562298. html）

图 4-19　汽车集装箱

（图片来源：www. sungjin. cn/n - en/2012 - 12/content - 14. html）

3. 集装箱的尺寸、容积及计算单位

1）集装箱外尺寸（container's overall external dimensions）

集装箱外尺寸是指包括集装箱永久性附件在内的集装箱外部最大的长、宽、高尺寸。它是确定集装箱能否在船舶、底盘车、货车、铁路车辆之间进行换装的主要参数，是各运输部

门必须掌握的一项重要技术资料。

2）集装箱内尺寸（container's internal dimensions）

集装箱内尺寸是指集装箱内部最大的长、宽、高尺寸。高度为箱底板面至箱顶板最下面的距离，宽度为两内侧衬板之间的距离，长度为箱门内侧板至端壁内衬板之间的距离。它决定集装箱内容积和箱内货物的最大尺寸。

3）集装箱内容积（container's unobstructed capacity）

集装箱内容积是指按集装箱内尺寸计算的装货容积。同一规格的集装箱，由于结构和制造材料不同，其内容积略有差异。集装箱内容积是物资部门或其他装箱人必须掌握的重要技术资料。

国际上通常使用的集装箱规格尺寸如表4-5所示。

表4-5 常用集装箱规格尺寸表

规格	长×宽×高/m	配货毛重/t	体积/m^3
20GP	内：5.898×2.352×2.385 外：6.058×2.438×2.591	17.5	33.1
40GP	内：12.032×2.352×2.385 外：12.192×2.438×2.591	22	67.5
40HQ（高柜）	内：12.032×2.352×2.69 外：12.192×2.438×2.896	—	76.2
45HQ 高柜）	内：13.556×2.352×2.698 外：13.716×2.438×2.896	29	86
20OT（开顶柜）	内：5.898×2.352×2.342 外：6.058×2.438×2.591	20	32.5
40OT（开顶柜）	内：12.034×2.352×2.330 外：12.192×2.438×2.591	30.5	65.9
20FR（脚架式折叠平板）	内：5.650×2.030×2.073 外：6.058×2.438×2.591	22	24
20FR（板框式折叠平板）	内：5.638×2.228×2.233 外：6.058×2.438×2.591	22	28
40FR（脚架式折叠平板）	内：11.784×2.030×1.943 外：12.192×2.438×2.591	39	46.5
40FR（板架式折叠平板）	内：11.776×2.228×1.955 外：12.192×2.438×2.591	36	51
20Refigerated（冷冻柜）	内：5.480×2.286×2.235 外：6.058×2.438×2.591	17	28
40Refigerated（冷冻柜）	内：11.585×2.29×2.544 外：12.192×2.438×2.896	22	67.5
20ISO TANK（罐式集装箱）	外：6.058×2.438×2.591	26	24
40 挂衣柜	内：12.03×2.35×2.69 外：12.19×2.44×2.90	—	76

4）集装箱计算单位

集装箱种类众多，为了便于统计集装箱的装箱能力和集装箱拥有量，通常把20ft集装箱作为一个计算单位，简称标箱（twenty-feet equivalent unit，TEU）。例如，一个40ft集装箱相当于两个计算单位，即两个标箱。集装箱船均以标箱为单位来表示它的载重量，港口也以标箱为单位统计集装箱货物进出口量。

4. 集装箱运输的关系方

集装箱运输涉及许多方面，需要各方面相互协调和配合以提高集装箱运输效率。集装箱运输的关系方除了货主外主要有：无船承运人，实际承运人，集装箱租赁公司，集装箱堆场和集装箱货运站、联运保赔协会等。

（1）无船承运人（non-vessel operating common carrier，NVOCC），指专门经营集装箱货运的揽货、装拆箱以及内陆运输、中转站或内陆站业务的人，可以具备实际运输工具，也可不具备。对真正货主来讲，他是承运人，而对实际承运人来说，他是托运人，通常无船承运人应受所在国法律制约，在政府有关部门登记注册。

（2）实际承运人（actual carrier），指掌握运输工具并参与集装箱运输的承运人。通常拥有大量集装箱，以利于集装箱的周转、调拨、管理以及集装箱与车船机的衔接。

（3）集装箱租赁公司（container leasing company），指专门经营集装箱出租业务的新行业。

（4）集装箱堆场（container yard，CY），指办理集装箱重箱或空箱装卸、转运、保管、交接的场所。

（5）集装箱货运站（container freight station，CFS），指处理拼箱货的场所，它办理拼箱货的交接、配载积载后，将箱子送往集装箱堆场，并接受集装箱堆场交来的进口货箱，进行拆箱、理货、保管，最后拨给各收货人。同时也可按承运人的委托经营铅封和签发场站收据等业务。

（6）联运保赔协会（through protection and indemnity），指一家专业提供责任保险及风险管理的互保协会，对集装箱运输中可能遭受的一切损害进行全面统一的保险。这是集装箱运输发展后所产生的新的保险组织。

5. 集装箱货物装箱方式

根据集装箱货物装箱数量和方式分为整箱和拼箱两种。

1）整箱（full container load，FCL）

整箱指货方自行将货物装满整箱以后，以箱为单位托运的集装箱。通常在货主有足够货源装载一个或数个整箱时采用。除了有些大的货主自己置备集装箱外，一般都是向承运人或集装箱租赁公司租用一定的集装箱。空箱运到工厂或仓库后，在海关人员的监管下，货主把货物装入箱内、加锁、铅封后交承运人并取得站场收据，最后凭收据换取提单或运单。整箱货的拆箱，一般由收货人办理。但也可以委托承运人在货运站拆箱。可是承运人不负责箱内的货损、货差。除非货方举证确属承运人责任事故的损害，承运人才负责赔偿。承运人对整箱货，以箱为交接单位。只要集装箱外表与收箱时相似和铅封完整，承运人就完成了承运责任。整箱货运提单上，要加上"委托人装箱、计数并加铅封"的条款。

2）拼箱（less than container load，LCL）

拼箱货是指装不满一整箱的小票货物。这种货物，通常是由承运人分别揽货并在集装箱货运站或内陆站集中，而后根据货类性质和目的地进行分类整理，把去同一目的地的两票或两票以上的货物拼装在一个集装箱内，同样要在目的地的集装箱货运站或内陆站拆箱分别交货。对于这种货物，承运人要负担装箱与拆箱作业，装拆箱费用仍向货方收取。承运人对拼箱货的责任，基本上与传统杂货运输相同。

6. 集装箱的交接方式

在集装箱运输中，根据实际交接地点不同，集装箱货物的交接有多种方式，在不同的交接方式中，集装箱运输经营人与货方承担的责任、义务不同，集装箱运输经营人的运输组织内容、范围也不同。根据集装箱货物交接时的状态，集装箱货物的交接方式有以下几种。

1）整箱交/整箱收（FCL/FCL）

（1）门到门（door to door）。门到门交接方式是指集装箱运输经营人在发货人的工厂或仓库接收货物，并负责将货物运至收货人的工厂或仓库，向收货人交付。在这种交付方式下，货物的交接形态都是整箱交接。

（2）门到场（door to CY）。门到场交接方式是指集装箱运输经营人在发货人的工厂或仓库接收货物，并负责将货物运至卸货港码头堆场或其内陆堆场，在堆场向收货人交付。在这种交接方式下，货物也都是整箱交接。

（3）场到场（CY to CY）。场到场交接方式是指集装箱运输经营人在装货港的码头堆场或其内陆堆场接收货物（整箱货），并负责将货物运至卸货港码头堆场或其内陆堆场，在堆场向收货人交付（整箱货）。

（4）场到门（CY to door）。场到门交接方式是指集装箱运输经营人在码头堆场或其内陆堆场接收货物（整箱货），并负责将货物运至收货人的工厂或仓库，向收货人交付。

2）拼箱交/拆箱收（LCL/LCL）

拼箱交/拆箱收交接方式是指集装箱运输经营人在装货港码头集装箱货运站，或内陆地区的集装箱货运站接收货物（经拼箱后），并负责将货物运至卸货港码头集装箱货运站，或其内陆地区的集装箱货运站，经拆箱后向收货人交付。在这种方式下，货物的交接形态一般都是拼箱交接。

3）整箱交/拆箱收（FCL/LCL）

（1）门到站（door to CFS）。门到站交接方式是指集装箱运输经营人在发货人的工厂或仓库接收货物，并负责将货物运至卸货港码头的集装箱货运站，或其在内陆地区的货运站，经拆箱后向各收货人交付。在这种交接方式下，运输经营人一般是以整箱形态接收货物，以拼箱形态交付货物。

（2）场到站（CY to CFS）。场到站交接方式是指集装箱运输经营人在装货港的码头堆场或其内陆堆场接收货物（整箱），并负责将货物运至卸货港码头集装箱货运站，或其在内陆地区的集装箱货运站，一般经拆箱后向收货人交付。

4）拼箱交/整箱收（LCL/FCL）

（1）站到门（CFS to door）。站到门交接方式是指集装箱运输经营人在装货港码头的集装箱货运站或其内陆的集装箱货运站接收货物（经拼箱后），并负责将货物运至收货人的工厂或仓库，向收货人交付。在这种交接方式下，运输经营人一般是以拼箱形态接收货物，以整箱形态交付货物。

（2）站到场（CFS to CY）。站到场交接方式是指集装箱运输经营人在装货港码头集装箱货运站，或其内陆的集装箱货运站接收货物（经拼箱后），并负责将货物运至卸货港码头或内陆地区的堆场，向收货人交付。在这种方式下，货物的交接形态同站到门交接方式。

4.3 班轮运输

目前，传统的杂货班轮运输已经在很大程度上被集装箱运输所替代，但是班轮运输这种船舶运营方式却是在杂货班轮运输的基础上形成的。虽然杂货班轮运营方式和货运程序有所改变，但是仍然保持了其原有的优势和特征，仍将在国际航运市场上发挥其独特的作用。

4.3.1 基本概念

班轮运输（liner shipping），又称定期船运输（regular shipping liner），是指船公司将船舶按事先制定的船期表（sailing schedule），在特定航线的若干个固定挂靠的港口之间，定期为非特定的众多货主提供货物运输服务，并按事先公布的运费率或协议运费率收取运费的一种船舶经营方式。班轮运输比较适合于一般杂货和小批量货物的运输。

班轮运输市场的船舶类型主要有：传统杂货船（conventional general cargo ship）、集装箱船（container ship）、滚装船（ro-ro ship）、载驳船（barge carrier）、冷藏船（refrigerated ship）等。

班轮运输市场的主要货种为件杂货，如工业制品、工业半成品、农产品、生鲜食品、贵重货、邮件、包裹、工艺品等。由于班轮运输所承运的货物批量小、种类多、包装差异大，且分属于不同货主的杂货，因此，在积载、装卸和保管中都有不同的要求，对于运输服务质量的要求较高。

4.3.2 班轮运输的特点

班轮运输是在不定期船运输的基础上发展起来的，是船舶运输的主要经营方式之一，这种运输经营方式主要有以下特点。

1. **具有"四固定"的特点**

"四固定"是指固定航线、固定挂靠港、固定船期和相对固定的运费率，这是班轮运输最基本的特征。班轮运输是按照事先公布的船期表来运营的，并且航速较快，能够按时将货物从装货港运至卸货港。从事班轮运输的船舶是在固定的航线上运行的，有既定的挂靠港及挂靠顺序。班轮运价是用运价本（或运价表）的形式公布出来的，在一定期限内不会变动，相对稳定。

2. **班轮运价内包括装卸费用**

在班轮运输中，承运人负责配载、装卸货物和理舱，并承担这些作业所产生的费用。但所有装卸费用和理舱费用都已经计入班轮运费率中，不再另行计收。承托双方也不需要规定装卸时间，不存在滞期费和速遣费，但托运人或收货人必须按照船舶的装卸计划交付或提取货物。

3. **承运人的责任期间从货物装上船开始到货物卸下船为止**

承运人的责任期间是指承运人对货物的运输承担责任的开始到终止的时间段。对于非集装箱货物，大多数国际公约或国家法律规定承运人对货物的责任从装货港货物吊起开始至卸货港货物脱离吊具时结束，即"舷至舷"（rail to rail）或"钩至钩"（tackle to tackle）原则。

4. 承运双方的权利义务和责任豁免以签发的提单为依据

在班轮运输中，承运人和托运人通常不签订书面的运输合同，而是在货物装船以后，由承运人或其授权的代理人签发提单给托运人。提单是承托双方权利义务和责任豁免的依据，受统一的国际公约的制约。

4.3.3 班轮运输的优势

班轮运输作为国际贸易中最常使用的一种运输经营方式，主要有以下几方面的优势。

（1）有利于一般杂货和不足整船的小额贸易货物的运输。班轮只要有舱位，不论数量大小、挂港多少、直运或转运都可接受承运。

（2）有利于国际贸易的开展。由于"四固定"的特点，船期固定和费率固定，减少贸易双方洽谈磋商内容，有利于贸易双方交易的达成，降低了交易成本。

（3）提供专业优质服务。班轮运输长期在固定航线上航行，有固定设备和人员，能够提供专门的、优质的服务。

（4）手续简单，方便托运人。由于承运人负责配载、装卸和理舱，托运人只需把货物交给承运人即可，省心省力。

4.3.4 班轮运输的主要关系方

班轮运输中通常会涉及班轮承运人、船舶代理人、无船承运人、货运代理人、托运人、收货人等有关货物运输的关系方。

1. 班轮承运人

班轮承运人即班轮公司，是使用自己拥有的或者自己经营的船舶，提供国际港口之间班轮运输服务，依据法律规定设立的船舶运输企业。班轮公司拥有自己的船期表、运价表、提单或其他运输单据。根据各国的规定，班轮公司通常应有船舶直接挂靠该国的港口。班轮公司有时也被称为远洋公共承运人（ocean common carrier）。根据 www.pfcexpress.com 网站颁布的运力数据显示，世界集装箱班轮公司运力排行榜如表 4-6 所示。

表 4-6 世界集装箱班轮公司运力排行榜（截止日期：2017.3.1）

Rnk	Operator	中文名称	Total		Owned		Chartered			Orderbook		
			TEU	Ships	TEU	Ships	TEU	Ships	% Chart	TEU	Ships	% existing
1	APM - Maersk	马士基航运公司	3 260 860	624	1 731 862	255	1 528 998	369	46.90%	376 130	27	11.50%
2	Mediterranean Shg Co	地中海航运公司	2 937 145	491	1 069 001	191	1 868 144	300	63.60%	237 104	20	8.10%
3	CMA CGM Group	达飞轮船	2 154 312	444	809 756	109	1 344 556	335	62.40%	233 980	23	10.90%
4	COSCO Shipping Co Ltd	中远集团	1 638 732	293	461 863	77	1 176 869	216	71.80%	542 704	33	33.10%
5	Evergreen Line	长荣海运	989 592	187	548 041	105	441 551	82	44.60%	324 000	36	32.70%
6	Hapag - Lloyd	赫伯罗特	960 653	166	564 375	76	396 278	90	41.30%	10 589	1	1.10%
7	Hamburg Süd Group	汉堡南美	594 327	115	313 508	46	280 819	69	47.20%	30 640	8	5.20%

续表

Rnk	Operator	中文名称	Total		Owned		Chartered			Orderbook		
			TEU	Ships	TEU	Ships	TEU	Ships	% Chart	TEU	Ships	% existing
8	Yang Ming Marine Transport Corp.	阳明海运	576 269	100	217 386	46	358 883	54	62.30%	98 396	7	17.10%
9	OOCL	东方海外	555 124	91	410 739	54	144 385	37	26.00%	126 600	6	22.80%
10	UASC	阿拉伯航运	520 254	54	410 383	37	109 871	17	21.10%	29 986	2	5.80%
11	NYK Line	日本邮船	504 165	95	267 544	45	236 621	50	46.90%	154 156	11	30.60%
12	MOL	商船三井	489 547	80	151 316	22	338 231	58	69.10%	120 900	6	24.70%
13	Hyundai M. M.	现代商船	462 233	67	165 080	22	297 153	45	64.30%			
14	K Line	川崎汽船	362 708	62	80 150	12	282 558	50	77.90%	69 350	5	19.10%
15	PIL(Pacific Int. Line)	太平船务	353 552	134	295 619	118	57 933	16	16.40%	142 200	13	40.20%
16	Zim	以星航运	295 170	64	27 800	6	267 370	58	90.60%			
17	Wan Hai Lines	万海航运	223 110	87	169 598	71	53 512	16	24.00%	15 200	8	6.80%
18	X – Press Feeders Group	/	147 791	89	26 734	21	121 057	68	81.90%			
19	KMTC	高丽海运	125 887	61	57 636	29	68 251	32	54.20%	3 570	2	2.80%
20	IRISL Group	伊朗国航	96 875	45	96 875	45				58 000	4	59.90%

数据来源:http://www.pfcexpress.com/news/jizhuangxiangbanlun_top100.html

绝大部分国际知名班轮公司都已经进入中国海运市场,我国的班轮运输企业近年来也有突飞猛进的发展。中国最大的两家班轮公司中远集运和中海集运之前在全球班轮公司中均居于十强之列,2015年年底,中远、中海两大航运央企启动重组,合并后成立中国远洋海运集团有限公司,因此在最新的排名中只显示了中远集运(COSCO Container Lines)。

2. **船舶代理人**

船舶代理人是接受船舶经营人的委托,为船舶经营人的船舶及其所载货物或集装箱提供办理船舶进出港口手续、安排港口作业、接受订舱、代签提单、代收运费等业务,依据法律规定设立的船舶运输辅助性企业。中国最大的国际船舶代理公司是成立于1953年的中国外轮代理公司,随着船舶代理行业准入门槛的不断降低,船舶代理市场竞争加剧,目前在我国对外开放的港口都有许多家船舶代理公司。

3. **无船承运人**

无船承运人(non – vessel operating common carrier,NVOCC),也称无船公共承运人,指经营无船承运业务,以承运人身份接受托运人的货载,签发自己的提单或其他运输单证,向托运人收取运费,通过班轮公司完成国际海洋货物运输,承担承运人责任,并依据法律规定设立的提供国际海洋货物运输服务的企业。

无船承运人购买公共承运人的运输服务,再以转卖的形式将这些服务提供给其他运输服务需求方。其按照海运公共承运人的运价本或其与海运公共承运人签订的服务合同支付运费,并根据自身的运价本中公布的运费率向托运人收取运费,从中赚取运费差价。

4. **货运代理人**

货运代理人是接受货主的委托,代表货主的利益,为货主办理有关国际海洋货物运输相关事宜,并依据法律规定设立的提供国际海洋货物运输代理服务的企业。

货运代理人除了可以从货主处获得代理服务报酬外,因其为班轮公司提供货载,所以还可以从班轮公司那里获得佣金。但是根据各国的管理规定，货运代理人通常无法与班轮公司签订协议运价。表4-7展示了货运代理人与无船承运人的区别。

表4-7 货运代理人与无船承运人的区别

	货运代理人	无船承运人
与托运人关系	委托代理关系	承托关系
是否签B/L	否	是
是否收运费	否	是
是否收佣金	是	否
法律地位	代理人	承运人

（信息来源：凌定成. 国际货物运输实务［M］. 北京：中国海关出版社，2011.）

5. 托运人

根据我国《海商法》第四十二条第（三）项规定，托运人是指本人或者委托他人以本人名义或者委托他人为本人与承运人订立海洋货物运输合同的人；也是本人或者委托他人以本人名义或者委托他人为本人将货物交给与海上货物运输合同有关的承运人的人。

6. 收货人

收货人（consignee）是指根据提单或其他相关运输单证，有权向承运人主张提取货物的人。尽管收货人没有参与运输契约的签订，但同样是运输的当事人，可以依据提单或其他相关单证向承运人主张权利。

4.3.5 班轮运输程序

由于班轮运输所承运货物的批量小、货主多、挂靠港口多、装卸作业频繁、出现货损和货差的情况比较复杂。为使货物能安全、顺利地装卸和交接，防止或减少差错，在实践中逐渐形成了一套与这种运输相适应的运输程序。

1. 货运安排

班轮运输的运输程序从货运安排开始，货运安排包括揽货和订舱。

1）揽货

揽货又称揽载（canvassion），是指从事班轮运输经营的船公司为使自己经营的班轮运输船舶能在载重量和舱容上得到充分利用，力争做到"满舱满载"以获得最佳的经营效益而从货主处争取货源的行为。

通常的做法包括在所经营的班轮航线的各挂靠港口及货源腹地通过自己的营业机构或代理机构与货主建立长期的业务关系；通过媒体发布船期表，以吸引货主前来托运货物，办理订舱手续；通过与货主、货运代理人或无船承运人等签订货物运输服务合同，或者揽货协议来争取货源。

2）订舱

订舱（booking）是指托运人或其代理人向承运人，即班轮公司及其营业所或代理机构等申请货物运输，承运人对这种申请给予承诺的行为。

在班轮运输中，承运人和托运人之间不需要签订运输合同，而托运人提出订舱申请可以视为"要约",即托运人希望和承运人订立运输合同的意愿的表示。承运人一旦对托运人的订舱给予确认,在舱位登记簿上记录,则表明两者的运输合同关系成立,并开始着手货物承运装船的一系列准备工作。

船公司在揽货和确认订舱时,应充分注意各种货物的性质、包装、数量等情况,考虑其对运输、积载和保管的不同要求,进行合理的配积载,使舱位得到充分合理的利用,还应了解航线上各个国家的法律规定或港口的规章制度。

2. 装船

装船(loading)是指托运人应将其托运的货物运至码头,在承运人指定的交付地点进行交接,然后承运人将货物装到船上。一般来说,装船分为直接装船和集中装船两种方式。

1)直接装船

直接装船又称现装,是指托运人将其托运的货物直接运至码头承运船舶的船边,并进行交接,然后将货物装到船上。如果船舶是在锚地或浮筒作业,托运人还应负责使用驳船将货物驳运至船边,办理交接后装船。

由于班轮运输中的货物种类繁多,包装形式各异,如果每一个托运人都在船边与承运人进行货物交接,就会使装船现场发生混乱,无法按照装船计划合理操作,影响装船效率,也容易引起货损货差事故。所以,对于特殊货物,如危险品货物、冷藏货物、动物等,通常采用直接装船的形式,而普通货物的交接装船一般采用"仓库收货,集中装船"的形式。

2)集中装船

所谓集中装船,是指由船公司在各装货港指定装船代理人,在指定地点(通常是码头仓库)接受托运人送来的货物,办理交接手续后,将货物集中,并按货物的卸港次序进行适当分类后再装船。

为了提高装船效率,减少船舶在港停泊时间,不致延误船期,大多数货物都采用集中装船的方式进行。在这种装船方式下,托运人将货物交付给船公司指定的装船代理人(通常是港口装卸公司)后,责任并没有转移到承运人,承运人的责任仍然从装船开始。

3. 卸船交货

1)卸船

卸船(discharging)是指将船舶所承运的货物在卸货港从船上卸下,并在船边交给收货人或其代理人,办理货物的交接手续。与装船方式类似,卸船分为直接卸船和集中卸船两种方式。

(1)直接卸船是指承运人将船舶承运的货物在卸货港从船上卸下,并在船边交给收货人或其代理人,办理货物的交接手续。

(2)集中卸船是指由船公司指定的港口装卸公司作为卸船代理人,先将货物卸至指定地点(通常是码头仓库)进行分类后,再向收货人交付,办理交接手续。

与装船方式一样,为了使分属众多收货人的各种不同的货物能在船舶有限的停泊时间内迅速卸完,通常采用集中卸船的办法,即"集中卸船,仓库交货"的形式。

2)交付货物

交付货物是班轮运输中不可缺少的程序。在班轮运输中,货物装船后,船公司或其代理人向托运人签发提单。因此,船公司在交付货物给收货人时,必须收回提单。

在实际业务中,收货人要注明已经接收了船公司交付的货物,将签章的正本提单交给船公司或其代理人,经审核无误后,后者签发提货单给收货人,收货人再凭提货单到码头仓库办理交接手续,提取货物。

根据运输过程中出现的具体情况,交付货物的方式有以下几种。

(1) 仓库交付货物(delivery ex-warehouse),又称仓库交货,是指先将从船上集中卸下来的货物搬至指定码头仓库,进行分类后,再由卸货代理人按票向收货人交付,办理交接手续的方式。这是班轮运输中最基本的交付货物的方式。

(2) 船边交付货物(alongside delivery),是指收货人在卸货港的船公司或其他代理处办好提货手续,换取提货单后,持提货单到码头船边直接提取货物,办理交接手续的方式。对于一些特殊货物,如贵重货物、危险货物、冷藏货物和鲜活货物等,在收货人的要求下,通常采用船边交付货物。

(3) 卸货港交付货物(optional delivery),是指由于贸易的原因,货物在托运时,托运人尚不能确定具体的卸货港,要求在预先指定的两个或两个以上的卸货港中进行选择,待船开后再选定。这种交付方式会使货物的积载难度增加,甚至会造成舱容的浪费。货主采用这种交接方式时,必须在办理货物托运时提出申请,而且还必须在船舶开航后,抵达第一个备选卸货港前的一定时间(通常为24h或48h)以前,确定最终的卸货港,并通知船公司。否则,船长有权在任何一个备选卸货港将货物卸下,并认为已履行了运输责任。

(4) 变更卸货港交付货物(alternation of destination delivery),是指由于贸易的原因,货物无法在提单上记载的卸货港卸货,而要求卸在航线上的其他基本港。变更卸货港的申请必须在船舶抵达原定卸货港之前或到达变更后的卸货港之前一定时间提出,并且所变更的卸货港必须是该船舶停靠的基本港。

船公司接到货主提出的变更卸货港的申请后,必须根据船舶的积载情况、考虑变更的可行性、因变更而增加的额外费用等因素,决定是否同意收货人的变更申请。船公司一旦接受了变更申请,因这种变更而产生的翻舱费、捣舱费、装卸费、运费差额和有关手续费,均应由货主承担。

(5) 凭保证书交付货物,是指在班轮运输中,收货人要取得提取货物的权利,必须交付提单给承运人或其代理人。在实际中,由于提单邮寄或流转的延误,收货人无法及时取得提单,也就不能及时地凭提单换取提货单来提取货物。按照一般的航运习惯,收货人开具由银行签署的保证书,以保证书交换提货单,然后持提货单提取货物。

船公司同意凭保证书交付货物(delivery against letter of guarantee,L/G)是为了能尽快地完成货物的交接。根据保证书,船公司可以将因此而发生的损失和责任转移给收货人或开具保证书的银行。但这种做法违反了运输合同的义务,船公司对正当的提单持有人仍承担赔偿一切损失责任的风险。因此,船公司应及时要求收货人尽快取得提单后交换保证书,以恢复正常的交付货物的条件。

4.4 租船运输

4.4.1 租船运输基本概念

租船运输(shipping by chartering)是区别于班轮运输的另一种海洋运输方式,是通过出租人（ship owner）和承租人（charterer）之间签订运输合同或者船舶租用合同进行货物运输的基本运营方式。出租人提供船舶的全部或者部分舱室给承租人使用，具体的责任、义务、费用、风险等，均由双方在租船合同（charter party）中商定。由于租船运输没有固定的船期、航线和挂靠港，因此，租船运输又被称为不定期船运输（tramp shipping）。

相对班轮运输业务而言，各国政府对租船运输业务几乎不采取任何管制，在不影响各国公共利益的情况下，几乎完全按照"合同自由"的原则，交由承租双方进行自由协商。而所订立的租船合同的内容，在很大程度上可以体现出双方当事人的业务水平和经济实力。

4.4.2 租船运输的特点

1. 航线、挂靠港、船期和运费率具有不固定性

租船运输主要按照船舶所有人与承租人双方签订的租船合同安排船舶航线、组织运输，没有相对于定期班轮运输的船期表和航线，运费率也不固定。

2. 适合于大宗散装货运输，运费率相对较低

租船运输适合大宗散装货运输，货物特点是批量大、附加值低、包装相对简单，如谷物、矿石、化肥、石油等。因此，租船运输的运价（或租金率）相对班轮运输而言较低。

3. 租船运输根据租船合同组织运输

船舶所有人与承租人之间要签订租船合同，对航线、船期、挂靠港、租金等进行约定，并明确双方的责任、义务和权利。租船合同是解决双方在履行合同过程中发生争议的依据。

4. 租船运输中的提单不是一个独立的文件

租船运输中的提单的性质也不同于班轮运输下签发的提单。租船运输下签发的提单不是一个独立的文件，对于承租人和船舶所有人而言，它仅相当于货物收据、权力凭证、运输合同的证明，要受租船合同约束。银行对根据租船合同签发的提单与班轮运输下签发的提单有不同的规定，银行一般不愿意接受这种提单，除非信用证另有规定。当承租人将提单转让给第三人时，提单起着物权凭证的作用。

5. 运营过程中的风险责任和有关费用主要依据租船合同

租船运输中，船舶港口使用费、装卸费及船期延误等费用，按租船合同规定由船舶所有人和承租人分担、划分及计算，船舶运营过程中的风险分担责任也由租船合同约定。而班轮运输中船舶的一切正常运营支出均由船方负责。

4.4.3 租船运输的经营方式

目前主要的租船运输经营方式有航次租船（voyage charter）、定期租船（time charter）、光船租船（bare-boat）等基本形式，还有包运租船（contract of affreightment，COA）和航次期租（time charter on trip basis，TCT）。

1. 航次租船

航次租船又称"航程租船"或"程租"，指由船舶所有人向承租人提供船舶或船舶的部分舱位，在指定的港口之间进行单向或往返的一个航次或几个航次，用以运输指定货物的租船运输方式。

船舶所有人主要负责船舶的航行，承租人只负责货物的部分管理工作。航次租船是租市场上最活跃、最普遍的一种方式,对运费水平的波动最为敏感,国际上主要有液体散装货和干散装货使用航次租船。

1)航次租船的分类

(1)单航次租船(single trip or single voyage charter)。单航次租船是指船舶所有人与承租人双方约定提供船舶完成一个单程航次货物运输的租船方式,船舶所有人负责将指定的货物从起运港运往目的港。

(2)往返航次租船(return trip or return voyage charter)。往返航次租船即所租船舶在完成一个单航次后,又在原卸货港或其附近港口装货运往原装货港,卸完货后合同即告终止,但是返航航次的出发港及到达港并不一定与往航航次的相同。

一个往返航次包括两个单航次租船,主要用于一个货主只有去程货载,而另一个货主有回程货载时,两个货主联合起来向船舶所有人按往返航次租赁船舶。

(3)连续单航次租船(consecutive single voyage charter)。连续单航次租船即船舶所有人与承租人约定,提供船舶连续完成几个单航次的租船运输方式。即用一条船连续完成同一去向的、若干相同的程租航次,中途不能中断,一程运货,另一程放空,船方沿线不能揽载。某些货主拥有数量较大的货载,一个航次难以运完的情况下,可以按单航次签订若干个租船合同,也可以只签订一个租船合同。

(4)连续往返航次租船(continuous round voyage charter)。连续往返航次租船是指被租船舶在相同两港之间连续完成两个以上往返航次运输后,合同即告终止,在实务中较少出现。

2)航次租船的特点

(1)船舶所有人占有和控制船舶,负责配备船员,负担船员工资、伙食费等;承租人指定装卸港口和货物。

(2)承租人向船舶所有人支付运费(freight),又称租金(hire),运费的确定可按每吨运费率计收或采用包干总运费方式。

(3)船舶所有人负责运营工作,除装卸费用可协商外,其他的运营费用由船舶所有人负担。

(4)在租船合同中订明货物的装卸费用由船舶所有人或承租人负担。

(5)船舶所有人出租整船或部分舱位。

(6)租船合同中订明可用于在港装卸货物的时间(lay time)、装卸时间的计算方法、滞期及相关规定,若装卸时间超过规定天数,承租人要支付滞期费。反之,船舶所有人则要向承租人支付速遣费。双方也可以同意按CQD(customary quick dispatch),即不规定装卸时间而按港口习惯装卸速度,由船舶所有人承担时间风险。

因此,航次租船具有运输承揽性质,而没有明显的租赁性质。

3)航次租船的业务阶段

(1)预备航次阶段。在船舶抵达装货港前船舶在其所有人的控制下,对船舶所发生的风险和费用由船舶所有人承担。

(2)装货阶段。装货阶段指船舶抵达停靠装货港后,待泊和装货的整个阶段。这个阶段的风险主要是船舶延误所造成的损失。承担的形式以"滞期费"来补偿。

(3)航行阶段。航行阶段所发生的一切风险和费用通常由船舶所有人承担。

（4）卸货阶段。卸货阶段指船舶抵达、停靠卸货港后待泊和卸货的整个阶段。这个阶段发生的风险处理原则同装货阶段。

2. 定期租船

1）定期租船的概念

定期租船（time charter，period charter），又称"期租"，是指由船舶所有人将特定的船舶，按照租船合同的约定，在约定的期间内租给承租人所使用的一种租船方式。这种租船方式以约定的使用期限为船舶租期，而不以完成航次数来计算。在租期内，承租人利用租赁的船舶既可以进行不定期的货物运输，也可以投入班轮运输，还可以在租期内将船舶转租，以取得运费收入或谋取租金差额。

2）定期租船的特点

定期租船的主要特点如下。

（1）船舶所有人负责配备船员，并承担其工资和伙食费，但承租人拥有包括船长在内的船员指挥权。

（2）承租人负责船舶的运营调度并负担船舶运营过程中的可变费用，包括燃料费、港口使用费、货物装卸费、运河通行费等。

（3）船舶所有人负担船舶运营的固定费用，包括船舶资本费、船用物料费、润滑油费、船舶保险费、船舶维修保养费等。

（4）租金按船舶的载重吨、租期以及合同中商定的租金率计收。船舶所有人为避免租期内因部分费用上涨而使其盈利减少或发生亏损，在较长期的定期租船合同中加入"自动递增条款"（escalation clause），可以在规定的费用上涨时，按合同约定的相应比例提高租金。

（5）租期的长短完全由船舶所有人和承租人根据实际需要而约定，少则几个月，多则几年，甚至更长的时间。

（6）在定期租船合同中需要订明交船、还船及停租的条款。

3. 光船租船

1）光船租船的概念

光船租船（bare boat charter，demise charter），又称船壳租船。在租期内，船舶所有人提供一艘空船给承租人使用，船舶的配备船员、运营管理、供应，以及一切固定或变动的运营费用都由承租人负担。船舶所有人在租期内除了收取租金外，对船舶和经营不再承担任何责任和费用。

2）光船租船的特点

光船租船的主要特点如下。

（1）船舶所有人提供一艘空船，不负责船舶的运营及费用。

（2）承租人配备船员，并承担相关费用。

（3）承租人负责船舶的运营调度，并承担除船舶的资本费用外的全部固定成本及变动成本。

（4）租金按船舶的载重吨、租期及合同中事先商定的租金率计算。

（5）光船租船的租期一般都比较长。

由此可见，光船租船实质上是一种财产租赁方式，船舶所有人不具有承揽运输的责任。国际上在办理光船租船业务时通常附有某些财务优惠条件，最常见的是购买选择权租赁条件，即承租人在租期届满时，有购买该船舶的选择权。如果双方当事人同意以这种附带条件办理光船租船，通常都事先规定届时的船舶价格，并将船价按平均租期分摊，承租人除按期支付租金外，还应支付这部分平均分摊的船价。因此，实际上是分期购买。这可为那些没有足够资金投资建造船舶的承租人，提供通过租船购买船舶的机会，使其成为船舶所有人。

4. 包运租船

包运租船（contract of affreightment，COA），又称为运量合同（quantity contract，volume contract），是指船舶所有人提供给租船人一定吨位（即运力），在确定的港口之间事先约定吨数、航次周期和每航次较均等的货运量，完成运输合同规定总运量的方式。

包运租船方式的主要特点如下。

（1）包运租船合同中不确定船舶的船名及国籍，仅规定船舶的船级、船龄和船舶的技术规范等，船舶所有人只需比照这些要求提供能够完成合同规定每航次货运量的运力即可，这对船舶所有人在调度和安排船舶方面是十分方便的。

（2）租期的长短取决于货物的总量及船舶航次周期所需的时间。

（3）船舶所承运的货物主要是运量特别大的干散装货或液体散装货物，承租人往往是业务量大和实力强的综合性工矿企业、贸易机构、生产加工集团或大石油公司。

（4）船舶航次中所产生的时间延误的损失由船舶所有人承担，而对于船舶在港装、卸货期间所产生的延误，则通过合同中订立的"延滞条款"的办法来处理，通常是由承租人承担船舶在港的时间损失。

（5）运费按船舶实际装运货物的数量及商定的运费率计收，通常按航次结算。

由此可见，包运租船在很大程度上具有连续航次租船的基本特点。对于船舶所有人而言，采用包运租船的方式，由于货运量大且时间较长，能保证船舶有足够的货源，在运费收入方面有较稳定的保障。对于租船人而言，采用包运租船方式，可在较长的时间内满足对货物运输的需求，从而不必担心有无运力将货物运往最终市场的问题，在很大程度上可摆脱因租船市场的行情波动产生的直接影响。

5. 航次期租

目前，国际航运实践中还经常使用一种介于航次租船和定期租船之间的租船方式，即"航次期租"，又称为日租船（daily charter）。航次期租是指由船舶出租人向承租人提供船舶，在指定的港口之间，以完成航次运输为目的，按实际租用天数和约定的日租金率计算租金的租船运输经营方式。航次期租的特点是没有明确的租期期限，而只确定了特定的航次。

航次期租结合了期租和航次租船的特点，从而形成其独具特色的租船方式。其基本概念可从以下两个方面理解。一方面，租期的计算以船舶所完成的本航次任务为基础，类似于航次租船，一般是从船舶抵达第一装港的引水锚地时起租，直至该船于最后一个卸港卸完货后，并由引航员引至引水锚地，引航员离船为止。当然，具体交还船时间及地点，可由当事双方在租约中订明。另一方面，尽管租期的计算类似于航次租船，但是船东收到的不是航次租船的运费，而是类似于期租方式中的租金，一般为15d预付一期租金。航次期租对于承租人来说既可避免期租过程中的风险，诸如缺少长期、固定的货源等，又可保护商业机密，因为装卸港代理均由租船人指派，故船东基本上无法了解该货详细情况，而且在船舶装载能力许可的条件下，可以尽可能地多装货以获取更大的利润。对于船东来说，采用航次期租的租船方式，最大的益处是减少风险，主要是指船舶港口作业及等泊时间风险，所有这些风险都由租船人承担。

4.4.4 租船程序

船舶所有人是租船市场上的船舶供给方，承租人是船舶的需求方。由于租船经纪人熟悉租船市场的行情，精通租船业务，并能及时掌握市场动态，因此租船合同一般都由经纪人来签订，合同确立后，由船舶所有人和承租人或经由他们授权的代理人签字。同国际货物买卖合同的洽商相似，从发出询盘到签订租船合同的全过程称为租船程序（chartering procedure or chartering process）。这一程序是租船业务的重要环节，主要包括询盘、发盘、还盘和受盘四个阶段。

1. **询盘**（order/inquiry/enquiry）

询盘又称询价，通常是由承租人以其希望的条件通过租船经纪人来进行的。承租人根据自己对货物运输的特殊需要或对船舶的特殊要求，通常将一些基本的货物信息和船舶要求信息通过经纪人传送到租船市场上，寻找合适的船舶所有人。有时船舶所有人也会发出询盘，其目的是承揽货物运输业务。询盘的内容应简明扼要地包括必须让对方知道的项目。

1）承租人发出询盘的主要内容

(1) 承租人的名称及营业地点。
(2) 货物名称、种类、数量、包装等信息。
(3) 装卸港口或地点、装卸时间和装卸费用条件。
(4) 受载期和解约日。
(5) 租船方式和期限以及运费率或佣金率。
(6) 船舶类型、载重吨、船龄、船级等。
(7) 交船和还船地点、航行范围。
(8) 希望采用的租船合同范本等。

2）船舶所有人发出询盘的主要内容

(1) 船舶所有人的名称及营业地点。
(2) 出租船舶的类型、船名、船籍、吨位等船舶规范信息。
(3) 适载货物在各种包装状态下的积载容积。
(4) 运费率及运费支付条件。
(5) 装卸港口或地点。
(6) 受载期和解约日、船舶供租方式和供租期限。
(7) 装卸时间以及装卸费负担和滞期/速遣费费率。
(8) 希望采用的租船合同范本等。
(9) 报价的有效期等。

上述内容只是一般情况，询盘人可根据实际需要、不同的租船方式以及内容等做出相应的改变。询盘阶段主要目的是收集运输市场对询盘内容的反映，一般不进行具体的租船业务洽谈。询盘又分为一般询盘（general inquiry）和特别询盘（special inquiry）。一般询盘向多方发出询盘以获得更多的报盘，从而做出最佳选择，特别询盘则是有目标地看准一个合适对象具体进行洽商，一般不向市场公开。

2. 发盘（offer）

发盘又称报价，这一行为在我国合同法中被称为要约，承租人或船舶所有人围绕获得的询盘的内容，经过成本估算或比较其他询价条件，向询盘人发出明确、具体的成交条件。根据合同法，发盘一般只能向一个人发出，发盘人所报出的条件约束，原则上不得中途更改或者撤销，因此发盘规定有效期。

发盘意味着对询盘内容存在兴趣，所以在发盘时应考虑对方接受发盘内容的可能性。在租船合同中，承租双方进行洽租、谈判条款时往往分成两步，首先洽谈主要条款（main terms），谈妥主要条款之后，再进一步谈细节（details）。

由船舶所有人发盘的主要条款内容如下。

（1）船舶所有人名称及营业地点。
（2）船名和船舶技术规范。
（3）货物种类、数量、要求的包装形式。
（4）租船洽谈的方式及期限。
（5）装卸港口或地点。
（6）受载期和解约日。
（7）装卸时间及滞期/速遣条件。
（8）运费及支付条件和相应的佣金。
（9）交还船地点、航行范围。
（10）采用的租船合同范本以及报价的有效期限等。

由于租船合同项目很多，不可能在发盘中逐一列出，上述主要条件也可以视情况而变，有时一些主要条款中还包括战争风险条款、燃油条款、附加保险费条款等。

3. 还盘（counter offer）

还盘又称还价，承租人与船舶所有人之间对报价条件中不能接受的条件提出修改或增删的内容，或提出自己的条件称为还盘。

租船人接到船东主要报价条款后，极少有全部接受报价的情况，通常是接受部分条款，对其他条款提出还价。租船方会在还价中列出还价内容，与船东谈判。船东对租船人的还价可能全部接受，也可能接受部分还价，对不同意部分提出再还价或新报价。这种对还价条件做出答复或再次做出新的报价称为反还价（recounter offer）或称反还盘。若全部不接受还价，有可能终止谈判。

4. 受盘（acceptance）

船东和租船人经过反复多次还盘后，双方对合同主要条款意见一致，即最后一次还实盘的全部内容被双方接受，就算成交。受盘即为明确接受或确认对方所报的各项租船条件，这是租船程序的最后阶段，在合同法中这一阶段被称为承诺，一旦承诺生效，则意味着合同也同时生效了。有效的接受必须在发盘或还盘的时限之内。如时限已过，则欲接受一方必须要求另一方再次确认才算生效。

受盘后，双方共同承诺的合同对双方产生约束效力。接受订租是租船程序的最后阶段，一项租船业务即告成交。通常当事人之间还要签署一份"确认备忘书"（fixture note），或称"订租确认书"。"订租确认书"无统一格式，但其内容应详细列出船舶所有人和承租人在洽租过程中双方承诺的主要条款。订租确认书经当事人双方签署后，各保存一份备查。

"订租确认书"一般包括以下内容。
(1) 确认备忘书签订日期。
(2) 船名或可替代船舶。
(3) 签约双方的名称和地址。
(4) 货物名称和数量。
(5) 装卸港名称及受载期。
(6) 装卸费用负担责任。
(7) 运费或租金率、支付方法。
(8) 有关费用的分担(港口使用费、税收等)。
(9) 所采用的标准租船合同的名称。
(10) 其他约定的特殊事项。
(11) 双方当事人或其代表的签字。

4.5 海洋货物运输费用

4.5.1 波罗的海干散货指数

1. 概念

波罗的海干散货指数(baltic dry index,BDI),是航运业的经济指标,由几条主要航线的即期运费加权计算而成,反映的是即期市场的行情。BDI 指数实际上是散装原材料的运费指数,散装船运以运输钢材、纸浆、谷物、煤、矿砂、磷矿石、铝矾土等民生物资及工业原料为主。散装航运业运营状况与全球经济情况、原材料行情高低息息相关。

2. 指标组成

(1) BCI(Baltic Capesize Index),波罗的海海岬型指数,吨位:8 万 t 以上,主要运输货物:焦煤、燃煤、铁矿砂、磷矿石、铝矾土等工业原料,占 BDI 权重为1/3。

(2) BPI(Baltic Panamax Index),波罗的海巴拿马指数,吨位:5 万~8 万 t,主要运输货物:民生物资及谷物等大宗物资,占 BDI 权重为1/3。

(3) BHI(Baltic Handymax Index),波罗的海轻便型指数,吨位:5 万 t 以下,主要运输货物:磷肥、碳酸钾、木屑、水泥,占 BDI 权重为1/3。

3. 参考价值

(1) BDI 指数是全球经济的缩影。全球经济过热期间,初级商品市场的需求增加,BDI 指数也相应上涨。

(2) BDI 指数相对客观。BDI 指数不存在短线资金炒作的问题,如果短线资金进入大宗商品市场炒作,但同期 BDI 指数不涨,则大宗商品市场高企的价格就值得警惕。

(3) BDI 指数与初级商品市场的价格正相关。也就是说,如果煤炭、有色金属、铁矿石等价格上涨,BDI 指数一般也上涨。

(4) BDI 指数与美元指数正相关。美元走强一般反映了美国经济向好,由于美国经济在全球经济总量中占比较大,BDI 指数与其正相关。

(5) BDI 指数与美国股市走势正相关。理由与美元指数相同。

4.5.2 班轮运输费用

班轮运输费用(liner freight)是指班轮公司运输货物而向货主收取的费用,班轮运输费用包括基本运费和附加费两部分。基本运费是班轮航线内基本港之间对每种货物规定的必须收取的运费。附加费是对基本运价的调节和补充,可灵活地对各种外界不测因素的变化做出反应,特别是对一些需要特殊处理的货物或由于客观情况的变化使成本大幅度增加,班轮公司为弥补损失而额外加收的费用。

班轮运输费用的单价(或运费率)叫班轮运价,班轮运价按照班轮运价表的规定计算。班轮运价表可以分为等级运价表和单项费率运价表两种。等级运价表是将全部商品分成若干等级,每一个等级有一个基本运费率。等级运价表包含的内容主要有:货物分级表、航线等级费率表、附加费率表、冷藏货费率表、活牲畜费率表、说明及有关规定、港口规定及条款。单项费率运价表将每种商品及其基本运费率同时列出,每种商品都有各自的运费率。

1. 基本运费

1) 基本运费率的计算标准

基本运费率(basic rate)是指每一计费单位货物收取的基本运费,即航线内基本港之间对每种货物规定的必须收取的运费率,也是按百分比收取附加费的计算基础。基本运费率的计算标准如表 4-8 所示。

表 4-8 基本运费率计算标准

计收标准	计算方法	表示方法	说明	适用范围
重量法	按货物的实际重量计收运费,即"重量吨"(weight ton)	W(weight)	1 重量吨一般为 1t。运费 = 实际重量吨 × 单位运费	重量大的货物,如重金属、建筑材料、矿产品等
体积法	按货物的尺码或体积计收运费,即"尺码吨"(measurement ton)	M(measurement)	1 尺码吨一般为 $1m^3$。运费 = 实际尺码吨 × 单位运费	轻泡货物,如纺织品、日用百货等
从价法	按商品的价格(FOB 价)计收运费,也称"从价运费"	"价运费"或"运费"	运费 = 实际 FOB 价 × 单位费率	贵重物品,如精致工艺品、黄金、白银、宝石等

续表

计收标准	计算方法	表示方法	说明	适用范围
选择法	按货物的毛重或体积计收运费，计收时取其数量较高者	W/M	重量吨和尺码吨统称为"运费吨"（freight ton）运费 = max（实际运费吨）×单位运费	一批商品中包含多种品质的商品
	按货物重量或体积或价值三者中最高的一种计收运费	W/M or A.V.		
	按货物重量或体积计收运费，然后再加收一定百分比的从价运费	W/M plus A.V.		
按件法	按货物的件数计收运费	per unit 或 per head	运费=件数×固定值	包装固定，数量、重量、体积也固定的货物，如汽车、活牲畜等
议价法	由船方和货主临时议价	open rate		大宗低值货物，如粮食、煤炭、矿砂等
起码费率	按每一提单上所列重量或体积所计算出的运费，尚未达到运价表中规定的最低运费额时，则按最低运费计收	minimum rate		

2）基本运费的计算方法

（1）根据货物英文名称从货物分级表中查出有关货物的计费等级和其计算标准。

（2）从航线等级费率表中查出有关货物的基本运费率。

（3）根据货物的数量和基本运费率计算基本运费。

货物分级表和航线等级费率表示例如表4-9和表4-10所示。

表4-9 货物分级表

货名	计算标准	等级
农业机械（包括拖拉机）	W/M	9
棉布及棉织品	M	10
小五金及工具	W/M	10
玩具	M	20

表 4-10　中国—东非航线等级费率表　　　　　　　　　　（单位：港币元）

等级（class）	费率（rates）
1	243.00
2	254.00
3	264.00
4	280.00
5	299.00
6	314.00
7	341.00
8	367.00
9	404.00
10	443.00
11	477.00
12	1 120.00
Ad Val	290.00

2. 附加费

附加费（surcharges）是班轮公司为了保持在一定时期内基本运费率稳定，又能正确反映各港、各种货物的航运成本，在基本运费率之外加收的费用。

主要的附加费有以下几项。

（1）燃油附加费（bunker surcharge or bunker adjustment factor），指在燃油价格突然上涨时加收的附加费。

（2）货币贬值附加费（devaluation surcharge or currency adjustment factor），指在计收运费的货币贬值时，船方为使实际收入不至于减少，按基本运价的一定百分比加收的附加费。

（3）转船附加费（transshipment surcharge），凡目的港是非基本港，因转船运输船方收取的附加费，其中包括转船费和二程运费。

（4）直航附加费（direct additional），指当运往非基本港的货物达到一定的货量，船公司可安排直航该港而不转船时加收的附加费。

（5）超重附加费（heavy lift additional）、超长附加费（long length additional）和超大附加费（surcharge of bulky cargo），指当一件货物的毛重或长度或体积超过或达到运价本规定的数值时加收的附加费。

（6）港口附加费（port additional or port surcharge），指有些港口由于设备条件差或装卸效率低或其他原因，船公司加收的附加费。

（7）港口拥挤附加费（port congestion surcharge），指有些港口由于拥挤，船舶停泊时间增加而加收的附加费。

（8）选港附加费（optional surcharge），指货方托运时尚不能确定具体卸港，要求在预先提出的两个或两个以上港口中选择一港卸货时船方加收的附加费。

（9）变更卸货港附加费（alteration of destination charge），指货主要求改变货物原来规定的卸货港，在有关当局（如海关）准许、船方又同意的情况下加收的附加费。

（10）绕航附加费（deviation surcharge），指由于正常航道受阻不能通行，船舶必须绕道才能将货物运至目的港时船方加收的附加费。

除以上各种附加费外，还有一些附加费需船货双方议定，如洗舱费、熏舱费、破冰费、加温费等。

4.5.3 租船运输费用

1. 运费和租金

（1）程租/航次租船、包运租船中签订的合同属于"货物运输合同"，以"货物"为合同标的，报酬形式为"运费"。

在航次租船合同中，一般规定运费率（rate of freight），即按货物载重每吨若干金额计费，或整船包干运费。

（2）定期租船、光船租船和航次期租中，签订的合同属于"船舶租赁合同"，以"船舶"为合同标的，报酬形式为"租金"。

2. 装卸费用

程租船装卸费用的划分有以下四种方式。

（1）F.I.O.（Free In and Out），即船方不负责货物的装卸费用。为进一步明确船舱内货物装载以及散装货平舱的责任和费用划分，就需使用 F.I.O.S.T.（Free In and Out Stowed Trimmed），即船方不负责货物的装卸理舱和平舱。

（2）F.O.（Free Out），即船方负责装货费用，但不负责卸货费用。

（3）F.I.（Free In）即船方负责卸货费用，但不负责装货费用。

（4）Gross Terms 或 Liner Terms，即船方负责装卸费用。

3. 装卸时间的确定

1）规定具体的日数

（1）日或日历日，指午夜至午夜连续 24h 的时间。

（2）连续日（running day），指一天紧接一天的时间。

（3）工作日（working day, WD），指不包括星期天、法定节假日的港口可以作业的时间。

（4）晴天工作日（weather working day, WWD），指除星期天、法定节假日，因天气不良而不能进行装卸货作业的工作日之外的工作日。

（5）24h 晴天工作日（WWD of 24 hours），指不论工作小时数跨及几天的时间，以累计 24h 作为一个晴天工作日的时间。

（6）连续 24h 晴天工作日（WWD of 24 consecutive hours），指除去星期天、法定节假日、天气不良影响装卸作业的工作日或工作小时后，以真正的连续 24h 为 1 日。

在晴天工作日后常常附加很多其他除外事项，常见的条款主要有以下几条。

① WWDSHEXUU（晴天工作日，星期天、法定节假日除外，除非已使用，但仅计算实际使用的时间。

② WWDSHEXEIU（晴天工作日，星期天、法定节假日除外，即使已使用也不算）。

2）规定平均每天装卸货物的效率

（1）装卸率。所谓装卸率，即每天装卸货物的数量。用总的货物数量除以装卸时间，即为装卸率。

在实务中，对于装卸率，双方既可能约定"吨/天"，也可能约定"吨/天可工作舱口"，或"吨/天，基于×可工作舱口"。其中装卸率中的"天"一般规定为晴天工作日，也可以根据合同做出其他约定；由于承租双方对可工作舱口理解不同，对于"吨/天可工作舱口"下装卸时间的计算有较大的差别。所以，在实务中承租双方，尤其是船舶所有人应避免采用易引起争议的方法，即使采用也应在合同中明确说明其计算方法。

（2）装卸货物的数量。在计算装卸时间时，装卸货物的数量应以实际处理的货量为基础。

（3）不规定装卸时间。按港口习惯尽快装卸（customary quick dispatch，CQD），是指租船人应按照装卸港口的实际情况尽可能快地完成装卸货工作。

以船舶能够收货或交货的速度装卸（as fast as the vessel can receive/deliver），是指租船人按船舶处于完全工作状态下所能达到的最高装卸率装卸货物。

3）装卸时间的计算方法

装卸时间的计算分为以下两种。

（1）装卸时间分开计算，这种方法是指装货港和卸货港编制单独的装货时间表和卸货时间表，然后分别计算装货时间和卸货时间。

（2）装卸时间统算，简称装卸统算，是指装港与卸港的装卸时间一并计算。

目前装卸统算主要有三种形式。

① 装卸时间共用（all purpose），是一种标明装货港和卸货港的装卸时间统一合起来使用的一种术语。如果在装货港已将装卸两港合计允许使用的时间用完，则在装货港已经进入滞期，按照"一旦滞期，永远滞期"的原则，当船舶抵达卸货港后立即连续计算滞期时间。

② 装卸时间抵算或可调剂使用（reversible laydays），是指承租人有权选择将约定的装货时间和卸货时间加在一起计算，主要的特点是以装货港节省的时间或者是滞期时间来调整原规定的卸货港的可用时间。另外，如果在装货港已将装卸两港合计允许使用的时间用完，即在装货港已经进入滞期，则船舶抵达卸货港后，并不立即连续计算滞期时间，而是在递交装卸准备就绪通知书后，经过一段时间，才开始连续计算滞期时间。在这种情况下，承租人享有将正常的通知时间排除于装卸时间之外的权利。

③ 装卸时间平均计算（to average laydays），是指分别计算装货时间和卸货时间，用一个作业中节省的时间抵消另一个作业中超用的时间。

与"装卸时间抵算或可调剂使用"相比，不同之处在于，装卸时间平均计算虽然也分别单独编制装货时间计算表和卸货时间计算表，但并不以装货港节省的时间和滞期时间来调整原规定的卸货港的可用时间，而是用一个作业中节省的时间抵消另一个作业中超用的时间。

4. 滞期费（demurrage）和速遣费（dispatch）

在租船合同规定的装卸期内，租船人未完成装卸作业，给船方造成经济损失，租船人应对超过的时间向船方支付一定的罚金，即为滞期费；在租船合同规定的装卸期内，租船人提前完成装卸作业，使船方节省了船舶在港的装卸费用和开支，船方应向租船人就节省的时间支付一定的奖金，即为速遣费。

航次租船合同对于这两种费用通常按每天若干金额支付，不足一天按比例计算，具体金额视船舶的运营成本而定。按惯例，速遣费一般为滞期费的一半。只要发生滞期，原本可以扣除的节假日和坏天气等均不能扣除。

滞期费与速遣费的计算与结算步骤如下。

（1）取得滞期费与速遣费计算必备的资料。

（2）租船合同。它是滞期费和速遣费计算与结算的依据。

（3）备妥通知书。它是确定装卸时间起算的依据。

（4）装卸时间事实记录（lay time statement of facts，LOF）。

（5）其他与滞期费和速遣费的计算与结算有关的文件和资料。

4.5.4 集装箱运输费用

在国际多式联运方式下，由于承运人对货物的风险和责任有所扩大，因此，集装箱货物运输的费用一般包括从装船港承运人码头堆场或货运站至卸船港承运人码头堆场或货运站的全过程费用。如果由承运人负责安排全程运输，所收取的运费中还应包括内陆运输的费用。但从总的方面来说，集装箱运输费用仍由海运运费加上各种与集装箱运输有关的费用组成，这是集装箱运输费用构成的基本概念。

1. 集装箱运输费用的基本构成

1）海运运费（ocean freight）

从集装箱船舶运输方式的优越性角度，集装箱船可收取高于普通船运输的运费。但从目前的收费情况看，除有特殊规定外，基本上仍是按所运货物的运费吨所规定的运费率计收，这与普通船运输费用的计收方法基本一致。目前，集装箱运输费用计收所依据的运价本主要有两种：一种是班轮公会运价本，另一种是船公司运价本。

2）堆场服务费（terminal handing charge，THC；CY service charge）

堆场服务费也叫码头服务费，包括在装船港堆场接收出口的整箱货以及将货物堆存和搬运至装卸桥下的费用。同样，在卸船港从装卸桥下接收进口箱以及将箱子搬运至堆场和堆存的费用，也一并包括在装卸港的有关费用内。堆场服务费一般分别向发货人、收货人收取。

3）拼箱服务费（LCL service charge）

拼箱服务费是指对出口货装箱、进口货拆箱所支付的费用。出口货装箱是指集装箱货运站在接收发货人所托运的货物后，用班轮公司的集装箱进行装箱、堆存、保管以及运至码头堆场的工作；进口货拆箱是指集装箱货运站从码头堆场接收整箱货并运至货运站，随后进行拆箱、堆存、保管、交付货物给收货人的工作。

4）集散运输费（feeder service charge）

集散运输又叫支线运输，是内河、沿海的集散港与集装箱出口港之间的集装箱运输。一般情况下，集装箱在集散港装船后，即可签发集装箱联运提单，承运人为这一集散而收取的费用称集散运输费。

5）内陆运输费

内陆运输费有两种情况，一种是承运人负责内陆运输的费用，另一种是货主自己负责内陆运输的费用。

（1）承运人负责内陆运输的费用。如果由承运人负责内陆运输，其费用根据承运人的运价本和有关提单条款的规定来确定，主要包括：区域运费、无效搬运费、变更装箱地点所引起的费用、装箱时间延迟费、清扫费等。

（2）货主自己负责内陆运输的费用。如果内陆运输由货主自己负责，那么承运人可根据自己的选择和事先商定的协议，在他所指定的场所将箱子或有关机械设备出借给货主，并按有关规定计收费用。由货主自己负责内陆运输时，其费用主要包括：集装箱装卸费、超期使用费、内陆运输费。

2. 主要交接方式下集装箱运输费用的构成

集装箱运输费用中最常采用的货物交接方式主要有"场到场"（CY to CY）、"场到站"（CY to CFS）和"站到站"（CFS to CFS）三种，在这三种交接方式下集装箱运输费用构成主要如下所述。

1）"场到场"（CY to CY）

在"场到场"（CY to CY）交接方式下，货物是以整箱形态进行交接的。装拆箱及运输两端集装箱堆场以外的运输由发货人、收货人自己完成。承运人负责运输两端堆场到堆场之间的一切责任、费用。这时运费的主要构成有起运港堆场码头服务费（包括接受货物、堆场存放、搬运至船边装卸桥下的各种费用），装船费，海上运费（包括各种附加费），卸船费，卸货港堆场、码头服务费，集装箱使用费等。堆场、码头服务费一般都采用包干形式计收。

2）"场到站"（CY to CFS）

在"场到站"（CY to CFS）交接方式下，承运人以整箱形态接收货物，运抵目的地港后在 CFS 交付货物。这时，运费的主要构成有装卸两港的堆场和码头服务费、装船费和卸船费、海上费用及附加费、集装箱使用费、目的港 CFS 的拆箱服务费（包括重箱搬运费、拆箱费、货物在 CFS 中的存储费、空箱运回堆场的费用）。

3）"站到站"（CFS to CFS）

在"站到站"（CFS to CFS）交接方式下，货物是以拼箱形态交接的。这时，运费的构成主要有起运港的装箱服务费、堆场服务费、装船费、海上运费、卸船费、目的港堆场服务费、拆箱服务费以及集装箱使用费等。

4.6 国际海洋货物运输航线

4.6.1 海洋货物运输航线的分类

1. 按船舶运营方式划分

1）定期航线（liner）

定期航线是指使用固定船舶，按固定船期和固定港口航行并以相对固定的运价经营客货运输业务的航线。定期航线又称班轮航线，其经营以航线上各港口保有持续、稳定的往返客货为先决条件。

定期航线具有下列特点。

（1）定期航线所选用的船舶，一般性能较好、速度较快、设备比较齐全，并在同一条航线上配置多艘同型船舶以利调配，保证按期航行。

(2) 定期航线上的船公司具有公共承运人的性质，面向全社会服务，并以运输杂货为主，由船公司负责装卸货物。

(3) 定期航线的船期，均事先公布于众，并印有船期表，分送船公司代理和货主，以供选择。为保证船期，港口有专用码头和仓库以便托运人将货物先行入库，船到即可开始装运。

(4) 定期航线的运费按运价表规定收取，在一定时期内固定不变。运费中包括装卸费用，即货物的装卸和理货等工作由承运人负责。

(5) 定期航线上的船公司与托运人之间的权利义务和豁免，以提单为依据。

(6) 定期航线上的船公司一般为股份有限公司。因管理船舶、控制船期及承揽客货需要，一般在各港口设立分支机构或委托航运代理，长期办理营运业务。

2) 不定期航线（tramp shipping line）

不定期航线是指使用不定船舶、不定船期、行驶不定港口和不定航线，并使用租船市场运价，经营大宗、低值货物运输业务为主的航线。

不定期航线具有下列特点。

(1) 不定期航线的船舶多数以租船方式经营，承托双方以签订租船合同来确定双方的权利与义务以及有关费用的负担。

(2) 不定期航线的船公司可根据托运人的需要结合航线实际情况和法律规定，航行任何航线和港口。

(3) 不定期航线的船公司承运的货物主要是大宗低值的散装货物，如矿砂、粮食、煤炭等，而且运量较大，比较适合租船运输。

(4) 不定期航线的船公司与托运人之间的联系多数由经纪人来进行。由于经纪人熟悉业务，通晓法律，与双方都有密切联系，有利于承托双方达成交易。

(5) 不定期航线的运价受国际航运市场船货供求关系的影响而波动，货多船少运价就会上涨，货少船多运价就会下跌。因此，其运价属竞争性运价。

2. 按航程的远近划分

(1) 远洋航线（ocean going shipping line），是指航程距离较远，船舶航行跨越大洋的运输航线，如远东至欧洲和美洲的航线，我国习惯上以亚丁港为界，把去往亚丁港以西，包括红海两岸和欧洲以及南北美洲广大地区的航线划为远洋航线。

(2) 近洋航线（near-sea shipping line），是指本国各港口至邻近国家港口间的海上运输航线的统称。我国习惯上把在亚丁港以东地区的亚洲和大洋洲的航线称为近洋航线。

(3) 沿海航线（coastal shipping line），是指本国沿海各港之间的海上运输航线，如上海—广州，青岛—大连等。

3. 按航行的范围划分

(1) 太平洋航线。该航线可细分为远东—北美西海岸航线，远东—加勒比海航线、北美东海岸航线，远东—南美西海岸航线，远东—东南亚航线，远东—澳大利亚、新西兰航线，澳大利亚、新西兰—北美东西海岸航线。

(2) 大西洋航线。该航线可分为西北欧—北美东海岸航线，西北欧、北美东海岸—加勒比海航线，西北欧、北美东海岸—地中海—远东航线，南美东海岸—好望角—远东航线，西北欧、地中海—南美东海岸—远东航线。

(3) 印度洋航线。该航线又可分为波斯湾—好望角—西欧、北美航线，波斯湾—东南亚—日本航线，波斯湾—苏伊士运河—地中海—西欧、北美航线。

(4) 环球航线。

4. 按港口大小和货运量多少划分

(1) 干线（trunk line），是指货运量大而集中的主干航线，如欧洲、地中海、澳大利亚及北美等航线均为国际上的海运干线。

(2) 支线（feeder line），又称补给线，是指小港与大港之间的集散航线。

4.6.2 世界主要海洋运输航线

世界各地的水域，在港湾、潮流、风向、水深及地球球面距离等自然条件的限制下，可供船舶航行的一定路径，称为航路。船舶在两个或多个港口之间从事货物运输的线路称为航线。

1. 太平洋航线

太平洋沿岸有30多个国家和地区，经济水平比较发达。太平洋航线有以下几组。

(1) 远东—北美西海岸各港航线。这组航线包括从中国、韩国、日本和俄罗斯远东海港出发到加拿大、美国、墨西哥等北美西海岸各港的航线。从我国的沿海各港出发，偏南的经大隅海峡出东海；偏北的经对马海峡穿日本海后，或经清津海峡进入太平洋，或经宗谷海峡穿过鄂霍次克海进入太平洋。目前，我国已与北美西海岸港口之间辟有定期集装箱航线。该航线以日本与美国、加拿大贸易量为最大，其次是韩国。

(2) 远东—加勒比海、北美东海岸航线。这组航线大多是经夏威夷群岛南、北至巴拿马运河后到达。从我国北方沿海港口出发的船只，多半经大隅海峡或经琉球庵美大岛出东海。

(3) 远东—南美西海岸航线。从我国北方沿海港口出发的船只多经琉球庵美大岛、硫黄列岛、威克岛、夏威夷群岛之南的莱思群岛附近穿越赤道进入南太平洋，至南美西海岸各港。

(4) 远东—东南亚航线。该航线是中国、朝鲜、韩国、日本货船去东南亚各港，以及经马六甲海峡去印度洋、大西洋沿岸各港常走的主要航线。东海、中国台湾海峡、巴士海峡、南海是该航线船只经常进出的海域。

(5) 远东—澳大利亚、新西兰航线。由于澳大利亚面积辽阔，远东至新西兰、澳大利亚东西海岸航线有所不同，主要分为两条航线：我国北方沿海各港及朝鲜、韩国、日本去澳大利亚东海岸和新西兰港口的船只，经琉球久米岛、加罗林群岛的雅浦岛，进入所罗门海、珊瑚海，但中澳之间的集装箱船则由我国北方港口南下经香港加载或转船后经南海、苏拉威西海、班达海、阿拉弗拉海，后经托雷斯海进入珊瑚海、塔斯曼海。中国、日本去澳大利亚西海岸航线多半经菲律宾的民都洛海峡，然后经望加锡海峡、龙目海峡南下。

(6) 澳大利亚、新西兰—北美东西海岸航线。由澳大利亚、新西兰至北美西海岸航线大多途经苏瓦、火奴鲁鲁（檀香山）等太平洋上重要航站。澳大利亚、新西兰至北美东海岸航线则大多取道波利尼、西亚群岛上的最大岛屿——塔希提岛上的帕皮提，后经巴拿马运河到达。

（7）北美—东南亚航线。该航线一般要经过夏威夷、关岛、菲律宾等地，经巴拿马运河到北美东海岸和加勒比海各港。

2. **大西洋航线**

大西洋水域辽阔，海岸线曲折，有许多优良港湾和深入大陆的内海。北大西洋两侧是西欧、北美两个世界经济发达的地区，又有苏伊士运河和巴拿马运河通印度洋和太平洋。

（1）西北欧—北美东海岸航线。该航线由北美东海岸经过新西兰横渡大西洋进入西北欧，历史最悠久，是美国、加拿大与西北欧各国之间国际贸易的海上大动脉，两岸拥有世界2/5的重要港口。

（2）西北欧、北美东海岸—加勒比海航线。这组航线大多出英吉利海峡后横渡北大西洋。同北美东海岸各港口出发的船只一起，一般都经莫纳、向风海峡进入加勒比海。除去加勒比海沿岸各港外，还可经巴拿马运河到达美洲太平洋西岸。

（3）西北欧、北美东海岸—地中海、苏伊士运河—亚太航线。这是世界上最繁忙的一条航线，它除了与地中海各港间往来外，还与海湾国家往来密切。它是北美、西北欧与亚太海湾地区间贸易往来的捷径。这条航线一般途经亚速尔、马德拉群岛上的航站。

（4）西、北欧、地中海—南美东海岸航线。这组航线一般经过西非大西洋岛屿—加那利群岛、佛得角群岛上的航站。

（5）西、北欧、北美大西洋岸—好望角、远东航线。这组航线一般是巨型油船的运输线。西北欧、北美去海湾运油的15万t级以上巨轮必须经过好望角。西非大西洋上的佛得角群岛、加那利群岛是过往船只停泊的主要地方。

（6）南美东海岸—好望角航线。该航线是南美东海岸去海湾运油，或远东国家购买巴西矿石常走的路线。中国至南美东海岸运油和矿石也走这条航线。该航线处在西风漂流海域，风浪较大。一般西航偏北行，东航偏南行。

3. **印度洋航线**

由于印度洋的特殊地理位置，其航线可以将大西洋与太平洋连接起来，因此经过的航线众多。

（1）波斯湾—好望角—西欧、北美航线。这组航线主要由超级油轮经营，是世界上最主要的海上石油运输线。

（2）波斯湾—东南亚—日本航线。这组航线东经马六甲海峡（20万载重吨以下船舶可行）或龙目、望加锡海峡（20万载重吨以上超级油轮可行）至日本。

（3）波斯湾—苏伊士运河—地中海—西欧、北美航线。这组航线目前可通行30万级的超级油轮。

除了以上三条油运线以外，印度洋其他航线还有：远东—东南亚—东非航线；远东—东南亚、地中海—西北欧航线；远东—东南亚—好望角—西非、南美航线；澳大利亚、新西兰—地中海—西北欧航线；印度洋北部地区—欧洲航线等。

4.6.3 我国对外贸易海运航线

目前我国已和世界上180多个国家和地区有贸易来往，中远集团和中国外运集团已开辟了通往全世界各地的几十条航线。这些航线，主要分为近洋和远洋两部分。以亚丁港为界，以西为远洋，以东为近洋。

1. 远洋航线

（1）中国—红海航线。中国—红海航线包括亚丁港、荷台达、亚喀巴、阿萨布、苏丹、吉达等港。亚丁港是北美、西欧至远东澳大利亚、新加坡间船舶往来的中途要站。

吉达港所属国沙特阿拉伯是伊斯兰教国家，每年在开斋节、朝圣节、斋月等节日期间，吉达港除了油轮、装牲畜的船外均不作业。因此装船应避开上述时间，同时应注意阿拉伯年与公历的不一致性。

（2）中国—西非航线。中国—西非航线包括直布罗陀以南的非洲西岸各港口，主要有马塔迪、黑角、拉各斯、塔科腊迪、阿比让、蒙罗维亚、弗里敦、科纳克里、达喀尔、奴瓦克肖特、达尔贝达（卡萨布兰卡）等港。塞内加尔的达喀尔港地处大西洋航线的交通要冲，是西非的主要门户，历来是欧洲至南美洲、南非至北美洲之间来往船舶的重要中转站。

（3）中国—东非航线。中国—东非航线包括自索马里以南的非洲东岸，以及马达加斯加、毛里求斯各港口，主要有摩加迪沙、蒙巴萨、桑给巴尔、达累斯萨拉姆、路易港等。毛里求斯的路易港是印度洋上的重要航站，好望角航路的必经之地。摩加迪沙港每年6—9月的季风季节里，风浪很大，影响装卸作业，交货时应避开这段时间。

（4）中国—地中海航线。地中海航线可分为地中海北岸航线、地中海南岸航线及黑海航线。

① 地中海北岸航线，这条航线主要有巴塞罗那、马赛、热那亚、威尼斯、里耶卡、贝鲁特、拉塔基亚等港。

② 地中海南岸航线，这条航线包括亚历山大、的黎波里、阿尔及尔等港。

③ 黑海航线，该航线主要港口有康斯坦察、敖德萨以及沿途靠泊的比雷埃夫斯、伊斯坦布尔等港。

（5）中国—西欧航线。西欧航线是我国主要的对外贸易货物运输航线之一，主要港口有伦敦、利物浦、勒阿弗尔、敦刻尔克、鹿特丹、阿姆斯特丹、安特卫普、汉堡、不来梅等港。安特卫普港每年秋末春初之际雨量较多并伴有强风，伦敦港冬季多雾。

（6）中国—北欧、波罗的海航线。北欧、波罗的海航线由西欧航线延伸经北海或基尔运河入波罗的海沿岸北欧各国，主要靠泊的港口有哥本哈根、哥德堡、斯德哥尔摩、赫尔辛基、奥斯陆、卑尔根、格但斯克、格丁尼亚等。

北欧地处高纬，气候比较寒冷，北纬63度以北港口每年11月中旬至次年5月底为结冰期，有的港口封冻停航，有的则需依靠破冰船开航，以保持全年开放。

（7）中国—北美航线。北美地区是中国的主要贸易地区之一，下面分北美东、西两岸分别介绍与我国通航的主要港口。

① 北美东海岸航线。这条航线包括美国、加拿大的大西洋及墨西哥湾沿岸港口，主要有蒙特利尔、魁北克、多伦多、哈利法克斯、圣约翰、波士顿、纽约、费城、巴尔的摩、诺福克、查尔斯顿、萨凡纳、新奥尔良、休斯敦等港口。

加拿大的蒙特利尔、多伦多、魁北克等圣劳伦斯河沿岸和五大湖沿岸港口因冬季封冻，港口停航，每年1—3月去加拿大东海岸的船舶，大多停靠不冻港哈利法克斯和圣约翰。纽约港每年9—11月为暴雨季节，海上多巨浪，新奥尔良港每年6—11月常受暴风雨袭击。

② 北美西海岸航线。这条航线包括温哥华、西雅图、波特兰、旧金山、洛杉矶、火奴鲁鲁。火奴鲁鲁又名檀香山，位于美国夏威夷州的瓦胡岛上，是太平洋航线上的重要中继站。

（8）中国—中南美航线。中南美地区指美国以南的美洲地区，包括墨西哥、中美洲、西印度群岛、南美洲。本航线的港口主要有马萨特兰、巴尔博亚、克里斯托巴尔、哈瓦那、圣多斯、里约热内卢、蒙得维的亚、布宜诺斯艾利斯、卡亚俄、安托法加斯塔、瓦尔帕莱索等。

目前我国已有 40 多条集装箱班轮航线，通往欧洲、美洲、澳大利亚、东南亚、波斯湾、地中海、日本等国家和地区。

2. 近洋航线

（1）中国—朝鲜航线。这条航线包括朝鲜的南浦、清津等港，韩国仁川、釜山等港，1983 年 4 月，中、朝、日三国达成协议，利用清津港转运中日进出口货物。

（2）中国—日本航线。这条航线包括神户、横滨、大阪、名古屋、东京、门司、川崎、四日市等港，日本诸港每年 6 月为多雨期，8—10 月为台风季节。

（3）中国—越南航线。这条航线包括海防、胡志明市等港。

（4）中国内地—中国香港航线。

（5）中国—俄罗斯航线。这条航线包括纳霍德卡、东方、符拉迪沃斯托克（海参崴）等港。纳霍德卡和东方港是俄罗斯西伯利亚大陆桥海陆联运线的重要转口港之一。

（6）中国—菲律宾航线。这条航线包括马尼拉、宿务等港。

（7）中国—新马航线。这条航线是新加坡和马来西亚航线的简称，包括新加坡、巴生、马六甲、槟城等港。

（8）中国—北加里曼丹航线。这条航线包括文莱、诗巫、古晋等港。

（9）中国—泰国湾航线。这条航线包括曼谷、磅逊等港。

（10）中国—印度尼西亚航线。这条航线包括雅加达、泗水、三宝垄等港。

（11）中国—孟加拉湾航线。这条航线包括仰光、吉大、加尔各答、马德拉斯等港。

（12）中国—斯里兰卡航线。这条航线至科伦坡港，该港每年 5 月中旬至 8 月中旬、12 月至次年 2 月的季风期，雨量多，货物易受潮。

（13）中国—波斯湾航线，这条航线包括波斯湾沿岸 8 国的港口以及巴基斯坦、印度西岸的港口，主要有孟买、卡拉奇、班达阿巴斯、科威特、霍拉姆萨赫尔、麦纳麦、多哈、迪拜、巴士拉等港。

（14）中国—澳大利亚、新西兰航线。该航线包括澳大利亚东南岸的布里斯班、悉尼、墨尔本、阿德莱德等港，西岸的弗里曼特尔港，以及新西兰的奥克兰、惠灵顿港。

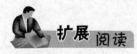

资料 1　全球前二十大集装箱班轮公司

Alphaliner 最新数据显示，截至 2017 年 3 月 3 日，全球集装箱运力总规模为 20 671 408TEU，运营集装箱船舶总数为 5 991 艘。并公布了全球前二十大集装箱班轮公司最新运力排名。排名第 1 名为马士基航运,运力为 3 262 784TEU,份额占比 15.8%;第 2 名为地中海航运,运力为 2 937 145TEU,份额占比 14.2%;第 3 名为达飞轮船,运力为 2 150 514TEU,份额占比 10.4%;第 4 名为中远海运集运,运力为 1 642 984TEU,份额占比 7.9%;第 5 名为长荣海运,运力为 991 306TEU,份额占比 4.8%;第 6 名为赫伯罗特,运力为 966 975TEU,份额占比 4.7%;第 7 名为汉堡南美,运力为 592 595TEU,份额占比 2.9%。

2017 年全球二十大集装箱班轮公司排名

排名	公司	全球运力份额/%	总计/TEU
1	马士基航运	15.8	3 262 784
2	地中海航运	14.2	2 937 145
3	达飞轮船	10.4	2 150 514
4	中远海运集运	7.9	1 642 984
5	长荣海运	4.8	991 306
6	赫伯罗特	4.7	966 975
7	汉堡南美	2.9	592 595
8	阳明海运	2.8	576 269
9	东方海外	2.7	555 124
10	阿拉伯联合国家轮船	2.5	520 254
11	日本邮轮	2.4	504 165
12	商船三井	2.4	487 815
13	现代商船	2.2	462 233
14	川崎汽船	1.8	362 708
15	太平船务	1.7	353 552
16	以星航运	1.4	295 170
17	万海航运	1.1	223 110
18	I-Press Feeders Group	0.7	148 823
19	高丽海运	0.6	121 489
20	伊朗国航	0.5	96 875

资料来源:中国海事服务网。

资料 2 全球前十大航运公司简介

1. 马士基航运(MAERSK)

马士基航运创立于 1904 年,总部设在丹麦哥本哈根。马士基航运的世界运力排名第一,拥有 3 262 784TEU,540 条集装箱船舶,其中包括世界最大的超巴拿马级货柜轮——艾伦马士基号。

2005年5月11日，世界最大航运巨头马士基宣布收购当时的第三大航运巨头——铁行渣华（P&O）。这是航运史上最大的一次收购案，其对世界航运格局的影响以及对中国的震动都极为巨大。截至2005年4月1日，马士基全球市场份额达到12.3%，排名世界第一；而铁行渣华市场份额为5.3%，与长荣海运相当。马士基与铁行渣华合并后，全球市场份额达到17%左右。全球著名的家居产品供应商瑞典宜家（IKEA）就是马士基极其看重的一个全球协议伙伴。马士基承揽着宜家在全球29个国家、2 000多家供应商、164家专卖店、10 000多种家具材料的物流服务。

没有马士基不到的地方，哪怕太平洋小岛或是一个非洲的内陆点。以FOB货为主，CIF主要集中在东南亚、非洲、中南美洲以及东欧地区；马士基的预付货价格水很深，有约价和没约价，价格天壤之别。

2. 地中海航运（MSC）

地中海航运的全称是地中海航运公司（Mediterranean Shipping Company S. A., MSC），总部位于瑞士日内瓦。地中海航运公司建立于1970年，2007年成为按照集装箱运力和集装箱船数量排序的世界第二大航运公司，业务网络遍布世界各地。20世纪70年代，地中海航运公司专注发展非洲及地中海之间的航运服务。至1985年，地中海航运公司拓展业务到欧洲，及后更开办泛大西洋航线。地中海航运公司在20世纪90年代踏足远东地区，并且迅速在远东地区航线占据重要的地位。最初，地中海航运公司开办远东至欧洲的航线，然后又开设另一条航线到澳洲。1999年地中海航运公司的泛太平洋航线正式启航，并随即广泛地受到发货人的欢迎。

非议下的独到经营：

航线遍布全球，目前地中海航线走得不错；晚开现象严重；部分航线中转转运能力较差；一直坚持低价路线；签单慢。

"地中海航运公司从不和其他公司共享舱位。""地中海航运公司的船都大得要命，运价低得要命，服务差得要命。""地中海航运公司的船员素质不太高。"外界对地中海航运公司议论纷纷。其实就算在公司内部，地中海航运公司与众不同的经营方式也让人困惑。地中海航运公司的总裁和副总裁在进行重大决策时，只询问公司的智囊团，不征求公司总经理和航线经营人员的意见，这些人唯一的职责，就是执行公司的决定。姜瑞基·阿本德认为，这种管理方式既能保证公司的科学决策，又提升了运营效率，一箭双雕。

地中海航运公司的许多做法，如不结盟、高度集权，在业界多少显得有些"另类"，但它的成功也表明，在公司的经营管理、战略决策、航线规划、客户服务、市场营销等诸多方面，确实有其独到和精明之处。

3. 达飞轮船

达飞轮船总部设在法国马赛，始建于1978年，经营初期主要承接黑海地区业务，进入20世纪90年代后期，达飞轮船不仅开通了地中海至北欧、红海、东南亚、东亚的直达航线，还分别于1996年、1999年成功收购了法国最大的国营船公司——法国国家航运公司（CGM）和澳大利亚国家航运公司（ANL），正式更名为"CMA CGM"。2005年，达飞轮船又成功并购了达贸轮船成为法国第一，世界排名第三的集装箱全球承运人。

运营情况：

达飞轮船以 FOB 货为主；东南亚主要由以前的 CNC 完成（达飞轮船于 2009 年收购 CNC 正利船公司），澳洲由以前的 ANL 完成；法国线、地中海东和东西非是达飞轮船预付货的主力航线；价格比较高，但是客户指定的货非常多。

达飞轮船依托其富有远见的多元化发展战略，通过开发航线、兼收并购、战略联盟、多式联运、港口投资等不断开拓其全球市场。今天达飞轮船的航线遍及全球各地，通过海运、铁路、内河及公路联合运输的方式，为客户提供高效的"门到门"服务。

4. 中远海运集运

2016 年中国远洋海运集团有限公司（简称中远海运集运）由中国远洋运输（集团）总公司与中国海运（集团）总公司重组而成，是中央人民政府直接管理涉及国计民生和国民经济命脉的特大型中央企业，总部设在上海。注册所在地为上海浦东自贸区陆家嘴金融片区内，注册资本 110 亿元。拥有总资产 6 100 亿元人民币，员工 11.8 万人。中远海运集运成立于 1961 年，远洋航线覆盖全球 160 多个国家和地区的 1 500 多个港口，船队规模居世界第二；中国海运集团于 1997 年在上海成立，已形成以航运为主业，航运与航运金融、物流、码头、船舶修造、科技信息等多元化产业协同发展的格局。

截至 2016 年 12 月 31 日，中国远洋海运集团经营船队综合运力 8 168 万载重吨/1 082 艘，排名世界第一。其中，集装箱船队规模 169 万 TEU/321 艘，居世界第四；干散货自有船队运力 3 821 万载重吨/450 艘，油气船队运力 1 873 万载重吨/137 艘，杂货特种船队 460 万载重吨/174 艘，均居世界第一。中远海运集运完善的全球化服务筑就了网络服务优势与品牌优势。码头、物流、航运金融、修造船等上下游产业链形成了较为完整的产业结构体系。中远海运集运在全球的集装箱码头将超过 48 个，泊位数超过 209 个，集装箱年处理能力超过 9 000 万 TEU。全球船舶燃料销量超过 2 500 万 t，居世界第一。集装箱租赁规模超过 270 万 TEU，居世界第三。海洋工程装备制造接单规模以及船舶代理业务也稳居世界前列。

5. 长荣海运（EVERGREEN）

长荣海运股份有限公司创立于 1968 年 9 月 1 日，成立之初，仅仅以一艘二十年船龄的杂货船刻苦经营，虽举步维艰，但长荣海运遵照"创造利润、照顾员工、回馈社会"的经营理念，缔造了许多史上的佳绩；发展至今，共经营约 150 艘全货柜轮，不论是船队规模还是货柜承载量皆位居全球领先地位。

长荣海运服务网络遍布全球 80 多个国家，服务据点多达 240 余处，所经营的远、近洋全货柜定期航线涵盖全球五大区块：亚洲—北美航线/亚洲—加勒比海地区；亚洲—欧洲航线/亚洲—地中海；欧洲—美国东岸大西洋；亚洲—澳洲/亚洲—模里西斯、南非、南美；亚洲区域航线/亚洲—中东、红海/亚洲—印度次大陆地区。除了主要航线外，也开辟了区域性接驳船的服务网，如加勒比海及印度次大陆等地区，缩短运送时间，协助货主掌握商机。

为满足全球日益成长的生鲜货品运输往来之需求，长荣海运采用了全新的微电脑控制之冷冻、冷藏货柜，为全球货主提供了更具保障的专业生鲜运输服务，该项服务网络已经遍及亚洲、美洲、欧洲、地中海、非洲及澳洲等各主要地区，深获客户好评。近来，长荣海运通过舱位出售、舱位互换或航线联营等方式，积极与同业间进行策略合作，以期提供货主及时的运输服务与提升营运绩效。此外，为了扩大码头使用效能，长荣海运自行投资兴建货柜码头，如中国台湾高雄的第五货柜中心、巴拿马货柜码头及意大利塔兰托货柜码头等，以提高船舶在码头的作业效率及降低营运成本。

6. 赫伯罗特（HPG）

赫伯罗特诞生于 1970 年 9 月 1 日，简称 HPG，其前身为总部设在汉堡的哈帕格和不来梅的北德意志商船（NDL），这两个分别成立于 1847 年和 1857 年的公司，一直在海洋运输上活跃了一个多世纪。

第一次世界大战前不久，哈帕格和北德意志商船的班轮服务网络增长到遍及全球。在第一次和第二次世界大战期间，这两家公司都失去了它们的船队，但在战后仍能够重新建立起来并大大扩展。随着 20 世纪 60 年代末集装箱运输的繁荣，这两家公司于 1970 年合并成赫伯罗特公司。1997 年，该公司成为一家全资附属公司。2005 年，赫伯罗特收购了加拿大太平洋航运公司，从而成为世界五大集装箱船公司，并大大扩展了其船队和服务网络。

赫伯罗特拥有超过 150 艘现代船舶，近 500 万个集装箱（20 英尺标准货柜单位），约 7 000 名工作积极的员工遍及全球 114 个国家的超过 300 个地区。运力排名第六。

7. 汉堡南美（HABSUD）

汉堡南美（HABSUD）成立于 1871 年，属于德国欧特克（Oetker）集团，是德国历史最悠久、规模最大的私有海运企业，是世界二十大班轮公司之一。截至 2009 年年底，汉堡南美拥有员工 4 791 名，经营船舶 148 艘，承运的集装箱货量为 233 万 TEU，在世界各地设有办事处 100 多家，其中 10 家位于中国大陆、香港和台湾。

2003 年 11 月份，汉堡南美在香港建立了亚洲地区的第一个地区总部。同时，汉堡南美也悄无声息地进入了亚洲到北美这条太平洋上的主要航线。2001 年年底，汉堡南美就开始运营亚洲到南美东、西海岸的周班服务。汉堡南美收购了台湾建宏以及 Ellerman 之后，得以顺利进入亚洲—澳新和亚洲—南美航线。现在，汉堡南美还是美国—澳新及太平洋群岛航线上最大的海运承运商。

8. 阳明海运（YML）

阳明海运股份有限公司成立于 1972 年 12 月 28 日。阳明海运总公司设立于中华人民共和国台湾省基隆市，并于台湾北部之台北市、基隆，中部之台中及南部之高雄设有分公司或办事处，同时阳明海运在世界各重要地区均设有代理行，提供强有力的全球性海运服务。阳明海运陆续通过 ISM CODE 国际船舶安全管理认证、ISPS CODE 国际船舶与港口设施保全章程认证、ISO 9001 国际质量认证、ISO 14001 国际环保认证及 OHSAS 18001 职业安全卫生认证、ISO 27001 信息安全管理系统认证、安全认证优质企业（AEO）认证等。并通过与日本 K-Line、韩国 Hanjin 及其他知名船公司的联营合作，扩张服务范围，持续努力加强服务顾客，积极提高营运绩效。

截至 2013 年 10 月底，阳明海运拥有 95 艘营运船舶，承运能量高达 505 万载重吨 41 万 TEU，船队以货柜船为主。

9. 东方海外（OOCL）

1947 年董浩云开创首支国际性的中国商船队，其后他以金山轮船公司的名义不断开拓定期客货运服务。1969 年，集装箱运输业兴起，金山轮船易名东方海外货柜航运。当时，"胜利"级船只只可运载 300 个标准柜，根本不能与今天的超巴拿马型远洋集装箱船相提并论。2003 年 4 月，东方海外接收了当时最大的集装箱货轮，可装载 8 063 个标准箱的东方深圳号。东方海外为世界具规模之综合国际货柜运输、物流及码头公司之一，也为香港最为熟悉之环球商标之一，是香港联交所上市公司东方海外（国际）有限公司（OOIL）的全资附属公司,为客户提供全面的物流及运输服务,航线联系亚洲、欧洲、北美、地中海、印度等地。东方海外为客户提供以客为尊的物流方案。

现时,东方海外拥有装载量由2 500个至8 063个标准箱,不同级别的船舶,还有适用于严寒地区的冰区加强型船舶,在全球超过58个国家设有230多家分支结构。

10. 阿拉伯联合国家轮船(UASC)

阿拉伯联合国家轮船(UASC)公司成立于1976年,是由6家阿拉伯地区各国家的航运公司出股组成的,总部设立于科威特。该公司将自己定位在一个为客户提供顶级海运服务的公司。阿拉伯联合国家轮船公司在多年的不断发展中,逐渐积累经验,不断壮大,已成为集装箱运输和散货运输世界上规模较大的海运公司。

阿拉伯联合国家轮船公司是世界上干货到中东最大的海运承运人。阿拉伯联合国家轮船为它的客户提供了一流的服务,便捷的方式和安全的运输。

思考题

1. 集装箱的类型和基本规格。
2. 海运船舶的基本类型。
3. 班轮运输的特点和使用范围。
4. 租船运输的特点和使用范围。
5. 海运航线的类型。

第 5 章　国际航空运输

航空运输与铁路、水路、公路和管道运输组成了整个运输业，航空货物运输是航空运输业的重要组成部分。早期航空货物运输只作为填补客运剩余吨位的一种附属的运输业务。20世纪60年代国际航空运输的高增长率，诱导和激发很多航空公司开辟定期全货物运输航线，逐渐使航空货物运输成为一种独立的业务，从客运中脱离出来。本章主要介绍国际航空货物运输的概念、特点、设施设备等，阐述国际航空货物运输进出口流程及运费计算方法，详细介绍包舱、包机和航空快递等航空货物运输类型。

5.1　国际航空货物运输概述

航空货物运输是指承运人根据旅客或者货主的要求，按照某种价格，利用相关设施设备，用航空器在规定时间内将货物运送到指定的目的地。

5.1.1　国际航空货物运输的产生与发展

飞机最初用来运送邮件和急需用品。1910年5月，美国邮政局首先使用飞机运送邮件，后来逐步发展成为运送旅客和货物，但仅限于特定的短途航线上，而且每次载重量仅为一二百千克。被世界公认的第一次航空运输飞行服务发生在1911年7月，一架由英国人驾驶的飞机将一箱钨丝灯从苏塞克斯郡运送到霍拉，并为此获得了100英镑酬劳，从此揭开了世界航空货物运输的篇章。

世界上第一条定期航班是荷兰皇家航空公司于1920年5月首开的伦敦至阿姆斯特丹定期航班。继1924年10月开辟通往印尼的第一条国际航线后，该公司又于1929年开通了到亚洲的定期航班。这也是第二次世界大战爆发前世界上最长的航线。

第二次世界大战中，军事上的需求加速了航空运输业的发展。战争中物资供给的需要促进了航空运输飞机的制造，也促进了无线电通信的发展和雷达技术的日趋完善。第二次世界大战结束后，西方国家开始大力发展航空业，逐步形成了全球性的航空运输网。由于全球性航空运输网的建立和国际贸易的发展，航空运输在世界范围内得到蓬勃发展。

作为国际贸易运输的方式之一，航空货物运输也迅速发展起来。自20世纪60年代以来，航空货物运输的发展速度非常惊人，1962—1971年，国际航空货物运输平均每年增长17%，几乎每4年增长一倍，这是世界航空货物运输史上增长最快的一段时期。随后石油危机引发的全球经济萧条并没有改变航空货物运输的发展趋势，只是减慢了航空货物运输的增长速度。在之后的一段时期中，航空货物运输仍然实现了10%左右的增长速度。这一数值超过了同期全球经济、贸易增长速度。随着航空货物运输的发展，纺织业、鲜活食品等适用于航空货物运输的日常生活用品使用航空货物运输的比例大大增加，总量不断提高。航空货物运输已经成为国际货运，特别是洲际货运的重要方式。

5.1.2 国际航空货物运输的特点

一般来讲，国际航空货物运输是指一国的货物提供者向他国消费者提供航空飞行器运输货物并获取收入的活动。航空货物运输的主要特征如下。

1. 运送速度快

从航空业诞生之日起，航空货物运输就以快速而著称。目前为止，飞机仍然是最快捷的交通工具，常见的喷气式飞机的巡航速度大都在 850～890km/h，快捷的运输方式大大缩短了货物在途时间，对于那些易腐烂变质的鲜活商品，时效性、季节性强的报刊，节令性商品，抢险、救急品的运输，这一特点显得尤为突出。运送速度快，在途时间短，也使货物在途风险降低，因此许多贵重物品、精密仪器也往往采用航空货物运输的方式。

2. 不受地面条件影响

航空货物运输的一个明显优势就是不受地形地貌、山川、河流的局限，只要有机场有航空设施保证，即可开辟航线。对于自然灾害的紧急救援，铁路、台路、水路各种运输方式物流不可到达的地方均可采用飞机空投方式，以满足特殊条件下特殊物流的要求。

3. 安全准确

现代喷气式民航飞机的飞行高度一般在 10 000m 以上，不受低空气流的影响，飞行平稳，货物所受的震动、冲击小，在飞行中货舱与外界隔离，货舱的温度和湿度能得到适当的控制，因此货物很少产生损伤、被盗、变质等事故。同时，飞机的航班准确率高，货物可按时到达目的地，且货物质量有保证。

4. 节省包装、保险等费用

国际航空货物运输在运输过程中震荡性小，所以包装简单，包装成本较低，而且货物缺损率较低，因而保险费用也相对较低。又由于国际航空货物运输节约了大量的时间，因此，货物占用的资金能较快回收，由此带来的利息费用也会减少。另外，尽管国际航空货物运输的运费一般较高，但由于空运比海运计算运费的起点低，因此在运送一些小件急需品和贵重物品上采用航空货物运输更为有利。

5.1.3 国际航空货物运输方式

国际航空货物运输有班机运输（scheduled airline）、包机运输（chartered carrier）、集中托运和航空快件运输等方式。

1. 班机运输

班机运输是指在固定航线上定期航行的航班。班机运输一般有固定的始发站、经停站和到达站。货运航班只是由某些规模较大的专门的航空货运公司或一些业务范围较广的综合性航空公司在货运量较为集中的航线开辟。航空公司通常采用客货混合型飞机，在搭乘旅客的同时也承揽小批量货物的运输。由于班机运输有固定的航线、挂靠港、固定的航期，并在一定时间内有相对固定的收费标准，对进出口商来讲可以在贸易合同签署之前预期货物的起运和到达时间，核算运输成本，合同的履行也较有保障，因此，班机运输成为多数贸易商的首选航空货物运输形式。

2. 包机运输

由于班机运输形式下货物舱位常常有限，因此当货物批量较大时，包机运输就成为重要方式。包机运输通常可分为整机包机和部分包机。

（1）整机包机是指航空公司或包机代理公司按照合同中双方事先约定的条件和运价将整架飞机租给租机人，从一个或几个航空港装运货物至指定目的地的运输方式。它适合运送大宗货物，运费随国际航空货物运输市场的供求变化情况而定。通常，租机事宜应在货物装运前一个月与航空公司谈妥，以便航空公司安排运载和向起降机场及有关政府部门申请入境及办理有关手续。

（2）部分包机是指由几家航空货运代理公司或发货人联合包租一架飞机，或者是由包机公司把一架飞机的舱位分别卖给几家航空货运代理公司的货物运输形式。相对而言，部分包机适用于运送一吨以上但货量不足整机的货物，在这种形式下货物运费整机运输低，但由于需要等待其他货主备妥货物，因此运送时间要长。

3. 集中托运

集中托运方式是指航空货运代理公司把若干批单独发运的货物组成一整批，向航空公司办理托运，填写一份总运单将货物发运到同一站，由航空货运代理公司在目的地的指定代理人负责收货、报关，并将货物分别交予各收货人的一种运输方式。

航空公司按不同重量批准公布多种运费率，并采用递减原则，这就使航空货运代理可以把从不同发货人处收集的小件货物集中起来后运出，享受汇总后重量的运价，从而赚取运价的差额。这种集中托运方式在国际航空货物运输业中比较普遍，也是航空货运代理的主要业务之一。

4. 航空快件运输

航空快件运输是指具有独立法人资格的企业，通过航空货物运输及自身或代理的网络，在发货人与收货人之间以最快速度传递文件和物品的一种现代化的运输组织方法，因为主要运送国际往来的文件和物品，也称为国际快件运输。

航空快件运输已成为航空货物运输的主要业务之一。它不同于航空邮寄和航空货运，而是由一个专门经营此项业务的机构与航空公司密切合作，设专人以最快的速度在货主、机场和收件人之间传送急件，特别适用于急需的药品、医疗器械、贵重物品、图纸资料、货样及单证等的运输。

5.1.4 国际航空货物运输当事人

国际航空货物运输当事人主要有发货人、收货人、承运人、代理人以及地面运输公司，承运人一般指航空公司，代理人一般指航空货运公司。

1. 航空公司

航空公司自身拥有飞行器并借以从事航空货物运输活动，主要业务是把货物和旅客从某地机场用飞机运到另一地机场。多数航空公司有定期航班，有些则无定期航班，只提供包机服务。

2. 航空货运公司

航空货运公司又称空运代理，是随着航空货物运输业务的发展以及航空公司运输业务的集中化发展起来的一种服务性行业。它们从事航空货物在始发站交给航空公司之前的揽货、接收、报关、订舱，以及在目的地从航空公司手中接货、报关、交付或送货上门等业务。航空货运公司具有以下优点：①使航空公司能更加集中精力搞好空中运输业务而不必担心货源；②方便货主，货主可以及时托运、查询、跟踪货物；③将零散装货物集中拼装托运，简便手续，降低运输成本。

5.1.5 国际航空货物运输组织

1. 国际航空货物运输协会

国际航空货物运输协会（International Air Transport Association，IATA），简称国际航协，是各国航空货物运输企业之间的联合组织，会员必须持有国际民用航空组织的成员国颁发的定期航班运输许可证。国际航空货物运输协会的总部设在加拿大蒙特利尔，执行总部设在瑞士日内瓦。国际航空货物运输协会有全体会议，并设有执行委员会和专门委员会等机构。全体会议是国际航空货物运输协会的最高权力机构，每年举行一次会议，经执行委员会召集，也可随时召开特别会议。

经1978年国际航空货物运输特别大会决定，国际航空货物运输协会的活动主要分为两大类，即行业协会活动和运价协调活动。1988年，又增加了行业服务的内容。国际航空货物运输协会的会员分为正式会员和准会员两类。申请加入国际航空货物运输协会的航空公司如果想成为正式会员，必须符合两个条件：①批准它的申请的政府是有资格成为国际民航组织成员的国家政府；②在两个或两个以上国家间从事航空服务。

2. 国际民用航空组织

国际民用航空组织（International Civil Aviation Organization，ICAO）是政府间的国际航空机构，它是根据1944年芝加哥国际民用航空公约设立的，是联合国所属的专门机构之一。我国是该组织成员，是理事成员国。国际民用航空组织成立于1947年4月4日，总部设在加拿大的蒙特利尔，该组织的宗旨为发展国际航行的原则和技术，并促进国际航空货物运输的规划和发展。

3. 国际货运代理协会

国际货运代理协会联合会（International Federation of Freight Forwarders Association）简称"FIATA"（菲亚塔），是国际货运代理的行业组织，于1926年5月31日在奥地利维也纳成立，总部设在瑞士苏黎世，创立的目的是解决由于日益发展的国际货运代理业务所产生的问题，保障和提高国际货运代理在全球的利益，提高国际货运代理服务的质量。

协会的一般会员是国家货运代理协会或有关行业组织或在这个国家中独立注册登记的且为唯一的国际货运代理公司，另有为数众多的国际货运代理公司或其他私营企业作为其联系会员。截至1996年，菲亚塔在85个国家中有95个会员，在全世界共有联系会员2 400个。它是公认的国际货运代理的代表，是世界范围内运输领域中最大的非政府和非营利性组织。

5.2 国际航空货物运输的设施设备

5.2.1 航空港

航空港（airport）是由民用航空机场和有关服务设施构成的整体，是保证飞机安全起降的基地和空运旅客、货物的集散地。

航空港是由飞机场发展而成的。20世纪20年代，航空货物运输创立之初，飞机小、速度低，对地面设施要求不高，当时的机场占地面积小，只建有简单的房屋和少量的木质机库等设施。20世纪50年代前后，随着航空货物运输事业的发展，客货运量不断增加，对服务质量的要求越来越高，因此在一些空运比较繁忙的城市兴建起可供各种类型飞机起降、服务设施完善的航空港。20世纪70年代，航空港发展成为拥有先进的科学技术设施的综合体，许多设施都由电子计算机自动控制，航空港的跑道最长达4 000m，一般稍具规模的航空港均已建有沥青或水泥的高级道面。

通常，航空港由飞行区、客货运输服务区和机务维修区三部分组成。

1. 飞行区

飞行区是航空港的主要区域，占地面积最大。飞行区有跑道、滑行道和停机坪，以及各种保障飞行安全的设施、无线电通信导航系统、目视助航设施等。

航空港内供飞机起降用的跑道根据飞行量和风向风力条件，可以设一条或多条。为保证飞机安全起飞和着陆，在飞行区上空划定净空区，即在机场及其邻近地区上空，根据在机场起降飞机的性能，规定若干障碍物限制面，不允许地面物体超越限制面的高度。这些限制面以上的空域称为净空区。净空区的规定可以随飞机的发展而改变。

机场跑道决定了机场可服务的飞行器类型。其中跑道长度基本决定了机场是否能支持通往遥远地区的直达航班。由于大多数跑道是为小型飞行器设计的，世界上许多机场都不能容纳服务于国际目的的大型喷气式客机。随着机场附近城市的发展扩大，机场在地域上会受到限制而不能扩展其跑道。因此一些城市不得不在远离城市中心处建造机场，以建造满足国际航班要求的设施。机场跑道的数量，决定了机场的容量。

2. 客货运输服务区

客货运输服务区是旅客、货物邮件运输服务设施所在区域。区内设施包括客机坪、候机楼、停车场等，其主体建筑是候机楼。区内还配备有旅馆、银行、公共汽车站、进出港道路系统等，货运量较大的航空港还设有专门的货运站。在客机坪附近设有管线加油系统，其特点是使用高压油泵，在30分钟内向飞机加注的燃油有时高达几十吨。机务维修区的位置通常处在连接城市交通网并紧邻飞行区的地方。

3. 机务维修区

机务维修区是维修厂、维修机库、维修机坪等设施所在区域，区内还有为保证航空港正常工作所必需的各项设施，如供水、供电、供热、供冷、下水等各种公用设施以及消防队、急救站、自动电话站、储油库、铁路专用线等。整个航空港的布局以跑道位置的安排为基础。根据跑道位置布置滑行道、客机坪、货坪、维修机坪以及其他飞机活动场所。

5.2.2 航空货物运输工具

1. 飞机

飞机是航空货物运输的运输工具。

（1）按飞机的用途划分，有国家航空飞机和民用航空飞机之分。国家航空飞机是指军队、警察和海关等使用的飞机，民用航空飞机是指民用飞机和直升机，民用飞机指民用的客机、货机和客货两用机。

（2）按飞机发动机的类型划分，有螺旋桨飞机和喷气式飞机之分。螺旋桨式飞机，包括活塞螺旋桨式飞机和涡轮螺旋桨式飞机，飞机引擎为活塞螺旋桨式，这是最原始的动力形式。它利用螺旋桨的转动将空气向机后推动，借其反作用力推动飞机前进。螺旋桨转速越高，则飞行速度愈快。喷气式飞机，包括涡轮喷气式和涡轮风扇喷气式飞机。这种机型的优点是结构简单，速度快，一般时速可达 500~600 英里；燃料费用节省，装载量大，一般可载客 400~500 人或 100t 货物。

（3）按飞机的发动机数量划分，有单发（动机）飞机、双发（动机）飞机、三发（动机）飞机、四发（动机）飞机。

（4）按飞行的飞行速度划分，有亚音速飞机和超音速飞机之分，亚音速飞机又分低音速速飞机（飞行速度低于 400km/h）和高亚音速飞机（飞行速度马赫数为 0.8~0.9）

（5）按飞机的航程远近划分，有近程、中程、远程飞机之分。远程飞机的航程为 11 000km 左右，可以完成中途不着陆的洲际跨洋飞行。中程飞机的航程为 3 000km 左右，近程飞机的航程一般小于 1 000km。近程飞机一般用于支线，因此又称支线飞机。中远程飞机一般用于国内干线和国际航线，又称干线飞机。

2. 民用飞机机型

1）客运飞机

几乎所有客运飞机的主机舱都同时载客与载货。机腹的设计可容纳乘客行李和其他货物。一些空运货物被松散地一件一件运输，这种运输方式与运送乘客行李一样，货物不能被固定在飞行器上。在宽体客机中，货物通过托盘装运而且被固定。在多数情况下，通过客机运送的货物通常是急需维修的重要机械或计算机部件，或小量鱼类等鲜活货物。用客机运货的最大约束条件是货仓的规模。常见的民航客运飞机机型有波音公司的 B737、B747、B757、B767、B777，空客公司的 A300、A310、A320、A380 等。其中波音公司的 B747（Boeing 747，见图 5-1）是世界上第一款宽体民用飞机，自 1970 年投入服务后，到空客 A380 投入服务之前，保持全世界载客量最高飞机的记录长达 37 年。

2）客货两用飞机

客货两用飞机是指同时在主机舱和机腹载运货物的客机。主机舱在机体的中部某点隔开，前半部分用于载客，后半部分用于载货。

大多数客货两用飞机都是大型飞机，可以满足全球远距离直达的乘客旅行需要。由于乘客数量不足，这种飞机通常不能满员。因此，航空公司将飞机承载能力分为载客和载货两部分，在满足客运和货运需求的同时提高飞机的利用率。

图 5-1 大型客运飞机：波音 747-400 基本型

（图片来源：http://baike.baidu.com/pic）

对于托运人来说客货两用飞机优势明显，因为它消除了客机对于载货能力的限制，使主机舱的承重能力大大提高，也能够容纳托盘化和集装箱化的货物。另外，通过吊钩可安全地固定货物，防止由于机内物体移动而造成的货物损坏。不过，对某些不能与乘客同时运输的货物的限制依然存在。

3) 货运飞机

大多数货运飞机都是两机场间的班机（即定期飞行），其中一个机场通常是枢纽机场，在这里货物被转运到另一架飞机。同时，货运飞机类型与客运飞机相同（见图 5-2），唯一例外的是货运飞机配备有滚轮甲板。滚轮甲板是装有滚轮的主甲板，可使托盘化和集装箱化的货物通过超大边门或机鼻被推进机舱。之后，用钩子和绳子将货物固定在飞机地板或墙上。

图 5-2 大型货运飞机：波音 747-400F

（图片来源：http://www.cnair.com/jixing/B747-400F.htm#5）

5.2.3 航空货物运输集装器

1. 集装器的定义

集装器是一种航空货物运输专用的容器或载体。集装器不像海运和陆运的集装箱那么庞大，是专为飞机设计的，具有轻便、小巧的特点。因为飞机的舱位小，如果是散货的话，航位的利用率不高，而采用集装器来将货物集中起来，可以加大舱位的利用率。

2. **集装器的分类**

（1）集装器按注册与非注册划分，分为注册的飞机集装器、非注册的飞机集装器。

（2）集装器按种类可划分为集装板和网套、结构与非结构集装棚、集装箱。

3. **集装箱**

集装箱是指在飞机的底舱与主舱中使用的一种专用集装箱，与飞机的固定系统直接结合，不需要任何附属设备。

航空货物运输和海上货物运输所用的集装箱有很大的差别，前者不能进行联合运输（举例来说，它们不能方便地在其他交通运输方式中使用，只有一种例外——可以用于货机和货车的20ft标准集装箱）。在这种情况下，货物通常集装在起飞机场的集装箱内，然后再抵达机场内经过理货，装上货车。如果选择空运出口，就要在包装上充分考虑这种额外理货操作因素，因为货物可能在转接机场时从集装箱中卸下，再重新装入另一个集装箱。

空运集装箱由木材、有机玻璃或铝合金做成，它们很轻而且干净。由于这些集装箱没有完全密闭，或者只用网状物而不是实体壁面围合，货物在运送过程中就可能发生损坏，尤其是在航行前后的操作过程中。所以在决定使用合适的包装方式时应该将这类风险考虑进去。

4. **集装板和网套**

集装板是具有标准尺寸的，四边带有卡锁轨或网卡锁眼，带有中间夹层的由硬铝合金制成的平板，以便货物在其上码放；网套的作用是把物货固定在集装板上，网套是靠专门的卡锁装置来固定的。

5. **集装器代号的组成**

如 AVE1100MU，第一位字母表示子集装器的类型，第二位字母表示集装器底板尺寸，第三位字母表示集装器的外形以及与飞机的适配性，第四、第五、第六、第七位数字表示序号，第八、第九位字母表示所有人、注册人。

6. **集装货物的基本原则**

（1）检查所有待装货物。

（2）一般情况下，大货、重货装在集装板上；体积较小、重量较轻的货物装在集装箱内。

（3）在集装箱内的货物应码放紧凑，间隙越小越好。

（4）如果集装箱内没有装满货物，即所装货物的体积不超过集装箱容积的2/3，且单件货物重量超过150kg时，就要对货物进行捆绑固定。

（5）特别重的货物放在下层，底部为金属的货物和底部面积较小、重量较大的货物必须使用垫板。

（6）装在集装板上的货物要码放整齐，上下层货物之间要相互交错，骑缝码放，避免货物与货物坍塌、滑落。

（7）装在集装板上的小件货物，要装在其他货物的中间或在适当地方予以固定，防止其从网套及网眼中滑落。

（8）货物探板组装：一般情况下不允许组装低探板货物。确因货物多，需组装低探板货物时，应充分固定，保证集装货物在运输过程中不发生散落或倾斜。

5.3 航空货物运输程序与运费

5.3.1 航空货物运输进口业务流程

航空货物运输进口业务流程的环节主要包含两大部分：航空公司进港货物的操作流程和航空货物进口运输代理业务流程。

1. 航空公司进港货物的操作流程

航空公司进港货物操作流程是指从飞机到达目的地机场，承运人把货物卸下飞机直到交给代理人的整个流程。

航空公司进港货物操作流程包括进港航班预报、办理货物海关监管、分单业务、核对货运单和舱单、电脑输入、交接等（见图5-3）。

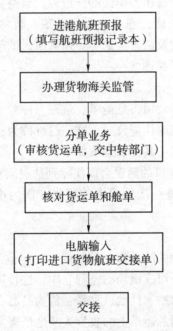

图5-3 航空公司进港货物操作流程

1）进港航班预报

填写航班预报记录本，以当日航班进港预报为依据，在航班预报册中逐项填写航班号、机号、预计到达时间。预先了解货物情况，在每个航班到达之前，从查询部门拿取航班FFM、CPM、LDM、SPC等电报，了解到达航班的货物装机情况及特殊货物的处理情况。

2）办理货物海关监管

接收到航班业务袋后，首先检查业务袋中的文件是否完备，业务袋中通常包括货运单、货邮舱单、邮件路单等运输文件。检查完后，将货运单送到海关办公室，由海关人员在货运单上加盖海关监管章。

3）分单业务

在每份货运单的正本上加盖或书写到达航班的航班号和日期。认真审核货运单，注意货运单上所列目的港、代理公司、品名和运输保管注意事项。联程货运单交中转部门。

4）核对货运单和舱单

若舱单上有分批货，则应把分批货的总件数标在运单号之后，并注明分批标志；把货邮舱单上列出的特种货物、联程货物圈出。根据货运单份数与舱单份数是否一致，做好多单、少单记录，将多单运单号码加在舱单上，多单运单交查询部门。

5）电脑输入

根据标好的一套舱单，将航班号、日期、运单号、数量、重量、特种货物、代理商、分批货、不正常现象等信息输入电脑，打印出国际进口货物航班交接单。

6）交接

将中转货物和中转货运单、舱单交出港操作部门；邮件和邮件路单交邮局。

2. 航空货物运输进口代理业务流程

航空货物运输进口代理业务流程，是指代理公司对于货物从入境到提取或转运整个流程的各个环节所需办理的手续及准备相关单证的全过程。航空货物运输进口代理业务流程包括代理预报、交接单货、理货与仓储、理单与到货通知、制单与报关、进口报关、发货与收费、送货与转运、进口货物转关及监管运输等。通常所说的航空货物运输进口程序一般即航空货物运输进口代理业务流程（见图5-4）。

1）代理预报

在国外发货前，由国外代理公司将总运单、航班、件数、重量、品名、实际收货人及其地址、联系电话等内容发给目的地代理公司，这一过程称为预报。到货预报的目的是使代理公司做好接货前的所有准备工作。其注意事项如下。

（1）注意中转航班。中转航班的延误会使实际到达时间和预报时间出现差异。

（2）注意分批货物。从国外一次性运来的货物在国内中转时，由于国内载量的限制，往往采用分批的方式运输。

2）交接单货

航空货物入境时，与货物相关的单据也随机到达，运输工具及货物处于海关监管之下。货物卸下后，将货物存入航空公司或机场的监管仓库，进行进口货物舱单录入，将舱单上总运单号、收货人、始发站、目的站、件数、重量、货物品名、航班号等信息通过电脑传输给海关留存，供报关用。同时根据总运单上的收货人及地址寄发取单、提货通知。若总运单上收货人或通知人为某航空货运代理公司，则把运输单据及与之相关的货物交给该航空货运代理公司。

航空公司的地面代理人向航空货运代理公司交接的有：国际货物交接清单、总运单、随机文件、货物。交接时做到单单核对，即交接清单与总运单核对；单货核对，即交接清单与货物核对。

核对后，出现问题的处理方式如表5-1所示。

表5-1 核对后出现问题的处理方式

总运单	交接清单	货物	处理方式
有	无	有	交接清单上加总运单号
有	无	无	总运单退回

续表

总运单	交接清单	货物	处理方式
无	有	有	总运单后补
无	有	无	交接清单上划去
有	有	无	总运单退回
无	无	有	货物退回

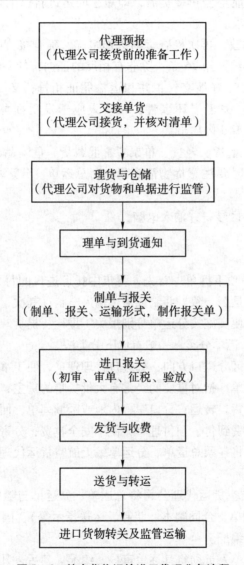

图 5-4 航空货物运输进口代理业务流程

另外，还须注意分批货物，注意空运进口分批货物登记表。

航空货运代理公司在与航空公司办理交接手续时，应根据总运单及交接清单核对实际货物，若存在有单无货或有货无单的情况，应在交接清单上注明，以便航空公司组织查询并通知入境地海关。

发现货物短缺、破损或其他异常情况，应向民航索要商务事故记录，作为实际收货人交涉索赔事宜的依据。部分货损不属于运输责任，因为在实际操作中，部分货损是指整批货物或整件货物中极少或极小一部分受损，是航空货物运输中较易发生的损失，故航空公司不一定愿意开具证明，即使开具了"有条件、有理由"证明，货主也难以向航空公司索赔，但可据以向保险公司提出索赔。对货损责任难以确定的货物，可暂时将货物留在机场，商请货主单位一并到场处理。

3）理货与仓储

航空货运代理公司自航空公司接货后，即短途驳运进自己的监管仓库，组织理货及仓储。理货时应注意以下事项。

（1）逐一核对每票件数，再次检查货物破损情况，确有接货时未发现的问题，可向民航提出交涉。按《华沙公约》第 26 条：除非有相反的证据，如果收货人在收受货物时没有异议，就被认为货物已经完好地交付，并和运输凭证相符；又《华沙公约》修正本——《海牙议定书》第 15 条：关于损坏事件，收货人应于发现损坏后立即向承运人提出异议……最迟应在收到货物 14d 内提出。

（2）按大货、小货、重货、轻货、单票货、混载货、危险品、贵重品、冷冻品、冷藏品分别堆存、进仓。堆存时要注意货物箭头朝向，总运单、分运单标志朝向，注意重不压轻，大不压小。

（3）登记每票货储存区号，并输入电脑。

4）理单与到货通知

（1）理单。

① 集中托运，总运单项下拆单。首先，将集中托运进口的每票总运单项下的分运单分理出来，审核与到货情况是否一致，并制成清单输入电脑；其次，将集中托运进口总运单项下的分运单输入电脑，以便实施按分运单分别报关、报检、提货。

② 分类理单、编号。运单分类，一般有以下分类法。

分航班号理单，便于区分进口方向；分进口代理理单，便于掌握、反馈信息，做好对代理的对口服务；分货主理单，指对重要的经常有大批货物的货主，将其运单分类出来，便于联系客户，制单报关和送货、转运；分口岸、内地或区域理单，便于联系内地的货运代理公司，便于集中转运；分运费到付、预付理单，便于安全收费；分寄发运单、自取运单客户理单。分类理单的同时，须将各票总运单、分运单编上航空货运代理公司自己设定的编号，以便内部操作及客户查询。

③ 编配各类单证。航空货运代理公司将总运单、分运单与随机单证、国外代理人先期寄达的单证（发票、装箱单、合同副本、装卸、运送指示等）、国内货主或经营到货单位预先交达的各类单证等进行编配。

航空货运代理公司理单人员须将其逐单审核、编配。其后，凡单证齐全、符合报关条件的即转入制单、报关程序。否则，即与货主联系，催齐单证，使之符合报关条件。

（2）到货通知。货物到达目的港后，航空货运代理公司应从航空货物运输的时效出发，为减少货主仓储费，避免海关滞报金，尽早、尽快、尽妥地通知货主到货情况，提请货主配齐有关单证，尽快报关。

（3）正本运单处理。电脑打印海关监管进口货物入仓清单一式五份，分别提交检验检疫和海关，提交给海关的两份中，一份海关留存，另一份海关签字后收回存档。清单上一般需盖多个章：监管章（总运单）、航空货运代理公司分运单确认章（分运单）、检验检疫章、海关放行章等。

5）制单与报关

（1）制单、报关、运输的形式。

除部分进口货物存放在民航监管仓库外，大部分进口货物存放在各航空货运代理公司自有的监管仓库。由于货主的需求不一，货物进口后的制单、报关、运输一般有以下几种形式。

① 航空货运代理公司代办制单、报关、运输；

② 货主自行办理制单、报关、运输；

③ 航空货运代理公司代办制单、报关，货主自办运输；

④ 货主自行办理制单、报关后，委托航空货运代理公司运输；

⑤ 货主自行办理制单，委托航空货运代理公司报关和办理运输。

（2）制作报关单。

制作报关单是指按海关要求，依据货运单、发票、装箱单及证明货物合法进口的有关批准文件，制作"进口货物报关单"。部分货主要求异地清关时，在符合海关规定的情况下，可制作"转关运输申报单"，办理转关手续。

6）进口报关

报关大致分为初审、审单、征税、验放四个主要环节。

（1）初审。

① 初审是海关在总体上对报关单证作形式上的审核。

② 审核报关单所填报的内容与原始单证是否相符，商品的归类编号是否正确，报关单的预录是否有误等。

（2）审单。

① 审单是报关的中心环节，从形式上和内容上对报关单证进行全面的审核。

② 审核内容包括：报关单证是否齐全、准确；所报内容是否属实；有关的进口批文和证明是否有效；报关单所填报的货物名称、规格、型号、用途及金额与批准文件上的是否一致；确定关税的征收与减免等。

③ 允许通关时，留存一套报关单据（报关单、运单、发票）作为海关备案。

（3）征税。

① 根据报关单证所填报的货物名称、用途、规格、型号及构成材料等确定商品的归类编号及相应的税号和税率。

② 若商品的归类或税率难以确定，海关可先查看实物或实物图片及有关资料后再行确定征税。

③ 若申报的价格过低或未注明价格，海关可以估价征税。

（4）验放。

① 货物放行的前提是：单证提供齐全，税款和有关费用已经全部结清，报关未超过规定期限，实际货物与报关单证所列一致。

② 放行的标志：在正本运单上或航空货运代理公司经海关认可的分运单上加盖放行章。

③ 放行货物的同时，将报关单据（报关单、运单、发票）及核销完的批文和证明全部

留存海关。如果报关时已超过海关法规定的报关期限，必须向海关缴纳滞报金。

④ 验放关员可要求货主开箱，查验货物。此时查货与征税时查货，其目的有所不同，征税关员查看实物主要是为了确定税率，验放关员查验实物是为了确定货物的物理性质、化学性质以及货物的数量、规格、内容是否与报关单证所列完全一致，有无伪报、瞒报、走私等问题。

⑤ 除海关总署特准免验的货物外，所有货物都在海关查验范围之内。

7）发货与收费

（1）发货。办完报关、报检等手续后，货主须凭盖有海关放行章、检验检疫章的进口提货单到所属监管仓库付费提货。仓库发货时，须检验提货单据上各类报关、报验章是否齐全，并登记提货人的单位、姓名、身份证号以确保发货安全。报关员发货时，须再次检查货物外包装情况，遇有破损、短缺的，应向货主做出交代。

（2）收费。航空货运代理公司仓库在发放货物之前，一般先将费用收妥。收费内容有：到付运费及垫付佣金；单证、报关费；仓储费；装卸、铲车费；航空公司到港仓储费；海关预录入、动植检、卫检报验等代收代付费；关税及垫付佣金。

除了每次结清提货的货主外，经常性的货主可与航空货运代理公司签订财务付费协议，实施先提货、后付款、按月结账的付费方法。

8）送货与转运

出于多种因素（或考虑便利，或考虑节省费用，或考虑运力所限），许多货主或国外发货人要求将进口到达货由航空货运代理公司报关、垫税、提货后直接运输到收货人手中。航空货运代理公司在代理客户制单、报关、垫税、提货、运输的一揽子服务中，由于工作熟练，衔接紧密，服务到位，因而受到货主的欢迎。

（1）送货上门业务。送货上门业务主要指进口清关后货物直接运送至货主单位，运输工具一般为汽车。

（2）转运业务。转运业务主要指将进口清关后的货物转运至内地的航空货运代理公司，运输方式为飞机、汽车、火车、水运、邮政等。

办理转运业务，需由内地的货运代理公司协助收回相关费用，同时口岸货运代理公司也应支付一定比例的代理佣金给内地货运代理公司。

9）进口货物转关及监管运输

进口货物转关是指货物入境后不在进境地海关办理进口报关手续，而运往另一设关地点办理进口报关手续，在办理进口报关手续前，货物一直处于海关监管之下，转关运输也称监管运输，意谓此运输过程置于海关监管之中。

（1）转关条件。进境货物经申请人向进境地海关提出申请，并具备下列条件者，经海关核准方可办理转关运输。

① 指运地设有海关机构的，或虽未设海关机构，但分管海关同意办理转关运输，即收货人所在地必须设有海关机构，或邻近地区设有分管该地区的海关机构。

② 运载转关货物的运输工具和装备，具备密封装置和加封条件（超高、超长及无法封入运输装置的除外）。海关规定，转关货物采用汽车运输时，必须使用封闭式的货柜车，由进境地海关加封，指运地海关启封。

③ 承运转关运输货物的企业是经海关核准的运输企业。一般运输企业，尤其是个体运

输者,即使拥有货柜车,也不能办理转关运输。

不具备上述条件,但有特殊情况的,经海关核准,也可以办理转关运输。

办理转关运输还应遵守海关的其他有关规定,如转关货物必须存放在海关同意的仓库、场所,并按海关规定办理收存、交付手续;转关货物未经海关许可,不得开拆、改装、调换、提取、交付;对海关加封的运输工具和货物,应当保持海关封志完整,不能擅自开启,必须负责将进境地海关签发的关封完整、及时地交指运地海关,并在海关规定的期限内办理进口手续。

(2) 转关手续。转关货物无论采用飞机、汽车、火车运输,转关申请人(或代理公司)均须首先向指运地海关申请"同意接收××运单项下进口货物转关运输至指运地"的关封。

办理进口货物转关运输手续时,应向进境地海关递交以下资料:

① 指运地海关同意转关运输的关封;
② 转关运输申报单;
③ 国际段空运单、发票。

进境地海关审核货运单证同意转关运输后,须

① 将货物运单号和指运地的地区代号输入电脑进行核销,并将部分单证留存;
② 将运单、发票、转关货物核准单各一份装入关封内,填妥关封号加盖验讫章;
③ 在运单正本上加盖放行章;
④ 在海关配发给各货运代理公司的转关登记簿上登记,以待以后收回回执核销;
⑤ 采用汽车转关运输时,需在海关颁发的货运代理监管运输车辆的"载运海关监督货物车辆登记簿"上登记、核销。

5.3.2 航空货物出口运输业务流程

航空货物出口运输业务流程主要包括以下 20 个环节:市场销售,委托运输,审核单证,预配舱,预订舱,接受单证,填制货运单,接收货物,标记和标签,配舱,订舱,出口报关,出仓单,提板、箱,货物装箱装板,签单,交接发运,航班跟踪,信息服务,费用结算(见图 5-5)。

1. 市场销售

作为航空货物出口运输销售代理人,其销售的产品是航空公司的舱位,只有飞机舱位配载了货物,航空货运才真正具有了实质性的内容,因此承揽货物处于航空货物出口运输业务流程的核心地位。

2. 委托运输

航空货运代理公司与出口单位(发货人)就出口货物运输事宜达成意向后,可以向发货人提供所代理的有关航空公司的"国际货物托运书"。对于长期出口或出口货量大的单位,航空货运代理公司一般都与之签订长期的代理协议。发货人发货时,首先需填写委托书,并加盖公章,作为货主委托代理承办航空货物出口运输的依据。航空货运代理公司根据委托书要求办理出口手续,并据以结算费用。因此,"国际货物托运书"是一份重要的法律文件。

根据《华沙公约》第 5 条第(1)和第 6 条第(5)规定:货运单应由托运人填写,也

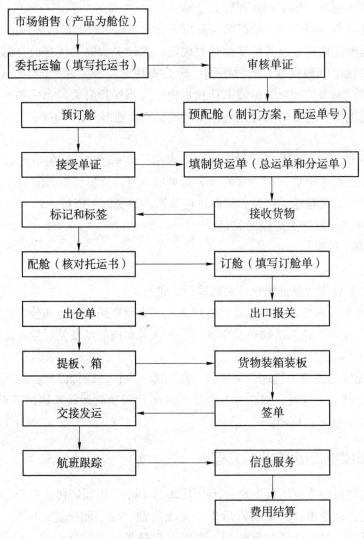

图 5-5 航空货物出口运输业务流程

可由承运人或其代理人代为填写。实际上,目前货运单均由承运人或其代理人代为填写。为此,作为填开货运单的依据——托运书,应由托运人自己填写,而且托运人必须在上面签字或盖章。

托运书(shipper's letter of instruction)是托运人用于委托承运人或其代理人填开航空货运单的一种表单,表单上列有填制货运单所需的各项内容,并应该印有授权承运人或其代理人代其在货运单上签字的文字说明。

托运书内容如下。

1)托运人(SHIPPER)

填写托运人的全称、街名、城市名称、国名,以及便于联系的电话号码、电传号码或传真号码。

2)收货人(CONSIGNEE)

填写收货人的全称、街名、城市名称、国名(特别是在不同国家内有相同城市名称时,必须要填上国名）以及电话号码、电传号码或传真号码，本栏内不得填写"TO ORDER"或"TO ORDER OF THE SHIPPER"（按托运人的指示）等字样，因为航空货运单不能转让。

3）始发站机场（AIRPORT OF DEPARTURE）

填写始发站机场的全称，若机场名称不明确，可填城市名称。

4）目的地机场（AIRPORT OF DESTINATION）

填写目的地机场（不知道机场名称时，可填城市名称），如果某一城市名称用于一个以上国家，应加上国名。例如，LONDON UK 伦敦，英国；LONDON KY US 伦敦，肯塔基州，美国；LONDON TO CA 伦敦，安大略省。

5）要求的路线/申请订舱（REQUESTED ROUTING/REQUESETING BOOKING）

本栏用于航空公司安排运输路线时使用，但如果托运人有特别要求，也可填入本栏。

6）供运输用的声明价值金额（DECLARED VALUE FOR CARRIAGE）

填写供运输用的声明价值金额，该价值即为承运人负赔偿责任的限额。承运人按有关规定向托运人收取声明价值金额，但如果所交运的货物毛重每千克不超过20美元（或其等值货币），无须填写声明价值金额，可在本栏内填入"NVD"（no value declared，未声明价值）；如果本栏空着未填写，承运人或其代理人可视为货物未声明价值。

7）供海关用的声明价值（DECLARED VALUE FOR CUSTOMS）

国际货物通常要受到目的站海关的检查，海关根据此栏所填数额征税。

8）保险金额（INSURANCE AMOUNT REQUESTED）

中国民航各空运企业暂未开展国际航空货物运输代理保险业务，本栏可空着不填。

9）处理事项（HANDLING INFORMATION）

填写附加的处理要求，例如，另请通知（ALSONOTIFY）。除填写收货人以外，如果托运人还希望在货物到达的同时通知他人，请另行填写通知人的全名和地址。

10）货运单所附文件（DOCUMENT TO ACCOMPANY AIR WAYBILL）

填写随附在货运单上，托运人要求的文件，应填上所附文件的名称，例如，托运人的动物证明（SHIPPER'S CERTIFICATION FOR LIVE ANIMALS）。

11）件数和包装方式（NUMBER AND KIND OF PACKAGES）

填写该批货物的总件数，并注明其包装方法，例如，包裹、纸板盒、盒、板条箱、袋、卷等，如果货物没有包装，就注明为散装。

12）实际毛重（ACTUAL GROSS WEIGHT）

本栏内的重量应由承运人或其代理人在称重后填入。如果托运人已经填上重量，承运人或其代理人必须进行复核。

13）运价类别（RATE CLASS）

本栏可空着不填，由承运人或其代理人填写。

14）计费重量（千克）（CHARGEABLE WEIGHT）

本栏内的计费重量应由承运人或其代理人在量过货物的尺寸（以厘米为单位）后由承运人或其代理人算出计费重量后填入，或其代理人必须进行复核。

15）运费率（RATE/CHARGE）

本栏可空着不填。

16）货物的品名及数量［NATURE AND QUANTITY OF GOODS（INCL. DIMENSIONS OR VOLUME）］

填写货物的品名和数量（包括尺寸和体积）。

若一票货物包括多种物品，托运人应分别申报货物的品名，需要注意的是，填写品名不能使用"样品""部件"等这类比较笼统的名称。货物中的每一项均需分开填写，并尽量填写详细。本栏所属填写内容应与出口报关发票和进口许可证上所列明的相符，所填写的货物尺寸应注明计量单位，对于危险物品，则应注明其专用名称和包装级别。

17）托运人签字（SIGNATURE OF SHIPPER）

托运人必须在本栏内签字。

18）日期（DATE）

填写托运人或其代理人交货的日期。在接受托运人委托后，单证操作前，航空货运代理公司的指定人员对托运书进行审核或称之为合同评审。审核的主要内容：价格、航班日期。目前，审核起降航班的航空公司大部分采取自由销售方式。每家航空公司、每条航线、每个航班甚至每个目的港均有优惠运价，这种运价会因货源、淡旺季经常调整，而且各航空公司之间的优惠价也不尽相同。所以有时候更换航班，运价也随之更换。需要指出的是货运单上显示的运价虽然与托运书上的运价有联系，但互相之间有很大区别。货运单上显示的是适用运价和运费率，托运书上显示的是航空公司优惠价加上杂费和服务费或使用协议价格。托运书的价格审核就是判断其价格是否被接受，预订航班是否可行。审核人员必须在托运书上签名和写上日期以示确认。

3. 审核单证

单证应包括以下内容。

（1）发票、装箱单。发票上一定要加盖公司公章，标明价格术语和货价（包括样品的发票）。

（2）托运书。一定要注明目的港名称和目的港所在城市名称，明确运费预付或运费到付、货物毛重、收发货人、电话/电传/传真号码。托运人签字处一定要有托运人签名。

（3）报关单。注明经营单位注册号、贸易性质、收汇方式，并要求在申报单位处加盖公章。

（4）外汇核销单。在出口单位备注栏内，一定要加盖公司章。

（5）许可证。合同号、出口口岸、贸易国别、有效期，一定要符合要求并与其他单据相符。

（6）商检证、商检放行单、盖有商检放行章的报关单。商检证上应有海关放行联字样。

（7）进料/来料加工核销本。要注意本上的合同号应与发票相符。

（8）索赔/返修协议。要求提供正本，要求合同双方盖章，对方没章时，可以签字。

（9）到付保函。凡到付运费的货物，发货人都应提供保函。

（10）关封。

4. 预配舱

代理人汇总所接受的委托和客户的预报，并输入电脑，计算出各航线的件数、重量、体积，按照客户的要求和货物重、泡情况，根据各航空公司不同机型对不同板箱的重量和高度的要求，制订预配舱方案，并对每票货配上运单号。

5. 预订舱

代理人根据所指定的预配舱方案，按航班、日期打印出总运单号、件数、重量、体积，向航空公司预订舱。

6. 接受单证

接受托运人或其代理人送交的已经审核确认的托运书、报送单证和收货凭证。将收货记录与收货凭证核对，制作操作交接单，填上所收到的各种报关单证份数，给每份交接单配一份总运单或分运单。将制作好的交接清单、配好的总运单或分运单、报关单证移交制单。

7. 填制货运单

航空货运单包括总运单和分运单，填制航空货运单的主要依据是发货人提供的国际货运委托书，委托书上的各项内容都应体现在货运单项上，一般用英文填写。

8. 接收货物

接收货物，是指航空货运代理公司把即将发运的货物从发货人手中接过来并运送到自己的仓库。

接收货物一般与接单同时进行。对于通过空运或铁路从内地运往出境地的出口货物，航空货运代理公司按照发货人提供的运号号、航班号及接货地点、日期，代其提取货物。如货物已在始发地办理了出口海关手续，发货人应同时提供始发地海关的关封。

接货时应对货物进行过磅和丈量，并根据发票、装箱单或送货单清点货物，核对货物的数量、品名、合同号或唛头等是否与货运单上所列一致。

9. 标记和标签

（1）标记。包括托运人、收货人的姓名、地址、联系电话、传真、合同号等；操作（运输）注意事项；单件超过150kg的货物。

（2）标签。标签按类别分为航空公司标签和分标签两种。航空公司标签是对其所承运货物的标识，标签上前三位阿拉伯数字代表所承运航空公司的代号，后八位阿拉伯数字是总运单号码。分标签是航空货运代理公司对出具分标签货物的标识，凡出具分运单的货物都要制作分标签，分标签上应有分运单号码和货物到达城市或机场的三字代码。一件货物贴一张航空公司标签，有分运单的货物，再贴一张分标签。

10. 配舱

配舱是指核对货物的实际件数、重量、体积与托运书上预报数量的差别。以对预订舱位、板箱的有效利用为原则，按照各航班机型、板箱型号、高度、数量进行配载，合理搭配。

11. 订舱

接到发货人的发货预报后，向航空公司吨控部门领取并填写订舱单，同时提供相应的信息：货物的名称、体积、重量、件数、目的地，要求出运的时间等。航空公司根据实际情况安排舱位和航班。航空货运代理公司订舱时，可依照发货人的要求选择最佳的航线和承运人，同时为发货人争取最低、最合理的运价。

订舱后，航空公司签发舱位确认书（舱单），同时领取预装货集装器凭证，以表示舱位订妥。

12. 出口报关

首先将发货人提供的出口货物报关单的各项内容录入电脑，即电脑预录入。在通过电脑填制的报关单上加盖报关单位的报关专用章,然后将报关单与有关的发票、装箱单和货运单综合在一起,并根据需要随附有关的证明文件;以上报关单证齐全后,由持有报关证的报关员正式向海关申报;海关审核无误后,海关官员即在用于发运的货运单正本上加盖放行章,同时在出口收汇核销单和出口报关单上加盖放行章,在发货人用于产品退税的单证上加盖验讫章,贴上防伪标志;完成出口报关手续。

13. 出仓单

出仓单是指货物出仓的单据。配舱方案制订后就可着手编制出仓单,内容包括出仓单的日期、承运航班的日期、装载板箱形式及数量、货物进仓顺序编号、总运单号、件数、重量、体积、目的地三字代码和备注。

14. 提板、箱

向航空公司申领板、箱并办理相应的手续。提板、箱时,应领取相应的塑料薄膜和网。对所使用的板、箱要登记、销号。

15. 货物装箱装板

注意事项:不要用错集装箱、集装板,不要用错板型、箱型;不要超装箱板尺寸;要垫衬,封盖好塑料纸,防潮、防雨淋;集装箱、板内货物尽可能配装整齐,结构稳定,并结紧网索,防止运输途中倒塌;对于大宗货物、集中托运货物,尽可能将整票货物装在一个或几个板、箱内运输。

16. 签单

货运单在盖好海关放行章后还需要到航空公司签单,只有签单确认后才允许将单、货交给航空公司。

17. 交接发运

交接是向航空公司交单交货,由航空公司安排航空货物运输。交单就是将随机单据和应由承运人留存的单据交给航空公司。随机单据包括第二联航空运单正本、发票、装箱单、产地证明、品质鉴定证书。交货就是把与单据相符的货物交给航空公司。交货前必须粘贴或拴挂货物标签,清点和核对货物,填制货物交接清单。大宗货、集中托运货,以整板、整箱称重交接。零散小货按票称重,计件交接。

18. 航班跟踪

需要联程中转的货物,在货物运出后,要求航空公司提供二程、三程航班中转信息,确认中转情况。及时将上述信息反馈给客户,以便遇到不正常情况时及时处理。

19. 信息服务

从以下几个方面做好信息服务:订舱信息、审单及报关信息、仓库收货信息、交运称重信息、一程二程航班信息、集中托运信息、单证信息。

20. 费用结算

费用结算主要涉及同发货人、承运人和国外代理人三方面的结算。

(1) 与发货人结算费用。在运费预付的情况下,收取航空运费、地面运输费、各种服务费和手续费。

(2) 与承运人结算费用。向承运人支付航空运费及代理费,同时收取代理佣金。

(3) 与国外代理结算。主要涉及付运费和利润分成等。

到付运费实际上是发货方的航空货运代理公司为收货人垫付的,因此收货方的航空货运代理公司在将货物移交收货人时，应收回到付运费并将有关款项退还发货方的航空货运代理公司。同时发货方的航空货运代理公司应将代理佣金的一部分分给其收货地的航空货运代理公司。

由于航空货运代理公司之间存在长期的互为代理协议，因此与国外代理人结算时一般不采取一票一结的办法，而采取应收应付互相抵消、在一定期限内以清单冲账的办法。

5.3.3 航空货物运价与运费

1. 国际航空运费及计费重量

航空运价，又称航空费率，是指承运人将一票货物自始发地机场运至目的地机场所应收取的航空货物运输费用。

1）国际航空运费

货物的航空运费是指将一票货物自始发地机场运输到目的地机场所应收取的航空货物运输费用，不包括其他费用。货物的航空运费主要由两个因素组成，即货物适用的航空运价与货物的计费重量。

2）计费重量

货物的计费重量可以是货物的实际毛重，或者是货物的体积重量，具体如下。

（1）实际毛重：包括货物包装在内的货物重量。

（2）体积重量：体积重量的折算，换算标准为每 $6\ 000\text{cm}^3$ 折合 1kg。

（3）计费重量：货物的实际毛重与货物的体积重量两者比较取高者。

国际航协规定，国际货物的计费重量以 0.5kg 为最小单位，重量尾数不足 0.5kg 的，按 0.5kg 计算；0.5kg 以上不足 1kg 的，按 1kg 计算。

3）最低运费

按货物适用的航空运价与其计费重量计算所得的航空运费，在与货物最低运费相比时，应取高者。

2. 航空货物运价

目前国际航空货物运价按指定的途径划分，主要分为协议运价和国际航协运价。

国际航协运价是指 IATA 在 TACT 运价资料上公布的运价。国际航空货物运价使用 IATA 的运价手册（TACT RATES BOOK），结合并遵守国际货物运输规则（TACT RULES）共同使用。按照 IATA 货物运价公布的形式划分，国际航空货物运价可分为公布直达运价和非公布直达运价。

公布直达运价包括普通货物运价（general cargo rate）、指定商品运价（specific commodity rate）、等级货物运价（commodity classification rate）、集装货物运价（unit load device rate）。

（1）普通货物运价，也叫一般货物运价，指的是相对于其他运价而言的适用于普通货物运输的运价。根据货物的重量不同，分成若干重量等级分界点运价，以量大价低为原则。

（2）指定商品运价，也叫特种商品运价，适用于自规定的始发地至规定的目的地运输的特定品名货物。这种运价低于相应的普通货物运价。实际上，指定商品运价相当于一种优惠运价，目的在于提高航空货物运输的竞争力，以具有竞争力的运价来吸引客户，使航空公司的运力得到充分利用。

（3）等级货物运价，是用于指定地区内部或地区之间的少数货物的运价。通常在普通货物运价的基础上增加或减少一定的百分比。减少的为附减运价，增加的为附加运价。

（4）集装货物运价，是一种组成货物运价，适用于托盘或集装器、箱运输。

非公布直达运价包括比例运价和分段相加运价。

3. 普通货物运价（GCR）的计算步骤

1）术语

体积、体积重量、计费重量、适用运价、航空运费。

2）计算步骤

第一步：计算出航空货物的体积及体积重量。

体积重量的折算，换算标准为每 6 000 cm³ 折合 1kg。即

$$体积重量（kg）= \frac{货物体积}{6\ 000\ cm^3/kg}$$

第二步：计算货物的总重量。

$$总重量 = 单个商品重量 \times 商品总数$$

第三步：比较体积重量与总重量，取大者为计费重量。根据国际航协规定，国际货物的计费重量以 0.5kg 为最小单位，重量尾数不足 0.5kg 的，按 0.5kg 计算；0.5kg 以上不足 1kg 的，按 1kg 计算。

第四步：根据公布运价，找出适合计费重量的适用运价。

① 计费重量小于 45kg 时，适用运价为 GCR N 的运价（GCR 为普通货物运价，N 运价表示重量在 45kg 以下的运价）。

② 计费重量大于 45kg 时，适用运价为 GCR Q45、GCR Q100、GCR Q300 等与不同重量等级分界点相对应的运价（航空货运对于 45kg 以上的不同重量分界点的普通货物运价均用"Q"表示）。

第五步：计算航空运费。

$$航空运费 = 计费重量 \times 适用运价$$

第六步：若采用较高重量分界点的较低运价计算的运费比第五步计算出的航空运费低，则取低者。

第七步：比较第六步计算的航空运费与最低运费，取高者。

3）航空货运单运费计算栏的填制

（1）No. of Pieces RCP：填写货物的数量。

（2）Gross Weight：货物的总重量。

（3）kg/L：以千克为单位用代号"K"表示，以磅为单位用代号"L"表示。

（4）Rate Class：若计费重量小于 45kg，填写 N；若计费重量大于 45kg，填写 Q；若航空运费为最低运费，则填写 M。

（5）Commodity Item No.：普通货物此栏不填。

（6）Chargeable Weight：填写计费重量。

（7）Rate/Charge：填写适用运价。

（8）Total：填写航空运费。

(9) Nature and Quantity of Goods (incl dimensions or volume): 填写商品的品名及商品的尺寸。

4. 指定商品运价（SCR）的计算步骤

1）使用指定商品运价的条件

(1) 运输始发地至目的地之间有公布的指定商品运价。

(2) 托运人所交运的货物，其品名与有关指定商品运价的货物品名相吻合。

(3) 货物的计费重量满足指定商品运价使用时的最低重量要求。

2）计算步骤

第一步：先查询运价表，如果运输始发地至目的地之间有公布的指定商品运价，则考虑使用指定商品运价。

第二步：查找品名表，找出与运输货物品名相对应的指定商品代号。

第三步：计算计费重量。此步骤与普通货物的计算步骤相同。

第四步：找出适用运价，然后计算出航空运价。此时需要比较计费重量与指定商品运价的最低重量。

(1) 如果货物的计费重量超过指定商品运价的最低重量，则优先使用指定商品运价作为商品的适用运价，此时航空运费＝计费重量×适用运价。

(2) 如果货物的计费重量没有达到指定商品运价的最低重量，则需要比较计算。

① 按普通货物计算，适用运价为 GCR N 或 GCR Q 的运价，航空运费＝计费重量×适用运价；

② 按指定商品运价计算，适用运价为 SCR 的运价，航空运费＝计费重量×适用运价；

③ 比较①和②计算出的航空运费，取低者。

第五步：比较第四步计算出的航空运费与最低运费，取高者。

3）航空货运单运费计算栏的填制

Commodity Item No.：填写指定商品代号。

其余与普通货物的航空货运单运费计算栏的填制相同。

5. 国际货物运输的其他费用

(1) 货运单费。用两字代码"AW"表示，按国际航协规定，航空货运单若由航空公司销售或填制，表示为"AWC"；由航空公司的代理人销售或填制，则表示为"AWA"。

(2) 垫付款和垫付费。

① 垫付款仅适用于货物费用及其他费用到付。垫付款由最后一个承运人向提货人收取。在任何情况下，垫付款数额不能超过货运单上全部航空运费总额，但当货运单运费总额低于 100 美元时，垫付款金额可以达到 100 美元标准。

② 垫付费，代码为"DB"。

(3) 危险物品处理费。代码为"PA"，自中国至 IATA 业务一区、二区、三区，每票货物的最低收费标准均为 400 元人民币。

(4) 运费到付手续费，代码为 CC Fee，在中国，CC Fee 最低收费标准为 CNY100。

5.4 包舱(包集装箱板棚)与快递业务

5.4.1 包舱、包集装箱板棚

包舱、包集装箱(板棚)运输是指托运人根据所托运的货物,在一定时间内必须单独占用飞机货舱或集装箱、集装板、集装棚;而承运人需要采取专门措施给予保证的一种经营方式(不含正常运输中的集装箱、集装板、集装棚运输)。

5.4.2 航空快递

1. 定义

航空快递是指具有独立法人资格的企业通过自身或代理的网络将出境货物或物品从发件人所在地运达收件人的一种快速运输方式,采用这种运输方式的进出境货物、物品叫快件。这是目前国际航空货物运输中最快捷的运输方式。它不同于航空包机和航空货运,是由一个专门经营该项业务的公司和航空公司合作,通常为航空货运代理公司或航空速递公司派专门人员以最快的速度在货主、机场、用户之间运输和交接货物。由于这项业务是在国际上两个航空货运代理公司之间通过航空公司进行的,所以特别适用于急需的药品、医疗器械、图纸资料、贵重物品、货样及单证等的运送,被称为"桌到桌运输"。

2. 航空快递业务的形式

1) 门/桌到门/桌

门/桌到门/桌的服务形式是航空快递公司最常用的一种服务形式。首先,发件人在需要时通知航空快递公司,航空快递公司接到通知后会派人上门取件,将所收到的快件集中到一起,然后根据其目的地分拣、整理、制单、报关并发往世界各地,在到达目的地后,再由当地的分公司办理清关、提货手续,最终送至收件人手中。在这期间,客户可以依靠航空快递公司的计算机网络随时对快件的位置进行查询,当快件送达后,也可以及时通过计算机网络将消息反馈给发件人。

2) 门/桌到机场

与前一种服务方式相比,门/桌到机场的服务是指当快件到达目的地机场后不是由航空快递公司去办理清关、提货手续并送达收件人的手中,而是由航空快递公司通知收件人自己去办理相关手续。通过这种方式的快递多是海关当局有特殊规定的货物或物品。

3) 专人派送

所谓专人派送,是指由航空快递公司指派专人携带快件在最短时间内将快件直接送到收件人手中。这是一种特殊服务,一般很少采用。

通过三种服务的比较可以看出,门/桌到机场形式对客户来说比较麻烦;专人派送最安全可靠,同时费用也最高;而门/桌到门/桌的服务介于上述两者之间,适合绝大多数快件的运输。除此之外,上述三种方式中,第二种服务较简单,收费较低,但收货人感到不方便;第三种服务虽然周到,但费用高;第一种则是综合了上述两种服务的优点,大多数航空公司、航空货运代理公司、航空速递公司均采用这种方式。与普通航空货物运输不同的是，航空快递公司办理快运业务时，有专人负责货物的整个运输过程，从而使货物的衔接时间大为缩短。此外，由于在运输途中货物始终处于专人的监管之下，所以一般货物安全。这种提供登门取货、送货上门、服务到办公室、代办各种运输和报关手续的服务，给发、收件人带来了极大方便，同时又能及时提供货物的交接信息，对货物的查询能够做到及时答复。

3. 航空快递业务的特点

1）航空快递公司具有完善的快递网络

快递是以时间、递送质量区别于其他运输方式的，它的高效运转只有建立在完善的网络上才能进行，而这种网络要求无论始发地、中转地还是到达地都要以服务于网络为目的，同时网络也要具有相当强的整合能力。

2）航空快递以收运文件和小包裹为主

航空快递收运的文件包括银行票据、商务信函、装船单据、贸易合同、小件资料等，小包裹包括机器上的小件样品、小零件、急用备件等，航空快递公司对收件有最大重量和最大体积的限制。相比之下，普通航空货运则以收运进出口贸易货物为主，并规定每件货物的最小体积不得小于 $5cm \times 10cm \times 20cm$，每票货物的最小重量不得小于 $0.5kg$，而邮政业务则以运送私人信函为主要业务范围，要求货物的体积重量较之航空快递要小。航空快递、普通航空货运、邮政国际业务三者业务范围之间有一定的交叉，但又各有自己相对应的经营领域和服务范围，主导业务有明显区别。

3）特殊的单据

从运输和报关单来看，航空快递业务中有一种其他运输形式所没有的单据交付凭证 POD（proof of delivery），POD 是航空快递的重要单据，它由多联组成（各航空快递公司的 POD 不尽相同），一般有发货人联、随货同行联、收货人签收联、财务结算联等，上面印有编号及条码，POD 类似于航空货运中的分运单，但比航空分运单的用途更为广泛，主要有以下几个作用：①商务合同作用；②分运单作用；③配合计算机检测、分类、分拨作用；④服务时效、服务水平记录作用；⑤结算作用。

4）流程环节的全程控制

从服务层次来看，航空快递因设有专人负责，既减少了内部交接环节，又缩短了衔接时间，因而运送速度快于普通航空货运业务以及邮递业务，这是快递业务区别于其他运输形式最根本的一点。

5）高度的信息化控制

从服务质量来看，航空快递在整个运输过程中都处在计算机的监控之下，快件每经过一个中转港或目的港，计算机都会输入其动态（如提货、转运、报关等），派送员将货送交给收货人，并让其在 POD 上签收后，计算机操作员将送货情况再输入计算机。这样，信息很快就能反馈到发货方，一旦查询，就能立时得到准确的回复，这种运输方式能够让收发货人都感到安全可靠。

相比之下，普通的航空货物虽然在送交收货人时也让其在底单上签字，但是这种底单主要是作为货物已交付货主的凭证存入档案，而不是作为回执反馈给发货方，虽然有些航空货运代理公司也开始向发货方的国外代理反馈货物处理信息，但其反馈信息的速度和准确度远不如航空快递业务。此外，由于邮政业务没有运送信息的反馈，邮件丢失时查找困难，特别是被动查询时,需要按顺序一个邮局一个邮局地查询,然后一个邮局一个邮局地回复,信息反馈速度缓慢。

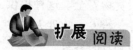

资料　航空货物运输危险物品的发展历程及现状

　　危险物品,是指能够对人体健康、飞行安全、财产或者环境构成危害,且在国际民航组织(ICAO)所颁布的《危险物品航空安全运输技术指令》(以下简称《技术指令》)危险物品品名表中列明或者根据该《技术指令》分类的物质或者物品。按照现行有效的国际标准,即国际民航组织的《危险物品航空安全运输技术指令》和国际航空运输协会(IATA)的《危险物品规则》,航空货物运输活动中根据危险物品种类,危险物品大致可以分为以下九大类:爆炸品、气体、易燃液体和易燃固体、自燃物质和遇水释放气体物质、氧化剂和过氧化物、有毒和传染性物质、放射性物质、腐蚀性物质、杂项危险物品。根据危险物品的危险程度不同,危险物品则可以分为客货机均可载运的危险物品、只限货机运输的危险物品、正常情况下禁止运输但在有关国家特殊豁免可以载运的危险物品,以及在任何情况下都禁止运输的危险物品。这些危险物品中既有其危险性显而易见的各类化工产品,也有日常生活中常见的公众容易忽视其危险性的物品,如香水、药品、汽车、电器,还有经过特殊手段保鲜的水产品,甚至某些动物、水果在特殊情况下也具有一定的危险性。随着社会的不断发展,危险物品的种类还在不断增加。

　　危险物品的航空货物运输几乎是与商业航空运营同时开始的。只是从不自觉到自觉,从无序到有序,从管理疏失到组织严密,从企业自我管理发展到世界范围内的法制化管理。其间经历了数十年的发展历程。

　　我国危险物品的航空货物运输可以追溯到20世纪50年代。那时,航空货物运输的危险物品主要是农药和极少量的放射性同位素。当时的中国民航局为此先后拟订了《危险物品载运暂行规定》和《放射性物质安全运输规定》。20世纪60年代初期,中国民航仅通航苏联、缅甸、越南、蒙古和朝鲜等周边国家。国际国内货物运输量都非常有限。1961年后,为确保航空货物运输的安全,根据上级指示,规定民航客货班机一律不载运化工危险物品和放射性同位素。但此后的十余年间随着我国对外交往的日趋活跃,对外贸易的不断发展,巴航(PIA)、法航(AIR FRANCE)相继开航中国。中国民航也开辟了北京—莫斯科、北京—上海—大阪—东京、北京—卡拉奇—巴黎和北京—德黑兰—布加勒斯特—地拉那航线,进口化学危险物品的空运需求不断增多。国内航线上虽不能载运危险物品,但越来越多的化学工业品走进人们的生活,民航运输部门不得不面对如何确定托运人所托运的货物是否属于危险物品,是否可以收运的问题。而外航承运到达中国的货物中也常包含有危险物品,且最终目的地通常为航班终点站以外的其他城市。如何把这些危险物品转运到其最终目的地呢?由于社会需求的大增,促使政府解除禁令。

　　1974年4月,经中国政府批准,中国民航国际航线及其国内航段联运危险货物,均参照国际航空运输协会(IATA)的统一规定承运。1976年1月起,又恢复承运放射性同位素,并拟定了《航空运输放射性同位素的规定》。1979年9月,中国民用航空总局下发实行《化学物品运输规定（试行）》，对化学物品的空运做了比较完整的规定。

正是有了上述"均参照国际航空运输协会（IATA）的统一规定承运"的规定，才使得以后的 28 年来我国危险物品航空货物运输虽然发生了一些小事故，却也基本上保证了运输安全和飞行安全。这是因为"国际航空运输协会（IATA）的统一规定"是根据国际上各种新型化工产品、高科技产品层出不穷和航空货物运输业每年发生的新情况不断修订和完善的。指导危险物品运输操作的正是国际航空运输协会出版发行的名为 IATA RESTRICTED ARTICLES REGULATIONS 的法规性刊物。此外，联合国的专门机构国际民用航空组织（ICAO）各成员国签订了《芝加哥公约》附件十八，公布了《危险物品航空安全运输技术导则》（Technical Instructions for the Safe Transport of Dangerous Goods by Air，简称 TI）。国际航空运输协会将其 RAR 改名为 DANGEROUS GOODS REGULATIONS，简称 DGR，其基本内容与国际民用航空组织的 TI 取得一致。

虽然我国也适用《芝加哥公约》附件十八和《危险物品航空安全运输技术导则》，但我国自己的法律《中华人民共和国民用航空法》作为民用航空业的根本大法，不可能详细规定危险物品运输的细节问题。多年来我国都是以"红头文件"的形式下发、重申规定，管理混乱，不成系统。显然，我国还需要制定一部具有操作指导性的专门法规，以强化法制化管理。各运输企业为操作的规范化，还应该编写本企业的危险物品运输手册。这样才构成完整的危险物品航空货物运输法律体系。

那么，有哪些方面需要法律规范？

首先，托运人方——负责危险物品的分类、包装、地面运输。

托运人可以分为几种类型：①产品的生产厂家；②贸易经销商；③产品购买人；④产品使用人。从理论上来讲，这四种人都应该熟悉所托运货物的理化性质。产品出厂时也应该有说明书和产品储运注意事项。事实上很多产品都没有明确的说明，更没有该产品空运时的注意事项。上述托运人也并非都了解，事实上也不关心货物的性质，托运人只关心航空公司能否收运其货物，能否尽快到目的地。问题的关键在于托运人不关心货物的性质和包装是否会对整个空运过程、乘坐飞机的旅客、同机装载的其他货物和行李以及参与运输活动的其他人员产生任何不利影响，而是想方设法只要能把货物托运出去就行了。因此，托运人的行为需要规范。

其次，代理人方——负责普通货物与危险物品的识别、运输文件的检查。

这里所说的代理人是指航空公司的签约销售代理公司。我们不妨来分析一下代理公司对于危险物品空运所持的态度与心理活动。虽然目前民航局规定代理公司不能收运危险物品。但对于代理公司来讲，危险物品运输利润仍然是十分吸引人的。危险物品不同于普通货物，收运手续复杂，要求高，弄不好还会出事故，招致罚款，砸了牌子。但是代理公司又很清楚"做危险物品"业务会带来很大利润，可拓宽客户面，扩大市场占有率。一些代理公司的销售人员使用不法手段也可以谋得个人利益，于是，就会有人铤而走险，就会有人弄虚作假，也就埋下了事故隐患。因此，代理公司的行为需要规范。

再有，承运人方——负责危险物品的收运、装卸、仓储、配装管理。

近年来，航空货物运输领域的市场竞争十分激烈，以至于航空公司中层以上的干部言必谈效益。"只要能提高经济效益，什么方法都可以用"。在这种情况下，传统的重客轻货思想有了很大改变，许多经营者好像突然发现原来搞货运还有这么大的好处，既可以减少投入,又可以在最后时刻提高飞机载运率,创造高效益。于是货源成了各航空公司争夺的对象,为争夺货源可谓各出奇招,却忽视了至关重要的、对于航空公司而言是不可一日不谈的问题——安全,导致安全隐患事件频发。如出口俄罗斯的服装,采用真空加压的办法以缩小货物体积;深圳至北京的活海鱼采用一吨重的大桶外加制氧机组以保证充足氧气;出口塑料打火机,批量很大,航空公司轻信货主称未充气体而不去仔细检查。又如1999年4月12日,青岛至广州的SZ4632航班运输的一票货物,在卸机时发现包装破损,有毒液体泄漏,使在场工作的17名人员不同程度地中毒,周围的行李、货物也受到不同程度的污染,经调查此票危险物品是按照普通货物收运的。1999年10月10日,长春至北京X2518航班运输的一票危险物品,货物卸回仓库后,仓库内的放射性物质检测装置报警,后来经过北京市卫生防疫站和401所检测,确定此票货物放射性活度达到15居里,人体近距离接近会产生严重后果,此次事件引起公安和环保部门高度重视。经过调查,托运人未按照危险物品运输规定办理有关手续。2000年4月14日,北方航空公司温州至北京CJ6256航班上10件630kg申报品名为"服装、配件"的货物,其中一件贴有放射性物质黄色Ⅱ级标签,系运输等级为Ⅱ级的放射性物质……如此多的安全隐患事件,航空公司有无责任?因此,承运人的行为同样需要规范。

思考题

1. 简述国际航空货物运输的特点和使用范围。
2. 简述航空集装器的基本类型和编号。
3. 举例说明国际航空进出口业务流程和运费。
4. 简述航空快递的业务流程。

第6章 其他国际货物运输方式

国际货物运输是国际贸易的实现形式,适当的国际货物运输方式对国际物流影响巨大。国际海洋运输和国际货物运输是国际货物运输的主要运输方式,此外,还有其他种类的运输方式,本章详细介绍另外三种常见的国际货物运输方式:国际铁路货物运输、国际公路货物运输、国际多式联合运输。

6.1 国际铁路货物运输

铁路货物运输受气候条件的影响小,具有货运量大、速度快、耗能低,输送能力及作业连续性强,运输风险明显小于海洋运输,运输成本比公路货物运输和航空货物运输低等优点。因此,国际铁路货物运输所承担的国际物流份额仅次于国际海运,在国际物流运输中起着十分重要的作用。

国际铁路货物运输是指在两个或者两个以上国家铁路全程运送中,使用一份运送票据,并以连带责任办理货物的全程运送,在由一国铁路向另一国铁路移交货物时,无须发、收货人参加的运输方式。国际铁路货物运输的连带责任指参加国际铁路货物运输中协定的各国铁路,自接收附有国际运单的货物时起,即被认为参加了该项运输合同,并承担由此而产生的责任与义务。由于国际联运参与国多,运输环节复杂,这就要求办理货物运输时,严格地遵守有关协定,才能避免货损、货差以及延迟交货等问题发生,及时、安全、快捷、准确地完成运输工作。

6.1.1 国际铁路货物运输的类型

根据不同的划分标准,可以将国际铁路货物运输划分为不同的类型。下面根据发货人托运货物的数量、发货人托运货物的性质、国际铁路货物运输的速度对国际铁路货物运输进行分类(见图6-1)。

1. 根据发货人托运货物的数量,国际铁路货物运输可以分为整车货物运输、零担货物运输、集装箱货物运输

整车货物运输是指按体积、重量或种类需要单独车辆运送的货物。零担货物运输是指当一批货物重量不超过5 000kg,按其体积或种类不需要单独车辆运送时(不够整车货物运输条件),与其他几批甚至上百批货物共享一辆货车的运输方式。一批货物重量超过5 000kg或一件重量不足10kg、体积小于0.01m³的货物不能按零担办理。集装箱货物运输指铁路使用集装箱进行的货物运输。集装箱分为小吨位、中吨位、大吨位箱。容积为1~3m³,最大允许总重小于2.5t的箱称为小吨位集装箱;容积为3~15m³,最大允许总重为2.5~5t的集

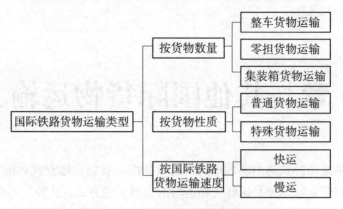

图 6-1 国际铁路运输类型

装箱称为中吨位集装箱；总重为 20ft、30ft、40ft 的箱称为大吨位集装箱。

2. 根据发货人托运货物的性质，国际铁路货物运输可以分为按普通条件的货物运输和按特殊条件的货物运输

按普通条件的货物运输是指在铁路货物运输过程中，按普通条件办理的货物，如煤、粮食、木材、钢材、矿建材料等。按特殊条件的货物运输是指由于货物的性质、体积、状态等在运输过程中需要使用特别的车辆装运或需要采取特殊运输条件和措施，才能保证货物完整和安全的运输方式，具体分为以下三类。

第一类是超长、集重和超限货物。超长货物是指单件货物的长度，超过用于装运的平车的长度；集重货物是指单件货物装车后，其重量不是均匀地分布在车辆的底板上，而是集中在底板的小部分上的货物；超限货物是指单件货物装车后车辆在平直的线路上停留时，货物的高度和宽度有任何部分超过机车车辆限界的货物。

第二类是危险货物，凡具有爆炸、易燃、毒害、腐蚀、放射性等特性，在运输装卸和储存保管过程中，容易造成人身伤亡和财产毁损而需要采取制冷、加温、保温、通风、上水等特殊措施，以防止货物腐烂变质或造成人员或动物病残死亡的货物。

第三类是鲜活货物。鲜活货物分为易腐货物和活动物两种。托运人托运的鲜活货物必须品质新鲜、无疾残，具有能够保证货物运输安全的包装，使用的车辆和装载方法要适应货物性质，并根据需要采取预冷、加冰、上水押运等措施以保证货物品质。

3. 根据国际铁路货物运输速度，国际铁路货物运输可分为慢运和快运

根据《国际铁路货物联运协会（简称《国际货协》)》的规定，整车货物慢运应为每昼夜 200 运价·千米，零担货物慢运应为每昼夜 150 运价千米；整车货物快运应为每昼夜 320 运价·千米，零担货物快运应为每昼夜 200 运价·千米；挂旅客列车运送的整车应为每昼夜 420 运价·千米。

6.1.2 国际铁路货物运输的限制

对于国际铁路运输的货物，国际上具有严格的标准，必须按照规定进行运输，下面介绍国际铁路货物运输的限制。

1. 在国际铁路货物运输中禁止运送的货物

（1）当需要运输的货物属于参与铁路运输的任何一个国家禁止运送的物品时，此货物不能运输。

（2）当需要运输的货物属于参与铁路运输的任何一个国家邮政专运的物品时，此货物不能运输。

（3）炸弹、弹药、军火（但狩猎和体育用途除外）。

（4）爆炸品、压缩气体、液化气体、在压力下溶解的气体、自燃品和放射性物质。

（5）一件重量不足10kg，并体积不超过0.1m^3的零担货物。

（6）在换装联运中，使用不能揭盖的棚车运送的一件重量超过1.5t的货物。

（7）在换装联运中，使用敞车类货车运送的一件重量不足100kg的零担货物，但是不适用于《国际货协》附件2号中规定的一件最大重量不足100kg的货物。

2. 在国际铁路货物运输中，不准在一辆车内混装运送的货物

（1）两种及两种以上需要不同储存条件的易腐货物。

（2）按《国际货协》附件第4号第6条规定需要遵守保温制度或者特殊照管的易腐货物与非易腐货物。

（3）危险货物与按照《国际货协》第2号的规定禁止在一辆车内混装运送的其他货物。

（4）由发货人装车的货物与由铁路装车的货物。

（5）根据发送国的规章，不准许在一辆车内混装运送的货物。

（6）堆装运送的货物与其他货物。

3. 在国际铁路货物运输中，只限按整车办理，不得按零担运送的货物

（1）需要冷藏、保温或加温运输的货物。

（2）限按整车办理的危险货物。

（3）易于污染其他货物的污秽品。

（4）蜜蜂。

（5）未装容器的活运物。

（6）不易计算件数的货物。

（7）一件重量超过2 000kg，体积超过3m^3或长度超过9m的货物。一批重量超过5 000kg或一件重量不足10kg，体积小于0.01m^3的货物。

4. 在国际铁路货物运输中，只有在参加运送的各铁路间预先商定才准运送的货物

（1）一件重量超过60t的货物。

（2）长度超过18m的货物。

（3）在换装运送中用特种平车装运的货物。

（4）在换装运送中用专用罐车装运的化学货物。

5. 在国际铁路货物运输中，必须按特殊规定办理运送的货物

（1）危险货物。

（2）押运人押运货物。

（3）易腐货物。

（4）集装箱货物。

（5）托盘货物等。

6. 中国和俄罗斯铁路货物运输的特殊规定

由于中国和俄罗斯的特殊地缘关系，中俄之间的铁路货物运输在某些方面不同于中国与其他国家之间的铁路货物运输，具体内容如下。

（1）整车货物运输。一般货物每车的装载重量不可超过 63t；用机保冷藏车（车组）运送的货物，每车的重量不可超过 44t；用棚车装运苹果每车不可超过 1 500 件。

（2）从俄罗斯运往中国的肥料、水泥、石棉、橡胶和磷苯二甲酸酐，若一辆车内的货物在 1 500 件以内，双方按件数办理交接；若超过 1 500 件，在运单件数栏填写"准装"字样，双方按重量办理交接。

（3）从俄罗斯或过境俄罗斯运往中国，以及从中国或者过境中国运往俄罗斯，用加封棚车装运的货物，均须在双方交接人员参加的情况下，在换装时办理交接。

（4）普通冷藏车（加冰冷藏车）仅按同一到站，四辆一组办理交接。

（5）从俄罗斯运往中国及其相反方向运送的大吨位重集装箱，每辆车各装运两个门对门的集装箱，允许使用一辆车运送同一到站、不同收货人的集装箱。

（6）在运送整车或者零担成件袋装货物（如粮食、土豆、白砂糖、花生米等）时，一件货物的重量不得大于 50kg，发往俄罗斯的大豆、玉米一律采用散装运输。

（7）从中国到俄罗斯的肉类，收货人必须持有俄罗斯兽医司签发的畜产品进口许可证，必须加工成块包装后运送，每块重量不得超过 50kg。

（8）从俄罗斯发到中国的化肥和矿物肥料以及废旧物品，收货人必须有进口许可证，才能办理接运。

（9）中国铁路只接运打捆后的废金属。

（10）在商定罐车装化工品的月度计划时，须告知对方货物的品名、发收货人以及合同号，中俄双方商定不办理经满洲里至丹东到朝鲜的下列货物的运送：大型集装箱、汽车、公共汽车、其他通过轮子或者履带走行的汽车、拖拉机类货物，以及无包装的配件和设备，需要保温的货物。

（11）1994 年 5 月 1 日起，独联体各国间铁路货物运送费用由代理公司间清算。

6.1.3 国际铁路货物运输的出口业务流程

国际铁路货物运输出口业务主要组织工作包括国际铁路货物运输出口货物运输计划的编制、国际铁路货物运输出口货物的托运、国际铁路货物运输出口货物在国境站交接、国际联运出口货物的交付。国际铁路货物运输的出口业务流程图见图 6-2。

1. 国际铁路货物运输出口货物运输计划的编制

国际铁路货物运输出口货物凡是以整车发运的，必须要有经铁路部门批准的运输计划。因此，各发货方在签订了贸易合同后，应积极备货，并按铁路部门的规定编制运输计划。发运零担货物不需要编制运输计划，但发货人必须事先向铁路部门办理托运手续。在各种铁路运输计划中，月度运输计划最重要，执行得最严格。

国际铁路货物运输月度运输计划编制程序如下。

首先，各省、市、自治区发货单位应按当地铁路部门的规定填制国际铁路货物运输月度要车计划，向铁路局提出下月的要车计划，并在规定的时间内，分别报送当地经贸厅（局）和各主管总公司。其次，各铁路局汇总发货单位的要车计划后，上报铁道部；各省、自治区、直辖市商务厅（局）和进出口总公司在审核计划后，报送商务部。再次，商务部汇总审核计划后与铁道部平衡核定。最后，月度要车计划经两部委平衡核定，并经有关国家的铁道部门确认后，由商务部将核准的结果通知各地商务厅（局）和进出口总公司，各地商务

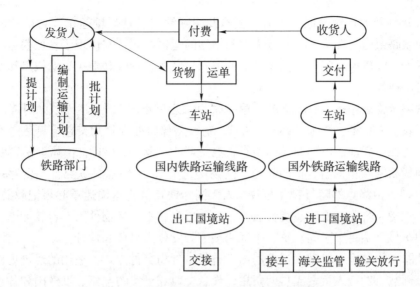

图 6-2 国际铁路货物运输出口业务流程图

厅和进出口总公司再分别转告所属发货单位,各铁路局(分局、车站)将铁道部批准的月度要车计划分别通知发货单位。

2. 国际铁路货物运输出口货物的托运

货物的托运可由货主办理,也可由货运代理企业办理。在托运前,货物的包装和标记严格按照合同中的有关条款以及国际货协等规定的有关条款办理。货物包装应能充分防止货物在运输中变质,保证货物多次装卸而不致毁坏。货物标记、标示牌及运输标记、货签等字迹应清晰、不易擦除,保证多次换装中不致脱落。

(1) 托运的一般过程。出口货物托运主要有四步。

① 发货人在托运货物前,向铁路部门填报国际铁路货物运输运单。

② 铁路部门接到运单后,进行认真审核,检查运单上的各项内容是否正确、齐全。如确认可以承运,应予以签证,在运单上写明货物进入铁路部门的日期和装车日期,表示铁路部门已受理托运。

③ 发货人应按签证指定的日期将货物搬入铁路部门或指定的货位,铁路部门根据运单上的记载查对实货,确认其符合国际通行的有关铁路运输规章制度规定后,方可接收货物。

④ 整车货物在装车完毕后,铁路部门在运单上加盖承运日期戳,即为承运。零担货物在铁路部门将发货人托运的货物连同货物运单一同接收完毕,在货物运单上加盖承运日期戳时,即表示货物业已承运,托运完毕,铁路运单作为运输合同即开始生效,铁路按《国际铁路货物运送公约》的规定对货物负保管、装车并运送到指定目的地的一切责任。出口货物托运业务流程图如图 6-3 所示。

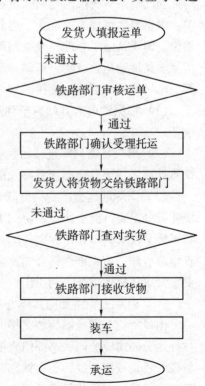

图 6-3 出口货物托运业务流程图

（2）托运涉及的运输单证。托运主要涉及国际铁路货物运输运单，它是参加国际铁路货物运输的铁路部门与发货人、收货人之间缔结的运输合同，它体现了参加联运的各国铁路部门和发货人、收货人之间在货物运送上的权利、义务、责任和豁免，对铁路和发货人、收货人都具有法律效力。

国际铁路货物运输运单一式五联。第一联为"运单正本"，到达终点站时连同第五联和货物一并交收货人；第二联为"运行报单"，是铁路部门办理货物交接清算运送费用、统计运量和收入的原始凭证，由铁路部门留存；第三联为"运单副本"，由始发站盖章后交发货人，以办理货款结算和索赔；第四联为"货物交付单"，由终点站铁路部门留存；第五联为"到达通知单"，由终点站随货物交与收货人。国际铁路货物运输运单必须记载的内容包括：到站名称、收货人名称和地址、货物名称、货物重量、零担货物件数、包装标志、发货人负责装车时的车号、私有车辆的自重、单证明细表、发货人名称和地址。

国际铁路货物运输运单需要记载的内容包括：货物交付方式、适用的运价规程、货物交付利息的金额数、发货人负责支付的费用、现款交付和运费的金额、发送国和各过境国的出口国境站（如需从出口国境站通过邻国的其他进口国境站办理货物运送，则应注明运送所要通过的进口国境站）、发货人和和收货人相互间关于办理海关手续押运情况。国际铁路货物运输运单可附加记载的内容仅供收货人参考，对铁路无约束力，用以向收货人提示有关货物的情况，如货物的来向、去向及运输方、货物的保险等。

3. 国际铁路货物运输出口货物在国境站交接

在国际铁路货物运输中，办理从一国铁路向另一国铁路移交或接收货物和车辆的铁路部门称为国境站。我国国境站除设有一般铁路部门应有的机构外，还设有国际联运交接所、海关、国家出入境检验检疫所、边防检查站，以及中国对外贸易运输总公司所属的分支机构等单位。国境站除了办理一般铁路部门的业务外，还办理国际铁路货物运输的有关业务，包括国际铁路货物运输货物、车辆和列对、运送票据、文件的翻译及货物运送费用的计算与复核等。出口货物在国境站交接的程序如下。

（1）根据国内前方站列车到达预报，出口国境站通知国际联运交接所和海关做好接车准备。

（2）出口货物列车进站后，铁路部门会同海关接车，并将列车随带的运送票据送至交接所处理，货物及列车接受海关的监管和检查。

（3）国际联运交接所实行联合办公，由铁路部门、海关、外运公司等单位参加，并按照业务分工实行流水作业，协同工作。铁路部门主要负责整理、翻译、运送票据，编制货物和车辆交接单，以此作为向邻国铁路办理货物和车辆交接的原始凭证；海关则根据申报，经查验单、证、货相符，符合国家法令及政策规定，即准予解除监管，验关放行；外运公司主要负责审核货运单证，纠正出口货物单证差错，处理错发错运事故。

（4）由双方铁路部门具体办理货物和车辆的交接手续，签署交接证件。

出口货物在国境站换装交接时，如发现货物缺少、残损、污染湿损、被盗等事故，国境站外运分公司应会同铁路部门查明原因、分清责任，分别处理。如果是由于铁路部门的原因造成的货物残损短缺，要由铁路部门负责整修。整修所需包装物料由国境站外运分公司协助解决，但费用由铁路部门承担。如果是发货人的原因造成的事故，在国境站条件允许的情况下，由国境站的外运分公司组织加工整修，但需由发货人提供包装物料，承担所有的费用和损失。因技术条件限制，无法在国境站加工整修的货物，应由发货人到国境站指导或将货物返回发货人处进行处理。

4. 国际联运出口货物的交付

出口货物抵达终点站后，铁路部门应通知收货人领取货物。在收货人付清运单中所记载的一切应付运费后，铁路部门必须将货物连同运单交付给收货人。收货人只有在货物因毁损或腐坏而使质量发生变化，以致部分货物或全部货物不能按正常使用时，才可以拒绝领取货物。收货人领取货物时，应在运输报单上填写货物领取日期，加盖收货戳记。

6.1.4 国际铁路货物运输进口业务流程

国际铁路货物运输进口货物的发运工作是由国外发货人根据合同规定，向该国铁路部门办理。根据《国际货协》规定，我国从参加《国际货协》的国家通过铁路运输进口货物时，凡是国外发货人向其所在国铁路部门办理托运手续的，须按《国际货协》和该国国内规章办理。我国国内有关订货及运输部门，对联运进口货物的运输工作包括联运进口货物在发运前编制运输标志、审核联运进口货物的运输条件、向国境站寄送合同资料、国境站的交接和分拨、进口货物交付以及运到逾期计算等。

1. 国际铁路进口货物运输标志的编制

运输标志又称唛头（mark），由一些具有特定含义的字母和数字组成，一般印制在货物外包装上。我国规定，联运进口货物在订货工作开始前，由商务部统一编制向国外订货的代号，作为收货人的唛头，各进出口公司按照统一规定的收货人唛头对外签订合同。

2. 审核联运进口货物的运输条件

联运进口货物的运输条件是合同中不可缺少的重要内容，必须认真审核，以符合国际联运和国内的有关规章。审核联运进口货物运输条件的主要内容包括收货人唛头是否正确、商品品名是否准确、货物的性质和数量是否符合到站的办理种别、包装是否符合有关规定等。

3. 向国境站寄送合同资料

合同资料是国境站核放货物的重要依据，各进出口公司在签署贸易合同以后，要及时将一份中文合同抄本寄送给货物进口口岸的外运公司。合同资料包括合同的中文抄本和它的附件、补充书、协议书、变更申请书、更改书和有关确认函电等。

4. 进口货物在国境站的交接与交付

我国国境站根据邻国国境站货物列车的预报和确报，通知海关做好到达列车的检查准备工作。进口货物列车到达后，铁路部门会同海关接车，由双方铁路部门进行票据交接，然后将车辆交接单及随车带交的货运票据呈送交接所，交接所根据交接单办理货物和车辆的现场交接，海关则对货物列车执行实际监管。我国国境站交接所通过内部联合办公开展单据核放、货物报关和验关工作，然后由铁路部门负责将货物调往换装线进行换装作业，并向国内发运。货运代理应根据国外发货人提供的发货运输信息在口岸站安排接运事宜。货物到站铁路部门向收货人发到货通知；收货人接到通知向铁路部门付清运送费用后，铁路部门将运单第五联上加盖收货戳记后交给收货人。收货人提货时如果发现货物毁损必须要求铁路部门编制商务记录。货运代理公司根据收货人的委托办理国内运输，将货物送交收货人。

6.2 国际公路货物运输

公路货物运输是现代运输的主要方式之一，也是构成陆上运输的两个基本运输方式之一。公路货物运输既是一个独立的运输体系，又是连接铁路货物运输、水路货物运输和航空货物运输不可缺少的运输方式。公路货物运输系统由装载工具、公路和场站组成，所以也称为公路货物运输系统。

国际公路货物运输是指国际货物借助一定的运载工具，沿着公路作跨两个或两个以上国家或地区的移动过程。以实现货物的贸易交接，并根据国家的法律、法规完成货物的报关、报检、报验、纳税等相关手续。国际公路货物运输是国际公路运输的主要类型，本节主要介绍国际公路货物运输的类型、特点和流程。

6.2.1 国际公路货物运输的类型

根据不同的划分标准，可以将国际公路货物运输划分为不同的类型，下面根据运营方式、运输货物类别、工作性质分别进行分类，如图 6-4 所示。

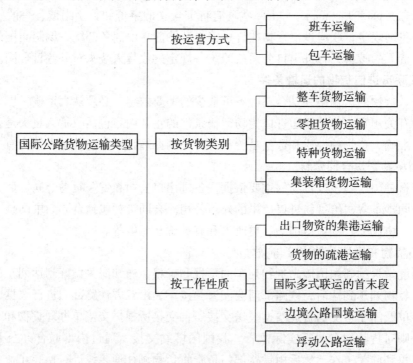

图 6-4 国际公路货物运输分类

1. 按运营方式划分，国际公路货物运输可以分为班车运输和包车运输两种

（1）班车运输是指定时、定线路、定运价的一种运输方式，其开停车时间及行驶路线事先已有规定。班车运输的承运人作为公共承运人，接收众多托运人货物，运费按照规定的运价计收。

（2）包车运输，又称行程租车运输，是指车辆出租人向承租人提供车辆、载运约定的货物，在约定的地点完成一次或者几次行程的货物运输，并由承租人支付运费的一种运输方式。

包车运输具有以下特点。

① 出租人的车辆包给承租人使用，随车人员（即出租人的代理人或受雇人，包括驾驶员等）应当在运输过程中听从承租人的合理安排。

② 包车运输中的开停车时间和行驶线路由双方当事人自行协商确定。

③ 在包车运输中，出租人的车辆仅运送包用车辆的承租人所提供的货物，非经承租人同意，出租人不得装运其他任何人的货物。

④ 包车运输的运费按包用车辆的时间或里程计算，由双方当事人商定。

包车运输的计费有两种形式：一是按时间计费，如按小时或天数。这种方式由于计费较精确，承运人和托运人容易接受；二是包干运费，对于托运人和承运人对运输时间难以预测的情形，托运人可与承运人商定包干运费，对大件货物运输、特种货物运输和超长途运输（如跨省或途经道路较差的地区）等情况均可采用此种计费方法。

2. 按运输货物类别划分，可以分为整车货物运输、零担货物运输、特种货物运输，以及集装箱货物运输

（1）整车货物运输，指托运人租用一台或若干台汽车运送一批货物的运输方式。采用整车货物运输对托运人和承运人组织操作都很便利，因此是一种最常用的运输方式。采用整车货物运输一般应满足以下条件：一是货物重量或体积能够装满整车的；二是不能拼装的特种货物；三是货主为自身货物或运输便利考虑而特别提出整车货物运输的。

（2）零担货物运输，指承接需要拼装的众多小件货物的运输方式。零担货物运输一般都使用厢式货车。厢式货车如同集装箱，能够有效地保护货物一次托运、一次交费、一票到底、全程负责、送货到门。由于灵活和便利，这种运输方式在许多情况下要比铁路货物运输和水路货物运输方式快捷。

（3）特种货物运输，指由于货物的性质、体积、状态等在运输过程中需要使用特别的车辆装运或需要采取特殊运输条件和措施才能保证货物完整和安全的运输，具体分为以下四大类：危险货物，指具有易燃易爆、易污染、易腐蚀和具有放射性的特殊货物，这类货物要由罐车或特殊改造加工的车辆运输；大件（大、长、笨重）货物，只能采用大件车或特种车（如地平板、桥式板拖车）运输；鲜活货物，如冷冻品、鲜花、鲜活水产品等，一般要由冷藏车、保温车运输；贵重物品，指稀有矿物品、核心设备等，需由特种车体运载，确保货物安全。

（4）集装箱货物运输，指用标准拖车专门运送标准集装箱的一种运输方式，目前集装箱货物运输已成为公路货物运输的主要部分。标准拖车与集装箱船、火车、仓储场站的装卸设施相匹配，使货物的管理、运输、仓储、装卸等机械作业和海、铁、路全程联运效率得到了空前的提高。

3. 按其工作性质，可以分为出口物资的集港（站）运输、货物的疏港（站）运输、国际多式联运的首末段运输、边境公路过境运输、浮动公路运输

（1）出口物资的集港（站）运输。集港运输是指出口商品由产地运至外贸中转仓库，由港口仓库运至船边（多路专用线或航空港收货点）的运输。

（2）货物的疏港（站）运输。疏港运输是指按出口货物代理人的委托，将进口货物由港（站）送达指定交货地点。

（3）国际多式联运的首末段运输。国际多式联运的首末段运输是指国际多式联运国内段的运输，即将出口货物由内陆装箱点装运至出运港·（站），或将进口货物由港（站）运至最终交货地的运输。

（4）边境公路过境运输。经向海关申请办理指定车辆、驾驶员和过境路线，在海关规定的地点停留，接受海关监管和检查，按有关规定办理报验、完税、放行后运达目的地的运输。

（5）浮动公路运输。即利用一段水运衔接两段陆运，衔接方式采用将车辆开上船舶，以整车货载完成这一段水运，到达另一港口后，车辆开下船继续利用公路运输的联合运输方式。

6.2.2 国际公路货物运输的特点

1. 国际公路货物运输的优点

（1）适应性强。公路货物运输的车辆形式多样、技术性能各异、受地理和气候条件限制较小、运行范围广。因此，与其他运输方式相比，公路货物运输有较强的适应性，这种适应性恰好可以弥补其他运输方式的不足。

（2）具有灵活性。公路货物运输单位运量小，既易于集中，也易于分散，调度灵活，突击性强，能及时提供有效的服务。

（3）直达性能好，可以实行门到门服务。水运、铁路、航空运输只能直达港站，只有公路运输能够做到取货接客上门，送货送客到家，实现门到门的直达运输，中间不需要倒载换装，极为方便。

（4）运输速度较快，便于周转流通。短途货物运输批量小，时间紧，要求急，对装卸机具和场地要求不高，是公路运输特有的优势。

（5）投资少，见效快。公路货物运输驾驶技术比较容易掌握，设备和资金转移的自由度大，具有投资少、见效快、利润高、投资回收周期短等特点，便于吸收社会闲散资金集中使用。

（6）可以广泛参与联合运输。公路货物运输是沟通铁路、水运、航空和管道货物运输的有效方式，可以为其他运输方式分流，缓解其他运输方式运力不足造成的紧张局面，特别是在开展现代化国际集装箱多式联运中具有独特的优势。汽车拖挂的集装箱，既可以直接开上滚装船，也可以直接开上滚装火车的底盘，通过水路和铁路到达终点，再进行公路货物运输，直到把货物交到收货人手中。

2. 国际公路货物运输的局限性

（1）运量较小，运输成本较高。由于汽车载重量小，行驶阻力比铁路大 9~14 倍，所消耗的燃料又是价格较高的液体汽油或柴油。因此，汽车运输的成本仅次于航空货物运输。公路货物运输的运价相对较高，在一定程度上竞争力弱于铁路和水路货物运输。

（2）运行持续性较差。据有关统计资料表明，在各种现代运输方式中，公路货物运输的平均运距是最短的，运行持续性较差。

（3）安全性较低，污染环境较大。自汽车诞生以来，汽车交通事故已经使 3 000 多万人丧生，特别是 20 世纪 90 年代开始，死于汽车交通事故的人数急剧增加，平均每年达 50 多万起。汽车所排出的尾气和引起的噪声也严重地威胁着人类的健康，是大城市环境污染的最大污染源之一。

6.2.3 国际公路货物运输的流程

国际公路货物运输涉及发货人、收货人、承运人等多个对象，运输过程较国内公路货物运输复杂，下面介绍国际公路货物运输的一般流程，国际公路货物运输流程如图 6-5 所示。

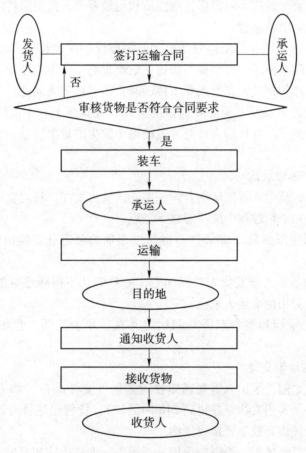

图 6-5 国际公路货物运输流程

1. 签订国际公路货物运输合同

运输合同对发、收货人和承运人具有法律效力，是贸易进出口货物通关、交接的重要凭证。在国际公路货物运输业务中，运单即运输合同，运单的签发则是运输合同成立的标志。在承运人承运货物前，发货人根据货物运输的需要与承运人签订定期或一次性运输合同，公路货物运输合同自双方当事人签字或盖章时成立。

需要注意的是，当货物在不同车内或一次运输不同种类货物时，发货人或承运人有权要求对使用的每辆车、每种货物分别签发运单。此外，当事人采用信件、数据电文等形式订立合同的，可以要求签订确认书。

2. 装车

根据承运人和发货人事先商定好的内容，决定由承运人或者发货人负责将需要运送的货物装车。在国际公路货物运输中，对于需要运送的货物有以下四个注意事项。

（1）发运的货物要与运单记载的内容一致，不得夹带、隐瞒与运单记载不相符的货物。需办理准运或审批、检验手续的货物，发货人应将其交承运人并随货物同行。

（2）货物的包装要符合运输要求，没有约定或者约定不明确的，可以协议补充。对出口货物的包装必须符合出口货物要求，并有中外文对照的标记、唛头对包装方式不能达成协议的，按通用的方式包装。没有通用方式的，应在足以保证运输、搬运装卸作业安全和货物完好的原则下进行包装。发货人应根据货物性质和运输要求，按国家规定及国际要求正确使用运输标志和包装储运图示标志。

（3）运输过程中需要饲养、照料的动植物，需要保护尖端精密产品、稀有珍贵物品文物的，发货人要派人随车押运。大型特型货物、危险货物、贵重物品是否押运发货、承运双方要进行协商。除上述货物外，发货人要求押运时，需经承运人同意。

（4）押运人员的姓名以及其他必要的情况应填写在运单上，不能随意换人顶替，押运人员每车1人，免费乘车。有押运人员时，运输途中发生的货损货差，承运人不负责损失赔偿责任。

3. 国际公路货物运输承运

货物装车完成后，承运人按照运输合同，接受发货人委托，将货物运送至目的地。国际公路货物运输承运人在承运过程中应注意以下三点。

（1）承运人不得超限超载（即货物不得超过车辆的额定载重吨位或者额定的有关长、宽、高的装载规定）。

（2）运输线路由承运人与发货人共同确定，一旦确认不得随意更改，如果承运人不按约定路线运输，额外费用由承运人承担。

（3）运输期限由承运和发货双方共同约定并在运单上注明，货物必须在规定时限内运达。

4. 国际公路货物运输交接

货物运达目的地之前，承运人需要通知收货人做好交接准备（如果是运输到国外，则由发货人通知；如果是零担货物，在货到24h内通知）。货物运达目的地以后，承运人通知收货人提货，收货人凭借有效单证接收货物。

收货人不得无故拒绝接收，否则应承担一切损失。涉外运输如发生上述情况，应由发货人解决并赔偿承运人的损失。此外，货物在交给收货人时，双方对货物的重量或者内容有疑义，均可以提出查验或者复核，费用由责任方承担。

6.3 国际多式联运

6.3.1 国际多式联运的定义

多式联运指利用几种不同的运输工具将货物从起运地运至目的地的运输方式。目前，多式联运用来特指一票货物在从起运地到目的地的运输过程中使用两种以上运输工具的运输模式，所以多式联运实际上不是一种运输方式，而是指在一票货物的运输过程中涉及多种运输工具的情形。

国际多式联运是在多式联运基础上发展起来的。1980年5月联合国在日内瓦召开的国际多式联运公约第二期会议一致通过的《联合国国际货物多式联运公约》（united nations convention on international multi-modal transport of goods），将多式联运定义为：按照多式联运合同，以至少两种不同的运输方式，由多式联运经营人将货物从一国境内接管货物的地点运至另一国境内指定交付货物的地点。为履行单一方式运输合同而进行的该合同所规定的货物接送业务，不视为多式联运。

6.3.2 国际多式联运的特点

1. 承托双方必须订立"一份国际多式联运合同"

全部多式联运过程必须涵盖在一个单独的货物运输合同之下，国际多式联运经营人有可能接受不同合同的约束，比如受国际多式联运经营人与其雇用人之间雇用合同的约束。同时在各个运输区段间不可避免地会有各种辅助性的工作，这是不能全部包括在各个分运输合同中的，因此，一个覆盖全程运输的单独的运输合同成为多式联合运输得以完成的基础，多式联运也由此成为一种独立的运输模式，而不再是各种单一运输方式的简单叠加。

2. 全程运输必须使用一张国际多式联运单据

国际多式联运经营人在接受货主的委托、接收货物开始执行多式联运合同的同时，应当出具多式联运单据，以表明国际多式联运经营人与货主之间的权利义务关系及其中详细内容。合同将覆盖多式联运的全过程，而不仅仅是分段运输的合同。

3. 全程必须包括至少两种运输方式的连贯运输

国际多式联运必须使用两种或两种以上的运输方式完成货物全程运输，国际货物运输有陆运、海运、空运三种基本形式，其中陆上运输又可分为铁路货物运输和公路货物运输，各种运输形式中都存在同一运输形式下的联运，例如，铁路货物运输中的转运、海洋货物运输中的转船运输等，但这种联运不是国际多式联运范畴内的运输形式，国际多式联运必须是两种或两种以上不同运输方式的任意联合，例如，陆海联合、海空联合、陆空联合等。

在《联合国国际货物多式联运公约》中排除同一运输形式中的联运方式，主要是为了尊重和维持现存的有关国际公约和各国法律，例如，公路货物运输有1956年由欧洲17个国家参加的《国际公路货物运输合同公约》、铁路货物运输有《国际铁路货物联运协定》（简称《国际货协》）和《国际铁路货物运送公约》（简称《国际货约》），航空货物运输有1999年的《统一国际航空货物运输某些规则的公约》（简称《1999年蒙特利尔公约》）。这些公约分别对不同运输形式下与运输合同有关的法律问题做出了统一规定。由于国际多式联运是上述不同运输方式的结合，又采取了与传统不同的法律制度，为了避免法律冲突和新的立法能够被广泛接受，只将联合两种或两种以上运输方式的运输形式定义为国际多式联运并受国际多式联运公约约束。

4. 必须是国际的货物运输

国际多式联运必须是跨越国境的运输，其运输的起始地和目的地一定位于不同国家的境内,以此区别于一国境内的多式联运。

5. 必须由一个国际多式联运经营人对全程负责

国际多式联运经营人自己可以拥有运输工具,也可以是无船承运人。国际多式联运经营人可以与各区段实际承运人签订区段运输合同,或者委托仓储经营人负责货物的仓储,但他对托运人来说是总的承运人,他与货物运输过程中各环节的实际任务执行人签订的运输合同、仓储合同、装卸合同、倒运合同等不得影响国际多式联运经营人对托运人所承担的货物全程运输责任。

6. 全程运输使用单一的运费率

国际多式联运中必须有一个对全程运输负责的国际多式联运经营人,制定全程单一的运费率。根据《联合国国际货物多式联运公约》的规定,国际多式联运经营人负责组织完成全程运输,并承担全程运输责任,国际多式联运经营人可以将货主委托的运输业务的部分甚至全部转委托给他的承运人,并不需要自己亲自负责完成这些运输任务。但是,如果在运输过程中出现了问题,国际多式联运经营人将首先对货主承担责任。在此基础上,国际多式联运经营人还要制定一个从货物发运地至目的地的全程单一费率并以包干形式一次向货主收取。

国际多式联运依托集装箱的运输优势,集中各种运输的特点,取其所长,融为一体,组成连贯运输。到目前为止,发达国家大部分国际贸易已经采用国际多式联运的形式,全球以多式联运形式运输货物的比例也在逐渐增大,集装箱多式联运已经成为国际货物运输的主要发展方向。国际多式联运之所以能如此迅速发展,是由于与传统运输方式相比,它具有无法比拟的优越性,主要体现在以下几个方面。

1)**手续简单,责任统一**

在国际多式联运中,无论运程远近,运输环节多少,沿途手续复杂与否,所有一切运输事项均由国际多式联运经营人负责办理,货主只需办理一次托运,订立一份运输合同,支付一笔运费,办理一次保险,就可将货物从起运地运到目的地,大大简化了运输与结算手续。此外,一旦货物在运输途中发生灭失、损坏或延迟交付等事故,由多式联运经营人对全程负责,货主只需与国际多式联运经营人交涉就可解决问题,而每一运输区段的实际承运人再分别在各自区段内对国际多式联运经营人负责。

2)**缩短货物运输时间,提高货运质量**

在国际多式联运方式下,各个运输环节和各种运输工具之间配合密切、衔接紧凑,货物所到之处迅速中转,减少了货物在途停留的时间。由于采用了集装箱运输,虽然经过了多段运输和多次装卸,但中途无须倒箱,能够较好地保证货物安全。此外,限于集装箱本身的容量,货主可采用整箱运输,即使拼装货也只涉及少数几个货主,拆装交接也较为准确,减少了货损货差。

3)**实现合理运输,降低运输成本**

多式联运是实现门到门运输的有效方式,对货主来说,货物装箱或装上第一程运输工具后,就可以凭国际多式联运经营人签发的联运单据向银行议付结汇,一般可提前7~10d结汇,从而减少利息开支。采用集装箱运输,可以节省货物包装和保险费用。此外,多式联运全程使用的是一份联运单据和单一运费,这就大大简化了制单和结算手续,节省大量人力、物力。此外,由于国际多式联运经营人拥有全球性广泛的业务网络,使得他们能与货物运输有关的运输、仓储、保险、代理、港口等方面进行最合理的组织,选择最佳的运输路线及方式,从而实现合理运输,加快货物的周转,节省运输的费用。

6.3.3 国际多式联运的经营人

1. 国际多式联运经营人的法律性质

国际多式联运经营人是指其本人或通过其代表订立多式联运合同的任何人,他是事主而不是发货人的代理人,或代表或参加多式联运的承运人的代表人,并负有履行合同的责任。

国际多式联运涉及多种运输方式、多个环节、多方关系,其中既有国际多式联运经营人与货物利益方之间的合同关系,又有国际多式联运经营人与其代理人、受雇人及其他相关方之间的代理关系、承揽运送关系、侵权关系等。因此,国际联运经营人的法律地位相当复杂,但国际联运经营人具备以下基本特征。

(1) 国际多式联运经营人是"本人"而非代理人,他对全程运输享有承运人的权利并承担相应的义务。国际多式联运经营人也可以"代理人"身份兼营有关货运代理服务,或者在一项国际多式联运业务中不以"本人"身份而是以其他身份,诸如代理人、居间人等开展业务。无论是其本人还是通过其代理人,国际多式联运经营人必须是与托运人签订国际多式联运合同的合同主体,他本人即是合同的一方当事人。

(2) 国际多式联运经营人的责任期间为从接收货物时起至交付货物时止。在国际多式联运经营人的责任期间,对无论是否实际处于其掌管支配下的货物的灭失、损害以及迟延交付,均承担赔偿责任。虽然这并不影响国际多式联运经营人向实际造成货物灭失损害以及迟延交付的责任人进行追偿,但是只要货物利益方选择向其主张权利,国际多式联运经营人便负有第一位的赔偿责任。尽管大多数情况下,合同项下的货物并不是由国际联运经营人亲自支配,但是只要在责任期间内,货物即视为在其掌管之下,这是国际多式联运经营人与托运人订立多式联运合同的必然要求。

(3) 国际多式联运经营人具有双重身份,他既以契约承运人的身份与货主(托运人或收货人)签订国际多式联运合同,又以货主的身份与负责实际运输的各区段运输承运人签订分合同。多式联运的实质在于它是一个单一的运输过程,即通过不同的运输方式把货物自接管地点运往交货地点。

(4) 国际多式联运经营人还必须承担国际多式联运合同中所规定的与运输和其他服务有关的相关责任,并保证将货物最终妥善交付给多式联运单证持有人,或者单证中指定的收货人。

2. 国际多式联运经营人的经营资质

1) 必须有从事国际多式联运的资格并依法注册

在我国,中外合资企业、中外合作企业的企业法人的资格需要经交通部、铁道部共同批准并办理相应手续后才能经营国际集装箱多式联运业务,除非法律、行政法规另有规定,否则外商独资企业不得从事国际集装箱多式联运业务。未经交通部、铁道部共同批准,境外企业不得从事我国国际集装箱多式联运业务。因此国际多式联运经营人(即开展多式联运业务的企业、机构)必须是具有经营管理的组织机构的业务章程和具有企业法人资格的负责人,以使之能够与托运人或其代表订立多式联运合同。《中华人民共和国国际海运条例》

（简称《海运条例》第七条规定：在中国境内经营无船承运业务，应当在中国境内依法设立企业法人。

2）必须具备经营技术能力

国际多式联运经营人要建立自己的多式联运线路，一般需要在对国际贸易物流全面调查的基础上，选择运量较大且稳定的线路，而且路线的全段（各区段、各方式）及各环节都具有足够的通过能力和集装箱货物运输所需要的条件，特别是集疏运条件。国际多式联运经营人在各路线的基础上建立完整的经营网络，即国际多式联运经营人要在各经营线路的两端和途中各转接点处设有分支机构或派代表或委托适当的代理人来办理货物接收、交付和完成各区段的运输、衔接、服务事宜。国际多式联运经营人必须拥有一支具有国际货物运输法律和专业知识、经验丰富的专业团队，该团队能够有效地完成或组织完成全程运输，要与运输中所涉及的各方（包括货主、承运人、代理人、港口、码头、货运站、仓库、海关、保险等）建立良好的业务关系。

3）必须具备必要的设备和设施

国际多式联运经营人可以是无船承运人，自己不拥有任何运输工具，但必须有基础业务设备和设施（如信息处理、传递的设备，电话、电传、计算机等）、集装箱货运站、接受及保管货物的仓库、一定面积的堆场、拆卸箱设备、堆场作业机械等，同时一般还应配备一定数量的集装箱和吊机等。

4）必须拥有雄厚的资金

国际多式联运经营人要完成或组织完成全程运输并对运输全程的货物灭失、损害和运输延误负责，就必须具有开展业务所需的流动资金和足够的赔偿能力。因此，在申请国际货物多式联运经营执照时各国的工商注册登记机关多规定较高的注册资金门槛。根据《国际集装箱多式联运管理规则》的规定，申请国际集装箱多式联运经营业务的注册资金不低于1 000万元人民币，并拥有良好的资信。增设经营性的分支机构时，每增设一个分支机构增加注册资金100元万人民币。《中华人民共和国国际海运条例》第8条规定：无船承运业务经营者应当在向国务院交通主管部门提出办理提单登记申请的同时，附送证明已经按照本条例的规定交纳保证金的相关材料，前款保证金额为80万元人民币；每设立一个分支机构，增加保证金20万元人民币。保证金应当向中国境内的银行开立专门账户交存。保证金用于无船承运业务经营者清偿因其不履行承运人义务或者履行义务不当所产生的债务以及支付罚款。

5）必须拥有符合规则要求的国际多式联运单证

国际多式联运经营人从发货人或其代理人手中接收货物后，即应签发自己的国际多式联运单证，用以证明合同的订立、执行并开始对货物负责。该国际多式联运单证实行登记编号制度，凡在我国境内签发的国际多式联运单证必须由国际多式联运经营人或其代理报交通部、铁道部登记，并在单证右上角注明许可证编号。

6）必须能够制定自己所经营的国际多式联运线路的单一运费率

由于国际多式联运是由国际多式联运经营人将不同运输方式组成综合性和一体化运输，通过一次托运、一张单证、一次计费，由各运输网段的承运人共同完成货物的全程运输，因而国际多式联运企业应制定全程运价表，且采用单一运费率制。然而，由于单一运费率由运输成本、经营管理费和利润所构成，而其中的运输成本不仅随着不同的交货条件、运输方式和运输路线而变化,而且在很大程度上取决于市场供需状况以及各区段实际承运人的运费标准。因此,制定单一运费率较为复杂。

3. 国际多式联运经营人的责任形式

国际多式联运经营人的责任期间,是从接收货物之时起到交付货物之时为止。在此期间,对货主负全程运输责任,但对负责范围和赔偿限额方面,根据目前国际上的做法,可分为分段责任制、统一责任制、修正(双重)统一责任制。此外,在某些特定情况下,国际多式联运经营人可免责。

1)分段责任制

分段责任制又称网状责任制,它是当前国际多式联运业务中采用最为普遍的一种国际多式联运经营人的赔偿责任制。根据这种责任制,国际多式联运经营人的责任范围以各区段运输原有责任为限,如海上区段按《海牙规则》、铁路区段按《国际铁路货物运送公约》、公路区段按《国际公路货物运输合同公约》、航空区段按《华沙公约》。在不适用上述国际公约时,按相应国家的法律规定办理。赔偿限额也是按各区段的国际公约或国家法律规定赔偿。对于不明区段的货物损失,或按《海牙规则》办理或按专门订明的国际多式联运经营人赔偿责任办理。

由于分段责任制涉及的赔偿规则比较多,而且差别比较大,对托运人来说,可以在多式联运合同中订明赔偿责任。因此尽管分段责任制不够理想,但托运人也是乐于接受的。

2)统一责任制

统一责任制是指国际多式联运经营人对货主负有不分区段运输的统一责任,即货物的损坏不论发生在那个区段,国际多式联运经营人按一个统一原则负责,并一律按一个限额赔偿。《联合国国际货物多式联运公约》所采取的就是这种责任制。公约规定,国际多式联运经营人不仅要单独对货物在整个运输过程中所发生的货物损失负责,而且不管货物损失发生在哪个运输阶段,均按统一的限额赔付。

3)修正责任制

修正责任制是介于上述两种责任制之间的责任制,故又称混合责任制,也就是在责任范围方面与统一责任制相同,在赔偿限额方面与部分责任制相同。它规定,当知道损失发生的区段,而制约该区段运输的单一方式运输公约的赔偿限额高于《联合国国际货物多式联运公约》的限制时,国际多式联运经营人的赔偿责任就以单一运输公约的限额为依据。当损失发生在海运中,由于海运的赔偿限额均低于《联合国国际货物多式联运公约》的限额,因此以《联合国国际货物多式联运公约》限额为依据。

4)国际多式联运经营人的免责

在国际多式联运中,对下述原因造成的货损或灭失,国际多式联运经营人不负责。

(1)托运人所提供的货名、种类、包装、件数、重量、尺码及标志不实,或由于托运人的过失和疏忽而造成的货损或灭失,均由托运人自行承担责任。如对国际多式联运经营人或第三者造成损失,即使托运人已将国际多式联运单证转让,托运人仍应承担责任。

(2)发生损失的货物是由托运人或其代理装箱、计数或封箱的。

(3)货物品质不良,外包装完好而内包装货物短缺、变质。

(4)货物装载于托运人自备的集装箱内发生的损坏或短少。

(5)由于运输标志不清而造成的损失。

（6）对危险物品等特殊货物的说明及注意事项不清或不正确而造成的损失。
（7）对有特殊装载要求的货物未加标明所引起的损失。
（8）由于海关商检承运人等行使检查权所引起的损失。

6.3.4 国际多式联运的组织方式

国际多式联运是指采用两种或两种以上不同运输方式进行联运的运输组织形式。这里所指的至少两种运输方式可以是：海陆，陆空，海空等。这与一般的海海、陆陆、空空等形式的联运有着本质的区别。后者虽然也是联运，但仍是同一种运输工具之间的运输方式。一般来说各种运输方式均有自身的优点与不足，各种运输方式的特点见表6-1。

表6-1 各种运输方式特点

运输方式	优点	缺点
铁路	1. 大批量货物能一次性有效运送 2. 运费负担小 3. 轨道运输，事故相对少、安全 4. 铁路运输网完善，可运达各地 5. 受自然和天气影响小，运输准时性较高	1. 近距离运输费用高 2. 不适合紧急运输要求 3. 由于需要配车编组，中途停留时间较长 4. 非沿线目的地需汽车转运 5. 装卸次数多，货损率较高
公路	1. 可以进行门到门运输 2. 适合于近距离运输，较经济 3. 使用灵活，可以满足多种需要 4. 输送时包装简单、经济	1. 装载量小，不适合大量运输 2. 长距离运输运费较高 3. 环境污染较严重 4. 燃料消耗大
水运	1. 运量大 2. 成本低 3. 适于超长、超宽、笨重的货物运输	1. 运输速度慢 2. 港口装卸费用较高 3. 航行受天气影响较大 4. 运输准时性和安全性较差
民航	1. 运输速度快 2. 安全性高	1. 运费高 2. 重量和体积受限制 3. 可达性差 4. 受气候条件限制
管道	1. 运量大 2. 运输安全可靠 3. 连续性强	1. 灵活性差 2. 仅适用特定货物

由于国际多式联运根据运输情况的不同会采用两种和两种以上的运输方式进行联运，因此这种运输组织形式可综合利用各种运输方式的优点，尽可能避免其缺点，充分体现社会化大生产大交通的特点。正是因为国际多式联运这种其他运输组织形式无可比拟的优越性，这

种国际运输新技术已在世界各主要国家和地区得到广泛的推广和应用。目前，有代表性的国家多式联运主要有远东/欧洲，远东/北美等海陆空联运，其主要组织形式如下。

1. 陆桥运输

陆桥运输是指采用集装箱专用列车或卡车，把横贯大陆的铁路或公路作为中间"桥梁"使大陆两端的集装箱海运航线与专用列车或卡车连接起来的一种连贯运输方式。严格地讲，陆桥运输也是一种海陆联运形式，只是因为其在国际多式联运中的独特地位，故在此将其单独作为一种运输组织形式讲解。在国际多式联运中，陆桥运输起着非常重要的作用。目前，陆桥运输的表现形式主要有以下三种。

1) 大陆桥运输

大陆桥运输指以横贯大陆上的铁路、公路运输系统作为中间桥梁，把大陆两端的海洋连接起来形成的海陆联运的连贯运输方式。广义的大陆桥运输还包括小路桥运输和微型路桥运输。大陆桥运输是一种主要采用集装箱技术，由海、铁、公、航组成的现代化多式联合运输方式，是一个大的系统工程。目前，主要的陆桥运输线路有西伯利亚大陆桥、北美大陆桥和新亚欧大陆桥。

（1）西伯利亚大陆桥。西伯利亚大陆桥又称第一欧亚大陆桥，是指以俄罗斯东部的符拉迪沃斯托克（海参崴）为起点，经西伯利亚铁路通向莫斯科，然后通向欧洲各国，最后到达荷兰鹿特丹港。贯通亚洲北部，整个大陆桥经过俄罗斯、中国、哈萨克斯坦、白俄罗斯、波兰、德国、荷兰7个国家，全长13 000km。西伯利亚大陆桥运输线，是世界上最著名的国际集装箱多式联运线路之一，通过原苏联西伯利亚铁路，把远东、东南亚和澳大利亚地区与欧洲、中东地区联结起来，因此又称亚欧大陆桥。

西伯利亚大陆桥于1971年由全苏对外贸易运输公司正式确立。现在全年货运量高达10万TEU，最多时达15万TEU。使用这条陆桥运输线的经营者主要是日本、中国和欧洲各国的货运代理公司。其中，日本出口欧洲杂货的三分之一，欧洲出口亚洲杂货的五分之一是经这条陆桥运输的。由此可见，它在沟通亚欧大陆、促进国际贸易中所处的重要地位。

目前，经西伯利亚大陆桥往返欧洲与亚洲间的联运链主要有三条：海路—铁路、海路—铁路—公路、海路—铁路—海路。西伯利亚大陆桥运输包括"海铁铁""海铁海""海铁公"和"海公空"四种运输方式。由俄罗斯的过境运输总公司担当总经营人，拥有签发货物过境许可证的权利，并签发统一的全程联运提单，承担全程运输责任。至于参加联运的各运输区段，则采用"互为托、承运"的接力方式完成全程联运任务。

由于西伯利亚大陆桥所具有的优势，因而随着它的声望与日俱增，也吸引了不少远东、东南亚以及大洋洲地区到欧洲的运输，使西伯利亚大陆桥在短短的几年时间中迅速发展。但是，西伯利亚大陆桥运输在经营上、管理上存在的问题如港口装卸能力不足、铁路集装箱车辆不足、箱流的严重不平衡以及严寒气候的影响等在一定程度上阻碍了它的发展。尤其是随着我国兰新铁路与中哈边境的土西铁路的接轨，一条新的"欧亚大陆桥"形成，为远东至欧洲的国际集装箱多式联运提供了又一条便捷路线，使西伯利亚大陆桥面临严峻的竞争形势。

（2）北美大陆桥。北美大陆桥是世界上历史最悠久、影响最大、服务范围最广的陆桥运输线。北美大陆桥指从日本东向，利用海路运输到北美西海岸，再经由横贯北美大陆的铁路线，陆运到北美东海岸，再经海路运输到欧洲的"海—陆—海"运输方式。该陆桥包括美国大陆桥、加拿大大陆桥和墨西哥大陆桥。

美国大陆桥始于1967年，它包括两条运输线路：一条是从西部太平洋沿岸至东部大西洋沿岸的铁路和公路运输线；另一条是从西部太平洋沿岸至东南部墨西哥湾沿岸的铁路和公路运输线。美国大陆桥于1971年年底由经营远东/欧洲航线的船公司和铁路承运人联合开办"海陆海"多式联运线，后来美国几家班轮公司也投入运营。目前，主要有四个集团经营远东经美国大陆桥至欧洲的国际多式联运业务。这些集团均以经营人的身份，签发多式联运单证，对全程运输负责。加拿大大陆桥与美国大陆桥相似，由船公司把货物海运至温哥华，经铁路运到蒙特利尔或哈利法克斯，再与大西洋海运相接。据统计，从远东到北美东海岸的货物有大约50%以上是采用双层列车进行运输的，因为采用这种陆桥运输方式比采用全程水运方式通常要快1~2周。例如，集装箱货从日本东京到欧洲鹿特丹港，采用全程水运（经巴拿马运河或苏伊士运河）通常需要5~6周时间，而采用北美陆桥运输仅需3周左右的时间。

（3）新亚欧大陆桥。新亚欧大陆桥是第二条在亚欧大陆上的欧亚大陆桥，该大陆桥的中国和哈萨克斯坦区段于1992年12月1日正式开通。亚欧第二大陆桥连接大西洋和太平洋两大经济中心带，将给中亚地区的振兴与发展创造新的契机，并已逐步成为我国中西部地区与中亚、中东和欧洲地区之间的新的经济带。新亚欧大陆桥东起我国连云港，经陇海铁路到新疆，出阿拉山口至鹿特丹，横贯西亚各国、波兰、俄国、德国、荷兰等30多个国家和地区，全线10 800km，比西伯利亚大陆桥短2 000km，节省运费30%，与海运比较，可节省60%左右运输时间。

2）小陆桥运输

所谓小陆桥运输，也就是比大陆桥的海—陆—海运输缩短一段海上运输，成为陆—海，或海—陆联运方式的运输。目前，小陆桥运输链的主要路线有以下四条。

（1）欧洲—美国东海岸转内地（或反向运输）。

（2）欧洲—美国海湾地区转内地（或反向运输）。

（3）远东—美国西海岸转内地（或反向运输）。

（4）澳洲—美国西海岸转内地（或反向运输）。

3）微型陆桥运输

所谓微型陆桥运输，就是没有通过整条陆桥，而只利用了部分陆桥区段，是比小陆桥更短的海陆运输方式，又称为半陆桥运输。微型陆桥运输与小陆桥运输基本相似，只是其交货地点在内陆地区。北美微型陆桥运输是指经北美东、西海岸及墨西哥湾沿岸港口到美国、加拿大内陆地区的联运服务。随着北美小陆桥运输的发展，出现了新的矛盾，主要反映在：如货物由靠近东海岸的内地城市运往远东地区（或反向），首先要通过国内运输，以国内提单运至东海岸交船公司，然后由船公司另外签发由东海岸出口的国际货运单证，再通过国内运输运至西海岸港口，然后海运至远东。货主认为，这种运输方式不能从内地直接以国际货运单证运至西海岸港口转运，不仅增加费用，而且耽误运输时间。为解决这一问题，微型陆桥运输应运而生。进出美、加内陆城市的货物采用微型陆桥运输既可节省运输时间，又可避免双重港口收费，从而节省费用。例如，往来于日本和美东内陆城市匹兹堡的集装箱货，可从日本海运至美国西海岸港口，如奥克兰，然后通过铁路直接联运至匹兹堡，这样可完全避免进入美东的费城港，从而节省了在该港的港口费支出。

2. 海空联运

海空联运又称为空桥运输（airbridge service）。在运输组织方式上，空桥运输与陆桥运输有所不同：陆桥运输在整个货运过程中使用的是同一个集装箱，不用换装，而空桥运输的货物通常要在航空港换入航空集装箱。不过，两者的目标是一致的，即以低运费率提供快捷、可靠的运输服务。

海空联运方式始于20世纪60年代，但到80年代才得以较大的发展。这种运输方式的运输时间比全程海运少，运输费用比全程空运少。20世纪60年代，将远东船运至美国西海岸的货物，再通过航空运至美国内陆地区或美国东海岸，从而出现了海空联运。当然，这种联运组织形式是以海运为主，只是最终交货运输区段由空运承担。1960年年底，苏联航空公司开辟了经由西伯利亚至欧洲的航空线。1968年，加拿大航空公司参加了国际多式联运。20世纪80年代，出现了经由香港、新加坡、曼谷等至欧洲的航空线。目前，国际海空联运线主要有以下几条。

1）远东—欧洲

目前，远东与欧洲间的航线有的以温哥华、西雅图、洛杉矶为中转地，也有的以香港、曼谷、海参崴为中转地。此外还有的以旧金山、新加坡为中转地。

2）远东—中南美

近年来，远东至中南美的海空联运发展较快，因为此处港口和内陆运输不稳定，所以对海空运输的需求很大。该联运线以迈阿密、洛杉矶、温哥华为中转地。

3）远东—中近东、非洲、澳洲

这是以香港、曼谷为中转地至中近东、非洲的运输线路。在特殊情况下，还有经马赛至非洲、经曼谷至印度、经香港至澳洲等联运线，但这些线路货运量较小。

总的来讲，运输距离越远，采用海空联运的优越性就越大。同完全采用海运相比，其运输时间更短。同直接采用空运相比，其运费率更低。

3. 航空/公路运输

在国际运输中，货物集散必然使用公路运输。国际运输中，公路货物运输的运用越来越多，尤其是在欧洲和美国，通常会用卡车转运航空货物。因此，航空公司会建立货运基地，以实现航空—公路联运。

4. 海铁联运

海铁联运是指同时使用铁路和海运的联运方式，最初产生于美国。海铁联运与滚装运输系统类似，区别是其滚装的工具是火车车厢。因此，不同地区的铁路系统可以用海上运输工具连接起来。

5. 海上/公路/内河—海上/铁路/内河运输

当货物必须使用海运方式从一国运出来，且必须使用一种或一种以上的内陆运输方式（如铁路、公路或内河）将货物从始发国的内陆中心运到其海港，或从目的国的海港运到其内陆中心时，一般使用这种方式。

6. 背负式背驮运输

这是一种公路和铁路联合的运输方式，在北美和欧洲已经十分普遍。因为其既有铁路货物运输在长距离运输中所体现的速度与可靠性，又有公路货物运输在货物集散中的门到门的灵活性优势。

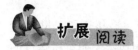

资料1　发展多式联运，服务"一带一路"倡议

"一带一路"商机无限，利用国家战略可以帮助中国的企业走出去。如可以通过一带一路沿线发展需求，以互联互通为抓手，以金融合作为前导，把实业带出去，激发大市场活力，共享发展新成果。

实现"一带一路"倡议关键在于做好"通"的文章，也就是政策沟通、设施联通、贸易畅通、资金融通。基础设施互联互通是指修桥建路，串联起欧亚大陆、东南亚各国物流运输枢纽，还有油气管道、输电网、跨境光缆建设等。贸易畅通解决投资贸易便利化问题，消除投资和贸易壁垒。资金融通重点在于亚洲货币金融体系建设与金融监管合作。

在内需不足、国内产业结构调整的新时期，推动优势产业"走出去"，推动高效产能转出去。中国的企业和外国在中国设立的工厂生产全球大部分消费品，国内企业直接通过"一带一路"发展商贸，充分运用沿线国家的社会资源和地理优势，不断加强中国经济辐射能力。

实业与生产外迁，其核心就是依托物流大通道支撑内外开放和产业转移，物流业在这个战略中发挥的是主体和基础的作用，提供的是功能性、基础性、标准性的服务。因此，我们要加快推进综合运输体系建设，以多式联运为战略方向，提高运输效率，减少货损货差，降低物流成本。

发展多式联运可以节省成本、提高效率、最大限度地发挥各种运输方式的长处，能合理利用现有运输资源，减少资源浪费。发展多式联运完全符合低成本、低耗能、高效率的现代物流发展。然而，我国多式联运却存在诸多问题。除了我国大宗物资的多式联运基础比较好以外，集装箱海铁、公铁联运方面正在起步，遇到很多技术瓶颈。驮背运输、半挂车水陆滚装运输、汽车铁路滚装运输，目前基本属于空缺状态。比如，我们的半挂车，可脱卸箱体都缺少标准；物流园区无人注重集成多式联运设施；多式联运承运人法律制度没有建立等。

发展多式联运需要国家层面明确把多式联运作为国家物流系统建设的基本战略。开展多式联运工程需注重强化多式联运基础设施衔接，探索创新多式联运组织模式，引导各地加快消除市场分割、打破区域壁垒，推动建立多式联运运营组织一体化解决方案，支持"一单制"的全程无缝运输服务。同时推广应用快速转运装备技术，充分利用 RFID、物联网等先进信息技术，建立智能转运系统，不断提高多式联运换装转运的自动化作业水平；推进多式联运信息系统建设，促进不同运输方式、不同企业间多式联运信息开放共享和互联互通，推进与国家交通运输物流公共信息平台等信息系统间的有效对接。

由此可见，除关键的政策制定落实外，开展多式联运最重要的是提升各地物流信息化水平，实现跨区域式的物流信息共享，根据大数据信息灵活定制运输方案。物流企业运用大数据来分析商品的特性和规格、客户的不同需求等问题，从而用最快的速度对这些影响配送计划的因素做出反应（比如选择哪种运输方案、哪种运输线路等），制定最合理的配送线路。而且企业还可以通过配送过程中实时产生的数据，快速地分析出配送路线的交通状况，精确分析配送整个过程的信息，使物流的配送管理智能化。

未来物流发展必将是信息化、集约化、专业化，从而确保物流运输效率大幅提高，海陆空联运紧密协同，物流车辆行车路径最短化、最优化，提升物流行业服务水平，为服务国家重大战略奠定坚实基础。

（资料来源：https://www.douban.com/note/554002079/?type=like）

资料2 集装箱与国际多式联运

集装箱由美国人于1921年发明，并最早使用在美国纽约铁路运输总公司。英国人也不甘落后，他们于8年后，即1929年开启了英国至欧洲大陆海陆直达集装箱联运。但这些局部的、小规模的使用，并没有使得集装箱发挥引人注目的作用。20世纪50年代，美国铁路采用了将载有集装箱的半挂车装载到平车上的驮背运输，实现了汽车门到门运输，这是公路和铁路集装箱联运的开始。联运使集装箱运输的优越性得以充分展现，在10年时间里，这种运输方式使货运量增加了6倍。但这还只是集装箱在多式联运中发挥重要作用的一个开始。1956年，美国泛大西洋船公司将一艘油轮进行改装，在甲板上设置了一个装载集装箱的平台，一次能装载16个集装箱。经过三个月的试运，该船经济效益显著，货物的装卸费用从5.83美元/t下降到0.50美元/t，仅相当于原来的1/11。之后，泛大西洋船公司和其他美国船公司在更多的航线上开始了集装箱运输。1967年，美国的马托松公司用全集装箱船开启了日本—北美太平洋航线，这为集装箱的直达联运开创了历史性的一页，继而带来了西伯利亚大陆桥、北美大陆桥的发展。集装箱运输把陆上运输和海上运输衔接起来并进而为发展为国际多式联运，其蕴藏的巨大潜力不断展现出来。

随着技术的进步，集装箱不断发展。2016年5月，我国首列双组联动冷藏集装箱班列从大连港出发驶往沈阳，铁路跟海运、公路终于实现了无缝对接，转运时间由原来的4~8h，减少到1h，时间和物流成本都大大缩减。冷藏集装箱班列的开行，既节省装卸时间成本，也减少货物损耗。

2016年7月，北京铁路局石家庄货运中心开行了阳泉—正定35t敞顶集装箱班列，这是该中心首次使用35t敞顶集装箱班列运输煤炭，首次由资源地向内陆能源消耗地使用敞顶集装箱实现跨省物流运输。

35t敞顶集装箱是铁路部门最新推出的一种新型、方便、快捷、环保、低碳的集装化现代运载工具。它采用20ft国际标准箱体，适用于装载散堆装货物，也适合装载成件包装货物，还可根据客户需求和货物性质选择是否遮盖篷布、雨布等。

在使用时，可直接把敞顶集装箱作为货物装载工具，只需在货物生产和仓储地点对敞顶集装箱进行吊装卸作业，减少反复倒装货物的环节，大幅压缩了货物装卸作业时间，既安全、快捷，又减少了装运次数，降低了货物损坏风险，可大大降低物流成本，有更优惠、适用范围更广泛、货损几乎为零、装卸效率更高的优势，真正为客户提供了"门到门"的运输服务。

此种集装箱的使用，解决了两端短倒产生的环境污染和人工、作业费等问题，降低了企业物流成本，破解了煤炭装运场地受限的难题。最令客户们满意的是35t敞顶集装箱的使用不仅实现了货物运输中的零货损，也有效防控了散堆装货物对周边环境的粉尘污染。

然而，现阶段我国多式联运还存在运输衔接不畅、服务水平不高、制度化建设有待加强等问题。"十二五"期间，我国以集装箱铁水联运为代表的多式联运合作机制初步建立，示范项目积极推进，基础设施逐步完善，服务水平稳步提升，制度化建设有序推进，取得了新的积极成效。进入"十三五"时期，铁水联运暨多式联运发展迎来了重要的战略机遇期，包括政府和企业要牢牢把握和顺应经济社会发展、服务国家重大战略、交通运输转型升级的新要求。

铁水联运虽可降低物流成本，但这样的多种运输方式联合运输在我国仍处于初级阶段，部分港口没有集装箱铁路中转场站，集装箱铁水联运比重偏小，公路货运承担比重过高，多式联运优势没有得到充分发挥。

2011年，我国出台了《关于加快铁水联运发展的指导意见》，在政策推动、地方扶持、港口自身努力以及相关部门协作下，2015年，以大连、天津、青岛、连云港、宁波和深圳为代表的六条集装箱铁水联运示范通道的集装箱铁水联运箱量达到153.5万TEU，比2010年增长68%；海铁联运物联网应用示范项目初现成效，大连、连云港、宁波、深圳等港口已经基本实现互联互通，集装箱铁水联运发展进入新的发展阶段。

天津港在国内沿海港口中率先尝试集装箱班列组织，陆续开通三条陆桥海铁联运通道和十余条内陆海铁联运通道；辟建了以无水港为主要节点的内陆物流网络体系，与铁路建立了合作开发市场的机制，充分利用双方资源和优惠政策，积极引导货物选择海铁联运方式，有效促进了天津港集装箱铁路集疏运规模和比重不断增加。2015年天津港完成集装箱海铁联运31万TEU，同比增长50.6%。

（资料来源：http://www.chinawuliu.com.cn/zixun/201605/31/312501.shtml）

思考题

1. 阐述国际铁路货物运输的基本类型和特点，以及其进出口业务的基本流程。
2. 阐述国际公路货物运输的基本类型和特点，以及其进出口业务的基本流程。
3. 阐述国际多式联运的特点和组织方式。
4. 以我国的欧亚陆桥运输为例，分析国际联运的优势和困难。

第7章 国际货物运输条款和单证

国际贸易采用的运输方式主要有海洋货物运输、航空货物运输、铁路货物运输、公路货物运输、国际多式联运等,为保证国际贸易的顺利进行,国际货物运输需遵循相关的运输条款。不同的运输方式有不同的货运单证,货运单证也是国际货物运输乃至国际商务活动中不可缺少的重要组成部分。本章主要介绍国际货物运输的相关条款和单证。

7.1 国际海洋货物运输条款

7.1.1 国际海洋货物运输公约

1. 海牙规则

1)产生背景

19世纪后期,国际航运格局发生巨大变化,承运人滥用合同的现象日益严重,货方利益无法得到保障。为了维护货方利益,美国于1893年通过了《关于船舶航行、提单以及与财产运输有关的某些义务、职责和权利的法案》,即《哈特法》(Harter Act)。该法案规定了承运人在从事美国港口与外国港口之间货物运输中的最低限度义务,这些规定是《海牙规则》的雏形。此后,其他贸易大国也相继制定相关法律,世界范围内掀起了限制承运人滥用权力的立法运动。为了统一相关立法,国际法协会于1921年5月在荷兰海牙召开会议,制定提单规则。1924年8月25日在比利时首都布鲁塞尔召开的26个国家代表出席的外交会议上,通过了《关于统一提单若干法律规定的国际公约》(International Convention for the Unification of Certain Rules of Law Relating to Bill of Lading),简称《海牙规则》。《海牙规则》于1931年6月2日起生效,现有80多个参加国。《海牙规则》堪称现今海上货物运输方面最重要的国际公约,但美国和中国都没有加入该公约,《中华人民共和国海商法》有选择地采纳了《海牙规则》的有关规定。

2)主要内容

《海牙规则》共十六条,其中第一至第十条是实质性条款,第十一至第十六条是程序性条款,实质性条款主要包括以下内容。

(1)承运人最低限度义务。所谓承运人最低限度义务,就是承运人必须履行的基本义务。《海牙规则》第三条第一款规定:承运人必须在开航前和开航时,谨慎处理,使航船处于适航状态,妥善配备合格船员、装备船舶和配备供应品;使货舱、冷藏舱和该船其他载货处所能适当而安全地接受、载运和保管货物。该条第二款规定:承运人应妥善地和谨慎地装载、操作、积载、运送、保管、照料与卸载,即提供适航船舶,妥善管理货物,否则将承担赔偿责任。

(2) 承运人运输货物的责任期间。所谓承运人运输货物的责任期间,是指承运人对货物运送负责的期限。按照《海牙规则》第一条中"货物运输"的定义,货物运输的期间为从货物装上船起至卸完船为止的期间。所谓"装上船起至卸完船止"可分为两种情况:一是在使用船上吊杆装卸货物时,从装货时货物挂上船舶吊杆的吊钩时起至卸货时货物脱离吊钩时为止,即"钩至钩"期间;二是使用岸上起重机装卸,则以货物越过船舷为界,即"舷至舷"期间承运人应对货物负责。至于货物装船以前,即承运人在码头仓库接管货物至装上船这一段时间,以及货物卸船后到向收货人交付货物这一段时间,按照《海牙规则》第七条规定,可由承运人与托运人就承运人在上述两段时间发生的货物灭失或损坏所应承担的责任和义务订立任何协议、规定、条件、保留或免责条款。

(3) 承运人的赔偿责任限额。承运人的赔偿责任限额是指对承运人不能免责的原因造成的货物灭失或损坏,通过规定单位最高赔偿额的方式,将其赔偿责任限制在一定的范围内。这一制度实际上是对承运人造成货物灭失或损害的赔偿责任的部分免除,充分体现了对承运人利益的维护。《海牙规则》第四条第五款规定:不论承运人或船舶,对货物或与货物有关的灭失或损坏,每件或每单位超过100英镑或与其等值的其他货币时,在任意情况下承运人都不负责;但托运人于装货前已就该项货物的性质和价值提出声明,并已在提单中注明的,不在此限。

(4) 承运人的免责。《海牙规则》第四条第二款对承运人的免责作了十七项具体规定,分为两类:一类是过失免责,国际海上货物运输中争论最大的问题是《海牙规则》的过失免责条款,《海牙规则》第四条第二款第一项规定:由于船长、船员、引航员或承运人的雇用人在航行或管理船舶中的行为、疏忽或过失所引起的货物灭失或损坏,承运人可以免除赔偿责任。这种过失免责条款是其他运输方式责任制度中所没有的。很明显,《海牙规则》偏袒了船方的利益。另一类是承运人无过失免责,主要有以下几种。

① 不可抗力或承运人无法控制的免责。包括海上或其他通航水域的灾难、危险或意外事故;天灾;战争行为;公敌行为;君主、当权者或人民的扣留或拘禁,或依法扣押;检疫限制;不论由于任何原因所引起的局部或全面罢工、关厂、停工或劳动力受到限制;暴力和骚乱。

② 货方的行为或过失免责。货物托运人或货主、其代理人或代表的行为;由于货物的固有缺点、质量或缺陷所造成的容积或重量的损失,或任何其他灭失或损害;包装不牢固;标志不清或不当。

③ 特殊免责条款。一是火灾,即使是承运人和雇用人的过失,承运人不负责任,只有承运人本人的实际过失或私谋所造成者才不能免责;二是在海上救助人命或财产,这一点是对船舶的特殊要求;三是谨慎处理,克尽职责所不能发现的潜在缺陷。

④ 承运人免责。这是一项概括性条款,即"不是由于承运人的实际过失或私谋,或是承运人的代理人或雇用人员的过失或疏忽所引起的其他任何原因"。这里所谓"没有过失和私谋"不仅指承运人本人,而且也包括承运人的代理人或雇用人没有过失和私谋。援引这一条款要求享有此项免责利益的人应当负举证义务,即要求证明货物的灭失或损坏既非由于

自己的实际过失或私谋,也非他的代理人或受雇人的过失或私谋所导致。

(5) 索赔与诉讼时效。收货人向承运人提交索赔通知,意味着收货人有可能就货物短少和残损向承运人索赔。《海牙规则》第三条第六款规定:承运人将货物交付给收货人时,如果收货人未将索赔通知用书面形式提交承运人或其代理人,则这种交付应视为承运人已按提单规定交付货物的初步证据。如果货物的灭失和损坏不明显,则收货人应在收到货物之日起3日内将索赔通知提交承运人。《海牙规则》有关诉讼时效的规定是:除非从货物交付之日或应交付之日起一年内提起诉讼,承运人和船舶,在任何情况下,都应免除对灭失或损坏所负的一切责任。

(6) 托运人的义务和责任。① 保证货物说明正确的义务。《海牙规则》第三条第五款规定:托运人应向承运人保证他在货物装船时所提供的标志、号码、数量和重量的正确性,并对由于这种资料不正确所引起或造成的一切灭失、损害和费用,给予承运人赔偿。

② 不得擅自装运危险物品的义务。《海牙规则》第四条第六款规定:如果托运人未经承运人同意而托运属于易燃、易爆或其他危险性的货物,应该对因此直接或间接地引起的一切损害和费用负责。

③ 损害赔偿责任。根据《海牙规则》第四条第三款规定:托运人对他本人或其代理人或受雇人因过错给承运人或船舶造成的损害,承担赔偿责任。可见,托运人承担赔偿责任是完全过错责任原则。

(7) 运输合同无效条款。根据《海牙规则》第三条第八款规定:运输合同中的任何条款或协议,凡是解除承运人按该规则规定的责任或义务,或以不同于该规则的规定减轻这种责任或义务的,一律无效。有利于承运人的保险利益或类似的条款,应视为属于免除承运人责任的条款。

3) 适用范围

《海牙规则》第五条第二款规定:本公约的规定,不适用于租船合同,但如果提单是根据租船合同签发的,则它们应符合公约的规定。同时该规则第十条规定:本公约的各项规定,应适用于在任何缔约国内所签发的一切提单。

结合本规则"运输契约"定义的规定,可以看出:①根据租船合同或在船舶出租情况下签发的提单,如果提单在非承运人的第三者手中,即该提单用来调整承运人与提单持有人的关系时,《海牙规则》仍然适用;②不在《海牙规则》缔约国签发的提单,虽然不属于《海牙规则》的强制适用范围,但如果提单上订有适用《海牙规则》的首要条款,则《海牙规则》作为当事人协议适用法律,亦适用于该提单。

4) 存在问题

(1)《海牙规则》较多地维护了承运人的利益,在免责条款和最高赔偿责任限额上表现尤为明显,造成在风险分担上的不均衡。

(2) 未考虑集装箱运输形式的需要。

(3) 责任期间的规定欠周密,出现装船前和卸货后两个实际无人负责的空白期间,不利于维护货方的合法权益。

(4) 单位赔偿限额较低,诉讼时效期间短,适用范围窄。

(5) 对某些条款的解释仍未统一,比如"管理船舶"与"管理货物"的差异;与货有关的灭失或损坏的含义;作为赔偿责任限制的计算单位的解释等,因没有统一解释而容易引起争议。

2. 维比斯规则

1) 产生背景

《海牙规则》自 1931 年生效实施后,被国际航运界普遍接受,它使国际海上货物运输有法可依,统一了海上货物运输中的提单条款,对提单的规范化起到了积极作用,基本上缓和了当时承运方和托运方之间的矛盾,促进了国际贸易和海上运输事业的发展。但随着国际政治、经济形势的变化,以及航海、造船技术日新月异的进步,特别是集装箱运输方式的出现和迅猛发展,使海上运输方式发生了重大变革。《海牙规则》的内容已不适应新形势发展的需要,由于承运人的大量免责条款明显偏袒船方利益,通货膨胀的现实使 100 英镑的赔偿限额明显过低等原因,导致在 20 世纪 50 年代末,海运界要求修改《海牙规则》的呼声日渐强烈。

基于上述原因,国际海事组织决定成立小组委员会负责修改《海牙规则》,并在 1968 年 2 月 23 日于比利时的布鲁塞尔召开的、由 53 个国家或地区代表参加的第十二届海洋法外交会议上,通过了《修改统一提单若干法律规定的国际公约议定书》,并简称为《1968 年布鲁塞尔议定书》(The 1968 Brussels Protocol)。由于该议定书草案在斯德哥尔摩讨论期间,参加会议的成员曾到达哥特兰岛的维斯比城,为借用中世纪维斯比海法之名,将该议定书称为《维斯比规则》(Visby Rules)。经过议定书修订后的《海牙规则》称为《海牙 – 维斯比规则》(Hague – Visby Rules),该议定书于 1977 年 6 月 23 日生效。

2) 主要内容

《维斯比规则》共十七条,前六条是实质性的规定,并对《海牙规则》的第三、四、九、十条进行了修改,主要修改内容如下。

(1) 扩大了规则的适用范围。《海牙规则》的各条规定仅适用于缔约国所签发的提单。《维斯比规则》扩大了其适用范围,其中的第五条第三款规定:本公约各项规定应适用于两个不同国家的港口之间有关货物运输的每一份提单,如果①提单在一个缔约国签发;②从一个缔约国的港口起运;③提单载明或为提单所证明的合同规定,该合同应受本公约的各项规则约束或应受本公约生效的任何国家的立法约束,不论承运人、托运人、收货人或任何其他有关人员的国籍如何,该规定表明只要提单或由提单证明的运输合同上有适用《维斯比规则》的规定,该提单或运输合同就要受《维斯比规则》的约束。

(2) 明确了提单的证据效力。《海牙规则》第三条第四款规定,提单上载明的货物主要标志、件数或重量和表面状况应作为承运人按其上所载内容收到货物的初步证据。至于提单转让至第三人的证据效力,未作进一步的规定。《维斯比规则》在第一条第一款对此进行补充规定:当提单转让至善意的第三人时,与此相反的证据将不能接受。这表明对于善意行事的提单受让人来说,提单载明的内容具有最终证据效力。所谓"善意行事"是指提单受让人在接受提单时并不知道装运的货物与提单的内容有何不符之处,而是出于善意完全相信提单记载的内容。也就是说,《维斯比规则》确立了一项在法律上禁止翻供的原则,即当提单背书转让给第三者后,该提单就是货物已按上面记载的状况装船的最终证据。承运人不得借口在签发清洁提单前货物就已存在缺陷或包装不当来对抗提单持有人。这一补充规定,有利于进一步保护提单的流通与转让，也有利于维持提单受让人或收货人的合法权益。一旦收货人发现货物与提单记载不符，承运人只能负责赔偿，不得提出任何抗辩的理由。

（3）强调了承运人及其受雇人员的责任限制。《维斯比规则》第三条对承运人及其其受雇人员的责任限制做了如下规定。

① 本公约规定的抗辩和责任限制，应适用于就运输合同涉及的有关货物的灭失或损坏对承运人提出的任何诉讼，不论该诉讼是以合同为根据还是以侵权行为为根据。

② 如果诉讼是对承运人的受雇人员或代理人（该受雇人员或代理人不是独立订约人）提起的，该受雇人员或代理人也有权援引《海牙规则》规定的承运人的各项抗辩和责任限制。

③ 向承运人及其受雇人员或代理人索赔的数额，在任何情况下都不得超过本公约规定的赔偿限额。

④ 如经证实，损失是由于该雇用人员或代理人蓄意造成损失而做出的行为或不行为，或明知可能会产生损失，但仍不在意而做出的行为或不行为产生的，则该承运人的雇用人员或代理人不得适用本条的各项规定。

根据以上规定，使得合同之诉和侵权之诉处于同等地位；承运人的受雇人员或代理人也享有责任限制的权利，《维斯比规则》的这一规定有利于保护船东的利益。

（4）提高了承运人对货物损害赔偿的限额。《海牙规则》规定承运人对每件或每单位的货物损失的赔偿限额为100英镑，而《维斯比规则》第二条则规定，每件或每单位的赔偿限额提高到10 000金法郎，同时还增加一项以受损货物毛重为标准的计算方法，即每千克为30金法郎，以两者中较高者为准。这一规定不但提高了赔偿限额，而且创造了一项新的双重限额制度，不但维护了货主的利益，而且这种制度也为以后《汉堡规则》和我国《海商法》所接受。另外，该规则还规定了丧失赔偿责任限制权利的条件，即如经证实损失是由于承运人蓄意造成，或者知道由很可能会造成这一损害而毫不在意的行为或不行为所引起，则承运人无权享受责任限制的权利。

（5）增加了"集装箱条款"。《海牙规则》没有关于集装箱运输的规定。《维斯比规则》增加"集装箱条款"，以适应国际集装箱运输发展的需要。该规则第二条第三款规定：如果货物是用集装箱、托盘或类似的装运器具集装，则提单中所载明的装在这种装运器具中的包数或件数，应视为本款中所述的包数或件数；如果不在提单上注明件数，则以整个集装箱或托盘为一件计算。该条款表明，如果提单上具体载明在集装箱内的货物包数或件数，计算责任限制的单位就按提单上所列的件数为准；否则，则将一个集装箱或一个托盘视为一件货物。

（6）诉讼时效的延长。《海牙规则》规定，货物灭失或损害的诉讼时效为一年，从交付货物或应当交付货物之日起算。《维斯比规则》第一条第二款、第三款则补充规定，诉讼事由发生后，只要双方当事人同意，这一期限可以延长，明确了诉讼时效可经双方当事人协议延长的规定。关于追偿时效则规定，即使在规定的一年期满之后，只要是在受法院法律准许期间之内，便可向第三方提起索赔诉讼。但是准许的时间自提起诉讼的人已经解决索赔案件，或向其本人送达起诉状之日起算，不得少于三个月。

3. 汉堡规则

1）产生背景

从根本上讲，《海牙规则》和《维比斯规则》都偏袒了承运人，很多发展中国家和代表货主利益的发达国家对此表示不满，要求建立能够体现船货双方权利义务对等的海上货运风险制度。

为此，联合国国际贸易法委员会组织编订了《联合国海上货物运输公约》(United Nations Convention on the Carriage of Goods by Sea, 1978)，并在1978年3月6日至31日在德国汉堡举行由78国代表参加的海上货物运输大会上讨论通过，于1992年11月1日生效，其中绝大多数为发展中国家，占全球外贸船舶吨位数90%的国家都未承认该规则。汉堡规则是《联合国海上货物运输公约》的简称。

2）主要内容

《汉堡规则》全文共分七章，三十四条，在汉堡规则的制定中，除保留了《海牙-维斯比规则》对海牙规则修改的内容外，对《海牙规则》进行了根本性的修改，是一个较为完备的国际海上货物运输公约，扩大了承运人的责任。其主要内容如下。

（1）承运人的责任原则。《海牙规则》规定承运人的责任基础是不完全过失责任制，一方面规定承运人必须对自己的过失负责，另一方面又规定承运人对航行过失及管船过失的免责条款。而《汉堡规则》确定了推定过失与举证责任相结合的完全过失责任制。规定凡是在承运人掌管货物期间发生货损，除非承运人能证明承运人已为避免事故的发生及其后果采取了一切可能的措施，否则便推定损失是由承运人的过失所造成，承运人应承担赔偿责任。

（2）承运人的责任期间。《汉堡规则》第四条第一款规定：承运人对货物的责任期间包括在装货港、在运输途中以及在卸货港，货物在承运人掌管的全部期间。即承运人的责任期间从承运人接管货物时起到交付货物时止。与《海牙规则》的"钩至钩"或"舷至舷"相比，其责任期间扩展到"港到港"，解决了货物从交货到装船和从卸船到收货人提货这两段没有人负责的期间，明显地延长了承运人的责任期间。

（3）承运人赔偿责任限额。《汉堡规则》第六条第一款规定：承运人对货物灭失或损坏的赔偿，以每件或其他装运单位的灭失或损坏相当于835特别提款权或毛重每千克2.5特别提款权的金额为限，两者之中以其较高者为准。

（4）对迟延交付货物的责任。迟延交付货物的责任在海牙规则和维斯比规则中都没有规定，《汉堡规则》第五条第二款则规定：如果货物未能在明确议定的时间内，或虽无此项议定，但未能在考虑到实际情况对一个勤勉的承运人所能合理要求的时间内，在海上运输合同所规定的卸货港交货，即为迟延交付。对此，承运人应对因迟延交付货物所造成的损失承担赔偿责任。而且在第三款还进一步规定，如果货物在第二款规定的交货时间满后连续六十天内仍未能交付，有权对货物灭失提出索赔的人可以认为货物已经灭失。《汉堡规则》第六条第一款还规定：承运人对迟延交付的赔偿责任，以相当于迟延交付货物应支付运费的2.5倍的数额为限，但不得超过海上货物运输合同规定的应付运费总额。

（5）承运人和实际承运人的赔偿责任。《汉堡规则》中增加了实际承运人的概念。当承运人将全部或部分货物委托给实际承运人办理时，承运人仍需按公约规定对全部运输负责。如果因实际承运人及其雇用人或代理人的疏忽或过失造成的货物损害，承运人和实际承运人均需负责的话,则在其应负责的范围内,承担连带责任。这种连带责任托运人既可向实际承运人索赔,也可向承运人索赔,并且不因此妨碍承运人和实际承运人之间的追偿权利。

(6) 托运人的责任。《汉堡规则》第十二条规定:托运人对于承运人或实际承运人所遭受的损失或船舶遭受的损坏不负赔偿责任。除非这种损失或损坏是由于托运人、托运人的雇用人或代理人的过失或疏忽所造成的。这意味着托运人的责任也是过失责任。但需指出的是托运人的责任与承运人的责任不同之处在于承运人的责任中举证由承运人负责,而托运人的责任中,托运人不负举证责任,这是因为货物在承运人掌管之下,所以也同样需要承运人负举证责任。我国《海商法》接受了《汉堡规则》这一规定。

(7) 保函的法律地位。《海牙规则》和《维斯比规则》没有关于保函的规定,而《汉堡规则》第十七条对保函的法律效力做出了明确的规定,托运人为了换取清洁提单,可以向承运人出具承担赔偿责任的保函,该保函在承、托人之间有效,对包括受让人、收货人在内的第三方一概无效。但是,如果承运人有意欺诈,对托运人也属无效,而且承运人也不再享受责任限制的权利。

(8) 索赔通知及诉讼时效。海牙规则要求索赔通知必须由收货人在收到货物之前或收到货物当时提交,如果货物损失不明显,则这种通知限于收货后三日内提交。《汉堡规则》延长了上述通知时间,规定收货人可在收到货物后的第一个工作日将货物索赔通知送交承运人或其代理人,当货物灭失或损害不明显时,收货人可在收到货物后的十五天内送交通知。同时还规定,对货物迟延交付造成的损失,收货人应在收货后的六十天内提交书面通知。

(9) 管辖权和仲裁的规定。海牙规则、维斯比规则均无管辖权的规定,只是在提单背面条款上订有由船公司所在地法院管辖的规定,这一规定显然对托运人、收货人极为不利。《汉堡规则》第二十一条规定,原告可在下列法院选择其一提起诉讼:被告的主要营业所所在地;无主要营业所时,则为其通常住所所在地;合同订立地,而合同是通过被告在该地的营业所、分支或代理机构订立;装货港或卸货港;海上运输合同规定的其他地点。除此之外,海上货物运输合同当事人一方向另一方提出索赔之后,双方就诉讼地点达成的协议仍有效,协议中规定的法院对争议具有管辖权。

《汉堡规则》第二十二条规定争议双方可达成书面仲裁协议,由索赔人决定在下列地点之一提起:①被告的主要营业所所在地,如无主要营业所,则为通常住所所在地;②合同订立地,而合同是通过被告在该地的营业所、分支或代理机构订立;③装货港或卸货港。此外,双方也可在仲裁协议中规定仲裁地点。仲裁员或仲裁庭应按该规则的规定来处理争议。

(10) 适用范围。《汉堡规则》适用于两个不同国家之间的所有海上货物运输合同,并且海上货物运输合同中规定的装货港或卸货港位于其中一个缔约国之内,或备选的卸货港之一为实际卸货港并位于某一缔约国之内;或者,提单或作为海上货物运输合同证明的其他单证在某缔约国签发;或者提单或作为海上货物运输合同证明的其他单证规定,合同受该规则各项规定或者使其生效的任何国家立法的管辖。同海牙规则一样,汉堡规则不适用于租船合同,但如果提单根据租船合同签发,并调整出租人与承租人以外的提单持有人之间的关系,则适用该规则的规定。

7.1.2　海运装运条款

海运装运条款（terms of shipment）又称"海洋运输条款"，是贸易合同的一个重要组成部分，主要指装运条件和相互责任。在洽商交易时，买卖双方必须就交货时间、装运地和目的地、能否分批装运和转船、转运等问题商妥，并在合同中具体订明。合同的装运条款包括装运时间、装运港、目的港、是否允许转船与分批装运、装运通知，以及滞期、速遣条款等内容。对外磋商交易和签订合同时，要明确合理地订立合同中的装运条款，以便顺利开展进出口业务。

装运条款的内容及其具体订立与合同的性质和运输方式有着密切的关系。我国的进出口合同大部分是 FOB（装运港船上交货）、CIF（成本加保险费和运费）和 CFR（成本加运费）合同，大部分的货物是通过海洋运输。按照国际贸易惯例解释，在上述条件下，卖方只要将合同规定的货物在装运港履行交货手续，取得清洁的装船单据，并将其交至买方或其代理人，即算完成交货义务。

以 FOB 的贸易术语为例，装运条款主要包括以下内容：装运时间、装卸港、分批装运和转运、备货通知、派船通知、装船通知、装卸时间、装卸率和滞期、速遣条款。

1. 装运时间

装运时间又称装运期，通常用以下几种方法表示装运期。

（1）规定具体的装运期限。

（2）规定在收到信用证后若干天装运。

信用证是买方请银行开具的有条件的保证付款的文件，卖方收到信用证后若干天装运，就有了取得货款的保证。在采用这种方式时，通常会规定有关信用证开证日期。

（3）规定在收到信汇、票汇或电汇后若干天装运。

2. 装卸港

在规定装卸港时必须注意以下问题。

（1）必须是政府许可往来的港口。

（2）必须明确规定装卸港口。

（3）采用选择港时，备选港口不宜超过 3 个，而且必须在同一航区、同一航线比较靠近的港口。

（4）要选择安全港（即非疫港、非战争港）。

（5）要考虑港口具体运输和装卸条件。

3. 分批装运和转运

1）分批装运

分批装运（partial shipment）又称分期装运（shipment by installment），是指一个合同项下的货物先后分若干期或若干次装运。在国际贸易中，凡数量较大，或受货源、运输条件、市场销售或资金的条件所限，有必要分期分批装运、到货者，均应在买卖合同中规定分批装运条款。

一般来说，允许分批装运和转运对卖方来说比较主动（明确规定分期数量者除外），根据国际商会《跟单信用证统一惯例》规定，除非信用证作相反规定，可准许分批装运。但是，如果信用证规定不准分批装运，卖方就无权分批装运。

因此为防止误解，需要分批装运的出口交易，应在买卖合同中对允许分批装运（partial shipment to be allowed）做出明确规定。《跟单信用证统一惯例》规定，同一船只、同一航次中多次装运同一发货人的货物，即使提单表示不同的装船日期及不同的装货港口，也不做分批装运处理。

2）转运

转运是指货物没有直达或一时无合适的船舶运输，需要中途转船运输。根据实际情况，买卖双方可以在合同中订明是否允许转船。《跟单信用证统一惯例》规定，若信用证未规定可否转船，则视为允许转船。

4. 备货通知、派船通知、装船通知

备货通知、派船通知用于 FOB 贸易术语成交的合同，而装船通知则在 FOB 合同、CFR 合同、CIF 合同中都会碰到。在 FOB 合同下，卖方应在约定的装运期开始前 30d，向买方发出货物备妥待运的通知，以便买方派船接货。

同时，买方在安排好船只后，以电报方式将装货船名、船籍、吨位、预计到港日期通知卖方，以便及时安排货物装运事项。卖方在货物装船完毕后，立即向买方发出装船通知。在 CFR 合同下，卖方负责装运，买方自己负责办理保险，因此及时发出装船通知，显得尤为重要。

5. 装卸时间、装卸率和滞期、速遣条款

装卸时间是指对大宗交易的货物在使用定程租船运输时，对完成装货和卸货任务所需要的时间和定额的规定。一般在买卖合同中还同时规定有每天装卸货物的重量，称为装卸率。如果租船方在租船合同所规定的时间未完成装卸货物的任务，延误了船期，应向船方支付一定的罚款，称为滞期费。如果租船方用于装卸货物的时间少于租船合同中所规定的时间而使船方可以加速船只的周转，租方可以向船方领取一种奖金，称为速遣费。

因此，在使用租船运输货物时，负责租船的买方或卖方，为了按时完成装卸作业，必须在买卖合同中对装卸时间、装卸率、滞期和速遣等条款有明确规定。装卸时间的计算，通常有以下几种方法：

（1）按连续日（或时）；

（2）按工作日；

（3）按好天气工作日；

（4）按连续 24h 好天气工作日。

关于装卸起始时间的计算，各国规定不一。有的从船抵港开始起算，有的从船到港码头后开始起算，有的从规定正式作业起算。贸易合同中有关装卸时间、装卸率、滞期和速遣条款的规定，应当与租船合同有关规定相符合，否则租船方就会陷于被动。

7.2 国际海洋运输单证

7.2.1 海运托运单

1. 海运托运单的含义与作用

1) 含义

海运托运单(booking note，B/N)是托运人填写并盖章确认的，专门用于委托船公司或其代理人承运而缮制的一种表单，表单上列有出运后缮制提运单所需要的各项内容，并印有"托运人证实所填内容全部属实并愿意遵守承运人的一切运输章程"的文字说明。

2) 作用

托运单是运货人和托运人之间对托运货物的合约，其记载有关托运人与运货人相互间的权利义务。运货人签收后，一份给托运人当收据，货物的责任从托运人转至运货人，直到收货人收到货物为止。如发生托运人向运货人要求索赔，托运单为必备的文件。运货人输入托运单上数据的正确与否，影响后续作业甚大。托运单的主要作用如下。

(1) 托运单是办理托运的凭证。

(2) 托运单是船公司接受订舱并安排舱位，调拨装货器材，组织装运、转运、联运的依据。

(3) 托运单是托运人与承运人之间运输契约的书面记录。

(4) 托运单是出口货物报关的货运单据。

(5) 托运单是承运人签发提运单的原始依据。

通常，纸质托运单一式 10 联，其各联的作用如下。

第一联：货主留底。

第二联：船代留底。

第三联：运费通知 (1)。

第四联：运费通知 (2)(同上)。

第五联：装货单 (S/O)，此联由托运人加盖托运章后交承运人订舱。承运人在接受订舱后填上预配船名、航次、关单号并加盖订舱章后交还给托运人，以确认订舱并由托运人持凭报关。报关时，海关审核后若放行，在此联上加盖放行章后交还报关人，以确认放行并凭以装船。由此可见，此联是托运单的核心内容。

第五联副本：缴纳出口货物港务费申请书（由港区核算应收港务杂费）。

第六联：（浅红色）场站收据副本大副联。

第七联：（浅黄色）场站收据。

第八联：货代留底。

第九联：配舱回单 (1)。

第十联：配舱回单 (2)。

2. 海运托运单样本

1）散装运输托运单

海运出口托运单 Shipping Letter of Instruction					
托运人 Shipper：					
编号 No.：		船名 S/S：		目的港 For：	
标记及号码 Marks & Nos.	件数 Quantity	货 名 Description of Goods	重量公斤 Weight Kilos		
			净重 Net		毛重 Gross
			运费付款方式 Method of Freight Payment		
共计件数（大写）Total Number of Packages in Writing					
运费计算 Freight			尺码 Measurement		
备注 Remarks					
抬头 Order of	可否转船 Whether Transshipment Allowed		可否分批 Whether Partial Shipment Allowed		
通知 Notice	装运期 Period of Shipment		效期 Period of Validity		提单份数 No. of B/L
收货人 Receiver	银行编号 Bank No.		信用证号 L/C No.		

散装运输托运单（件杂货物运输＋大宗货物散装运输），是散装货物在托运所需的装货单（S/O）和收货单（M/R）的基础上发展而成的一种综合单据。一套完整的散装海运托运单共有 12 联。

第一联，船代留底。

第二、三联，运费通知单（1）（2）。

第四联，装货单（Shipping Order，S/O），此联经船代盖章后即确认货已配定船只，海关在此联上盖章放行，船方凭此联收受货物，又叫关单。

第五联，收货单，即大副收据（Mate's Receipt，M/R）。货物装上船后，大副在此联上签收，船公司或船代凭此联签发全套正本海运提单。

第六联，货运代理留底。

第七、八联，配舱回单（1）（2）。

第九联,货主留底。

第十联,港务部留存,用于收取港务费。

第十一、十二联,备用联(为空白)。

2)集装箱货物托运单

Shipper(发货人)				D/R No.(编号)	
Consignee(受货人)				集装箱货物托运单	
Notify Party(通知人)					
Pre–carriage by(前程运输)				Place of Receipt(收货地点)	
Ocean Vessel(船名)Port of		Voy No.(航次)		Loading(装货港)	
Port of Discharge(卸货港)		Place of Delivery(交货地点)		Final Destination(目的地)	
Container No.(集装箱号)	Seal No.(封志号)Marks & No.(标记与号码)	No. of Containers or Pkgs,(箱数或件数)	Kind of Pkgs;Description of Goods(包装种类与货名)	Gross Weight(毛重/千克)	Measurement(尺码/立方米)
Total Number of Containers or Packages(in words)集装箱数或件数合计(大写)					
Freight & Charges(运费)	Revenue Tons(运费吨)	Rate(运费率)	Per(每)	Prepaid(运费预付)	Collect(运费到付)
Ex Tate(兑换率)	Prepaid at(预付地点)		Payable at(到付地点)	Place of Issue(签发地点)	
	Total Prepaid(预付总额)			No. of Original B(S)/L(正本提单份数)	
Service Type on Receiving □—CY □—CFS □—DOOR		Service Type on Delivery □—CY □—CFS □—DOOR		Reefer-Temperature Required(冷藏温度)	F / C
Type of Goods(种类)	□Ordinary,□Reefer,□Dangerous,□Auto.(普通)(冷藏)(危险物品)(裸装车辆)□Liquid,□Live Animal,□Bulk –,(液体)(活动物)(散装货)			危险物品 Class: Property: IMDG Code Page: UN No.	
可否转船			可否分批		
装 期			有 效 期		
金 额					
制单日期					

集装箱货物托运单，又称为场站收据（Dock Receipt，D/R），是指承运人委托集装箱堆场、集装箱货运站或内陆站在收到整箱货或拼箱货后签发的收据，是集装箱运输专用的出口单据。托运人或其代理人可凭场站收据，向船代换取已装船或备运提单。不同的港口、货运站使用的也不一样，其联数有 10 联、12 联、7 联不等，以 10 联单较为常用。

第一联，货主留底。

第二联，集装箱货物托运单（船代留底）。

第三、四联，运费通知单（1）（2）。

第五联，装货单场站收据副本（关单）。

第六联，场站收据副本——大副联。

第七联，场站收据（正本）。

第八联，货代留底。

第九、十联，配舱回单（1）（2）。

3. 主要内容

发货人一般应在装运前 10d 左右制好出口货物托运单或明细单，送交承运公司办理托运手续。其主要内容及缮制要求如下。

（1）经营单位或发货人（Shipper）：一般为出口商。

（2）收货人（Consignee）：以信用证或合同的要求为准，可以填 To Order，To Order of ××，×× CO. 和 To Beaber 等，一般以前两种使用较多。

（3）通知人（Notify）：以信用证要求为准，必须有公司名称和详细地址。

（4）分批装运（Partial Shipment）和转运（Transhipment）：要明确表示是否可以分批和转运。

（5）运费（Freight）：应注明是"运费预付（Freight Prepaid）"或是"运费到付（Freight Collect）"。

（6）装运日期（Shipping Date）：按信用证或合同规定的装运日期填写。

（7）货物描述及包装（Description of Goods；No. of Packages）：填写商品的大类名称及外包装的种类和数量。

（8）总毛重、总净重及总体积（Total Gross Weight、Net Weight、Measurement）：按实际填写。

4. 注意事项

1）目的港

目的港名称须明确具体，并与信用证描述一致，如果有同名港，须在港口名称后注明国家、地区或州、城市。如果信用证规定目的港为选择港（Optional Ports），则应该是同一航线上的、同一航次挂靠的基本港。

2）运输的编号

每个具有进出口权的托运人都有一个托运代号（通常也是商业发票号），以便查核和财务结算。

3）货物名称

货物名称应根据货物的实际名称，用中英文两种文字填写，并且要与信用证所列货名相符。

4）标记及号码

为了便于识别货物，防止发错货，标记及号码通常由型号、图形、收货单位简称、目的港、件数或批号等组成。

5）重量和尺码

重量的单位为千克，尺码为立方米。

6）货物的描述

托盘货要分别注明盘的重量、尺码和货物本身的重量和尺码，对超长、超重和超高货物，应提供每一件货物的详细的体积（长、宽、高）以及每一件货物的重量，以便货运公司计算货物积载因素，安排特殊的装货设备。

7）付款方式

付款方式一般有运费预付（Freight Prepaid）和运费到付（Freight Collect）两种。有的转运货物，一程运费预付，二程运费到付，要分别注明。

8）通知人

收货人按需要决定是否填写通知人。

9）其他

可否转船分批，以及装期、效期等信息均应按信用证或合同要求一一注明。

有关的运输条款、订舱、配载、信用证或客户有关特殊要求，也要一一列明。

5. 电子托运单的含义和特点

1）含义

在我国经济飞速发展的今天，各承运人利用先进的电子计算机技术和网络技术，将船期表信息以及其他有关信息和数据如港口、船期、航期、载货量、舱位、箱量、停泊码头等集中存放在公共数据中心或船公司网站上，为各托运人跨国家（地区）、跨公司、跨部门地查阅、选择、订舱提供了方便，并为各托运人实现网上订舱提供了操作平台。

根据协议，托运人可以在其办公场所，将标准格式的托运单电子报文数据，通过终端申报方式、EDI申报方式或网上申报方式，在"订舱托运"系统中向船公司或其代理人的计算机系统发送电子托运单数据。船公司或其代理人收到电子托运单数据后，根据船舶载货量和具体托运内容来安排舱位，一旦船公司确认订舱后，便发送"接受订舱"的电子回执给托运人，并进一步将确定的"船名、航次、关单号和船舶动态"等信息数据发送给托运人，完成电子托运订舱的全部手续。

2）特点

（1）形式简单。由于电子托运单在托运时已将托运数据输入承运人的计算机系统中，承运人计算机系统中的各个相关部门终端，包括船公司各操作室、财务部、集装箱堆场、码头作业区、现场海关等都有了电子托运数据和报文。如果需要，随时可打印成纸质托运单。因此，与传统的纸质托运单（一式10联）相比，电子托运单更简单。

（2）订舱速度快。电子托运单的订舱速度是建立在先进的计算机和互联网基础上的，数据交换速度快。通常情况下，完成一票货物订舱仅需要几分钟。而传统的纸质托运单订舱从制单、盖章、送单、确认、配载到取单，至少需要半个工作日。对广大托运人而言，电子托运单订舱节省了时间和费用。

（3）差错率降低。对承运人而言，电子托运单可以使配载员有足够的时间配载，来处理托运细节，减少了工作差错，提高了工作效率。

（4）电子托运单可与纸质托运单共存。电子托运单的格式和内容，是根据"集装箱工试单"原理而确定的，可与传统的纸质托运单并存使用，这就为过渡时期航运业务的正常开展提供了方便。

（5）改变了"凭场站收据换海运提单"的传统的、低效率的做法。电子托运单的使用，使承运人对于货物的订舱、进港、放关、装船等动态尽收眼底，在船公司或其代理的计算机系统中会及时反映货物订舱细节、进港时间、放关时间、上船时间等。因此，船公司或其代理人签发提单已不再需要凭传统的"大副收据"，只要其计算机系统中有"已放关，已上船"记载，船公司或其代理人就可以签发提单。

7.2.2 海运提单

1. 提单的定义和作用

1）定义

提单（Bill of Lading，B/L）是用以证明海上货物运输合同和货物已由承运人接收或装船，以及承运人保证据以交付货物的单证。根据提单中载明的向记名人交付货物，或者按照指示人的指示交付货物，或者向提单持有人交付货物的条款，构成承运人据以交付货物的保证。

在国际货物运输中，提单是最具特色、最完整的运输单据。在国际贸易中，提单是一种有价证券，同时代表物权和债权。在各国有关运输法律中，提单都被认定是一份非常重要的法律文件，提单上权利的实现必须以交还提单为要件。

2）提单的作用

从法律规定角度看，提单的基本作用如下。

（1）提单是海上货物运输合同的证明。

（2）提单是货物已由承运人接收或装船的收货证据。

（3）提单是承运人保证凭以交付货物的物权凭证。

从外贸业务和运输业务角度看，提单的作用如下。

（1）提单是承运人有条件地为托运人运输货物的书面确认。托运人签发托运单与承运人签发提单，相互构成运输契约，共同成为托运人与承运人之间关于责任、费用、风险的划分依据。

（2）提单是银行结汇文件中最重要的文件。买卖双方的交货收款和收货付款，必须借助于能同时代表物权和债权的提单，借助于有资金信誉的银行机构来实现操作。

（3）提单是货主与货代之间、货代与承运人之间或货主与承运人之间支付或收取运费的凭证，也是互相在经济上制约的有效文件。付款交单就是利用提单实现经济制约的一种手段。

2. 关系人

提单的主要关系人是签订运输合同的双方，即托运人和承运人。托运人是货方，承运人是船方,其他关系人有收货人和被通知人等。收货人通常是货物买卖合同中的买方,提单由承运人经发货人转发给收货人,收货人持提单提货,被通知人是承运人为了方便货主提货的通知对象,可能不是与货权有关的当事人。如果提单发生转让,则会出现受让人、持有人等提单关系人。

3. 提单流通性

提单作为物权凭证,只要具备一定的条件就可以转让,转让的方式有两种:空白背书和记名背书。但是提单的流通性小于汇票的流通性,其主要表现为:提单的受让人不像汇票的正当持票人那样享有优于前手背书人的权利。具体来说,如果一个人用欺诈手段取得一份可转让的提单,并把它背书转让给一个善意的、支付了价金的受让人,则该受让人不能因此而取得货物的所有权,不能以此对抗真正的所有人。反之,如果在汇票流通过程中发生这种情况,则汇票的善意受让人的权利仍将受到保障,他仍有权享受汇票上的一切权利。

4. 海运提单的分类

按不同的分类标准,提单可以划分为许多种类。

1)按货物是否装船

(1)已装船提单(shipped B/L,on board B/L)。已装船提单是指货物装船后由承运人或其授权代理人根据大副收据签发给托运人的提单。如果承运人签发了已装船提单,就是确认他已将货物装在船上。这种提单除了载明一般事项外,通常还必须注明装载货物的船舶名称和装船日期。由于已装船提单对于收货人及时收到货物有保障,所以在国际货物买卖合同中一般都要求卖方提供已装船提单。

(2)备运提单(received for shipment B/L)。备运提单又称收货待运提单、待装提单,或简称待运提单。它是承运人在收到托运人交来的货物但还没有装船时,应托运人的要求而签发的提单。签发这种提单时,说明承运人确认货物已交由承运人保管并存放在其所控制的仓库或场地,但还未装船。所以,这种提单未载明所装船名和装船时间,在跟单信用证支付方式下,银行一般都不肯接受这种提单。但当货物装船,承运人在这种提单上加注装运船名和装船日期并签字盖章后,待运提单即成为已装船提单。同样,托运人也可以用待运提单向承运人换取已装船提单。我国《海商法》第七十四条对此作了明确的规定。

2)按提单收货人的抬头分

(1)记名提单(straight B/L)。记名提单又称收货人抬头提单,是指提单上的收货人栏中已具体填写收货人名称的提单。提单所记载的货物只能由提单上特定的收货人提取,或者说承运人在卸货港只能把货物交给提单上所指定的收货人。如果承运人将货物交给提单指定的以外的人,即使该人占有提单,承运人也应负责。这种提单失去了代表货物可转让流通的便利,但同时也可以避免在转让过程中可能带来的风险。

(2)不记名提单(bearer B/L,open B/L,blank B/L)。不记名提单是指提单上收货人一栏内没有指明任何收货人,而注明"提单持有人"(bearer)字样或将这一栏空白,不填写任何人的名称的提单。这种提单不需要任何背书手续即可转让或提取货物,极为简便。承运人应将货物交给提单持有人,谁持有提单,谁就可以提货,承运人交付货物只凭单,不凭人。这种提单丢失或被窃,风险极大,故国际上较少使用这种提单。另外,根据有些班轮公会的规定,凡使用不记名提单,在给大副的提单副本中必须注明卸货港通知人的名称和地址。

(3) 指示提单（order B/L）。指示提单是指在提单正面收货人一栏内填上"凭指示"（to order）或"凭某人指示"（to order of ……）字样的提单。这种提单按照表示指示人的方法不同，又分为托运人指示提单、记名指示人提单和选择指示人提单。如果在收货人栏内只填记"指示"字样，则称为托运人指示提单；如果收货人栏内填记"某某指示"，则称为记名指示提单；如果在收货人栏内填记"某某或指示"，则称为选择指示人提单。记名指示提单或选择指示人提单中的"某某"既可以是银行的名称，也可以是托运人。

指示提单是一种可转让提单。提单的持有人可以通过背书的方式把它转让给第三者，而无须经过承运人认可，所以这种提单为买方所欢迎。而不记名指示（托运人指示）提单与记名指示提单不同，它没有经提单指定的人背书才能转让的限制，所以其流通性更大。指示提单在国际海运业务中使用较广泛。

3) 按提单上有无批注划分

(1) 清洁提单（clean B/L）。在装船时，货物外表状况良好，承运人在签发提单时，未在提单上加注任何有关货物残损、包装不良、件数、重量和体积，或其他妨碍结汇的批注的提单称为清洁提单。使用清洁提单在国际贸易实践中非常重要，买方要想收到完好无损的货物，首先必须要求卖方在装船时保持货物外观良好，并要求卖方提供清洁提单。承运人一旦签发了清洁提单，货物在卸货港卸下后，如发现有残损，除非是由于承运人可以免责的原因所致，承运人必须负责赔偿。我国《海商法》第七十六条对此有具体规定说明。

(2) 不清洁提单（unclean B/L or foul B/L）。在货物装船时，承运人若发现货物包装不牢、破残、渗漏、玷污、标志不清等现象时，大副将在收货单上对此加以批注，并将此批注转移到提单上，这种提单称为不清洁提单，我国《海商法》第七十五条对此有具体规定说明。

实践中承运人接收货物时，如果货物外表状况不良，一般先在大副收据上做出记载，在正式签发提单时，再把这种记载转移到提单上。在国际贸易的实践中，银行是拒绝出口商以不清洁提单办理结汇的。为此，托运人应对损坏或外表状况有缺陷的货物进行修补或更换。

4) 按运输方式不同划分

(1) 直达提单（direct B/L）。直达提单，又称直运提单，是指货物从装货港装船后，中途不经转船，直接运至目的港卸船交与收货人的提单。直达提单上不得有"转船"或"在某港转船"的批注。凡信用证规定不准转船者，必须使用这种直达提单。提单背面条款印有承运人有权转船的"自由转船"条款者，则不影响该提单成为直达提单的性质。

(2) 转船提单（transhipment B/L）。转船提单是指货物从起运港装载的船舶不直接驶往目的港，需要在中途港口换装其他船舶转运至目的港卸货，承运人签发的提单。在提单上注明"转运"或在"某某港转船"字样，转船提单往往由第一程船的承运人签发。由于货物中途转船，增加了转船费用和风险，并影响到货时间，故一般信用证内均规定不允许转船，但直达船少或没有直达船的港口，买方也只好同意可以转船。

(3) 联运提单（through B/L）。联运提单是指货物运输需经两段或两段以上的运输方式来完成，如海陆、海空或海海等联合运输所使用的提单。船船（海海）联运在航运界也称为转运，包括海船将货物送到一个港口后再由驳船从港口经内河运往内河目的港。

(4) 多式联运提单（multimodal transport B/L or intermodal transport B/L）。多式联运提单主要用于集装箱运输，是指一批货物需要经过两种以上不同运输方式，其中一种是海上运输方式，由一个承运人负责全程运输，将货物从接收地运至目的地交付收货人，并收取全程运费所签发的提单。提单内的项目不仅包括起运港和目的港，而且列明一程二程等运输路线，以及收货地和交货地。

5) 按提单内容的简繁划分

(1) 全式提单（long form B/L）。全式提单是指提单除正面印就的提单格式所记载的事项，背面列有关于承运人与托运人及收货人之间权利义务等详细条款的提单。由于条款繁多，所以又称繁式提单。在海运的实际业务中大量使用的大都是这种全式提单。

(2) 简式提单（short form B/L, or simple B/L）。简式提单，又称短式提单、略式提单，是相对于全式提单而言的，是指提单背面没有关于承运人与托运人及收货人之间的权利义务等详细条款的提单。这种提单一般在正面印有"简式"（short form）字样，以示区别。

6) 按签发提单的时间划分

(1) 倒签提单（anti-dated B/L）。倒签提单是指承运人或其代理人应托运人的要求，在货物装船完毕后，以早于货物实际装船日期为签发日期的提单。当货物实际装船日期晚于信用证规定的装船日期时，若仍按实际装船日期签发提单，托运人就无法结汇。为了使签发提单的日期与信用证规定的装运日期相符，以利结汇，承运人应托运人的要求，在提单上仍以信用证的装运日期填写签发日期，以免违约。

(2) 顺签提单（post-date B/L）。顺签提单是指在货物装船完毕后，应托运人的要求，由承运人或其代理人签发的提单。但是该提单上记载的签发日期晚于货物实际装船完毕的日期。即托运人从承运人处得到以晚于货物实际装船完毕的日期作为提单签发日期的提单。由于顺填日期签发提单，所以称为"顺签提单"

(3) 预借提单（advanced B/L）。预借提单是指货物尚未装船或尚未装船完毕的情况下，信用证规定的结汇期（即信用证的有效期）即将届满，托运人为了能及时结汇，而要求承运人或其代理人提前签发的已装船清洁提单，即托运人为了能及时结汇而从承运人那里借用的已装船清洁提单。

7) 按收费方式划分

(1) 运费预付提单（freight prepaid B/L）。当成交 CIF、CFR 价格条件为运费预付，按规定货物托运时，必须预付运费。在运费预付情况下出具的提单称为运费预付提单。这种提单正面载明"运费预付"字样，运费预付后才能取得提单；付费后，若货物灭失，运费不退。

(2) 运费到付提单（freight to collect B/L）。以 FOB 条件成交的货物，不论是买方订舱还是买方委托卖方订舱，运费均为到付（freight payable at destination），并在提单上载明"运费到付"字样，这种提单称为运费到付提单。货物运到目的港后，只有付清运费，收货人才能提货。

(3) 最低运费提单（minimum B/L）。最低运费提单是指对每一提单上的货物按起码收费标准收取运费所签发的提单。如果托运人托运的货物批量过少，按其数量计算的运费额低于运价表规定的起码收费标准，承运人均按起码收费标准收取运费，为这批货物所签发的提单就是最低运费提单,也可称为起码收费提单。

除了以上分类外,还有其他一些特殊海运提单,如合并提单(omnibus B/L)、并装提单(combined B/L)、分提单(separate B/L)、交换提单(switch B/L)、舱面货提单(on deck B/L)、包裹提单(parcel receipt B/L)、集装箱提单(container B/L)等。

5. 提单内容

1)提单正面内容

(1)必要记载事项。根据我国《海商法》第七十三条规定,提单正面内容,一般包括下列各项。

① 货物的品名、标志、包数或者件数、重量或体积,以及运输危险货物时对危险性质的说明(Description of the goods, mark, number of packages or piece, weight or quantity, and a statement, if applicable, as to the dangerous nature of the goods)。

② 承运人的名称和主营业所(Name and principal place of business of the carrier)。

③ 船舶的名称(Name of the ship)。

④ 托运人的名称(Name of the shipper)。

⑤ 收货人的名称(Name of the consignee)。

⑥ 装货港和在装货港接收货物的日期(Port of loading and the date on which the good were taken over by the carrier at the port of loading)。

⑦ 卸货港(Port of discharge)。

⑧ 多式联运提单增列接收货物地点和交付货物地点(Place where the goods were taken over and the place where the goods are to be delivered in case of a multimodal transport bill of lading)。

⑨ 提单的签发日期、地点和份数(Date and place of issue of the bill of lading and the number of originals issued)。

⑩ 运费的支付(Payment of freight)。

⑪ 承运人或者其代表的签字(Signature of the carrier or of a person acting on his behalf)。

提单缺少前款规定的一项或者几项的,不影响提单的法律地位,但是必须符合海商法关于提单的定义和功能的规定。除了在内陆签发多式联运提单时上述第三项船舶名称,签发海运提单时多式联运提单的接收货物地点,交付货物的地点,以及运费的支付这三项外,其他8项内容是必不可少的。

(2)一般记载事项。海运提单正面内容的一般记载事项主要包括以下几项。

① 属于承运人因业务需要而记载的事项,如航次顺号、船长姓名、运费的支付时间和地点、汇率、提单编号及通知人等。

② 区分承运人与托运人之间的责任而记载的事项,如数量争议的批注;为了减轻或免除承运人的责任而加注的内容;为了强调提单上已印妥的免责条款;对于一些易于受损的特种货物,承运人在提单上加盖的以对此种损害免除责任为内容的印章等。

③ 承运人免责和托运人作承诺的条款。

根据我国《海商法》第七十七条规定,除非承运人按有关规定做出保留外,承运人或者代其签发提单的人签发的提单,是承运人已经按照提单所载状况收到货物或者货物已经装船的初步证据;承运人向善意受让提单的包括收货人在内的第三人提出的与提单所载状况不同的证据,不予承认。

《海牙-维斯比规则》和《汉堡规则》也就提单上有关货物记载事项的证据效力做出规定。根据规定,在目的港卸货时,如果货物的实际状况与提单上记载的不一致,由此给收货人带来的损失,除法律另有规定外,承运人应负赔偿责任。承运人只要能证明上述的不一致是托运人的原因造成的,则他们可以向托运人追偿。

2) 提单背面条款

提单背面的条款,作为承托双方权利义务的依据,分为强制性条款和任意性条款两类。

强制性条款的内容不能违反有关国家的法律和国际公约、港口惯例的规定。我国《海商法》第四章海上货物运输合同的第四十四条就明确规定,海上货物运输合同和作为合同凭证的提单或者其他运输单证中的条款,违反本章规定的,无效。《海牙规则》第三条第八款规定,运输契约中的任何条款、约定或协议,凡是解除承运人或船舶由于疏忽、过失或未履行本条规定的责任与义务,因而引起货物的或与货物有关的灭失或损害,或以本规则规定以外的方式减轻这种责任的,都应作废并无效。上述的规定都强制适用提单的强制性条款。

除强制性条款外,提单背面的任意性条款,即上述法规、国际公约没有明确规定的,允许承运人自行拟定的条款和承运人以另条印刷、刻制印章或打字、手写的形式在提单背面加列的条款,这些条款适用于某些特定港口或特种货物,或托运人要求加列的条款。所有这些条款都是表明承运人与托运人、收货人或提单持有人之间承运货物的权利、义务、责任与免责的条款,是解决他们之间争议的依据。

虽然各种提单背面条款多少不一,内容不尽相同,但通常都有下列主要条款。

(1) 定义条款(definition clause)。定义条款是提单或有关提单的法规中对与提单有关用语的含义和范围做出明确规定的条款。如中远提单条款第一条规定:货方(merchant)包括托运人(shipper)、受货人(receiver)、发货人(consignor)、收货人(consignee)、提单持有人(holder of),以及货物所有人(owner of the goods)。

在国际贸易的实践中,提单的当事人应该是承运人和托运人是毫无异议的。但是,无论是以 FOB 还是 CIF 或 CFR 价格成交的贸易合同,按照惯例,当货物在装货港装船时,货物一旦越过船舷其风险和责任就转移到作为买方的收货人或第三者。如果货物在运输过程中发生灭失或损坏,对承运人提出赔偿要求的就不再是托运人,而是收货人或第三者。在这种情况下,如果仅将托运人看作合同当事人一方,就会出现收货人或第三者不是合同当事人,而无权向承运人索赔的情况。为了解决这一矛盾,英国 1855 年提单法第一条规定:当提单经过背书转让给被背书人或收货人后,被背书人或收货人就应该取代作为背书人的托运人的法律地位而成为合同当事人一方,由于《海牙规则》的定义条款未涉及"货方",英国提单法弥补了这一不足,各船公司都在提单中将"货方"列为定义条款。

(2) 首要条款(paramount clause)。首要条款是承运人按照自己的意志,印刷于提单条款的上方,通常列为提单条款第一条用以明确本提单受某一国际公约制约或适用某国法律的条款。

提单上出现了首要条款,通过当事人"意思自治"原则,在某种意义上扩大了国际公约或国内法的适用范围。各国法院通常承认首要条款的效力。

（3）管辖权条款（jurisdiction clause）。在诉讼法上，管辖权是指法院受理案件的范围和处理案件的权限。在这里是指该条款规定双方发生争议时由何国行使管辖权，即由何国法院审理，有时还规定法院解决争议适用的法律。提单一般都有此种条款，并且通常规定对提单产生的争议由船东所在国法院行使管辖权。

提单管辖权的效力在各国不尽相同，有的国家将其作为协议管辖处理，承认其有效。但更多的国家以诉讼不方便，或以该条款减轻承运人责任等为理由，否认其效力，依据本国诉讼法，主张本国法院对提单产生的争议案件的管辖权。也有的国家采取对等的原则，确定其是否有效。

（4）承运人责任条款（carrier's responsibility clause）。一些提单订有承运人责任条款，规定承运人在货物运送中应负的责任和免责事项。一般概括地规定为按什么法律或以什么公约为依据，如果提单已订有首要条款，就无须另订承运人的责任条款。在中远提单的第三条、中国外运提单第四条、华夏提单第三条均规定，其权利和责任的划分以及豁免应依据或适用《海牙规则》。根据这一规定，并非《海牙规则》所有规定都适用于该提单，而只是有关承运人的义务、权利及豁免的规定适用于该提单。

（5）承运人的责任期间条款（carrier's period of responsibility clause）。《海牙规则》中没有单独规定承运人的责任期间条款，因而各船公司的提单条款中都列有关于承运人对货物运输承担责任的起止时间条款。例如，中远提单第四条规定：承运人的责任期间应从货物装上船舶之时起到卸离船舶之时为止。承运人对于货物在装船之前和卸离船舶之后发生的灭失或损坏不负赔偿责任。《海牙规则》第一条"定义条款"中对于"货物运输"（carriage of goods）的定义如下"自货物装上船时起，至卸下船时止的一段时间"。

上述责任期间的规定，与现行班轮运输"仓库收货、集中装船"和"集中卸货、仓库交付"的货物交接做法不相适应。所以，一些国家的法律，如美国的《哈特法》（Harter Act）规定：承运人的责任期间为自收货之时起，至交货之时为止。我国《海商法》规定的承运人责任期间，集装箱货物同《汉堡规则》，而件杂货则同《海牙规则》。

（6）装货、卸货和交货条款（loading, discharging and delivery clause）。本条款是指对托运人在装货港提供货物，以及收货人在卸货港提取货物的义务所做的规定。该条款一般规定货方应以船舶所能装卸的最快速度昼夜无间断地提供或提取货物；否则，货方对违反这一规定所引起的一切费用，如装卸工人待时费、船舶的港口使用费及滞期费的损失承担赔偿责任。应当予以注意，这一条很难实施。因为，没有租船合同及装卸期限，要收取滞期费用比较困难。承运人签发提单后，如果航程很短，货物比单证先到，收货人无法凭单提货，货物卸载存岸仍将由承运人掌管，难以推卸继续履行合同之责。如果收货人不及时提取货物，承运人可以将货物卸入码头或存入仓库，货物卸离船舶之后的一切风险和费用，由收货人承担。而承运人应被视为已经履行其交付货物的义务。

承运人负担货物装卸费用，但货物在装船之前和卸船之后的费用由托运人、收货人负担。但是费用的承担往往与承运人的责任期间的规定有关。如果双方当事人另有约定，则以约定为准。提单中通常不另订条款规定，当按照港口习惯或受港口条件限制，船舶到达港口时，不能或不准进港靠泊装卸货物，其责任又不在承运人，在港内或港外货物过驳费用由托运人或收货人承担。

（7）运费和其他费用条款（freight and other charges clause）。该条款通常规定，托运人或收货人应按提单正面记载的金额、货币名称、计算方法、支付方式和时间支付运费，以及货物装船后至交货期间发生的并应由货方承担的其他费用，运费收取后不再退还。例如，中远提单第六条和中外运提单第八条规定，运费和费用应在装船前预付。到付运费则在货物抵达目的港时，交货前必须付清。无论是预付还是到付，无论船舶或货物其中之一遭受损坏或灭失，都应毫不例外地将运费全部付给承运人，不予退回和不得扣减。一切同货物有关的税捐或任何费用均应由货方支付。

另外，该条款还规定：装运的货物如系易腐货物、低值货物、活动物（活牲畜）、甲板货，以及卸货港承运人无代理人的货物，运费及有关费用应预付。

该条款通常还规定，货方负有支付运费的绝对义务。即使船舶或货物在航行过程中灭失或损害，货方仍应向承运人支付全额运费。如果货物灭失或损害的责任在于承运人，则货方可将其作为损害的一部分，向承运人索赔。

（8）自由转船条款（transhipment clause）。转运、换船、联运和转船条款（forwarding, substitute of vessel, through cargo and transhipment）或简称自由转船条款。该条款规定，如有需要，承运人为了完成货物运输可以任意采取合理措施，改变航线、港口或将货物交由承运人自有的或属于他人的船舶，或经铁路或以其他运输工具直接或间接地运往目的港，或运到目的港、转船、收运、卸岸、在岸上或水面上储存以及重新装船运送，以上费用均由承运人负担，但风险则由货方承担。承运人责任限于其本身经营的船舶所完成的那部分运输，不得视为违反运输合同。

如中远提单第十三条，中外运提单第十四条都做了上述规定。这是保护承运人权益的自由转运条款。在船舶发生故障无法载运，或者目的港港口拥挤一时无法卸载，或者目的港发生罢工时，由承运人使用他船或者通过其他运输方式转运到目的港，或者改港卸货再转运往目的港，费用由承运人负担，但风险由货方负担则欠合理。我国《海商法》第九十一条规定，因不可抗力或者不能归责于承运人的原因，船舶不能在约定的目的港卸货时，船长有权将货物卸在邻近的安全港口，视为已经履行合同；否则，承运人有责任将货物运到目的港，将部分运输转交实际承运人，承运人也应当对此负责。

（9）选港条款（option clause）。选港条款亦称选港交货（optional delivery）条款。该条款通常规定，只有当承运人与托运人在货物装船前有约定，并在提单上注明时，收货人方可选择卸货港。收货人应在船舶驶抵提单中注明的可选择的港口中第一个港口若干小时之前，将其所选的港口书面通知承运人在上述第一个港口的代理人。否则，承运人有权将货物卸于该港或其他供选择的任一港口，运输合同视为已经履行。也有的提单规定，如收货人未按上述要求选定卸货港，承运人有权将货物运过提单注明的港口选择范围，至船舶最后的目的港，而由托运人、收货人承担风险和费用。当船舶承运人选港交货时，一般要求收货人在所选定的卸货港卸下全部货物。

（10）赔偿责任限额条款（limitation of liability clause）。承运人的赔偿责任限额是指已明确承运人对货物的灭失和损失负有赔偿责任，应支付赔偿金额，承运人对每件或每单位货物支付的最高赔偿金额。

提单应按适用的国内法或国际公约规定承运人对货物的灭失或损坏的赔偿责任限额。但承运人接受货物前，托运人书面申报的货物价格高于限额，并已填入提单又按规定收取运费时，应按申报价值计算。如果首要条款中的规定适用某国际公约或国内法，则按该国际公约或国内法办理。例如，中远提单第十二条规定，当承运人对货物的灭失或损坏负赔偿责任时，赔偿金额参照货方的净货价加运费及已付的保险费计算；同时还规定，尽管有本提单第三条规定，承运人对货物灭失或损坏的赔偿责任应限制在每件或每计费单位不超过700元人民币，但承运人接收货物前托运人以书面申报的货价高于此限额，而又已填入本提单并按规定支付了额外运费者除外。

（11）危险货物条款（dangerous cargo clause）。此条款规定托运人对危险物品的性质必须正确申报并标明危险物品标志和标签，托运人如事先未将危险物品性质以书面形式告知承运人，并未在货物包装外表按有关法规予以标明，则不得装运。否则，一经发现，承运人为船货安全有权将其变为无害、抛弃或卸船，或以其他方式予以处置。托运人、收货人应对未按上述要求装运的危险物品，使承运人遭受的任何灭失或损害负责。对托运人按上述要求装运的危险物品，当其危及船舶或货物安全时，承运人仍有权将其变为无害、抛弃或卸船，或以其他方式予以处置。

如提单上订明适用《海牙规则》或《海牙-维斯比规则》或相应的国内法，便无须订立此条款。

（12）舱面货条款（deck cargo clause）。由于《海牙规则》对舱面货和活动物（live animal）不视为海上运输的货物，因而提单上一般订明，关于这些货物的收受、装载、运输、保管和卸载均由货方承担风险，承运人对货物灭失或损坏不负赔偿责任。

6. 内容填制

（1）提单编号（B/L No）。一般列在提单右上角，以便于工作联系和查核。发货人向收货人发送装船通知（shipment advice）时，也要列明船名和提单编号。

（2）托运人（shipper）。填写托运人的名称、地址，必要时可填写代码。托运人一般为信用证中的受益人（出口商）。

（3）收货人（consignee）。填写收货人的名称、地址，必要时可填写电话、传真或代码。如果要求记名提单，此栏可填上具体的收货人的名称；如果属于指示提单，则填写"To order"或"To order of xxx"。

（4）通知方（notify party）。这是船公司在货物到达目的港时发送到货通知的收件人，有时即为进口商。在信用证项下的提单，如信用证上对提单通知方有具体规定，则必须严格按照信用证要求填写。如果是记名提单或收货人指示提单，且收货人又有详细地址的，则此栏可以不写。如果是空白指示提单或托运人指示提单，则此栏必须填写通知方的名称与详细地址，否则船方就无法与收货人联系，收货人也不能及时报关提货。通知方一般为预定的收货人或收货人的代理人。

（5）船名（name of vessel）。填写装运货物的船名及航次。若是已装船提单，必须填写船名；若是待运提单，待货物实际装船完毕后记载船名。

（6）接货地（place of receipt）。此栏在多式联运方式下填写，表明承运人收到货物的地点，其运输条款可以是：门—门、门—场、门—站。

(7) 装货港（port of loading）。此栏应填写实际装船港口的具体名称。

(8) 卸货港（port of discharge）。此栏应填写实际卸下货物港口的具体名称。如属转船，第一程提单上的卸货港填转船港，收货人填二程船公司；第二程提单上的装货港填上述的转船港，卸货港填最后的目的港，若由第一程船公司签发联运提单（through B/L），则卸货港即可填写最后目的港，并在提单上列明第一和第二船名。若经某港转运，要显示"via xx"字样。填写此栏要注意同名港口问题，若属选择港提单，要在此栏中注明。

(9) 交货地（place of delivery）。此栏在多式联运方式下填写，表明承运人交付货物的地点，其运输条款可以是：门—门、场—门、站—门。

(10) 货名（description of goods）。在信用证项下，货名必须与信用证上规定的货名一致。

(11) 件数和包装种类（number and kind of package）。此栏按箱子的实际包装情况填写。在集装箱整箱货运输的情况下，此栏通常填写集装箱的数量、型号（如：1×20FT DC）；在拼箱货运输的情况下，此栏应填写货物件数（如：10 cases machinery）。

(12) 唛头（shipping marks）。信用证上有规定的，必须按规定填写；否则可按发票上的唛头填写。

(13) 毛重、尺码（gross weight；measurement）。信用证上有规定的，必须按规定填写；否则一般以千克为单位列出货物的毛重、以立方米列出货物的体积。

(14) 运费与费用（freight and charges）。一般为预付（freight prepaid）或到付（freight collect）。如系 CIF 或 CFR 出口，一般均填上"运费预付"字样，千万不可漏填，否则收货人会因为运费未清问题而晚提货或提不到货。如系 FOB 出口，则运费可制作"运费到付"字样，除非收货人委托发货人垫付运费。

(15) 温度指示（temperature control instructions）。此栏填写冷藏箱运输时所要求的温度，应尽量避免标明具体温度。

(16) 提单的签发地点、日期和份数（place and date of issue，number of original B（s）/L）。提单签发的地点原则上是装货地点，一般是在装货港或货物集中地签发。提单的签发日期应该是提单上所列货物实际装船完毕的日期，也应该与收货单上大副所签发的日期是一致的。如果是在跟单信用证项下结汇，提单上所签发的日期必须与信用证或合同上所要求的最后装船期一致或先于装船期。如果卖方估计货物无法在信用证规定的期限内装船，应尽早通知买方，要求修改信用证，而不应该利用"倒签提单""预借提单"等欺诈行为取得货款。提单份数一般按信用证要求出具，如"Full Set of"，一般理解为正本提单一式三份，每份都有同等效力，收货人凭其中一份提取货物后，其他各份自动失效。副本提单的份数可视托运人的需要而定。

(17) 承运人或船长，或由其授权的人签字或盖章。提单必须由承运人或船长，或由其授权的人签发，并且明确表明签发人的身份。一般表示方法有"Carrier""Caption"或"as Agent for the Carrier：xxx"等。提单必须经过签署手续后才能生效。

7. 海运提单样本

样本1. 中国远洋运输集团提单

1. Shipper（托运人）一般为出口商		B/L No.
2. Consignee（收货人） "order"或"order of shipper"或 "order of XXX Bank"		COSCO 中国远洋运输（集团）总公司 **CHINA OCEAN SHIPPING（GROUP）CO.**
3. Notify Party（通知人）通常为进口方或其代理人		
4. PR – Carriage by （前程运输） 填 feeder ship 名即驳船名	5. Place of Receipt （收货地） 填 Huangpu	
6. Ocean Vessel VOY. No. （船名及航次） 填大船名	7. Port of Loading （装货港） 填 HKG	*ORIGINAL* Combined Transport Bill of Lading
8. Port of Discharge（卸货港）填写 Lax	9. Place of Delivery （交货地）若大船公司负责至 NYC 则填 NYC；若负责至 LAX 则填 LAX	10. Final Destination for the Merchant's Reference（目的地） 仅当该 B/L 被用作全程转运时才填此栏（填 NYC）
11. Marks （唛头）	12. No. & Kinds of PKGS （包装种类和数量）	13. Description of Goods（货物名称）	14. G. W.（kg） （毛重）	15. Meas（m³） （体积）
16. Total Number of Containers or Packages（in Words）（总件数）				
17. Freight & Charges（运费）Prepaid（运费预付）或 Collect（运费到付）	revenue tons （运费吨）	Rate（运费率）	Per（计费单位）	Prepaid（运费预付）	Collect（运费到付）
Prepaid at （预付地点）	Payable at （到付地点）	18. Place and Date of Issue （出单地点和时间）一般与装船日一致
Total Prepaid （预付总金额）	19. Number of Original B(S)L （正本提单的份数） 一般为3份	22. Signed for the Carrier （承运人签章） 中国远洋运输（集团）总公司 CHINA OCEAN SHIPPING (GROUP) CO. ×××
20. date （装船日期）	21. Loading on Board the vessel by （船名）	

样本 2. 中国对外贸易运输总公司联运提单

托运人 Shipper	中国对外贸易运输总公司 CHINA NATIONAL FOREIGN TRADE TRANSPORTATION CORP 联运提单 COMBINED TRANSPORT BILL OF LADING RECEIVED the goods in apparent good order and condition as specified below unless otherwise stated herein. The Carrier, in accordance with the provisions contained in this document. 1) undertakes to perform or to procure the performance of the entire transport from the place at which the goods are takes in charge to the place designated for delivery in this document, and 2) assumes liability as prescribed in this document for such transport. One of the Bills of Lading must be surrendered duly indorsed in exchange for the goods or delivery order.
收货人或指示 Consignee or order	
通知地址 Notify address	

前段运输 Pre-carriage by	收货地点 Place of receipt		
海运船只 Ocean vessel	装货港 Port of loading		
卸货港 Port of discharge	交货地点 Place of delivery	运费支付地 Freight payable at	正本提单份数 Number of original Bs/L

标志和号码 Marks and Nos.	件数和包装种类 Number and kind of packages	货名 Description of goods	毛重（公斤） Gross weight（kgs.）	尺码（立方米） Measurement（m³）
		以上细目由托运人提供 ABOVE PARTICCLARS FURNSHED BY SHIPER		

运费和费用 Freight and charges	IN WITNESS whereof the number of original Bills of Lading stated above have been signed, one of which being accomplished, the other (s) to be void.
	签单地点和日期 Place and date of issue
	代表承运人签字 **Signed for or on behalf of the Carrier** 代理 **as Agents**

样本 3. 太平船务有限公司提单

Shipper	B/L No.
	PIL
	PACIFIC INTERNATION LINES (PTE) LTD
	(Incorporated in Singapore)
	COMBINED TRANSPORT BILL OF LADING
Consignee	Received in apparent good order and condition except as otherwise noted the total number of container or other packages or units enumerated below for transportation from the place of receipt to the place of delivery subject to the terms hereof. One of the signed Bills of Lading must be surrendered duly endorsed in exchange for the Goods or delivery order. On presentation of this document (duly) Endorsed to the Carrier by or on behalf of the Holder, the rights and liabilities arising in accordance with the terms hereof shall (without prejudice to any rule of common law or statute rendering them binding on the Merchant) become binding in all respects between the Carrier and the Holder as though the contract evidenced hereby had been made between them.
Notify Party	
	SEE TERMS ON ORIGINAL B/L

Vessel and Voyage Number	Port of Loading	Port of Discharge
Place of Receipt	Place of Delivery	Number of Original Bs/L

PARTICULARS AS DECLARED BY SHIPPER – CARRIER NOT RESPONSIBLE

Container Nos/Seal Nos. Marks and/Numbers	No. of Container / Packages / Description of Goods	Gross Weight (Kilos)	Measurement (cu-metres)

FREIGHT & CHARGES	Number of Containers/Packages (in words)
	Shipped on Board Date:
	Place and Date of Issue:
	In Witness Whereof this number of Original Bills of Lading stated Above all of the tenor and date one of which being accomplished the others to stand void.
	for PACIFIC INTERNATIONAL LINES (PTE) LTD

7.2.3 集装箱运输过程中的几种单证

除"设备交接单""场站收据""交接记录"这三种主要单证外，集装箱运输通常还包括以下 10 种单证。

1. 订舱单

订舱单是船公司或其他承运人在接受发货人（或托运人）的订舱时，根据发货人的口头或书面申请，记载货物托运的情况，用以安排集装箱货物运输而制作的单证，订舱单的主要内容有：货名，件数，包装式样，标记，重量，尺码，目的港，结汇期限，转运期限，能否分批运输、转船运输等。

2. 订舱清单

订舱清单是船公司或其代理公司根据订舱单所记载的内容绘制的不同货物的交接地、装卸地一览表。

3. 装箱单

装箱单是详细记载每一个集装箱内所装货物的名称、数量及箱内货物积载情况的唯一单证。在以集装箱为单位进行运输时，集装箱装箱单是一张极其重要的单证，它是货物申报、交接等的依据，单证上所记载的货物和集装箱的重量是计算船舶吃水差和稳性的基本数据。当发生货损、货差时，它还是处理事故索赔的原始依据之一。

4. 批注清单

集装箱码头堆场或集装箱货运站在接收货物时，如果发现货物有异状，则应将这一异状的内容、程度记载在场站收据的备注栏，然后再根据这些内容编制成一份单证，这份单证就叫作批注清单。

5. 装货单

装货单是由承运人或其代理人签字盖章的单证，既是货物办理托运的凭证，又是通知船上接受承运货物装船的凭证。

6. 装货清单

装货清单是由承运人或其代理人根据本航次所托运的货物，按先后到港次序把性质相近的货物加以归类后制成一张装货单的汇总清单。

7. 提单

提单是由集装箱运输经营人或其代理人在收到或接管货物后，签发给发货人或托运人的一种凭证，是证明运输物品已被接收或装船，并待进行海上运输后，在指定港口把货物交给正当的提单持有人的一种有价证券，也是运输公司和货主间的一种运输合同，体现其所记载的货物所有的权利，通常通过背书的方式流通，是押汇票据的主要附属单据，分为装货提单和收货待运提单。

8. 空箱交接单

空箱交接单是货主使用船公司的集装箱时填写的单证，船公司依据此指示集装箱保管人将空箱交给此单证的持有人。

9. 保函

在集装箱运输过程中，承运人的责任是从接收货物时算起，因而对货物接收前已发生的货物和集装箱损害均详细地记载在场站收据上，继而将这一记载转移至提单，从而在事实上构成不清洁提单。

10. 货物托运单

集装箱货物托运单是指由托运人（发货人或货运代理人）根据合同和信用证上的有关条款规定，向承运人或其代理人办理货物运输的书面凭证。

7.3 国际航空货物运输条款及单证

7.3.1 国际航空货物运输公约

航空业的跨国特征是与生俱来的，航空货物运输的产生和发展，必然伴随着调整这种运输方式的统一实体法规范的国际公约的产生、发展。又因为航空业历史较短，得以吸收包括海运在内的其他各种运输方式的国际公约和惯例，并根据航空业的自身特征做出修改。国际货物的运输要遵循国际航空货物运输公约的有关规定，较有影响力的国际航空货物运输公约有：《华沙公约》(1929 年)，《海牙议定书》(1955 年)，《瓜达拉哈拉公约》(1961 年)，《危地马拉议定书》(1971 年)，《蒙特利尔第一号附加议定书》(1975 年)，《蒙特利尔第二号附加议定书》(1975 年)，《蒙特利尔第三号附加议定书》(1975 年)，《蒙特利尔第四号附加议定书》(1975 年)。

这些文件中最基本的是《华沙公约》，随后的各项议定书都是对《华沙公约》的补充或修改。所以，这些文件又被合称为华沙体系。它们的内容相关却又各自独立，《华沙公约》的缔约国并不自然成为以后各次议定书的参加国，也不一定受其管辖。《华沙公约》和《海牙议定书》的适用范围最为广泛，已经为世界大多数国家所认可。

1. **华沙公约和海牙议定书**

《华沙公约》共分 5 章 41 条，对国际航空货物运输的定义、运输凭证、承运人的责任制度，以及责任诉讼的若干程序问题作了规定。

第二次世界大战后，由于航空货物运输业的飞速发展以及世界政治形势的急剧变化，《华沙公约》的某些内容与现实的要求脱节，各签署国签订了《修订 1929 年 10 月 12 日在华沙签订的"统一有关国际航空运输某些规则的公约"的议定书》，即《海牙议定书》，该协议签订于 1955 年，于 1963 年 8 月 1 日生效。这两个公约的主要内容如下。

1）公约的适用范围

《华沙公约》与《海牙议定书》的精神是一致的，它们都规定公约不仅适用于商业性的国际航空货物运输，还适用于包括旅客、行李在内的其他取酬的和免费的国际航空货物运输，但邮件和邮包的运输因为另有国际邮政公约管辖，所以不适用。

2）运输凭证

在《华沙公约》中，航空货物运输的凭证被称为"航空货运单（air consignment note,

ACN)"。航空货运单是订立合同、接受货物和运输条件的初步证据,航空货运单本身就是托运人与承运人订立的航空货物运输合同,这也是航空货运单与海运提单的重要区别之一。

此外,传统的海商法理论中海运提单是货物所有权的证明,提单的背书转让就意味着货物所有权的转移。而航空货运单并不能代表其项下的货物,通常也是不可转让的,虽然《华沙公约》对签发可转让的航空货运单不置可否,《海牙议定书》则明文规定可以签发可转让的航空货运单,但在实际业务中航空货运单一般都印有"不可转让"(not negotiable)字样,所以航空货运单仍不具有可转让性。

3) 航空货物运输期间

航空货物运输期间也是承运人的责任期间,是指货物交由承运人保管的全部期间,但对于在机场外的陆运、海运或河运过程中发生的货物的灭失或损坏,只有当这种运输是为了履行航空货物运输合同,或者是为了装货、交货或转运时,承运人才予以负责。

4) 承运人责任

由于《华沙公约》制定时,航空货物运输仍处于发展的初期,技术水平有限,因此采用了不完全的过失责任制,即在一般问题上采用推定过失原则。一旦出现货物损失,首先假定承运人有过失,但如果承运人能够举证说明自己并无过失,则不必负责。但当承运人的过失是发生在驾驶中、飞机操作中或者在领航时,则承运人虽有过失,也可要求免责。《海牙议定书》保持了过失责任制的基础,并顺应历史的潮流取消了驾驶、飞机操作和领航免责的规定。与同时代的海运公约所不同的是,《华沙公约》根据航空货物运输的特点明确规定了承运人对货物运输过程中"因延迟而造成的损失应负责任",这在当时是极有远见的。

《华沙公约》同样也对承运人的责任限额做出了规定,并明确"企图免除承运人的责任,或定出一个低于本公约所规定的责任限额的任何条款都属无效",这样避免了承运人在运输合同中随意增加免除或者降低承运人自身赔偿责任的做法。《海牙议定书》只是增加了承运人对旅客的赔偿责任,对货物的责任限额不变。

5) 发货人、收货人的权利和义务

根据《华沙公约》,发货人的权利主要指在收货人提取货物之前,或者收货人拒收货物之后,或者无法与收货人联系的情况下,对货物处理的权利,包括有权在货物运输的途中将货物提回;对已运至目的地的货物要求回运或改运;对在经停机场的货物要求中止运输;要求将货物交付给航空货运单指定的收货人以外的第三人等。但托运人不得因行使这种权利而使承运人或其他托运人遭受损失,并应偿付由此产生的一切费用。在收货人行使提货权后,发货人的上述权力丧失。

发货人或收货人的义务如下。

(1) 支付运费。

(2) 填写航空货运单、提交必要的单证。同时应对航空货运单中有关货物的各项说明、声明的正确性负责,如因填写不当使承运人或其他任何有关方遭受损失,托运人应予以赔偿。

(3) 受领货物。

6) 索赔和诉讼时效

对于索赔时效，《华沙公约》对货物损害和货物延迟的情况区别对待。前者的索赔时效是 7d，后者的索赔时效是 14d。《海牙议定书》对此作了全面的修改。将货物损害时的索赔时效延长至 14d，将货物延迟时的索赔时效延长至 21d。

诉讼时效方面，《华沙公约》规定的是两年，自"航空器到达目的地之日起，或应该到达之日起，或运输停止之日起"。《海牙议定书》对此未加修改。

2. 蒙特利尔第四号议定书

《蒙特利尔第四号议定书》于 1975 年 9 月 25 日订于蒙特利尔，自 1998 年 6 月 14 日起生效。《蒙特利尔第四号议定书》主要在三个方面做出了新的规定。

(1) 引入"特别提款权"作为赔偿金的计算单位。赔偿的责任限额为每千克 17 个特别提款权（大约相当于 20 美元），规定的限额为最高额，无论产生责任的情势如何，均不得超过这一限额。所谓特别提款权，是指国际货币基金组织所指定的货币计算单位，它是由美元、英镑、法国法郎、德国马克和日元 5 种货币，通过加权方式计算出来的。特别提款权可以折合成为某个特定国家的货币。客户可以通过声明价值来提高限额，但由于种种原因，客户主要选择保险来补偿经济损失。

(2) 国际航空货物运输承运人的责任制度，由"主观责任制"修改成"客观责任制"。承运人只有证明货物的损失是由下列原因造成的才可以免责：货物内在的质量问题或缺陷；货物的包装有缺陷，且包装是由承运人或其雇用人员或代理人之外的其他人完成的；货物的进出港或中转中公共机构的行为造成的损失。

(3) 引入计算机储存货运资料的新方式。同时，进一步简化了航空货运单的内容，并引入计算机储存货运资料的办法，即经托运人同意，可以用能够保存运输记录的任何其他方法代替出具航空货运单。这在技术上无疑是一种飞跃。但鉴于世界各国在经济发展上很不平衡，该议定书所规定的只是实行航空货运单和其他替代办法的并行制度。

7.3.2 国际航空货运单

1. 基本概念

国际航空货运单由托运人或者以托运人的名义填制，是托运人和承运人之间在承运人的航线上运输货物所订立运输契约的凭证。国际航空货运单通常包括有出票航空公司标志的航空货运单和无承运人任何标志的中性货运单两种。国际航空货运单既可用于单一种类货物运输，也可用于不同种类货物的集合运输；既可用于单程货物运输，也可用于联程货物运输。国际航空货运单不可转让，属于航空货运单所属的空运企业。

2. 国际航空货运单的用途

国际航空货运单是托运人或其代理人所使用的最重要的货运文件，其主要用途归纳如下。

(1) 承运人与托运人之间缔结运输契约的凭证。

(2) 承运人收运货物的证明文件。

(3) 运费结算凭证及运费收据。
(4) 承运人在货物运输组织的全过程中运输货物的依据。
(5) 国际进出口货物办理清关的证明文件。
(6) 保险证明。

3. 国际航空货运单的构成

我国国际航空货运单由一式十二联组成，包括三联正本，六联副本和三联额外副本。其中，正本上的托运人联，在国际航空货运单填制后交给托运人作为托运货物及货物预付运费时交付运费的收据，同时，也是托运人与承运人之间签订的有法律效力的运输文件。

4. 国际航空货运单填制责任

托运人有责任填制国际航空货运单。托运人应自行填制国际航空货运单，也可以要求承运人或承运人授权的代理人代为填制。托运人对国际航空货运单所填各项内容的正确性、完备性负责。如因国际航空货运单所填内容不准确、不完全，致使承运人或其他人遭受损失，托运人负有责任。托运人在国际航空货运单上签字，证明其接受国际航空货运单正本背面的运输条件。

5. 国际航空货运单的限制

一张国际航空货运单只能用于一个托运人在同一时间、同一地点托运的由承运人承运的并运往同一目的站、同一收货人的一件或多件货物。国际航空货运单可以代表航空公司身份，该国际航空货运单由航空公司印制。国际航空货运单还可以不代表任何一个航空公司，因其不是航空公司印制的。国际航空货运单的右上端印有"不可转让"（not negotiable）字样，其意义是指国际航空货运单仅作为航空货物运输的凭证，所有权属于出票航空公司。与可以转让的海运提单恰恰相反，国际航空货运单上的"不可转让"字样不可被删去或篡改。

6. 国际航空货运单的填制

国际航空货运单要求用英文打字机或计算机，用英文大写字母打印，各栏内容必须准确、清楚、齐全，不得随意涂改。国际航空货运单已填内容在运输过程中需要修改时，必须在修改项目的近处盖章注明修改货运单的空运企业名称、地址和日期。修改国际航空货运单时，应将所有剩余的各联一同修改。国际航空货运单的各栏中，有些栏目有阴影，其中有标题的阴影栏目仅供承运人填写。没有标题的阴影栏目一般不需填写，除非承运人特殊需要。

国际航空货运单各栏填制内容说明如下。

1) 货运单号码（The Air Waybill Number）

货运单号码应清晰地印在国际航空货运单的左右上角及右下角（中性货运单需自行填制）。包括航空公司的数字代号、货运单序号及检验号3个部分。第8位数字是检验号，是前7位数字对7取模的结果。第4位数字与第5位数字之间应留有比其他数字之间大的空间。

2) 始发站机场（Airport of Departure）

填制始发站机场的IATA三字代号，如果始发站机场名称不明确，可填制机场所在城市的 IATA 三字代号。

3）货运单所属承运人的名称及地址（Issuing Carries Name and Address）

此处一般印有航空公司的标志、名称和地址。

4）正本联说明（Reference To Originals）

无须填写。

5）契约条件（Reference To Condition of Contract）

一般情况下无须填写，除非承运人需要。

6）托运人栏（Shipper）

托运人姓名和地址（Shipper's Name and Address）：填制托运人姓名（名称）、地址、国家（或国家两字代号）以及托运人的电话、传真、电传号码。通常托运人账号不需填写，除非承运人需要。

7）收货人栏（Consignee）

收货人姓名和地址（Consignee's Name and Address）一栏填写收货人姓名（名称）、地址、国家（或国家两字代号）以及收货人的电话、传真、电传号码。收货人账号一栏仅供承运人使用，一般不需填写，除非承运人需要。

8）填开货运单的承运人的代理人栏（Issuing Carrier's Agent）

9）运输路线（Routing）

指始发站机场（Airport of Departure）、目的站机场（Airport of Destination）和航班/日期（Flight/Date）。

10）财务说明（Accounting Information）

此栏填制有关财务说明事项。

11）货币（Currency）

填制始发国的 ISO（国际标准化组织）的货币代号。

12）运费代号（CHGS Code）

仅供承运人用，本栏一般不需填写，仅供电子传送货运单信息时使用。

13）运费（Charges）

航空运费（根据货物计费重量乘以适用的运价收取的运费）和声明的价值附加费的预付和到付。

14）供运输用声明价值（Declared Value for Carriage）

托运人填写的供运输用的声明价值，为承运人赔偿责任的限额。承运人按规定向托运人收取声明价值费。如果托运人没有声明价值，此栏必须打印"NVD"字样。

15）供海关用声明价值（Declared Value for Customs）

海关可根据此栏的数额进行征税。如果货物没有商业价值，此栏必须打印"NVD"字样。

16）保险的金额（Amount of Insurance）

如果承运人向托运人提供代办货物保险业务，此栏打印托运人货物投保的金额；如果承运人不提供此项服务或托运人不要求投保，此栏内必须打印"×××"符号。

7. 国际航空货运单样本

样本 1.

始发站 Airport of Departure		目的站 Airport of Destination			不得转让　NOT NEGOTIABLE 航空货运单 AIR WAYBILL 印发人 Issued by			
托运人姓名、地址、邮编、电话号码 Shipper's Name, Address, Postcode & Telephone No.					航空货运单一、二、三联为正本，并具有同等法律效力。 Copies1, 2 and 3 of this Air Waybill are originals and have the same validity			
收货人姓名、地址、邮编、电话号码 Consignee's Name, Address, Postcode & Telephone No.					结算注意事项　Accounting Information			
					填开货运单的代理人名称 Issuing Carrier's Agent Name			
航线 Routing	到达站 To		第一承运人 By First Carrier		到达站 To	承运人 By	到达站 To	承运人 By
航空/日期 Flight/Date			航班/日期 Flight/Date		运输声明价值 Declared Value for Carriage		运输保险价值 Amount of Insurance	
储运注意事项及其他　Handling Information and Others								
件数 No. of Pcs. 运价点 RCP	毛重 （千克） Cross Weight （kg）	运价 种类 Rate Class	商品 代号 Comm Item No.	计费重量 （千克） Chargeable Weight （kg）	费率 Rate/kg	航空运费 Weight Charge	货物品名（包括包装、尺寸或体积） Description of Goods （incl. Packaging. Dimensions or Volume）	
预付 Prepaid		到付 Collect			其他费用 Other Charges			
航空运费 Weight Charge					托运人郑重声明：此航空货运单上所填货物品名和货物运输声明价值与实际交运货物品名和货物实际价值完全一致。并对所填航空货运单和所提供的与运输有关文件的真实性和准确性负责。 Shipper certifies that description of goods and declared value for carriage on the face hereof are consistent with actual description of goods and actual value of goods and that particulars on the face hereof are correct.			
声明价值附加费 Valuation Charge								
地面运费 Surface Charge								
其他费用 Other Charge					托运人或其代理人签字、盖章 Signature of Shipper or His Agent ＿＿＿＿＿＿＿＿			
总额（人民币） Total（CNY）					填开日期　　填开地点　　填开人或其代理人签字、盖章 Executed on At Signature of Issuing Carrier or Its Agent			
付款方式				Form of Payment		正本 3（托运人联）甲 ORIGINAL 3（FOR SHIPPER）A		

样本2.

中国民用航空总局 GENERAL ADMINISTRATION OF CIVIL AVIATION OF CHINA 国际货物托运书　　　　　　　货运单号码 SHIPPER'S LETTER OF INSTRUCTION　　No. OF AIR WAYBILL								
始发站 AIRPORT OF DEPARTURE SHANGHAI			到达站 AIRPORT OF DESTINATION HOHGKOHG				供承运人用 FOR CARRIER USE ONLY	
							航班/日期 FIGHT/DATE	航班/日期 FIGHT/DATE
线路及到达站 ROUTING AND DESTINATION								
至 TO:	第一承运人 FIRST CARI:	至 TO:	至 TO:	至 TO:	至 TO:	至 TO:	至 TO:	
收货人账号 COHSIGHEE'S ACCOUNIC		收货人姓名及地址 EE'S NAME AND ADDRE				已预留吨位 BOOKED	
ROSE FRANCE IMPORT AID EXPORT CO., 24 SANT MART RUE PARIS						唛头:	
另请通知 ALSO　　ROSE FRANCE IMPORT AND EXPORT CO., NOTIFY　　24 SANT MART RUE PARIS								
托运人账号 SHIPPER'S ACCOUNT NUMBER		托运人姓名及地址 SHIPPER'S NAME AHD ADDRESS						
SINOTEX UNITED IMPORT & EXPORT LTD 3208 32FL., JINMAO BUILDONG PUDONG NEW DISTRICT SHANGHAI								
托运人声明的价值 SHIPPER'S DECLARED VALUE			保险金额 MOUNT OF INSURANCE				所附文件 DOCUMENT ACCOMPANY TO AIR WAYBILL	
供运编用 FOR CAKRIAG	供海关用 FOR CUSTOMS						
件数 NO. OF PACKAGE	实际毛重（公斤） ACTUAL GROSS WEIGHT（kg）	运价类别 RATE CLASS		收费重量 CHAGEABLE WEIGHT		费率 RATE/ CHAKGE	货物品名及数量（包括体积或尺寸） NATURE AND QUANTITY OF GOODS （INCL. DIMENSIONS OR VOLUME）	
30CTNS	840.00KGS						LEATHER SLIPPERS	
在货物不能交收货人时，托运人指示处理方法 SHIPPER'S INSTRUCTION IN CASE OF INABLITY TO DELIVER SHIPMENT AS CONSIGNED								
处理管况（包括包装方式、货物标志及号码等） HANDLING INFORMATION (INCL. METHOD OF PACKING, INDENTIFY MARK AND NUMBERS)								
托运人证实以上所填全部属实并愿意遵守承运人的一切载运章程 THE SHIPPER CERTIFIES THAT THE PARTICULAR OH THE FACE HEREOF ARE CORRECT AHD AGREE TO THE CON- DITIONS OF CARRIAGE OF THE CARRIER.								
托运人签字 SHIPPER'S SIGNATURE				日期 DATE		经手人 AGENT		

7.4 其他国际货物运输单证

7.4.1 国际铁路货物联运运单

国际铁路货物联运运单（international through rail waybill）是货物铁路联运的主要单证，是发货人与铁路之间缔结的运输契约，它规定了铁路与发、收货人在货物运送中的权利、义务和责任，对铁路与发、收货人都具有法律效力，双方都受合同的保护和约束。

1. 国际铁路货物联运运单的组成和作用

第一张：运单正本，是货物的运送契约，记载了货物运输全程的费用，以便收货人了解或支付有关部分。它随同货物至到达站并连同第五张（货物到达通知单）和货物一起交给收货人。

第二张：运行报单，是参加联运的各国铁路办理货物交接、划分运送责任以及清算运送费用、统计运量和运输收入的原始依据。它随同货物至到达站，并留存至到达站。

第三张：运单副本，与运送企业缔结后交给发货人，但它不具有运单的效力，仅证明货物已由铁路承运。发货人可凭加盖发站日期戳记的运单副本向收货人结算货款。行使变更运输要求以及在联运运单全部灭失时，凭此向铁路提出赔偿要求。

第四张：货物交付单，作为货物已交付给收货人的凭证。随同货物至到达站，并留存至到达站。

第五张：货物到达通知单，记载了货物在运输全程所发生的滞留、编制商务记录等情况。随同货物至到达站，并同运单正本和货物一起交给收货人。

第一张和第五张、第二张和第四张在左边相连，第一张至第三张的背面均详细记载了向发、收货人核收运杂费的事项；第四张、第五张背面供铁路在运送过程中添记必要的事项，如发、收货人变更运送契约的事项，货物运送或交付阻碍商务记录的编制等。此外，还有为发送铁路和过境铁路准备的必要份数的补充运行报单。

2. 国际铁路货物联运运单的填写

国际铁路货物联运运单正面未画粗线的各栏由发货人填写，现将发货人填写的各栏说明如下。

第1栏，发货人及其通信地址。填写发货人的名称及其通信地址，发货人只能是一个自然人或法人。由中国、朝鲜、越南发货时，准许填写这些国家规定的发货人及其通信地址的代号。

第2栏，合同号码。填写出口单位和进口单位签订的供货合同号码。

第3栏，发货站，填写运价规程中所载发货站全称。

第4栏，发货人的特别声明。发货人可在该栏中填写自己的声明。例如，关于对联运运单的修改及易腐烂变质货物的运送条件等。

第5栏，收货人及其通信地址。注明收货人的名称及其通信地址，收货人只能是一个自然人或法人。从参加《国际货协》的铁路向未参加《国际货协》的铁路发货，并且由站长办理转发送时，则在收货人及其通信地址栏填写"站长"。

第6栏，对铁路无约束效力的记载。发货人可以对该批货物做出记载，该项记载仅仅作为对收货人的通知，铁路不承担任何义务和责任。

第7栏，通过的国境站。注明货物应通过的发送铁路和过境铁路的出口国国境站。如有可能从一个出口国国境站通过邻国的几个进口国国境站，在办理货物运送时，根据发货人注明的通过国国境站确定的线路，注明运送所要通过的进口国国境站。

第8栏，到达铁路和到达站。在斜线之前，应注明到达铁路的简称；在斜线之后，应用印刷体字母（中文用正楷粗体字）注明运价规程上到达站的全称。运往朝鲜的货物，还应注明到站的数字代号。运往非货协国的货物并由站长办理转发时，记载参加《国际货协》最后过境铁路的出口国国境站，并在该站站名后记载：由铁路继续办理转发送至××铁路×站。

第9栏至第11栏为一般说明。填写第9栏至11栏事项时，可不受各栏间竖线的严格限制。但是，有关货物事项的填写顺序，应严格符合各栏的排列次序。

第9栏，记号、标记、号码。填写每件货物上的记号、标记和号码，货物如装在集装箱内，则还需填写集装箱号码。

第10栏，包装种类。填写包装的具体种类，如纸箱、木桶等，不能笼统地填写"箱""桶"。如用集装箱运输，则记载集装箱。

第11栏，货物名称。货物名称应按《国际货协》的规定填写，或按发送铁路和到达铁路现行的《国内运价规程品名表》的规定填写，但是需要注明货物的状态和特征。两国间的货物运送，可按两国商定的《直通运价规程品名表》中的名称填写。在"货物名称"字样下面专设的栏内填写《通用货物品名表》规定的六位数字代码。填写全部事项时，若篇幅不足，则应添附补充清单。

第12栏，件数。注明一批货物的件数。用敞车类货车运送不盖篷布或盖有篷布而未加封的货物，其总件数超过100件时，或运送仅按重量不按件数计的小型无包装制品时，注明"堆装"字样，不注明货物件数。

第13栏，发货人确定的重量（千克）。注明货物的总重量。

第14栏，共计件数（大写）。用大写填写第12栏中所记载的件数。

第15栏，共计重（大写）。用大写填写第13栏中所记载的总重量。

第16栏，发货人签字。发货人应签字证明列入运单中的所有事项正确无误。发货人的签字也可用印刷的方法或加盖戳记处理。

第17栏，互换托盘。该栏内的记载事项仅与互换托盘有关。注明托盘互换办法，并分别注明平式托盘和箱式托盘的数量。

第18栏，种类、类型。在发送集装箱货物时应注明集装箱的种类和类型，使用运送用具时应注明该用具的种类。

第19栏，所属者及号码。运送集装箱时，应注明集装箱所属记号和号码，对使用不属于铁路的集装箱，应在集装箱号码之后注明大写字母"P"。使用属于铁路的运送用具时，应注明运送用具所属记号和号码。

第20栏，发货人负担下列过境铁路的费用。如发货人负担过境铁路的运送费用，填写所负担过境铁路名称的简称；如发货人不负担任何一个过境铁路的运送费用，填写"无"。

第21栏，办理种别。办理种别分为整车、零担、大吨位集装箱，并将不需要者划掉。

第22栏，由何方装车。发货人应在运单该栏内注明由谁装车，并将不需要者划掉。

第23栏，发货人添附的文件。注明发货人在国际铁路货物联运运单上添附的所有文件的名称和份数。

第24栏，货物的声明价格。用大写注明以瑞士法郎表示的货物价格。

第27栏至第30栏用于记载使用车辆的事项，只有在运送整车货物时填写。至于各栏是由发货人填写还是由铁路车站填写，则视由何方装车而定。

第45栏，铅封个数和记号。填写车辆或集装箱上施加的封印个数和所有记号。至于铅封的个数和记号，视由何方施封而由发货人或铁路车站填写。

第48栏，确定重量的方法。注明确定重量的方法。例如，用轨道衡、按标准重量、按货件上标记重量等。由发货人确定货物重量时，发货人应在该栏注明确定重量的方法。

3. 添附文件

我国出口货物必须添附出口货物明细单、出口货物报关单和出口外汇核销单。另外，根据规定和合同要求，还要添附出口许可证、品质证明书、商检证、卫生检疫证、动植物检查证明以及装箱单、磅码单、化验单、产地证、发运清单。上述添附文件只与国际铁路货物联运运单所记载的货物有关，且需要将添附文件名称和份数记入国际铁路货物联运运单"发货人添附文件"栏内，并同国际铁路货物联运运单一起发至国境站。这些文件不能邮寄，货物在国境站的报关手续由中国外运集团口岸分公司代为办理。

铁路没有义务检查发货人在国际铁路货物联运运单上所附的文件是否正确和齐全。对由于没有添附文件或文件不齐全、不正确而产生的后果，发货人应对铁路负责，并承担货物及车辆滞留可能产生的一切费用，由于铁路过失而使发货人已在国际铁路货物联运运单上做记载的添附文件丢失，则铁路应对其后果负责。

4. 国际铁路货物联运运单样本

发送路简称 中铁	1 发货人，通信地址： 389700 Jing International Logistic Co. 25 Longwangshan Street Liaoning, China	25 批号（检查标签） 33 12.5.1	运输号码：No. 9383727
			2 合同号码：No. 876091
	5 收货人，通信地址： 807221 Blinkers Co. Ltd 8620 W. Knoll Dr Mosico CA 90067	3 发站：大连货运公司	
		4 发货人的特别声明：	
6 对铁路无效约束力的记载：		26. 海关记载	
7 通过的国境站：大连站		27. 车辆 28. 标记载重（t） 29. 轴数 30. 自重 31. 换装后的货物重量		
8 到达路和到站：				

27	28	29	30	31
KP2453874 俄铁	C500	6	450	454.6

国际货协——运单慢运	9 记号，标记，号码 ART. No 3331	10 包装种类 集装箱	11 货物名称 50，附件第二号 CASUAL SHOES		12 件数 200	13 发货人确定的件数（千克） 2 400	32 铁路确定的件数（千克） 2 400
14 共计件数（大写）：200 件整			15 共计重量（大写）：2400 千克整			16 发货人签字	
17 互换托盘数量			集装箱/运送用具				
			18 种类 类型			19 所属者及号码	
20 发货人负担下列过境铁路的费用：无			21 办理种别：			22 由何方发车：	33
			整车	零担	大规模集装箱	发货人 铁路	34
			不需要的划清				35
				24 货物的声明价格：426 000RMB			36
23 发货人添附的文件							37
			45 封印				38
			个数 200	记号 ART. No 3331			39
							40
46 发站日期数 2012－11－9		47 到站日期数 2012－12－30	48 确定重量方法 按货件上标记的重量		49 过磅的戳记，签字		41
							42
							43

7.4.2 国际公路货物运输单证

在国际公路货物运输业务中，运单即是运输合同，运单的签发是运输合同成立的体现。

《国际公路货物运输合同公约》（CMR）中规定：运单是运输合同，是承运人收到货物的初步证据和交货凭证。

1. 运单的主要内容

运单主要记载下列内容。

（1）运单的签发日期和地点。

（2）发货人、收货人、承运人的名称和地址。

（3）货物接管的地点、日期及指定的交货地点。

（4）货物名称和包装方式，若属危险货物，还应注明其基本性质。

（5）货物的件数、特征、标识和号码。

（6）货物的毛重或以其他方式表示的量化指标。

（7）货物价值。

（8）与运输有关的费用（运费、附加费、关税以及从签订合同到交货期间发生的其他费用）。

（9）办理海关手续和其他手续所必需的托运人的通知。

（10）是否允许转运的说明。

（11）发货人负责支付的费用。
（12）发货人关于货物保险给予承运人的指示。
（13）交付承运人的单据清单。
（14）运输起止期限等。

发货人应该对上述事项的准确性负责。除此之外，缔约国还可以在运单上列明其认为有利的事项。

2. 运单的性质

国际公路货物运输的运单的主要性质如下。

（1）运单是运输合同。
（2）运单是货物的收据、交货的凭证。
（3）运单是解决责任纠纷的依据。
（4）运单不是物权凭证，不能转让买卖。

3. 运单的签发及有效性

原则上，运单应该经过承、托双方正式签字后方能生效。《国际公路货物运输合同公约》第四条规定："运输合同应以签发运单来确认，无运单、运单不正规或运单丢失不影响运输合同的成立或有效性，仍受本公约的规定约束。"

运单一式三份，第一份交由发货人，第二份跟随货物同行，第三份由承运人留存。

4. 国际汽车联运货物运单样本

国际汽车联运货物运单　No：000000
International Combined Automobile Transport Consignment Note

1. 发货人 Consignor 名称 Name _____ 国籍 Nationality _____			2. 收货人 Consignee 名称 Name _____ 国籍 Nationality _____		
3. 装货地点 Loading Place 国家 Country _____ 市 City _____ 街道 Street _____			4. 卸货地点 Unloading Place 国家 Country _____ 市 City _____ 街道 Street _____		
5. 货物标记和号码 Mark and Number	6. 件数 Number	7. 包装种类 Packing Type	8. 货物名称 Name of Goods	9. 体积（m³） Volume	10. 毛重（kg） Gross Weight
11. 发货人指示 Shipper's Instructions					
a. 进/出口许可证号码 Import/Export License Number：_____ 从 from _____ 在 in _____ 海关 Customs					
b. 货物声明价值 Declared Value of Goods					
c. 发货人随附单证 Documents Attached to the Shipper					
d. 订单或合同号 Order or Contract Number			包括运费交货点 Including Freight Delivery Points		

e. 其他指示 Other Instructions	不包括运费交货点 Does not Include Freight Delivery Points
12. 运送特殊条件 Special Conditions for Transportation	13. 应付运费 Freight Payable
	发货人 Consignor / 运费 freight / 币别 Currency / 收货人 Consignee
14. 承运人意见 Carrier's Opinion	
15. 承运人 Carrier	共计 Total
16. 编制日期 Date of Preparation 到达装货 Arrival Loading _____ 时 hour _____ 分 离去 Departure _____ 时 hour _____ 分 minutes 发货人签字盖章 Signature and Seal of Consignor _____ 承运人签字盖章 Signature and Seal of Carrier _____	17. 收到本运单货物日期 Date of Receipt of This Consignment Note _____ 18. 到达卸货 Arrival and Unloading _____ 时 hour _____ 分 minutes 离去 Departure _____ 时 hour _____ 分 minutes 收货人签字盖章 Signature and Seal of Consignee _____
19. 汽车牌号 Car Number _____ 车辆吨位 Vehicle Tonnage _____ 司机姓名 Driver's Name _____ 拖挂车号 Trailer Number _____ 行车许可证号 Driving Permit Number _____ 路单号 Road Number _____	20. 运输里程 Transport Mileage _____ 过境里程 Transit Mileage _____ 收货人境内里程 Domestic Mileage of Consignee _____ 共计 Total _____
21. 海关机构记载 Records of Customs Agencies：	22. 收货人可能提出的意见 Possible Comments from Consignee：

说明：1、本运单使用中文和相应国家文字印制。

2、本运单一般使用一式四联单。第一联：存根；第二联：始发地海关；第三联：口岸地海关；第四联：随车携带。（如是过境运输可印制 6～8 联的运单，供过境海关留存）

7.4.3 国际多式联运单证

国际多式联运经营人在接收集装箱货物时，应由本人或其授权的人签发国际多式联运单证（multimodal transport document，MT document）。国际多式联运单证并不是国际多式联运合同，而是国际多式联运合同的证明，同时也是国际多式联运经营人收到货物的收据和凭其交货的凭证。这种单证应发货人的选择可以是可转让单证（negotiable MT document），也可以是不可转让的单据（non–negotiable MT document）。

1. 国际多式联运单证的内容

对于国际多式联运单证的记载内容，《联合国国际货物多式联运公约》以及我国的《国际集装箱多式联运管理规则》都做了具体规定。根据我国《国际集装箱多式联运管理规则》的规定，国际多式联运单证应当载明下列事项。

（1）货物名称、种类、件数、重量、尺寸、外表状况、包装形式。
（2）集装箱箱号、箱型、数量、封志号。
（3）危险货物、冷冻货物等特种货物应载明其特性、注意事项。
（4）国际多式联运经营人名称和主营业场所。
（5）托运人名称。
（6）国际多式联运单证表明的收货人。
（7）接收货物的日期、地点。
（8）交付货物的地点和约定的日期。
（9）国际多式联运经营人或其授权人的签字及单证的签发日期、地点。
（10）交接方式、运费的支付、约定的运达期限、货物中转地点。
（11）在不违背我国有关法律法规的前提下，双方同意列入的其他事项。

通常，如果缺少上述事项中一项或数项并不影响该单证作为国际多式联运单证的法律效力。

《联合国国际货物多式联运公约》对国际多式联运单证所规定的内容与上述规则基本相同，只是公约中还规定国际多式联运单证应包括下列内容。

（1）表示该国际多式联运单证为可转让或不可转让的声明。
（2）预计经过的路线、运输方式和转运地点等，如在签发国际多式联运单据时已经确知。
（3）遵守《联合国国际货物多式联运公约》的声明。

2. 国际多式联运单证的转让

国际多式联运单证分为可转让的国际多式联运单证和不可转让的国际多式联运单证。可转让的国际多式联运单证和提单一样具有流通性，这是此类单证区别于其他运输单证的主要标志之一。

根据《联合国国际货物多式联运公约》的要求，如果发货人要求国际多式联运经营人签发可以转让的国际多式联运单证，则应在此类单证上注明按指示或向持票人交付。若列明按指示交付，需经背书后转让；若列明向持票人交付，无须背书即可转让。

此外，若签发一套一份以上的正本，应注明正本份数；若签发多份副本，每份副本均应注明"不可转让副本"字样。在实践中，对于多式联运单证的正本和副本的份数规定不一，主要视发货人的要求而定。对于签发一套一份以上的可转让国际多式联运单证正本的情况，若国际多式联运经营人或其代表已按照其中一份正本交货，该国际多式联运经营人便已履行其交货责任，其余各份正本自动失效。

不可转让的国际多式联运单证没有流通性，国际多式联运经营人凭单证上记载的收货人而向其交货。按照《联合国国际货物多式联运公约》的规定，国际多式联运单证以不可转让的方式签发时，应指明记名的收货人。同时规定，国际多式联运经营人将货物交给此种不可转让的国际多式联运单证所指明的记名收货人或经收货人以书面正式指定的其他人后，该国际多式联运经营人即已履行其交货责任。

3. 国际多式联运单证的证据效力

国际多式联运单证的证据效力主要表现在它是该提单载明的货物由国际多式联运经营人接管的初步证据。由此可见，作为国际多式联运合同证明的国际多式联运单证，其记载事项与其证据效力是密切相关的。国际多式联运单证主要对以下几个方面起到证明作用。

（1）当事人本身的记载。

（2）有关货物状况的记载。

（3）有关运输情况的记载。

（4）有关法律约束方面的记载。

根据《联合国国际货物多式联运公约》规定，国际多式联运经营人对国际多式联运单证中的有关记载事项可以做出保留。该公约规定，如果国际多式联运经营人或其代表知道或有合理的根据怀疑国际多式联运单证所列货物的品种、主要标志、包数或件数、重量或数量等事项没有准确地表明实际接管的货物的状况或无适当方法进行核对，该国际多式联运经营人或其代表则应在国际多式联运单证上做出保留，注明不符之处、怀疑的根据或无适当的核对方法。如果国际多式联运经营人或其代表未在国际多式联运单证上对货物的外表状况加以批注，则应视为其已在国际多式联运单证上注明货物的外表状况良好。

国际多式联运经营人若在国际多式联运单证上对有关货物或运输方面加了批注，其证据效力就会产生疑问。国际多式联运单证有了这种批注后，可以说丧失了其作为货物收据的作用。对发货人来说这种单证已不能作为国际多式联运经营人收到单证上所列货物的证明，不能成为初步证据；对收货人来说，这种单证已失去了其应有的意义，是不能被接受的。

如果国际多式联运单证上没有这种保留性批注，其记载事项的证据效力是完全的。对发货人来说是初步证据，但国际多式联运经营人可举证予以推翻。不过根据《联合国国际货物多式联运公约》的规定，如果国际多式联运单证是以可转让方式签发的，而且已转让给信赖该单证所载明的货物状况的、包括收货人在内的第三方时，该单证就构成了最终证据，国际多式联运经营人提出的反证不予接受。

如果国际多式联运经营人意图诈骗，在国际多式联运单证上列入有关货物的不实资料或其他规定应载明的任何资料，该联运经营人则不得享有《联合国国际货物多式联运公约》规定的赔偿责任限额，而需负责赔偿包括收货人在内的第三方因信赖该单证所载明的货物的状况行事而遭受的任何损失、损坏或费用。

4. 国际多式联运单证手续

办理国际多式联运货物运输的单证和手续与单一运输方式不同，除了按一般的集装箱货物运输的做法办理外，在制单和单证流转等方面应从信用证开始，注意是否与多式联运条件相符，及时、正确地缮制和递送单据，避免因某一环节脱节而造成失误。

1) 信用证条款

国际多式联运项下的信用证条款，与其他运输方式下的信用证条款相比主要有以下三点变动。

（1）通过银行议付，不再使用船公司签发的清洁已装船提单，而是凭国际多式联运经营人或经其授权的人签发的联运提单（combined transport B/L）。

（2）由于国际多式联运一般都采用集装箱运输，除特殊情况外，信用证上应有指定集装箱的条款。

（3）由银行转单改为国际多式联运经营人直寄收货人，目的是使收货人及其代理人及早取得装箱单证和报关时必备的商务单证，从而加快在目的港的提箱速度和交货速度。

信用证字句的意思为"装箱单证（发票、装箱单、产地证、出口国海关发票等）应交由国际多式联运经营人，送给收货人或其代理"。在发货人递交上述单证后，有时出于结汇需要，国际多式联运经营人可以出具收到上述单证并已寄出的证明。

2）缮制海运提单及联运提单

由于国际多式联运多为门到门的运输，所以货物在港口装船后，均应同时签发海运提单与联运提单。这是国际多式联运与单一海运的根本区别。

两种提单的缮制分述如下。

（1）海运提单的缮制。发货人为国际多式联运经营人、收货人及通知方，一般为国际多式联运经营人的国外代理，海运提单由船公司代理签发。

（2）联运提单的缮制。联运提单上的收货人和发货人是实际的收、发货人。通知方则是目的港或最终交货地点收货人指定的代理人。联运提单上除列明装货港、卸货港外，还要列明收货地（Place of Receipt）、交货地（Place of Delivery）或最终目的地（Final Destination）、第一程运输工具（Pre - Carriage by），以及海运船名及航次等。联运提单需按信用证规定缮制，由国际多式联运经营人签发。

5. 其他单证

其他单证主要是指信用证规定的船务单证和商务单证，这些单证的份数也按信用证中的规定并由发货人提供。除将上述海运提单正本和联运提单正本分别递交国际多式联运经营人的国外代理和买方外，还应将联运提单副本和海运提单副本，连同装箱单、发票、产地证明等单证分别递交国际多式联运经营人的国外代理及买方。这些单证要在船抵达卸货港之前，寄到国外代理和买方手中，以便国外代理办理货物转运，并将信息通知最终目的地的收货人。同时，也有利于收货人与其代理取得联系。

6. 国际多式联运提单样本

国际汽车联运货物运单　　No：000000
International Combined Automobile Transport Consignment Note

BILL OF LADING		NOT NEGOTIABLE UNLESS CONSIGNED "TO OROER"	
Shipper	Country of Origin	Bill of lading No.	
	F/Agent Name ■ Ref.	Shipper's Ref	
Consignee（if "To Order' so indicate"）	**TMT** Multi Modal Transportation Shanghai Tie Yang Multi Modal Transportation Co., Ltd		
Notify Party（No claim shall attach for fallure to notify）			

续表

Piace of Receipt	Intended Port of Loading		
Intended Vessel	Intended Port of Discharge	Piace of Delivery	No. of Bills of Lading
Mark's ■ Numbers	No. of Pkgs. or Shipping Units	Description of Goods ■ Pkgs.	Gross Weight	Measurement
	Total	Temperature Control Instructions		
Freight Details, Charges etc:		Excess Value Declaration: Refer to Clause 6 (4) (B) * (C) on reverse side		
JURISDICTION AND LAW CLAUSE The contract evidenced by or contained in this bill of lading is governed by the law of the People's Republic of China and any claim or dispute arising hereunder of in connection herewith shall be determined by the Courts in the People's Republic of China.		RECEIVED by the Carrier the Goods as specified above in apparent good order and condition unless otherwise stated. to be transported to such place as agreed. authorised or permitted herein and subject to all the terms and conditions appearing on the front and reverse of this Bill of Lading to which the Merchant agrees by accepting this Bill of Lading. any local privieteges and customs notwithstanding. The particutars given above as stated by the shipper and the weight. measure. quantity. condition. contents and value of the Goods are unknown to the carrier. In WITNESS where of on (1) original Bill of Lading has been signed if not otherwise stated above . the same being accomplished to other (s) . if any. to be void. If requited by the Carrier one (1) original Bill of Lading must be surrendered duly endorsed in exchange for the Goods or delivery order. Place and date of issue _____ Signed on behalf of the Carrier: Shanghai Tie Yang Multi Modal Transportion Co. Ltd by _____		

扩展阅读

资料1 提单丢失 货代公司苦吞哑巴亏

2016年5月初,一家货代公司(以下简称A公司),委托中航联运(天津)货运代理有限公司(以下简称B公司)向MCC船公司(MCC船公司是A.P穆勒-马士基(Maersk)航运集团旗下亚洲支线的实体公司,全称为MCC运输新加坡有限公司)订舱,从天津港运送一个40HQ(40尺高箱)至印度尼西亚泗水港,货物已于5月20日到港。

在这笔交易中,A公司是一家做同行货物的二级货代,B公司是一家一级货代。B公司在货物发出后将海运提单以顺丰快递的方式寄送回给A公司,但不料海运提单在通过顺丰快递公司寄送的内部流转中丢失。目前,顺丰快递公司已承认提单丢失,相关负责人也表示会对丢失的快件进行寻找,但根据顺丰快递公司的丢失条款只能按本次B公司寄送给A公司快递运费的7倍赔偿。(估算约200元人民币)

海运提单是承运人在货物装船后出具的收据,也是承运人所签署的运输契约的证明,提单还代表所载货物的所有权,是一种具有物权特性的凭证,所以海运提单的价值很可能是成百万甚至上千万的。上海华勤基信律师事务所张异律师表示,提单还是承运人保证据以交付货物和可以转让的物权凭证。通常情况下在丢失提单之后,按照登报—写情况说明给船公司—押保证金—船公司出证明—船公司补发提单的流程解决即可。

但据了解,不同的船公司在押保证金的额度也大不相同,而对于航运巨头MCC船公司而言,A公司在得知提单遗失之后立即向MCC船公司申请提单遗失,但船公司给出的答复是必须要押保证金,提单才可以重签,保证金的金额是货物报关金额的3倍,押6年。这对于一家小货代公司来说是一笔巨款。

面对航运巨头MCC船公司的规定,与物流快递巨头顺丰快递公司的赔偿准则,显然A公司也觉着自己委屈。A公司管理人员表示,他们希望押适当的保证金,出一份保函(发货人和收货人同时出),或者是提单遗失保险,由银行来担保。

按照MCC船公司的规定,保证金必须通过发货人的账号支付,很显然,作为发货人的B公司在顺丰快递公司承认快件遗失后,已经撇清关系,同时B公司认定本身没有责任,不愿意承担相关的保证金。尽管MCC船公司在人情方面最终做了让步,同意交纳保证金押货值的2倍,押2年。但A公司仍然承受不起。

提单遗失虽然在业界并不算是大事,甚至可能是常事,但对于一家船公司或者是货代公司而言,面对上百万甚至上千万的货物保证金,无疑是摊上大事了。

为此,浙江货代协会指定合作律所——上海嘉加律师事务所孙凭慧律师表示,目前船公司对提单丢失情况都是采取本案例中MCC船公司的处理方式。此外,上海华勤基信律师事务所张异律师也表示,可以查阅A公司和B公司在合同中是否有规避提单丢失风险的条款,如果有,需认定责任;如果没有规避提单丢失风险条款,即使后期打官司胜诉,意义也不大,商品货物本身并没有丢失仍在目的港。客观来讲,提单并不在B公司手里,故B公司并没有责任与义务向MCC船公司交保证金。他还建议说:货代企业在寄送提单等贵重物品时,可向快递公司进行保价,并注明是贵重物品。在货物价值巨大的情况下,建议不要使用快递，若不能亲自送达，一定要选择具有资质的专业押运公司。

最后提醒货代业的同仁们，航运有风险，货代需谨慎，收发提单要小心。

（资料来源：info.jctrans.com/xueyuan/czal/20165272247057.shtml）

资料2　马士基与亚昌运输合同纠纷案

案例：A. P. 穆勒－马士基有限公司（A. P. Moller－Maersk A/S）（以下简称马士基公司）与徐州亚昌进出口有限公司（以下简称亚昌公司）、泽凯国际贸易有限公司（以下简称泽凯公司）、天津亚太金建国际物流有限公司（以下简称亚太金建公司）、青岛浩宏国际物流有限公司（以下简称浩宏公司）海上货物运输合同纠纷一案。

【基本案情】

原告：A. P. 穆勒－马士基有限公司

被告：徐州亚昌进出口有限公司（简称亚昌公司）

被告：泽凯国际贸易有限公司（简称泽凯公司）

被告：天津亚太金建国际物流有限公司（简称亚太金建公司）

被告：青岛浩宏国际物流有限公司（简称浩宏公司）

2013年4月，徐州亚昌进出口有限公司委托天津亚太金建国际物流有限公司办理氯化钠的出口订舱手续，并于2013年4月6日向亚太金建国际物流有限公司发送保函，亚太金建国际物流有限公司将发货人更改为泽凯国际贸易有限公司。天津亚太金建国际物流有限公司委托青岛浩宏国际物流有限公司办理上述业务，浩宏公司又将该业务转委托给案外人中外运天津集装箱分公司。中外运天津集装箱分公司向马士基公司订舱。装有2 000袋氯化钠的5个集装箱于2013年4月19日起出运。次日，马士基公司签发编号为573496136的记名提单，提单记载托运人为泽凯国际贸易有限公司，收货人为ESS DEE ALUMINIUM PTE LTD。上述提单正本经由中外运天津集装箱分公司、青岛浩宏国际物流有限公司、天津亚太金建国际物流有限公司转入徐州亚昌进出口有限公司持有。

中外运天津集装箱分公司于2013年5月10日向原告发出电子邮件，邮件记载，托运人要求将该票货物退运至起运港，附随退运保函。泽凯国际贸易有限公司于2013年6月4日向原告发出电子邮件，邮件附随函记载，因存在贸易纠纷，请在上述集装箱到达天津港后暂停处置货物。同日回运船舶抵达天津新港。泽凯国际贸易有限公司于2013年9月3日向原告发出电子邮件，指示原告联系原托运人处置货物。浩宏国际物流有限公司于2013年9月26日向原告发出附随弃货保函的电子邮件，弃货保函由徐州亚昌进出口有限公司出具，并盖有徐州亚昌进出口有限公司、天津亚太金建国际物流有限公司、青岛浩宏公司和案外人中外运天津集装箱分公司的公司印章。泽凯公司于2013年9月29日向原告发出电子邮件，邮件记载，如果贵公司能够无条件将提单放给我公司，我公司愿意配合向海关申报办理进口手续。由于涉案货物氯化钠回运后超过三个月未向海关申报，由天津海关对该货物依法变卖处理。马士基青岛分公司于2014年12月25日出具关于涉案集装箱的残值证明，涉案集装箱的替代价值各为2 738美元，五个集装箱的替代价值共计13 690美元。原告遂向法院起诉，索要因迟延提箱产生的滞箱费。

另查明：原告并未签发回运提单。泽凯公司与案外人万泰公司签订购买铝锭的订单，供货方为万泰公司、订单方为泽凯公司，万泰公司向被告泽凯公司传真一份编号为573496136

的提单,提单记载的运载货物为装有 100 捆铝锭的 5 个集装箱。

【裁判结果】

本案属于海上货物运输合同纠纷,《中华人民共和国涉外民事关系法律适用法》第三条规定,"当事人依照法律规定可以明示选择涉外民事关系适用的法律",原告和三被告在庭审中均选择适用中国法律,故本案适用中国法律。

1. 原告和四被告的法律关系

原告是涉案海运的承运人,其诉请的支付滞箱费是托运人的从给付义务。被告亚昌公司是实际托运人,被告亚太金建公司和被告浩宏公司是货运代理人。原告关于被告亚太金建公司和被告浩宏公司支付滞箱费的诉请,法院不予支持。原告关于被告亚昌公司支付滞箱费的诉请,法院予以支持。

由于被告亚太金建公司和被告浩宏公司并未接受被告泽凯公司的委托,本案中并不存在上述可以使原告相信各货运代理人有被告泽凯公司授权的情形,虽然被告泽凯公司误信案外人万泰公司向其提供的伪造提单的传真件,曾向原告主张涉案货物的权利,但不能因此认定泽凯公司是涉案的托运人。

2. 滞箱费产生的原因和数额

本案中滞箱费产生的根本原因,在于涉案集装箱货物回运后目的港无人提货,滞箱费的产生与泽凯公司的权利主张无因果关系,泽凯公司也不是涉案货物的托运人,因此不应承担滞箱费。

原告在长期占有集装箱的情况下,应当采取积极措施避免滞箱费损失的扩大,这种积极措施至少包括购买相应的新箱投入流转,以弥补因集装箱被长期占有导致的流转损失。因此,滞箱费的支付应以相应型号集装箱的重新购置价为限额,即本案中五个集装箱的滞箱费以 13 690 美元为限。按照原告起诉之日的汇率,被告亚昌公司应当向原告支付的滞箱费为人民币 84 457.72 元。

3. 集装箱的返还和赔偿

四被告并未实际占有五个集装箱,原告关于四被告向其返还集装箱的诉求,法院不予支持。由于涉案五个集装箱的货物氯化钠回运后超过三个月未向海关申报,天津海关对该货物依法变卖处理。海关将货物处理完毕之后,通常会把集装箱返还承运人,原告关于四被告若不能返还集装箱则赔偿损失的诉求,法院不予支持。

综上,法院判决如下:

(1) 被告亚昌公司向原告支付滞箱费人民币 84 457.72 元;

(2) 驳回原告对被告泽凯公司、被告亚太金建公司和被告浩宏公司的诉讼请求;

(3) 驳回原告的其他诉讼请求。

【典型意义】

航运实践中,承运人为了能够及时收回集装箱,利用其在航运市场上的强势地位,单方制定了较高的滞箱费收费标准,一旦用箱人长时间不按期还箱,会产生相当高额的滞箱费,甚至于远远高于集装箱自身的价值,对此,货主往往只能被迫接受。对于高额滞箱费是否应当得到支持,实践中存在分歧。本案中,合议庭根据《合同法》的规定,认定原告在长期占有集装箱的情况下,应当采取积极措施避免滞箱费损失的扩大,这种积极措施至少包括购买相应的新箱投入流转,以弥补因集装箱被长期占有导致的流转损失。因此,滞箱费的支付应以相应型号集装箱的重新购置价为限额,由此确立了高额滞箱费的调整标准,对于审理类似案件具有重要的参考意义。以司法裁判的方式对滞箱费进行调整,将有利于平衡船货双方的利益,构建公平的航运秩序,促进天津航运经济的发展。

(资料来源:info.jctrans.com/xueyuan/czal/20162182218767.shtml)

思考题

1. 国际海运条款包括哪些内容?
2. 简述海运提单的特点。
3. 简述空运单与海运提单的区别。
4. 铁路和公路运单包括哪些主要内容?
5. 国际多式联运有什么特点?
6. 什么是国际多式联运单证?国际多式联运单证记录哪些内容?

第 8 章　国际海运保险

保险是国际物流中的重要环节。在跨国长途运输中，由于自然灾害、意外事故和其他外来风险，货物比较容易遭受损失，为了保障货物遭受损失后能从经济上得到补偿，国际物流的参与方需要办理国际货物运输保险。本章主要介绍国际物流风险、国际物流保险和保险索赔与理赔。

8.1　国际海运保险保障范围

由于海洋运输在国际贸易运输中具有其他运输方式无可比拟的优点，因此国际贸易中绝大部分货物是通过海洋运输完成的。然而，海上各种风险的存在使海洋运输的船舶和货物容易遭受侵袭和威胁，甚至导致船舶和货物的灭失或者损害，同时还可能产生一系列费用。海洋运输货物保险是以船舶和货物作为保险标的一种保险。

8.1.1　国际海运保险保障的风险

海洋运输货物保险所承保的海上风险，泛指航海时所发生的一切风险。海上风险是指因航海所致或航海时发生的风险，例如海难、火灾、战争、海盗、抢劫、盗窃、捕获、抛弃、船员的故意行为以及其他类似风险，或在保险合同中注明的其他风险，比如火灾、战争等并非海上固有的风险。广义的海上风险通常分为内在风险和外来风险两大类，如图 8-1 所示。

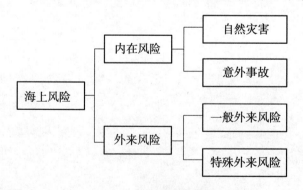

图 8-1　海上风险分类图

1. 内在风险

内在风险是指海上偶然发生的灾害和事故，而经常发生的事件或必然事件并不包括在内，如海上的一般风浪。根据海上风险发生的性质，可以将其分为自然灾害和意外事故两大类。

1) 自然灾害

按照我国《海洋运输货物保险条款》的规定，自然灾害是指恶劣气候，如雷电、海啸、地震、火山爆发、洪水及其他人力不可抗拒的灾害等。这些自然灾害引起的风险主要含义如下。

（1）恶劣气候一般指海上飓风（八级以上的风）、大浪（三米以上的浪），作为海上风险，它引起船体颠簸倾斜，并由此造成船体、船舶及其设备损坏；或者因此而引起船上所载货物相互挤压、碰撞导致货物破碎、渗漏、凹瘪等损失。

（2）雷电是一种自然现象，指发生在积雨云中的放电和雷鸣，作为海上风险之一，它是指货物在海上或陆上运输过程中由于雷电所直接造成的，或者由于雷电引起的火灾造成的货物的灭失和损害。

（3）海啸是指海底地震、火山活动、海岸地壳变迁或特大海洋风暴等引起海水强烈震动而产生巨大浪潮，作为海上风险，它导致船舶货物被淹没、冲击或损毁。

（4）地震是指地壳发生急剧的自然变化，导致地面发生震动、坍塌、地陷、地裂等，作为海上风险，指因此造成的保险货物的损失。

（5）火山爆发作为海上风险是指由于火山活动产生的地震及喷发的火山岩灰造成的保险货物的损失。

（6）洪水作为海上风险是指因江河泛滥、山洪暴发、湖水上岸及倒灌，或暴雨积水致使保险货物遭受泡损、淹没、冲散等损失。

（7）其他人力不可抗拒的灾害，作为海上风险通常是指浪击落海和海水、湖水、河水进入船舶、驳船、运输工具、集装箱、大型海运箱或其储存处所。

2) 意外事故

海上保险所承保的意外事故，并不是泛指海上发生的所有意外事故。我国《海洋运输货物保险条款》规定，意外事故是指运输工具遭受搁浅、触礁、沉没、互撞、与流冰或其他物体碰撞以及失踪、倾覆、火灾、爆炸等。主要意外事故的含义说明如下。

（1）搁浅。搁浅是指船舶在航行中，由于意外与水下障碍物，包括海滩、礁石等紧密接触，持续一段时间失去进退自由的状态。构成海上保险中的搁浅，必须具备两个条件：①搁浅必须是意外发生的；②搁浅必须造成船底紧密搁置在障碍物上，持续一段时间处于静止状态，不能一擦而过。

（2）触礁。触礁是指船体触及水中的岩礁或其他障碍物而造成的意外事故。

（3）沉没。沉没是指船舶在航行中或停泊时，船体全部沉入水中而失去航行能力的状态。

（4）互撞。互撞是指载货船舶同水以外的物体，如码头、船舶、灯塔、流冰等发生猛力接触，因此造成船上货物损失。如果发生碰撞的是两艘船舶，则碰撞不仅会带来船体及货物的损失，还会产生碰撞的责任损失。

（5）失踪。失踪是指船舶在海上航行，失去联络超过合理期限的一种情况。所谓"合理期限"是一个事实问题，各个国家根据各自的情况，分别制定了一定的期限为合理期限。在我国，这一期限为两个月。被保险船舶一旦宣告失踪，除非能够证明失踪是因战争风险导致的，均应由保险人当作海上风险损失负责赔偿。

（6）倾覆。倾覆是指船舶在航行中，遭受自然灾害或意外事故导致船体翻倒或倾斜，失去正常状态，非经施救不能继续航行。

（7）火灾。火灾是指船舶本身、船上设备及载运的货物直接被火烧毁、烧焦、烧裂，或者间接被火熏黑、灼热。

造成火灾的原因有很多，可能是自然界的原因，如雷电、地震引起船货火灾，也可能是货物受海水浸湿温热而致起火，还可能是船长、船员在航行中的过失引起火灾，此外还可能由于工作人员操作不当引起火灾，如电焊引起火灾。由上述原因及其他不明原因所致的火灾损失，保险人均负责赔偿。但是，由于货物固有瑕疵或在不适当情况下运送引起货物自燃，则不属于保险人的责任范围。

（8）爆炸。爆炸是指物体内部发生急剧的分解或燃烧，迸发出大量气体和热力，致使物体本身及其周围的物体遭受猛烈破坏的现象。在海上运输过程中，船上的设备，如锅炉有可能发生爆炸致使船货损失；货物自身因气候、温度变化的影响产生化学作用引起爆炸。

（9）投弃。投弃也称抛货，是指当船舶及其承载的货物均处于紧急、危险的情况下，船长为了保全船舶与货物的共同安全，故意将船上部分货物或设备投弃海中所造成。

（10）船长和船员的恶意行为。船长和船员的恶意行为是指船长或船员背着船东或货主故意损害船东或货主利益的一种恶意行为，如丢弃船舶、纵火焚烧、凿漏船体、违法走私造成船舶被扣押或没收等。

（11）陆上运输工具倾覆。陆上运输工具倾覆是指在陆地上行驶的汽车、卡车等运输工具因发生意外而翻倒、倾斜所导致的车祸损失事故。

2. 外来风险

外来风险，是指海上风险以外的其他外来原因造成的风险。外来风险责任一般可分为一般外来风险和特殊外来风险。

1) 一般外来风险

一般外来风险是指货物在运输途中遭遇意外的外来因素导致的事故，通常包括以下风险。

（1）偷窃。偷窃一般是指整件货物或包装内一部分货物被人暗中窃取，不包括公开的攻击性的劫夺。

（2）提货不着。提货不着是指货物在运输途中由于不明原因被遗失，造成货物未能运抵目的地，或运抵目的地发现整件货物短少，没能交付给收货人。

（3）渗漏。渗漏是指流质或半流质的液体物质因容器的损坏而引起的流失，以及用液体装存的货物，如湿肠衣，因为液体渗漏而使肠衣发生质腐等。

（4）短量。短量是指被保险货物在运输途中或货物到达目的地时发现包装内货物数量短少或散装货物重量短缺。

（5）碰损。碰损是指金属和金属制品等货物在运输途中因受震动、颠簸、碰撞、受压等而造成的凹瘪、变形。

（6）破碎。破碎主要是指易碎物品在运输途中因搬运、装卸不慎以及受到震动、颠簸、碰撞、受压等而造成的货物本身破碎和破裂。

（7）钩损。钩损主要是指袋装、捆装货物在装卸搬运过程中因使用手钩、吊钩操作不当而致货物损失。

(8) 淡水雨淋。淡水雨淋是指直接由于淡水、雨水以及冰雪融化造成货物的水渍损失。

(9) 生锈。生锈是指金属或金属制品的一种氧化过程，海运货物运输保险中承保的生锈，是指货物在装运时无生锈现象，在保险期内生锈造成货物损失。

(10) 沾污。沾污是指货物同其他物质接触而受污染，如布匹、纸张、食物、服装等被油类或带色的物质污染造成损失。

(11) 受潮受热。受潮受热是指由于气温骤变或船舱上的通风设备失灵，使船舱内水汽凝结，引起发潮发热导致货物损失。

(12) 串味。串味是指被保险货物受到其他带异味货物的影响，失去了原味。例如，茶叶和樟脑丸放在一起，茶叶会吸收樟脑的气味而失去饮用价值。

2) 特殊外来风险

特殊外来风险是指除一般外来风险以外的其他外来原因导致的风险，往往是指与政治、军事、社会动荡、国家政策法令以及行政措施等有关的风险。常见的特殊外来风险主要有战争风险、罢工风险、交货不到风险、拒收风险等。

8.1.2 国际海运保险保障的损失

货物在运输途中，会因遭遇各类灾害事故而导致损失。由于海上内在风险和外来风险所造成的损失，称为海上损失。根据国际保险市场上的一般解释，凡与海上运输相关联的海陆连接运输过程中发生的损失，也属于海上损失的范畴，海上损失按照损失程度的大小划分，可以分为全部损失和部分损失，如图8-2所示。

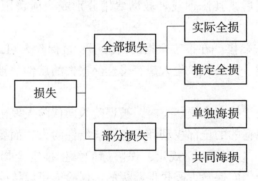

图8-2 海上损失分类图

1. 全部损失

全部损失（total loss）简称"全损"，是指整批保险货物全部灭失或视同全部灭失的损害。根据全损情况的不同，又可分为实际全损和推定全损。

1) 实际全损

实际全损（actual total loss），也称作绝对全损。我国《海商法》规定：保险标的发生保险事故后灭失，或者受到严重损坏完全失去原有形体、效用，或者不能再归被保险人所拥有的，为实际全损。构成实际全损的情况有以下四种。

(1) 保险标的物完全灭失。例如，船只遭遇海难后沉没，货物同时沉入海底。

(2) 被保险人对保险标的失去所有权，并且无法挽回。例如，船只被海盗劫走等。虽然船、货本身并未遭到损毁，但被保险人已失去了这些财产，无法复得。

(3) 保险标的遭到严重损害，已失去原有商业价值或原有用途。例如，茶叶经水泡后，虽然没有灭失，仍旧是茶叶，但已不能饮用，失去了商业价值。

(4) 船舶失踪达到一定时期仍无音讯。我国《海商法》规定，船舶失踪达2个月，可按实际全损处理，保险标的遭受了实际全损后，被保险人按其投保金额，获得保险人全部损失的赔偿。

2) 推定全损

(1) 推定全损的界定。推定全损又称商业全损。我国《海商法》规定：船舶发生保险事故后，认为实际全损已经不可避免，或者为避免发生实际全损所需支付的费用超过保险价值的，为推定全损。货物发生保险事故后，认为实际全损已经不可避免，或者为避免发生实际全损所需支付的费用与继续将货物运抵目的地的费用之和超过保险价值的，为推定全损。

由此判断货物的推定全损有两个相互独立的标准：第一，实际全损不可避免；第二，为避免实际全损，所需支付的费用和续运费用之和超过保险标的的价值。

在保险实务中，构成推定全损的情况有以下四种。

一是保险标的在海上运输中遭遇保险事故之后，虽然尚未达到灭失的状态，但据估计完全灭失将是不可避免的。

二是保险标的遭受保险事故之后，使被保险人丧失了对保险标的的所有权，而收回所有权，其所花费用估计将超过收回后标的价值。

三是保险货物受损后，其修理和续运到原定目的地的费用，估计将超过货物的保险价值或在目的地的完好价值。

四是被保险船舶受损后，其修理或者救助费用分别或两项费用之和将超过船舶的保险价值。

(2) 推定全损的损失赔偿。在推定全损的情况下，被保险人可以获得部分损失的赔偿，也可获得全部损失的赔偿。如果被保险人想获得全部损失的赔偿，被保险人必须无条件地把保险标的委付给保险人。

委付是指保险标的处于推定全损状态时，被保险人向保险人发出通知，表示愿意将本保险承保的被保险人对保险标的的全部权利和义务转让给保险人，而要求保险人对全部损失给予赔偿的一种行为。我国《海商法》规定：保险标的发生推定全损，被保险人要求保险人按照全部损失赔偿的，应当向保险人委付保险标的。保险人可以接受委付，也可以不接受委付，但是应在合理的时间内将接受委付或者不接受委付的决定通知被保险人。委付不得附带任何条件。委付一经保险人接受，不得撤回。《海商法》还规定：保险人接受委付的，被保险人对委付财产的全部权利和义务转移给保险人。

2. 部分损失

我国《海商法》规定：不属于实际全损和推定全损的损失，为部分损失。按照损失的性质，部分损失可以分为单独海损和共同海损。

1) 单独海损

(1) 单独海损的定义。单独海损是指在海上运输中，由于保单承保风险直接导致的船舶或货物本身的部分损失。例如，载货船舶海运途中突遇暴风雨，海水灌进船舱，致使舱内一批服装遭水浸泡受损而贬值20%，该损失就属于这批服装货主的单独海损，与其他货主和船东均无关。

（2）构成单独海损的条件。

① 必须是意外的、偶然的以及承保风险直接导致的保险标的本身受损。

② 必须是船方、货方或者其他利益方单方面所遭受的损失，而不涉及他方的损失。

③ 独海损仅指保险标的本身的损失，而不包括由此引起的费用损失。

（3）单独海损的赔偿方式。

① 单独海损绝对不予赔偿。

② 除某些特定风险所造成的单独海损外，单独海损不予赔偿。我国海运货物保险的平安险条款对单独海损的赔偿规定，属于这种情况。

③ 单独海损赔偿，但单独海损未达到约定的金额或百分比时不赔，已达到约定的金额或百分比的单独海损全部予以赔偿。

④ 单独海损赔偿，但保险人只对超过约定金额或百分比的那部分单独海损予以赔偿，没有超过约定金额或百分比的那部分单独海损不予赔偿。

⑤ 不加任何特别限制，凡是单独海损均予赔偿。

2）共同海损

（1）共同海损的定义。共同海损指在同一海上航程中，船舶、货物和其他财产遭遇共同危险，为了共同安全，有意地、合理地采取措施所直接造成的特殊牺牲、支付的特殊费用。共同海损包括两个组成部分：共同海损牺牲和共同海损费用。共同海损牺牲，是指共同海损行为导致的船舶、货物等本身的损失；共同海损费用，是指为采取共同海损行为而支付的费用。

（2）构成共同海损的条件。

① 导致共同海损的危险必须是真实存在的、危及船舶与货物共同安全的危险。

② 共同海损的措施必须是为了解除船货的共同危险，人为地、有意识地采取的合理措施。

③ 共同海损的牺牲必须是特殊的，费用必须是额外支付的。

④ 共同海损的损失必须是共同海损措施的直接、合理的后果。

⑤ 共同海损行为必须是最终有效的。

（3）共同海损的分摊。共同海损成立后，为了船舶、货物等的共同安全所做的共同海损牺牲和费用必须由各受益方按照最后获救的价值按比例分摊，这种分摊称为共同海损分摊。这是共同海损形成的基础，也是处理共同海损由来已久的原则。

根据我国《海商法》的规定，船舶、货物和运费的共同海损分摊价值分别依照下列规定确定。

① 船舶共同海损分摊价值，按照船舶在航程终止时的完好价值，减去不属于共同海损的损失金额计算，或者按照船舶在航程终止时的实际价值，加上共同海损牺牲的金额计算。

② 货物共同海损分摊价值，按照货物在装船时的价值加保险费加运费，减去不属于共同海损的损失金额和承运人承担风险的运费计算。货物在抵达目的港以前出售的，按照出售净得金额，加上共同海损牺牲的金额计算。旅客的行李和私人物品，不分摊共同海损。

③ 运费共同海损分摊价值，按照承运人承担风险并于航程终止时有权收取的运费，减

去为取得该项运费而在共同海损事故发生后，为完成本航程所支付的运营费用，加上共同海损的牺牲金额计算。

8.1.3 国际海运保险保障的费用

海上风险除了可能造成保险标的损失，还有可能带来大量的费用支出。保险人负责赔偿的费用主要有施救费用、救助费用、续运费用和额外费用。

1. 施救费用

施救费用是指当被保险标的遭遇保险责任范围内的灾害事故时，被保险人或其代理人、雇用人员和受理人等采取措施抢救保险标的，以避免损失扩大而支出的合理费用。这样既可以减少社会物质财富的无谓损失，又可以减少赔款支出，保险人应予以鼓励并承担施救费用的赔偿责任，目前，我国和国际上的大部分保险条款都规定，施救费用可以在赔付保险标的的一个保额以外的限度内负责，我国《海商法》规定：被保险人为防止或者减少根据合同可以得到赔偿的损失而支出的必要的合理费用，为确定保险事故的性质、程度而支出的检验估价的合理费用，以及为执行保险人的特别通知而支出的费用，应当由保险人在保险标的损失赔偿之外另行支付。保险人对前款规定的费用的支付以相当于保险金额的数额为限。保险金额低于保险价值的，除合同另有约定外，保险人应当按照保险金额与保险价值的比例，支付本条规定的费用。

根据上述法律规定，海上保险中的施救费用必须按照下列条件处理。

（1）对保险标的进行施救的必须是被保险人或其代理人或受让人，其目的是为了减少标的物遭受的损失。

（2）施救费用包括为防止或者减少保险标的的受损而支出的费用，为确定保险事故的性质、程度而支出的检验、估价的费用以及为执行保险人的特别通知而支出的费用。

（3）施救费用的支出必须是必要的、合理的，否则保险人不予赔偿。

（4）施救费用的赔偿在保险标的的损失赔偿之外以另一个保险金额为限。

（5）保险标的遭受的损失必须是保单承保风险造成的。

2. 救助费用

救助费用是指被保险货物在遭遇到承保范围内的灾害事故时，由保险人和被保险人以外的第三者采取救助措施并获成功，由被救方付给救助人的一种报酬。在各国保险法或保险公司的保险条款中，一般都列有保险人对救助费用负赔偿责任的规定。救助费用往往是共同海损费用的一种。

在海上救助中，救助人与被救助人之间为明确双方的权利和义务，一般都在救助开始之前或在救助过程中订立救助合同，主要有两种。

1）*雇用性救助合同*

雇用性救助合同中指明不论救助是否有效，均按约定的费率（固定金额、工作时间）付给救助费用；同时，救助工作在遇难船指挥之下进行。

2）*"无效果、无报酬"救助合同*

"无效果、无报酬"救助合同中指明，救助费用是在救助完成之后，根据救助效果、获救财产价值、救助工作危险程度和技术水平，以及救助工作时间和耗费的费用等，通过协商或仲裁来确定的。如果救助没有效果，不付给报酬。救助人为了保证其在救助之后获得报酬，一般都要求被救助方提供担保，对未提供担保的被救财产，救助人享有留置权。

保险人对救助费用的赔偿责任，与保险标的本身的赔偿责任加起来，不能超过保险金额，而是要按保险金额占被保险标的价值的比例承担赔偿责任。这一点与保险人对施救费用所负的赔偿责任是有区别的。

3. 续运费用

续运费用是指因保单承保风险引起的被保险货物的运输，在非保单载明的目的地港口或地方终止时，保险人对被保险货物的卸货费用、仓储费用以及继续运往保单载明的目的地港口的费用。

4. 额外费用

额外费用是指为了证明损失索赔的成立而支付的费用，包括保险标的受损后，对其进行检验、查勘、公证、理算或拍卖受损货物等支付的费用。一般只有在索赔成立时，保险人才对额外费用负赔偿责任，但如果公证、查勘等是由保险人授权进行的，不论索赔是否成立，保险人仍需承担该项额外费用。

8.2 国际海运保险条款

8.2.1 中国海洋运输货物保险基本条款

中国人民保险公司根据我国保险工作的实际情况，自1956年起，陆续制定了各种涉外保险业务条款，总称为《中国保险条款》（China Insurance Clause，CIC）。当时，主要是参照国际保险市场的习惯做法，文字结构也保留了国外保险条款的形式。1972年，中国人民保险公司对《中国保险条款》作了彻底的修订，无论是结构组织还是文字，都开始结合我国实际考虑。此后，1976年、1981年进行了两次修订。我国现行的《货物运输保险条款》是中国人民保险公司于1981年1月1日修订实施的《中国保险条款》的重要组成部分，包括海洋、陆上、航空及邮包四种运输方式的货物保险条款，以及可以适用以上各种运输方式货物保险的附加险条款。海洋运输货物保险的险种最多，习惯上分为基本险、附加险和专门险三大类，如图8-3所示。每一大类险别又包括责任范围、除外责任、责任起讫、被保险人义务和索赔期限等内容。

1. 海洋运输货物保险基本险

海洋运输货物基本险又称主险（以下简称基本险），是可以单独投保的险别，不必依附于其他险别项下。基本险承保的主要是自然灾害和意外事故所造成的货物损失或费用。与国际保险市场的习惯做法一样，我国海洋运输货物保险的基本险分为平安险、水渍险和一切险三种。

1）基本险的责任范围

（1）平安险的责任范围。平安险（free from particular average，FPA），其英文原文的含义是"单独海损不赔"，即保险人只负责赔偿保险标的发生的全损。但随着国际保险界对平

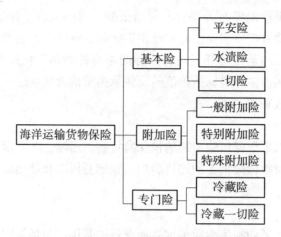

图8-3 海洋运输货物保险险种分类

安险条款的不断修订与补充，平安险的责任范围已远远超过全损险的责任范围。"平安险"一词是我国保险业的习惯叫法，沿用已久，在三个基本险种中承保的责任范围最小。根据中国《海洋运输货物保险条款》，平安险的承保责任范围包括以下八个方面。

① 被保险货物在运输途中由于恶劣气候、雷电、海啸、地震、洪水等自然灾害造成整批货物的全部损失或推定全损。被保险货物用驳船运往或运离海轮的，每一驳船所装的货物可视为一个整批。

② 由于运输工具遭受搁浅、触礁、沉没、互撞、与流冰或其他物体碰撞以及失火爆炸等意外事故造成货物的全部或部分损失。

③ 在运输工具已经发生搁浅、触礁沉没、焚毁等意外事故的情况下，货物在此前后又遭受恶劣气候、雷电、海啸等自然灾害所造成的部分损失。

④ 在装卸或转运时，由于一件或数件整件货物落海造成的全部或部分损失。

⑤ 被保险人对遭受承保责任内危险的货物采取抢救措施以防止或减少货损所支付的合理费用，但以该批被救货物的保险金额为限。

⑥ 运输工具遭遇海难后，在避难港由于卸货所引起的损失以及在中途港、避难港由于卸货、存仓和运送货物所产生的特别费用。

⑦ 共同海损的牺牲、分摊和救助费用。

⑧ 运输契约订有"船舶互撞责任"条款时，根据该条款规定应由货方偿还船方的损失。

从上述平安险责任范围的具体内容可以看出，"平安险"的叫法十分笼统，容易误解为保险人承保货物安全到达，对于运输途中发生的所有风险损失均予负责。至于"单独海损不赔"的叫法，虽然较"平安险"的叫法明确一些，但仍然会使人产生误解，认为在这个险别下，保险人对任何单独海损都不负赔偿责任。而实际上，它仅对由于自然所造成的单独海损不赔，而对于因搁浅、触礁等意外事故所造成的单独海损仍然负责赔偿。不仅如此，如果在运输途中运输工具发生过搁浅、触礁沉没、焚毁等意外事故，不论在事故发生前还是发生后，由于自然灾害所造成的单独海损，同样负责赔偿。这个险别无论称为"平安险"还是"单独海损不赔"，都不能十分确切地反映其责任范围的真正含义。正是由于平安险的承保责任范围有限，在保险实务中，平安险一般适用于大宗低值、粗糙的货物，例如废钢铁、木材、矿砂等。

(2) 水渍险的责任范围。水渍险（with particular average，WA 或 WPA）也是我国保险业沿用已久的名称，其英文原文的含义是"负责单独海损"，它的责任范围比平安险广泛，包括以下两大部分。

一是平安险所承保的全部责任。

二是被保险货物在运输途中，由于恶劣气候、雷电、海啸、地震、洪水等自然灾害所造成的部分损失。

对水渍险与平安险的承保责任加以比较，可以发现水渍险与平安险的差异不大。被保险货物如果因承保风险造成全部损失，无论是水渍险还是平安险，保险人都是要负赔偿责任的，只有在发生部分损失的情况下，两者才有所不同。水渍险对因自然灾害和因意外事故所造成的部分损失，均予负责；平安险对由于意外事故所造成的部分损失负责，对由于自然灾害所造成的部分损失一般不予负责。但在运输过程中，若运输工具曾经发生过搁浅、触礁、沉没、焚毁等情况，即使是自然灾害所造成的损失，平安险也予以负责。

从上述水渍险的具体承保责任范围也可以看出，这个险别的中英文名称，即"水渍险"与"负责单独海损"，同样没有能够明确地反映它所承保的责任范围的真正含义，并且也容易使人产生误解。实际上，这个险别的责任范围包括由于海上风险（自然灾害或意外事故）所造成的全部损失和部分损失，并不是仅对货物遭受海水水渍的损失负责，也不是仅对单独海损负责，对外来原因造成的损失不予负责。因此，在保险实务中，水渍险一般适用于不大可能由于其本身特性或外部环境变化而造成品质变化损失的货物，例如小五金工具、旧汽车或旧机械、化工原料等。

(3) 一切险。一切险（all risk）是三个基本险中责任范围最广的险别，根据现行《海洋运输货物保险条款》的规定，一切险除包括平安险和水渍险的各项责任外，还包括被保险货物在运途中，由于外来原因所造成的全部或部分损失。这里的"外来原因"并非运输途中的一切外来风险，而是指一般外来风险，并不负责由于特别外来风险造成的损失。对于一些不可避免的、必然发生的风险所造成的损失，如货物的内在缺陷和自然损耗所致损失，以及运输迟延、战争、罢工等所致损失，保险人均不负赔偿责任。但是总的来说，一切险是平安险、水渍险和一般附加险的总和。

由于一切险提供的保障范围较为全面，所以，在保险实务中，适用于各类货物，特别是价值较高、可能遭受损失因素较多的货物，例如纺织品、工艺品、精密仪器等。

2）基本险的除外责任

除外责任指保险人列明不负赔偿责任的风险范围，也就是保险人列明的不予承保的损失和费用。保险条款中对除外责任做出规定，主要是为了分清保险人、被保险人、发货人和承运人等有关方面对损失或费用应负的责任，进一步明确保险人的责任范围。我国《海洋运输货物保险条款》中的除外责任，主要包括以下五项。

① 被保险人的故意行为或过失所造成的损失。

② 属于发货人责任所引起的损失。

③ 在保险责任开始前，被保险货物已存在的品质不良或数量短差所造成的损失。

④ 被保险货物的自然损耗、本质缺陷、特性以及市价跌落、运输延迟所造成的损失或费用。

⑤ 海洋运输货物战争险条款和罢工险条款规定的责任范围和除外责任。

3）基本险的责任起讫

保险的责任起讫又称保险期间或保险期限，指保险人承担责任的起讫时限。在海运货物保险中，由于是对特定航程中货物的保险，因而保险责任起讫除了指具体的开始与终止日期外，还指保险责任在什么情况下可称为开始或终止。同国际保险市场的习惯做法一样，我国海运货物保险基本险的责任起讫以运输过程为限，在保险实务中通常被称为"仓至仓"原则。

"仓至仓"原则，是海运货物保险责任起讫的基本原则，它规定了保险人承担责任的起讫地点，也就是保险人对保险货物的责任自被保险货物运离保险单载明的起运地发货人仓库或储存处所开始运输时生效，包括正常运输过程中的海上/陆上、内河和驳船运输在内，直到该项货物运抵保险单载明的目的地收货人的最后仓库或储存处所或被保险人用作分配、分派或非正常运输的其他储存处所为止。

根据我国《海洋运输货物保险条款》关于"责任起讫"的规定，保险责任的起讫时限可分为正常运输和非正常运输两种情况。

（1）正常运输情况下，保险责任的起讫时限。正常运输指将货物从保险单载明的起运地发货人仓库或其储存处所至目的地收货人的最后仓库或储存处所或被保险人用作分配、分派或非正常运输的其他储存处所，整个航程所需要的正常运输，包括正常的运输工具（汽车、火车、内河船舶、海轮等）、按正常的航线行驶并停靠港口以及途中正常的延迟和转船。

在正常运输情况下，保险责任的起讫是按"仓至仓"原则办理的，但在实际业务中，经常发生保险货物卸离海轮后，在运至保险单所载明的收货人仓库之前，需要在卸货港存放一段时间。为满足被保险人的需要，保险人对这段时间仍提供保险保障，但最长时间不能超过60d。若届满60d货物仍未进入收货人仓库，保险责任也将终止；若在60d内货物进入收货人仓库，保险责任即在进入仓库时终止。其责任终止具体有以下几种情况。

① 以卸货港为目的地，被保险人提货后，运到自己的仓库时，保险责任即行终止。

② 以卸货港为目的地，被保险人提货后并不将货物运往自己的仓库，而是将货物进行分配、分派或分散转运，保险责任从开始分配、分派或转运时终止。

③ 以内陆为目的地，从向船方提货后运到内陆目的地的被保险人仓库时，保险责任即行终止。此后如果被保险人将货物出售或分配，保险人不再承担责任。

④ 以内陆为目的地，如果被保险货物在运抵内陆目的地时，先行存入某一仓库，然后又将该批货物分成几批再继续运往内陆目的地另外几个仓库，包括保险单所载目的地，在这种情况下，则以先行存入的某一仓库作为被保险人的最后仓库，保险责任在进入该仓库时终止，而不管其中是否有部分货物最终运到了保险单所载明的内陆目的地仓库。

上述几种情况，均以被保险货物卸离海轮后60d为限，并以先发生者为准。

（2）非正常运输情况下，保险责任的起讫时限。非正常运输是指被保险货物在运输中，由于被保险人无法控制的运输迟延、船舶绕道、被迫卸货、重新装载、转载或承运人行使运输合同赋予的权限所做的任何航海上的变更或终止运输合同，致使被保险货物运抵非保险单所载明的目的地等非正常情况。

根据我国《海洋运输货物保险条款》规定，在海上运输过程中，如果出现被保险人所不能控制的非正常运输情形，保险责任将按下列规定办理。

① 当出现由于被保险人无法控制的运输迟延、绕道、被迫卸货、重新装载转载或承运人运用运输契约赋予的权限作任何航海上的变更时，在被保险人及时将获知的情况通知保险人并在必要时加缴一定保险费的情况下，保险人可继续承担责任。在此期间，保险合同继续有效。

② 在被保险人无法控制的情况下，保险货物若在运抵保险单载明的目的地之前运输契约在其他港口或地方终止，在被保险人立即通知保险人并在必要时加缴一定保险费的条件下，保险合同继续有效，直至货物在这个卸载港口或地方卖出去以及送交之时为止。但是，最长时间不能超过货物在卸载港全部卸离海轮后满60d。

这两种情况保险期限的终止，应以先发生者为准。

4）基本险中被保险人的义务

保险人与被保险人签订保险合同后双方在享有权利的同时，均需按合同规定履行各自的义务。保险人在收取保费以后，应当承担货物因发生保险事故而遭受的损失的赔偿责任。与此对应，被保险人为获得保险赔偿，必须履行保险合同中规定的有关义务和支付保险费，如被保险人未恪尽职守履行其义务，影响了保险人的利益，对被保险货物的有关损失，保险人将有权拒绝赔偿。

按照我国《海洋运输货物保险条款》的规定，被保险人应承担的义务主要有以下几个方面。

（1）当被保险货物运抵保险单所载明的目的港（地）以后，被保险人应及时提货。当发现被保险货物遭受任何损失时，应立即向保险单上所载明的检验、理赔代理人申请检验，如发现被保险货物整件短少或有明显残损痕迹，应立即向承运人、受托人或有关当局（海关、港务当局等）索取货损货差证明。如果货损货差是由于承运人、受托人或其他有关方面的责任造成的，应以书面方式向其提出索赔，必要时还须取得延长时效的认证。

（2）被保险货物遭受保险责任内的损失时，被保险人应迅速采取合理的抢救措施，防止或减少货物损失的进一步扩大。被保险人采取此项措施，不应视为放弃委付的表示。

（3）若遇航程变更或发现保险单所载明的货物、船名或航程等内容有遗漏或错误，被保险人应在获悉后立即通知保险人，并在必要时加缴一定的保险费，保险则继续有效。

（4）若保险货物遭受损失，被保险人向保险人索赔，必须提供下列单证：保险单正本提单、发票、装箱单、磅码单、货损货差证明、检验报告及索赔清单等。如涉及第三者责任，被保险人还须提供向责任方追偿的有关函电及其他必要单证或文件。

（5）被保险人在获悉有关运输契约中"船舶互撞责任"条款的实际责任后，应及时通知保险人。

5）基本险的索赔期限

保险索赔期限，又称保险索赔时效，是指当被保险货物发生保险责任范围的风险造成损失时，被保险人向保险人提出索赔的有效期限。

我国《海洋运输货物保险条款》规定，保险索赔期限从被保险货物在最后卸载港全部卸离海轮后起算，最多不超过两年。我国《海商法》规定，根据海上保险合同向保险人要求保险赔偿的请求权，时效期亦为两年，但按保险事故发生之日起计算。

值得注意的是，如果货损属于保险责任范围，又涉及船方或其他第三者责任方的索赔，被保险人必须在有关责任方规定的有效期限内办理索赔。否则，因被保险人疏忽或其他原因逾期而丧失向有关责任方索赔的权益，应由被保险人自己承担责任，保险人不予赔偿。例如，按照《海牙规则》或我国《海商法》的规定，收货人向承运人索赔的期限规定为交货之日起四年内有效。被保险人必须在这个期限到达之前向保险人提出索赔，或者要求承运人延长索赔期限，以便保险人在支付赔款之后能向承运人行使代位求偿的权利。如果被保险人没有做到这一点，保险人便不负赔偿责任。货损的共同海损分摊责任，要等待共同海损理算完成后才能确定。被保险人向保险人索赔货物的共同海损分摊的诉讼时效，应适用于我国《海商法》关于共同海损分摊请求权的时效规定，即时效为一年，从共同海损理算结束之日起算。

2. 海洋运输货物保险附加险

国际贸易货物在运输过程中可能遭遇到的风险和损失，除了基本险所承保的由于自然灾害和意外事故所造成的风险损失外，往往还有其他许多外来原因所引起的风险损失。为了满足投保人的需要，保险人在基本险条款之外又制定了附加险条款。附加险是基本险的扩大和补充，不能单独投保，必须在投保主险（基本险的一种）的基础上加保。加保的附加险可以是一种或几种，由被保险人根据需要选择确定。加保附加险时，被保险人需支付一定的保险费，由保险人在保险单上注明加保某一附加险，该附加险的条款即作为基本险别的附加条款。附加险按照承保的风险不同，分为一般附加险、特别附加险和特殊附加险三类，如图8-4所示。

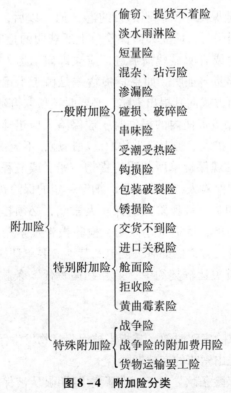

图8-4 附加险分类

1）一般附加险

一般附加险（general additional risks）负责赔偿一般外来风险所致的损失。由于一般附加险已包括在一切险中，所以若已投保一切险，则无须加保。我国《海洋运输货物保险条款》规定的一般附加险有以下 11 种。

（1）偷窃、提货不着险。偷窃、提货不着险（theft, pilferage and non-delivery clause, TPND）主要承保在保险有效期内被保险货物被偷走或窃取以及货物抵达目的地后整件未交的损失。偷窃是指暗中进行的偷摸、窃取行为，不包括使用暴力手段的公开劫夺。提货不着是指货物的全部或整件未能在目的地交付给收货人。本险种并非对任何原因所致的提货不着均予负责，例如，货物在中途被作为危险物品扣押，被保险人并不能据此险别获得赔偿。在这一险种下，为了便于确定责任，对于偷窃的损失，被保险人必须在及时提货后 10d 之内申请检验。对于整件提货不着，被保险人必须向责任方、海关或有关机构取得证明。保险人为限制其承保责任，有时还在本条款上附贴"海关检验条款"或"码头检验条款"，将保险责任期限提前到目的地海关或最后卸货码头时终止。

（2）淡水雨淋险。淡水雨淋险（fresh water and/or rain damage clause, FWRD）承保被保险货物直接由于淡水、雨淋、冰雪融化所造成的损失。淡水包括船上淡水舱、水管漏水和舱汗等。被保险人发现货物遭受淡水雨淋的损失时，必须在提货后 10d 内申请检验，否则保险公司不负赔偿责任。申请检验货物的淡水雨淋险时，通常货物的包装外部应有雨水或淡水痕迹，或有其他适当证明。

（3）短量险。短量险（shortage clause）承保被保险货物在运输过程中因数量短少和重量短缺的损失。如果是包装货物，必须以包装破裂、裂口、脱线等异常现象为依据判断是否由于外界原因造成短量。如果是散装货物，经常以装船重量和卸船重量的差额作为短量的依据。运输途中的正常损耗，不属于短量险的责任范围，必须事先扣除。因此保险双方往往在保险单中约定一个免赔额，保险人仅赔付超过免赔额部分的损失。

（4）混杂、沾污险。混杂、沾污险（intermixture and contamination clause）承保两类损失。第一类是被保险货物在运输过程中，因混进杂质而致的损失。例如，矿砂、矿石等混进了泥土、草屑等使其质量受到影响，保险人对此贬值损失或清理费用予以负责。第二类是承保货物在运输途中受其他货物沾污所致的损失。例如，布匹、纸张、食物、服装等被油类或带色的物质污染而造成的经济损失等。

（5）渗漏险。渗漏险（leakage clause）承保两类损失。第一类是承保流质、半流质及油类货物在运输过程中因容器损坏而引起的渗漏损失。例如，装在铁桶中的汽油由于铁桶破裂而漏出桶外造成的损失。第二类是承保用液体储藏的货物因液体渗漏而引起的货物腐烂、变质等损失。例如，装在坛中的酱菜由于坛子破裂，酱菜汁渗漏而变质导致的损失。

（6）碰损、破碎险。碰损、破碎险（clash and breakage clause）承保货物在运输过程中，因震动、碰撞、受压造成的碰损和破碎损失。碰损主要是指金属和金属制品类货物，例如机器、搪瓷或家具等，在运输过程中因震动、受压、碰击等原因造成货物本身凹瘪、脱瓷、脱漆、划痕破裂和断裂。破碎主要是指易碎货物如玻璃、玻璃制品、陶瓷制品、大理石、玉制工艺品等在运输过程中因震动、挤压、撞击、颠簸等外来原因造成货物的损坏。

（7）串味险。串味险（taint of odor clause）承保货物在运输过程中，因受其他带异味货物的影响造成串味的损失。串味损失如果和配载不当直接有关，则船方负有责任，应向其追偿。

（8）受潮受热险。受潮受热险（sweat and heating clause）承保货物在运输过程中，由于气温突然变化或船上通风设备失灵，使船舱内的水汽凝结而引起货物发潮或发热所造成的霉烂、变质等损失。例如，船舶经过炎热潮湿的赤道地带，船舱内的谷物霉烂导致的损失，被保险人可向保险人索赔，被保险人必须证明货物是由于外界原因而非本身缺陷致损。

（9）钩损险。钩损险（hook damage clause）承保袋装、捆装货物在装卸或搬运过程中，由于装卸或搬运人员操作不当，使用钩子将包装钩坏或直接钩及货物而造成的损失。在实际业务中，袋装水泥、粮食及捆装货物、纸张等货物均可能遭受此类损失，一般应加保钩损险。

（10）包装破裂险。包装破裂险（breakage of packing clause）承保货物在运输过程中，因装卸或搬运不慎，使外包装破裂造成短少、沾污等导致的损失。对于在运输过程中，为了续运安全需要而产生的修补包装、调换包装所支付的费用，也予负责。

（11）锈损险。锈损险（rust clause）承保金属或金属制品在运输过程中由于各种外来原因导致生锈造成的损失。有些裸装的金属板、块、条、管等货物以及习惯装在舱面的体积庞大的钢铁制品等在运输过程中常常发生锈损，而且与装运前的锈损难以分开，因而保险人对此类货物一般不愿接受锈损险的投保。

2）特别附加险

特别附加险（special additional risks）与一般附加险一样，不能独立投保，必须附加于基本险项下。但是特别附加险不包括在一切险的责任范围内，不属于一切险的责任范畴。特别附加险所承保的风险，往往与政治、国家行政措施、政策法令、航运贸易习惯因素相关，我国海运货物保险中承保的特别附加险主要有以下5种，如图8-4所示。

（1）交货不到险。交货不到险（failure and deliver clause）承保货物装上船后，不论任何原因，从预订抵达目的地日期开始满六个月后仍未运到目的地交货的损失。"交货不到"与一般附加险中的"提货不着"不同，它并不是由承运人运输上的原因，而是某些政治因素引起的。例如，由于运输途中被中途国政府当局禁运，被保险货物被迫在中途卸货导致货主收不到货而造成损失。保险人在承保这种险别时，一般都要求被保险人首先获得所有进口许可证件并办妥进口手续，以免日后因无进口许可证等原因，被拒绝进口而造成交货不到。另外，凡提货不着险及战争险应该负责的损失，本险不予负责。由于交货不到，很可能被保险货物并未实际遭受全损，因此，保险人在按全损赔付时，都特别要求被保险人将货物的全部权益转移给保险人。

（2）进口关税险。进口关税险（import duty clause）承保货物由于遭受保险事故损失，但被保险人仍需按完好货物价值缴纳进口关税所造成的损失。各国政府对在运输途中受到损失的进口货物，在征收其进口税时的政策并不相同，有的国家规定，受损货物可按货物受损后的实际价值减免关税；有的国家规定，要区别货损发生在进口前还是进口后，前者可以减免关税，后者则不能；也有的国家规定，不论货物抵达目的港时是否完好，一律按发票上载明的货物价值或海关估价征收关税进口关税险。在这一险别下，如果被保险货物发生保险责任范围内的损失，而被保险人仍须按货物的完好状态完税，保险人即对该受损部分货物所交纳的关税负赔偿责任。

附加进口关税的保险金额应根据可能交纳的税款来确定，通常是由被保险人根据其本国进口关税的税率制定，因此，应与货物保险金额分开，一般是按照发票金额的比例加保。这个保险金额应在保险单上另行说明，发生损失时在该保额限度内赔偿，不能和基本险的保额相互串用。被保险人索赔关税损失时，必须提交关税证明。

（3）舱面险。舱面险（on deck clause）承保载于舱面的货物，因遭受保险事故而致的损失以及被抛弃和被浪击落海所致的损失。海运货物一般都是装在轮船舱内进行运输的，保险人承保的海洋运输货物险，在制定货物运输险的责任范围和费率时，都是以舱内运输作为考虑基础的。因此，对于货物装载舱面所发生的损失，保险人不负赔偿责任。但是，由于有些货物体积大、有毒性、有污染性或者易燃易爆等，根据航运习惯必须装载在舱面上。舱面险就是指对这类货物的损失进行经济补偿而设立的附加险别。由于货物装载舱面极易受损遭受水湿、雨淋，保险人为了避免承保的责任过大，通常只接受在平安险的基础上加保舱面险，而不愿接受在一切险的基础上加保舱面险。加保舱面险，保险人除了对原来承保的险别范围负责外，还对货物被抛弃或被风浪冲击落海的损失负责。

（4）拒收险。拒收险（rejection clause）承保货物在进口时由于各种原因，被进口国的政府和有关机构拒绝进口或没收所造成的损失，保险人的赔偿金额为被拒绝进口或没收货物的保险价值。其前提条件是，被保险人保证货物备有一切必需的有效进口许可文件，而且货物的生产、质量、包装和商品检验符合产地国和进口国的有关规定。

（5）黄曲霉素险。黄曲霉素险（aflatoxin clause）承保在保险责任有效期内，在进口港或进口地经当地卫生当局检验，证明黄曲霉素的含量超过进口国对该毒素的限制标准，因而被拒绝进口，没收或强制改变用途的损失。

3）特殊附加险

特殊附加险（special additional risks）与特别附加险一样，不能独立投保，只有在投基本险的基础上才能加保特殊附加险。特殊附加险主要承保海运货物战争险、海运货物战争险的附加费用险和货物运输罢工险。

（1）海洋运输货物战争险。海洋运输货物战争险（ocean marine cargo war risks clause）承保被保险货物由于战争、类似战争行为、武装冲突或海盗行为造成的直接损失。而对于承保风险所引起的保险货物的间接损失，保险人概不赔偿。

海洋运输货物战争险的承保责任范围如下。

一是直接由于战争、类似战争行为和敌对行为、武装冲突或海盗劫掠等所造成的运输货物的损失。

二是由于上述原因所引起的捕获、拘留、扣留、禁止、扣押所造成的运输货物的损失。

三是各种常规武器，包括水雷、鱼雷、炸弹等所造成的运输货物的损失。

四是由本险责任范围所引起的共同海损牺牲、分摊和救助费用。

保险公司对于敌对行为中使用原子或热核制造的武器所致的被保险货物的损失和费用不负责赔偿；对于执政者、当权者或其他武装集团的扣押、扣留引起的承保航程的丧失和挫折造成的损失也不负赔偿责任。

海洋运输货物战争险的责任起讫同海洋运输货物保险基本险有所不同，它承保责任的起讫不是"仓至仓"，而是以"水上危险"为限，即以货物装上保险单所载明的起运港的海轮或驳船开始，到卸离保险单所载明的目的港的海轮或驳船为止。如果被保险货物不卸离海轮或驳船，保险责任期限以海轮到达目的港的当日午夜起算15d为止。如果货物需要在中途港转船，不论货物是否卸载，保险责任均以海轮到达该港或卸货地点的当日午夜起算满15d为止。只有在此期限内装上续运海轮，保险责任才继续有效。

在国际保险市场上，海洋运输货物战争险条款中一般都有一个"注销条款"。我国海洋运输货物战争险条款亦规定，保险人和被保险人均有权在本保险生效前向对方发出注销本保险的通知，在通知发出后 7d 期满时，该通知生效。

（2）海洋运输货物战争险的附加费用险。海洋运输货物战争险的附加费用险（additional expense ocean marine cargo war risk）主要承保由于海洋运输货物战争险后果所引起的附加费用。例如，因战争而导致航程中断，引起卸货存仓转运等额外支出的费用，并不属于海洋运输货物战争险的承保范围。如果被保险人希望保险人对这些附加费用也予以负责，可再加保海洋运输货物战争险的附加费用险，它实际上是对海洋运输货物战争险责任范围的扩展。

本险别的具体责任范围包括，发生海洋运输货物战争险责任范围内的风险引起航程中断或挫折，以及由于承运人行使运输契约中有关海洋运输货物战争险条款规定所赋予的权利，把货物卸在保险单规定以外的港口和地方，因而产生的应由被保险人负责的那部分附加的合理费用。这些费用包括卸货、上岸、存仓、转运、关税以及保险费等。

（3）海洋运输货物罢工险。海洋运输货物罢工险（cargo strike clause）承保货物由于罢工者、被迫停工工人或参加工潮、暴动、民众斗争的人员的行为，或任何人的恶意行为所造成的直接损失和上述行动或行为所引起的共同海损的牺牲、分摊和救助费用。海洋运输货物罢工险承担的损失都必须是直接损失，对于间接损失是不负责的。因此，凡在罢工期间由于劳动力短缺，或无法使用劳动力所造成的被保险货物的损失，或由此所造成的费用损失，保险人均不予负责。

海洋运输货物罢工险对保险责任起讫的规定与海洋运输货物保险基本险一样，采取"仓至仓"的原则，即保险人对货物从卖方仓库到买方仓库的整个运输期间负责。按照国际保险市场的习惯做法，被保险货物如已投保海洋运输货物战争险，在加保海洋运输货物罢工险时，一般不再加收保险费。若仅要求加保海洋运输货物罢工险，则按海洋运输货物战争险费率缴付保险费。

3. 海洋运输货物专门险

海洋运输货物专门险，是根据海洋运输货物的特性而承保的专门险别，可以单独投保。

1）海洋运输冷藏货物保险条款

海洋运输冷藏货物保险条款（ocean marine insurance clause – frozen products）是根据冷藏货物的特性专门设立的。一些需要冷藏运输的鲜货，如鱼、虾、肉类、蔬菜以及水果等，为了保持新鲜程度，运输时一般都须经过特别处理后装入轮船冷藏舱内，根据其特点保持不同的冷藏温度。但是，有时由于灾害事故和外来风险可能使冷藏机器失灵造成鲜货腐烂或损失，为了弥补这种损失，得到全面保障，习惯上投保海洋运输冷藏货物险。

（1）海洋运输冷藏货物保险的险别。

① 冷藏险（risk for frozen products）。本险别的责任范围除了负责由于冷藏机器停止工作连续达 24h 以上所造成的货物腐烂的损失外，其他赔偿责任与水渍险相同。此处的冷藏机器包括载运货物的冷藏车、冷藏集装箱以及冷藏船上的制冷设备。冷藏险可单独投保。

② 冷藏一切险（all risks for frozen products）。本险别的责任范围更广，除了包括冷藏险的各项责任以外，还负责赔偿被保险货物在运输过程中由于外来原因所造成的鲜货腐烂或损失。这与海洋运输货物保险条款中的一切险的责任范围区别不大。冷藏一切险也可以单独投保。

（2）海洋运输冷藏货物保险的除外责任。海洋运输冷藏货物保险，对以下两点所造成的损失不负赔偿责任。

① 被保险鲜货在运输过程中的任何阶段，因未存放在有冷藏设备的仓库或运输工具中，或辅助运输工具没有隔温设备所造成的鲜货腐烂和损失。

② 被保险鲜货在保险责任开始时，因未保持良好状态，包括整理加工和包装不妥，冷冻不合规定及肉食骨头变质所引起的鲜货腐烂和损失。

（3）海洋运输冷藏货物保险的责任起讫。海洋运输冷藏货物保险的责任起讫与海洋运输货物保险基本险的责任起讫基本相同。不过海洋运输冷藏货物保险条款根据冷藏货物的特点做了一定变化，具体表现在以下几方面。

货物到达保险单载明的最后目的港后，须在30d内卸离海轮，否则保险终止。

① 货物全部卸离海轮并存入冷藏仓库，保险人负责货物卸离海轮后10d的风险。但在上述期限内，货物一经移出冷藏仓库，保险责任即告终止。

② 货物全部卸离海轮后不存入冷藏仓库，保险责任至卸离海轮即告终止。

2）海洋运输散装桐油保险条款

海洋运输散装桐油保险条款（ocean marine insurance clause - wood oil bulk）是根据散装桐油的特点而专门设立的，可以单独投保。桐油作为油漆的重要原料，是我国大宗出口商品之一。桐油因自身的特性，在运输过程中容易受到污染、变质。为此，它需要不同于一般货物保险的特殊保障。海运散装桐油保险条款就是为了给桐油提供全面保障而制定的。

（1）海洋运输散装桐油保险的责任范围。海洋运输散装桐油保险的责任范围，除了与海洋运输货物保险基本险的责任范围相同的部分以外，还包括以下三个方面。

一是不论任何原因所致被保险桐油的短少、渗漏超过保险单规定的免赔率时的损失（以每个油舱作为计算单位）。

二是不论任何原因所致被保险桐油的沾污或变质损失。

三是被保险人对遭受承保责任危险的桐油采取抢救防止或减少货损的措施而支付合理费用，但以该批被救桐油的保险金额为限。

（2）海洋运输散装桐油保险的责任起讫。海洋运输散装桐油保险的责任起讫，与海洋运输货物保险基本险的保险期限基本一致，也是按"仓至仓"条款负责。其具体内容如下。

一是自被保险桐油运离保险单所载明的起运港的岸上油库或盛装容器开始运输时生效，在整个运输过程中继续有效，直至安全交至保险单所载明目的地的岸上油库时为止，但若桐油不及时卸离海轮或未交至岸上油库，则最长保险期限以海轮到达目的港后15d为限。

二是在非正常运输情况下，被保险桐油运到非保险单所载明目的地港时，应在到达该港口15d内卸离海轮，在卸离海轮后满15d责任终止。若在15d内货物在该地出售则保险责任以交货时为止。

三是被保险桐油在上述非正常运输情况下，若在15d内继续运往保险单所载原目的地或其他目的地，保险责任则按上述条款的规定终止。

（3）特别约定。由于桐油是易受污染和变质的货物，因此，保险人针对保险标的特性在接受承保时向被保险人提出了一些特别约定。

一是散装桐油在装运港装船前须经过抽样化验，被保险人必须取得下列检验证书：检验人出具的表明油舱清洁的合格证书；检验人对桐油装船后的容量或重量以及温度进行详细检验并出具的证书；检验人对装船桐油的品质进行抽样化验，证明在装运时确无沾污、变质等现象后出具的合格证书。

二是被保险人的桐油如因非正常运输情况必须在非目的地港卸船，在卸船前必须对其品质进行鉴定，并取得证书；对接收所卸桐油的油驳、岸上油库或其他盛装容器，以及重新装载桐油的船舶油舱，也都须由当地合格检验人进行检验并取得相应的证书。

三是被保险桐油运抵保险单所载明的目的港后，被保险人必须在卸船前通知保险单中所指定的检验、理赔代理人，由该代理人指定的检验人进行检验，以确定卸船时油舱的温度、容量、重量等，并由该代理人指定的合格化验师进行一次或数次抽样化验，出具确定当时品质状况的证书。若抵达港口后由驳船驳运，那么油驳在装油前也必须经检验人检验出证。

除上述规定外，海洋运输散装桐油保险条款中所规定的除外责任、被保险人义务与索赔期限等，与海洋运输货物保险条款的规定相同。另外，在我国海洋运输货物保险中，还有一种被称为"卖方利益险"的险别。这种险别不同于一般的货物运输保险，是我国出口企业在采用托收方式，并按 FOB 或 CFR 条件出口时，因没有投保海洋运输货物保险基本险，为了保障在货物运输途中遇到事故时买方不付账赎单而遭受的损失所设立的。

8.2.2 伦敦保险协会海洋运输货物保险条款

英国是近代世界海上保险的中心，在国际海上贸易航运和保险业中占有重要地位。1912年，英国伦敦保险协会的技术与条款委员会制定了《协会货物条款》。后经过多次修改，于1963年形成了一套完整的海上运输货物保险标准条款，即 ICC 旧条款。该条款包括平安险、水渍险和一切险，我国现行的《海洋运输货物保险条款》正是参照该条款而制定的。最近一次修订完成于 1981 年，并于 1982 年 1 月 1 日起开始在伦敦保险市场使用。长期以来，《协会货物条款》在国际保险市场上应用十分广泛，据统计，全世界范围内大约有三分之二的国家都在采用《协会货物条款》。

1. 1982 年协会货物保险条款的特点

伦敦保险协会 1982 年的《协会货物条款》，具备以下五个特征。

1）结构统一，体系完整，语言简练

新条款各种险别条款的条文，均按问题的性质作了统一的分类排列，体系完整，语言简练。1982 年《协会货物条款》的各种险别条款，除了作为附加险的"恶意损害险条款"之外，均包括八项内容，即承保范围、除外责任、保险期间、索赔、不得受益、减少损失、避免迟延及法律与惯例。由于战争险和罢工险也完整地包括了上述八项内容，因而也可以独立投保，无须作为特殊附加险加保于基本险中。新条款有 19 条，增加了保险利益条款、续运费用条款、增值条款、放弃条款和英国法律与惯例条款，内容更加全面，体系更加完整。

2）主要险别采用英文字母命名

新条款取消了旧条款"单独海损不赔""负责单独海损"及"一切险"的名称，代之以"协会货物条款 A"［ICC（A）］、"协会货物条款 B"［ICC（B）］及"协会货物条款 C"［ICC（C）］。这一改变克服了旧条款的名称与内容不一致，易使人们产生误解的弊端。另外，新条款 A、B、C 都取消了免赔额（率）的规定。

3）承保责任采用"列明风险"和"一切风险减除外责任"两种方式

除了个别险以外，新条款均采用"列明风险"和"一切风险减除外责任"的方式表示保险人的承保责任。例如，新条款 A 就是采用"一切风险减除外责任"的方式，即除了"除外责任"项下所列风险保险人不予负责外，其他风险均予负责。新条款 B、C 以及战争险与罢工险则采用"列明风险"的方式，即在条款的开头就把保险人所承保的风险——列出。

4) 取消了"全部损失"与"部分损失"的划分

新条款对保险人承保的风险损失，不再作全部损失与部分损失的划分。按照新条款，凡属承保责任范围内的损失，不论是全部损失还是部分损失，保险人均负赔偿责任。反之，凡不属承保责任范围内的损失，保险人不予负责。这一改变简化了对保险人承保责任的规定，使各种险别的承保责任范围比较明确，减少了不同险别的承保责任范围相互交叉重复的现象。

5) 险别的差距扩大，险别的划分容易

旧条款中"单独海损不赔"与"负责单独海损"的差距较小，极易混淆。而新条款中的 ICC（A），ICC（B），ICC（C）险别的差距较大，且容易划分。

2. 1982 年协会货物条款的主要内容

1) ICC（A）条款的主要内容

（1）承保范围。该部分的内容包括三个条款，即风险条款、共同海损条款和双方有责碰撞条款。从承保范围看，A 条款主要承保海上风险和一般外来风险，责任范围广泛。在风险条款中，ICC（A）条款改变了以往"列明风险"的方式，采用"一切险减除外责任"的方式，声明承保一切风险造成的损失，对约定和法定的除外事项，在"除外责任"部分全部予以列明；对于未列入除外责任项下的损失，保险人均予负责。此处，风险造成的损失是指保险标的的实际损失或损害，而不包括保险标的的纯经济损失，即使引起经济损失的原因属于承保风险，例如因运输延迟所造成的市价跌落而导致的损失，保险人也就不予负责。

（2）除外责任。ICC（A）条款的除外责任，包括法定除外责任和约定除外责任两大类，内容全面、条理清晰，分为一般除外责任，不适航、不适货除外责任，战争除外责任和罢工除外责任四个条款。所有的除外责任不仅适用于保险标的的损失和损害，而且适用于有关费用。

① 一般除外责任。本保险对以下各项不予承保。一是可归因于被保险人故意的违法行为所造成的损失、损害或费用。

二是保险标的的自然渗漏、重量或容量的自然损耗或自然磨损造成的损失。

三是保险标的包装或准备不足或不当造成的损失、损害或费用。

四是保险标的的固有缺陷及特性所引起的损失、损害或费用。

五是直接由于延迟包括承保风险引起的延迟所造成的损失、损害或费用。

六是由于船舶所有人、经理人、承租人或经营人破产或经济困境产生的损失或费用。

七是由于使用任何原子或核裂变和（或）聚变或其他类似反应或放射性作用或放射性物质的战争武器产生的损失、损害或费用。

② 不适航、不适货除外责任。若起因于船舶或驳船不适航，船舶、驳船、运输工具、集装箱或大型海运箱对保险标的的安全运输不适合，而且保险标的装于其上时，被保险人或其雇员对此种不适航或不适货有私谋所造成的损失、损害或费用，保险人不予负责。

保险人放弃载运保险标的到目的港的船舶不得违反默示适航或运货保证；除非被保险人

或其雇员对此种不适航或不适货有私谋。

③ 战争除外责任。对下列原因造成的损失、损害或费用，保险人不予负责。
- 战争、内战、革命、造反、叛乱或由此引起的内乱或交战方之间的任何敌对行为。
- 捕获、拘留、扣留、禁止、扣押（海盗除外）以及上述原因所导致的结果或任何企图、威胁。
- 被遗弃的水雷、鱼雷、炸弹或其他被废弃的战争武器。

战争除外责任规定对战争行为、敌对行为以及由此引起的捕获、禁制或扣押等造成的损失和战争武器所致的损失不予负责。其中，海盗风险在战争除外责任中被明确剔除，这说明在协会条款中，海盗风险属于一般的外来风险而非战争风险，故应该是 ICC（A）条款的承保风险，由此引起的损失，保险人负责赔偿。而我国保险条款仍然将海盗风险放在战争险中予以承保。

④ 罢工除外责任。对下列原因造成的损失、损害或费用，本保险不予负责。
- 罢工者、被迫停工工人或参加工潮、暴动或民变人员造成的损失、损害或费用。
- 罢工、被迫停工、工潮、暴动或民变引起的损失、损害或费用。
- 任何恐怖分子或任何由于政治动机采取行为的人员造成的损失、损害或费用。

（3）保险期间。在 ICC（A）条款中，对保险期限的规定包括三个条款，分别是运输条款、运输合同终止条款和航程变更条款。

① 运输条款。该条款规定了保险责任开始、持续和终止的条件，和我国的海运货物保险条款基本一致，均以"仓至仓"为限。但在 ICC（A）条款中，如果发生被保险人无法控制的延误、绕航、被迫卸载、重装或转运及船东或租船人因行使运输合同所赋予的自由权而变更航程，本保险仍继续有效，并且不受被保险人及时通知这一条件的限制。这一点和我国海洋运输货物保险条款不同，我国的条款规定，如果出现上述情况，被保险人应该立即通知保险人，并在必要时加缴保险费。

② 运输合同终止条款。该条款规定，在被保险人无法控制的情况下，运输合同在其载明的目的地以外的港口或地点终止，或在上述运输条款项下规定交货前运输即已终止，本保险也同时终止，除非被保险人迅速通知保险人并要求继续承保，同时加缴保费，则本保险可继续有效。该条款的规定和我国海洋运输货物保险条款的规定是一致的。

③ 航程变更条款。该条款规定，本保险开始生效后，如被保险人事后变更其目的地，在被保险人及时通知保险人并另行缴费的条件下，本保险继续有效。该条款允许被保险人在及时通知保险人并另行缴费的前提下变更目的地。而我国的海洋运输货物保险条款规定，若航程有所变更，被保险人应在获悉后立即通知保险人，并在必要时加缴保险费，保险继续有效。

（4）索赔。被保险人在保险标的发生事故而向保险人索赔时，适用以下四个条款。

① 保险利益条款。
- 发生损失时，被保险人对保险标的必须具有保险利益，否则不能获得保险赔偿。
- 除非另有规定，被保险人有权获得在保险期间发生的承保损失的赔偿，尽管该损失发生在本保险合同订立之前，除非当时被保险人知道该项损失而保险人不知情。

② 需用费用条款。该条款规定，由于承保责任范围内的风险导致运输在非保险单载明的港口或处所终止时，保险人应赔偿由此产生的卸货、存仓以及续运保险标的至保险单载明

目的地而产生的合理的额外费用，但不包括由被保险人或其雇用人员的错误、疏忽、破产或经济困境而引起的费用。本条款的规定也不适用于共同海损或救助费用，并应受前述除外责任的限制。

③ 推定全损条款。该条款重申了推定全损的概念，即规定如果由于实际全损看来不可避免，或因为恢复、整理和续运保险标的到保险目的地的费用会超过其抵达目的地的价值，经过委付，被保险人可得到推定全损赔偿。

④ 增值条款。该条款规定，如果被保险人在本保险项下的承保货物投保了增值保险，则该货物的约定价值，将被视为增至本保险与其他全部增值保险的保险金额的总和，而本保险项下的责任将按其保险金额占全部保险金额的比例而定。该条款是货物在投保增值保险的情况下，对有关赔偿问题的规定。

如果本保险是增值保险，则必须适用下列条款：货物的约定价值将被视为等于原来保险与全部由被保险人安排承保同样损失增值保险的保险金额的总和，而本保险项下的责任将按其保险金额占全部保险金额的比例而定。索赔时，被保险人必须提供所有其他保险的保险金额的证明给保险人。

（5）不得受益条款。该条款规定本保险的利益，承运人或其他受托人不得享受。不得受益条款在英国协会旧条款中也有，是一个使用了很多年的标准保险条款。新条款对此予以保留，是为了避免承运人或其他受托人因有保险存在而享有保险利益，并以此摆脱对货损、货差或迟延交货的责任，从而使保险人丧失代位求偿权。

（6）减少损失。该条款明确了被保险人应负的义务。根据本条款规定，被保险人及其雇员和代理人对于保险项下的索赔，应负以下义务：为避免或减少损失而采取合理措施；保证保留及行使对承运人、受托人或其他第三者的权利，即保护保险人的代位求偿权。保险人除赔偿保险项下的各项损失外，还补偿为履行这些义务而支付的适当及合理的开支，并且保险人对施救费用的赔偿独立于对保险标的的赔偿。

（7）避免迟延。根据合理、迅速处置条款的规定，被保险人在其所能控制的一切情况下，应合理迅速处置，这是保险的必要条件。

（8）法律与惯例。该条款规定保险适用英国法律和惯例，明确《协会货物条款》受英国法律和惯例管辖。在所有与新的海上保险单格式配套使用的《协会货物条款》中，都有"英国法律与惯例条款"。

2）ICC（B）条款的主要内容

（1）承保范围。ICC（B）条款承保的责任范围比 ICC（A）条款小，它采用列明风险的方式，将所保的风险逐一列明，对因下述原因所致的保险标的的损失和损害负责赔偿。

① 火灾或爆炸。
② 船舶或驳船搁浅、沉没或倾覆。
③ 陆上运输工具倾覆或出轨。
④ 船舶、驳船或运输工具与水以外的任何外界物体碰撞或接触。
⑤ 在避难港卸货。
⑥ 地震、火山爆发或闪电。
⑦ 共同海损牺牲。
⑧ 抛弃和浪击落海。

⑨ 海水、湖水或河水进入船舶、驳船、运输工具、集装箱、吊装车厢或储存处所。
⑩ 货物在装卸时落水或坠落而造成的整件货物全部损失。

此外，保险人还承保共同海损分摊和救助费用，但导致共同海损的原因必须不是本保险所除外的风险。

可见，ICC（B）条款主要承保自然灾害和意外事故所致的损失，同时还承保共同海损的牺牲、分摊和救助费用。和我国海运货物保险条款中的水渍险相比，以下三个方面存在差异。首先，ICC（B）条款明确将承保范围扩大到陆上，对发生在保险期内的陆上运输工具的意外倾覆、出轨予以负责。其次，根据ICC（B）条款，货物在运输途中或陆上储存期间，若被海水、湖水或河水浸湿，只要发生在保险期内，均可获赔，而不必具体确定由于何种风险所致。最后，ICC（B）条款仅承保货物在装卸过程中，由于跌落造成的整件货物的全部损失，这与水渍险的规定有所区别。

(2) 除外责任。ICC（B）条款的除外责任和ICC（A）条款大致相同，但有两点区别。

① 在"一般除外责任"条款中，增加了"由于任何个人或数个人的错误行为，对保险标的或其组成部分故意损坏或破坏，保险人不负责任"的规定。这意味着在ICC（B）条款中，保险人不但对被保险人的蓄意不法行为所致的损失不负责任，对任何其他人的故意非法行为所致损失也不负责任。

② 在"战争险除外责任"条款中，ICC（B）条款规定，对"捕获、拘押、扣留、禁止以及此种行为的后果或这方面的企图"造成的损失、损害或费用不予承保。在ICC（A）条款中，加上了"海盗行为除外"这几个字，明确将海盗风险从除外责任中剔除，即将海盗风险作为承保风险，而ICC（B）条款并未将海盗风险作为除外风险，但也没有列入承保风险。由于ICC（B）条款采取列明风险的方法确定承保风险，所以按照ICC（B）条款的规定，保险人对海盗风险不予负责。

(3) 其他内容。ICC（B）条款关于保险期限、索赔、被保险人义务的规定和其他内容在字面上均与ICC（A）条款相同。

3）ICC（C）条款的主要内容

ICC（C）条款是三种条款中保险人责任范围最小的条款。ICC（C）条款的承保风险也是采用逐一列明的方式。

(1) 承保范围。保险人对下列原因造成的保险标的的损失负责。

① 火灾或爆炸。
② 船舶或驳船遭受搁浅、擦浅、沉没或倾覆。
③ 陆上运输工具倾覆或出轨。
④ 船舶、驳船或其他运输工具与水以外的任何外界物体碰撞或接触。
⑤ 在避难港卸货。
⑥ 共同海损牺牲。
⑦ 抛弃。

此外，保险人对非除外风险所致的共同海损的分摊和救助费用负责赔偿。

可见，ICC（C）条款的承保范围比ICC（C）条款更小，主要承保意外事故所致的损失以及共同海损和救助费用，对于自然灾害造成的损失，全部不予负责。和我国海洋运输货物保险条款中的平安险相比，ICC（C）条款的承保风险显然较小。

(2) 其他内容。ICC（C）条款关于除外责任、保险期限、索赔、被保险人义务的规定和其他内容在字面上与 ICC（B）条款完全一致。

3. 协会货物其他保险条款

1) 协会货物战争险条款

《协会货物战争险条款》由 8 个部分组成，共 14 个条款，结构完整，可以单独投保。

(1) 承保风险。协会货物战争险主要承保由于下列原因造成的保险标的的损失。

① 战争、内战、革命、叛乱、造反或由此引起的内乱，或交战国或针对交战国的任何敌对行为。

② 由于上述承保风险引起的捕获、拘留、扣留、禁止或扣押及其后果，或任何进行这种行为的有关企图。

③ 遗弃的水雷、鱼雷、炸弹或其他遗弃的战争武器。

此外，还负责承保根据运输合同或有关的法律和惯例，所理算或决定的共同海损及救助费用。但上述共同海损和救助费用仅限于为了避免承保风险，或避免有关本条款项下的承保危险所致的损失。

(2) 除外责任。在除外责任方面，《协会货物战争险条款》与协会货物 ICC（A）条款的"一般除外责任"及"不适航、不适货除外责任"基本相同。

① 在"一般除外责任"中，战争险条款增加了"航程挫折条款"，规定由于战争原因造成航程中止、货物未能运达保险单所规定的目的地而引起的间接损失，保险人不负赔偿责任。

② 战争险条款的"不适航、不适货除外责任"和 ICC（A）条款中的有关规定完全一致。

(3) 责任起讫。协会货物战争险的责任起讫涉及"运输条款"和"航程变更条款"。其中航程变更条款的内容与 ICC（A）、ICC（B）、ICC（C）条款是一致的，而运输条款的内容变化较大。协会货物战争险关于责任起讫的规定主要包括以下几个方面内容。

① 责任起讫以"水上危险"为限，即保险责任自货物装上海轮时开始，直到卸离海轮时终止，若货物未及时卸离海轮，以海轮到达最后港口或卸货港当日午夜起满 15d 为限，保险责任终止；如果在中途港转运，也以到港 15d 为限。

② 当保险责任中途终止时，如果货物继续运往保险单载明的目的地，通过支付保险人所要求的额外保险费，自续运开始后，保险单可以重新恢复效力。

③ 对于在装货港码头与海轮之间，以及在海轮与卸货港码头之间需经驳船转运的货物，保险人仅对已装在驳船上的、由于驳船触及水雷或遗弃鱼雷而致损失的货物负赔偿责任。同时，除非另有协议，保险人对从海轮上卸入驳船的货物的承保期限为 60d。

该条规定与我国海运货物战争险的规定有很大的不同。按照我国海运货物战争险条款的规定，保险人在海运战争险中对装在驳船上的驳运货物所承担的保险责任及保险期限，与装在海轮上的货物所承担的保险责任及保险期限是相同的。

2) 协会货物罢工险条款

《协会货物罢工险条款》由 8 个部分组成，共 14 个条款，结构完整，可以单独投保。在实践中，通常将战争险和罢工险一起承保，收取一笔额外的保险费。

(1) 承保风险。协会货物罢工险的承保风险，同我国海洋运输货物罢工险一样，也仅负责由于罢工等风险所直接造成的保险标的的物质损失，而不负由于罢工等风险所产生的费用或间接损失。协会货物罢工险对承保风险的规定如下。

① 罢工者、被迫停工工人或参与工潮、暴动或民变人员所造成的损失。

② 任何恐怖分子或任何出于政治目的采取行为的人引起的灭失或损害。

此外，协会货物罢工险还负责为了避免以上承保风险所造成的共同海损和救助费用。

（2）除外责任。罢工险的除外责任包括"一般除外责任"及"不适航、不适货除外责任"，与ICC（A）条款规定的除外责任及战争险条款的除外责任基本相同，但由于罢工险只负责由于承保风险直接造成的损失，对于下列损失与费用，保险人不负赔偿责任。

① 由于罢工、停工、工潮、暴动和民变等造成劳动力缺乏、缺少或扣押所引起的损失或费用。

② 由于航程挫折而引起的损失。

③ 由于战争、内战、革命、叛乱或由此引起的内乱，或针对交战国的任何敌对行为所造成的损失或费用。

3）协会货物附加险条款

（1）协会货物恶意损害险条款。《协会货物恶意损害险条款》于1983年8月1日开始使用，是《协会货物条款》的附加险条款。作为补充性的条款，它没有完整的结构，不能单独投保，而是供双方当事人在基本条款的基础上加保使用。

协会货物恶意损害险承保的是被保险人以外的其他人（如船长、船员等）的故意破坏行动所致被保险货物的灭失或损害。但是，恶意损害如果出于有某种政治动机的人的行动，便不属本险别的承保风险，但可以在罢工险条款中得到保障。

恶意损害的风险除了在ICC（A）条款中被列为承保风险之外，在ICC（B）和ICC（C）条款中，被保险人以外的任何其他人的恶意行为所致的损失，均属于除外责任。因此，在投保ICC（B）和ICC（C）条款时，如果被保险人需要对这种风险得到保险保障，就须另行加保"恶意损害险"。

（2）协会货物偷窃、提货不着险条款。以被保险人支付附加保险费为前提，保险人同意承保由偷窃或整件货物提货不着所造成的保险标的的损失或损害。《协会货物偷窃、提货不着险条》同《协会货物恶意损害险条款》一样，投保一切险条件的被保险人无须再投保此保险。

4）协会特种货物保险条款

伦敦保险协会在ICC（A）、ICC（B）、ICC（C）条款的基础上，对特种货物的海上运输保险，制定了适应该种货物特别需要的保险条款。下面主要介绍三种协会特种货物保险条款。

（1）协会冷冻食品保险条款。冷冻食品有严格的冷藏温度要求，在运输途中，除了可能因遭遇一般的海上风险而致损失外，温度的变化也是影响冷冻食品品质的主要原因。由于与其他冷冻食品相比，冷冻畜肉要求更低的冷藏温度，需另设专门的冻肉保险条款，因此冷冻食品保险条款不适用于冻肉的保险。《协会冷冻食品保险条款》包括19条，其结构与ICC（A）、ICC（B）、ICC（C）条款完全一致，在内容上主要表现为承保风险、除外责任和保险期限有所区别。

冷冻食品（冻肉除外）保险包括A条款和C条款两套条款，这两套条款于1982年1月

1日开始使用,并且均于1986年1月1日重新修订。

冷冻食品保险条款与ICC（A）条款的主要区别包括以下三个方面。

① 风险条款。和ICC（A）条款相比,除包括一般风险导致的非温度变化引起的保险标的的损失外,协会冷冻食品保险条款中增加了由于制冷机器故障造成停止运行不少于连续24h而使温度变化引起的保险标的的损失。此外,对于因发生火灾、爆炸、船舶搁浅、沉没、互撞等意外事故导致温度变化引起的保险标的的损失,保险人也予以负责。

② 除外责任条款。和ICC（A）条款相比,新增了"由于被保险人或其雇员没有采取合理的预防措施保证保险标的保存在冷库,或没有在合适时间适当隔离冷藏的处所所引起的损失、损害或费用"。强调被保险人在其可以控制的范围内,对照料货物不能有过失。另外还规定,任何索赔如果未在保险责任终止后30d内通知保险人,保险人有权拒赔。这主要是为了防止损失的扩大。因此,被保险人应在收货后尽快确定货物品质是否良好。

③ 责任起讫。和ICC（A）条款相比,主要区别在于：保险责任自货物从保险单载明的冷库装上运输工具开始运送即为开始,而不是在运离仓库起保险责任才开始。保险责任终止的时间约束为保险标的在最后卸离港全部卸离海轮后的5d,而非ICC（A）条款中规定的60d。

（2）协会散装油类保险条款。《协会散装油类保险条款》是1983年2月1日协会新增订的针对油类货物的特种货物运输保险条款,和ICC（B）条款相比,增加了"理算条款",使总条款增加为20条。该套条款与ICC（B）条款不同的内容如下。

① 风险条款。和ICC（B）条款相比,从字面上看,用"保险标的的损失或沾污"代替了"保险标的的损失或损害"；从内容上看,增加承保了三种与油类运输密切相关的风险。

一是在装货、转运或卸货时连接管道的渗漏。

二是船长、高级船员或普通船员在抽吸货物、压载水或燃料方面的疏忽。

三是恶劣气候影响造成的保险标的的沾污。

② 除外责任条款。和ICC（B）条款相比,本险别没有将"包装不足"和"除被保险人以外的其他人的故意损害或损坏"造成的保险标的的损失列入除外事项。

③ 责任起讫。本险别规定,保险人的责任起讫从货物已装船离开保险单载明的起运地岸上油罐开始,至卸入保险单载明的目的地岸上油罐或油驳时终止。本保险不承保由陆上运输工具运送的风险,岸上油罐必须全部由管道直接与船舱相连。此外,责任起讫终止的最长时间为船舶抵达目的港时起满30d。如果在中途发生运输终止的情况,本保险续保的最长期限也是30d。

④ 理算条款。本条款规定保险货物的渗漏或短卸索赔的理算原则是专为液体散装油类货物设立的,其目的是尽可能减少由于记录装船数量和卸船数量的文件缺乏直接的可比性和测量液态货物数量的困难所引起的"纸面损失"。

（3）协会木材贸易联合会条款。《协会木材贸易联合会条款》是在ICC（A）和ICC（C）条款的基础上修订的,包括29条,主要区别在于承保风险条款和运送条款的规定有所不同。

① 风险条款。由于木材很可能放在甲板上运输,因此本条款包括以下两种情况。

一是当货物装载于甲板上时,承保风险以ICC（C）条款为基础,另外还承保浪击落水、偷窃或提货不着和恶意行为风险。但另一方面,不承保ICC（C）条款所承保的陆上运输工具倾覆或出轨的风险以及驳船搁浅、擦浅、沉没、倾覆或碰撞、碰损风险。

二是当货物未装于甲板时，承保风险以 ICC（A）条款为准，即承保除外风险以外的一切风险。装在甲板上的木材被海浪侵袭而经常发生损失，木材还可能莫名其妙地丢失，这些损失均可通过本险别予以承保。

② 责任起讫。本保险的责任自保险货物在林场、仓库工厂、堆场或库房等任何地点装上陆上或水上运输工具或起漂向海轮发送时开始。这条规定充分考虑了木材贸易运输的实际情况，不管木材以何种方式运输，也不管木材从什么地方发运，只要木材装上海轮发运，保险责任就开始。保险责任的终止有三种情况。

一是在最后目的地交付给收货人或被保险人。

二是交付到被保险人用作非正常储存的仓库或储存处所。

三是在最后卸货港卸离海轮时起满60d。

8.3 国际海运保险索赔与理赔

保险货物遭受损失后，对货物遭受的损失进行赔偿是国际海洋运输货物保险的基本职能。赔偿作为一种法律关系，其内容包括索赔和理赔。索赔是指国际海洋运输货物保险合同中遭受损失的一方，根据保险合同的规定向另一方提出损失补偿的要求；理赔是指负赔偿责任的一方，根据保险合同的规定向对方履行补偿的义务。

8.3.1 国际海运保险的索赔

保险索赔是指具有索赔请求权的人（一般是被保险人）根据保险合同有关规定，向保险公司正式提出要求赔偿损失的申请。索赔时，被保险人对保险标的必须具有保险利益。以海洋运输货物为例，若以 CIF 术语成交，如果货物的损失发生在起运港装上船之前的运输途中，应由卖方向保险公司索赔；如果货物的损失发生在起运港装上船之后，根据保险利益原则的规定，应由买方向保险公司索赔。

1. **索赔程序**

被保险人在索赔时的程序可以分为以下几步。

1）损失通知

被保险人一经获悉或发现保险标的遭受损失，应立即通知保险公司。被保险人获知货损一般有以下两种情况。

（1）保险货物在运输途中因运输工具遭遇意外事故，如卡车倾覆、船舶触礁等而受损。由于在这种情况下货损情况往往比较严重，被保险人通常在事发后很快就能知悉。

（2）保险货物在起运前后虽然因各种原因而受损，但由于损失程度较轻或从外表无法察觉，直到货物运抵目的港，被保险人在提货时，甚至进入收货人最后仓库时才发现。

无论何种情况，一旦获悉保险货物受损，被保险人就应立即向保险人或其指定的代理人发出损失通知。保险人或其指定的代理人接到损失通知后，一方面，对货物提出施救意见并及时对货物进行施救，避免损失扩大；另一方面，尽快对货物的损失进行检验，核定损失责任，查核发货人或承运人的责任等，以免因时间过长而导致货物损失原因难以查清，责任无法确定而使处理产生困难，甚至发生争议。因此，被保险人若没有及时进行损失通知，保险人有权拒绝理赔。

2）申请检验

被保险人在向保险人或其代理人发出损失通知的同时，也应向其申请货物检验。各国的保险人对货物的损失通知和申请检验均有严格的时间限制。我国的保险公司一般要求申请检验的时间最迟不能超过保险责任终止后 10d。如果是因为被保险人无法控制的原因导致申请检验时间超过了规定的期限，保险人应根据实际情况予以受理。被保险人在申请检验时应注意以下几点。

（1）申请检验的对象。在出口运输货物保险单中，一般都指明了保险公司在目的港、目的地的检验代理人的名称和地址。发生货损后，被保险人应采取就近原则，向保险单指定的代理人申请检验。对于进口运输货物保险，当货物在运抵目的地时发现有损失，一般由保险人或其代理人和被保险人进行联合检验，共同查明损失的原因，确定损失金额以及责任归属。如果货损情况非常复杂，则应申请由出入境检验检疫部门或保险公估人进行检验，出具联检报告。

（2）可以不申请检验的情况。对整件短少的货物，如果短少是在目的港将货物卸下海轮时发现的，被保险人应向承运人索取溢短证明。如果短少是货物在卸离海轮以后、提货以前发现的，被保险人应向有关港口当局或装卸公司索取溢短证明。在这种情况下，溢短证明即可作为损失的依据报告。此外，如果货损轻微，损失金额很小，检验费用可能超过保险货物损失的金额。

（3）检验报告的性质和作用。检验报告是被保险人据以向保险人索赔的重要证据，但同时检验报告只是检验人对货损情况做出客观鉴定的证书，并不能最后决定货损是否属于保险责任，也不能决定保险人是否应对货损予以赔偿。因此，检验报告上一般注明"本检验报告不影响保险人的权利"。这表明货物损失是否属于保险责任范围最终要由保险人根据保险合同条款决定。

3）向有关责任方提出索赔

被保险人或其代理人在提货时，若发现货物的包装有明显的受损痕迹，或者整件短少，或者散装货物已经残损，除了须向保险公司报损、申请检验外，还应该立即向承运人、受托人以及海关、港务当局索取货损货差证明，包括记录货物损失情况并由承运人签字的理货报告、由装卸部门签字的货运记录等。按照运输合同规定，如果不在当时提出索赔，等于收货人承认提货时货物完好，可能会影响事后的索赔工作。保险公司对丧失追偿权利部分的损失，可以拒绝赔偿。

4）提交索赔单证

被保险人在向保险公司或者其代理人提请赔偿时，应提交索赔必需的各种单证。按照我国《海洋运输货物保险条款》的规定，被保险人在索赔时，应提供保险单正本、提单、发票、装箱单、磅码单、货损货差证明、检验报告和索赔清单。如果涉及第三者责任，还须提供向责任方追偿的有关函电及其他必要的单证或文件。

（1）保险单或保险凭证正本。保险单或保险凭证正本是向保险公司索赔的基本证件，是保险合同的书面证明。保险单中规定的保险人的责任范围及保险金额等内容是确定保险人赔偿与否及赔偿金额的直接依据。

（2）运输凭证。运输凭证是承运人在接收货物后出立的，包括海运提单、公路运单、铁路运单、航空运单和邮寄单等运输单证。运输凭证证明保险货物承运的状况，如承运的件数、运输的路线、交运时货物的状态等，以确定受损货物是否在保险期限，以及在保险责任开始前的货物情况。

（3）发票。发票是计算保险赔款时的数额依据。保险人还可以通过核对发票与保险单及提单的内容是否相符，来审核保险利益的限额。

（4）装箱单、磅码单。装箱单、磅码单证明被保险货物装运时的件数和重要的细节，是保险人据以核对损失数量的依据。

（5）货损货差证明。货损货差证明是在承运人所签发的提单是清洁的，而所交的货物有残损或短少的情况下，要求承运人签发的文件。它既是被保险人和保险人索赔的证明，又是日后向承运人追偿的根据。特别是货物整件短少的，应要求承运人签署货物短缺证明。

（6）检验报告。检验报告是检验机构出具的货物质量和数量的检验单据，是证明损失原因、损失程度、损失金额、残余物资的价值以及受损货物处理经过的证明，是保险人据以核定保险责任及确定赔偿金额的重要文件。检验报告可以由第三方公证、检验机关出具，也可以由保险公司及其代理机关出具。一般来说，出口货物往往由保险代理人或检验机关出具，进口货物由保险公司或其代理人会同收货人联合出具。

（7）海事报告。当船舶在航行途中遭遇海事时，船长必须在航行日志中进行记录，同时声明船方不承担因此而造成的损失。海事报告记录了船舶在遭遇海上风险时发生的各种损失及承运人采取的各种措施，与确定货物的损失原因和保险公司确定海事责任有关。碰到一些与海难有关的损失较大的案件，保险公司要求提供此种证件。

（8）索赔清单。索赔清单是被保险人提交的要求保险人赔偿的详细清单，主要列明索赔的金额和计算依据，以及有关费用的项目和用途等。

此外，保险人还可以根据损失情况及理赔需要，要求被保险人提供与确认保险事故性质和损失程度有关的证明和资料。所有这些证明和资料是被保险人索赔的依据。保险人是否承担损失赔偿责任，除根据现场调查搜集的资料外，主要是依据这些证明和单据进行判断。

2. 索赔工作应注意的问题

被保险人向保险人提出索赔，应注意以下几个问题。

（1）提出索赔的人必须是在保险标的发生损失时，对保险标的具有保险利益的人。根据保险利益原则，损失发生时，只有对保险标的具有保险利益的人，才能向保险公司提出索赔请求。因此，损失发生时对保险标的不具有保险利益的人提出的索赔无效。

（2）保险标的的损失必须是保险单承保风险造成的保险责任范围内的损失，保险公司才履行损失赔偿责任。这一规定是根据近因原则确定的。因此，若保险标的的损失不是以保险承保风险为近因造成的，保险公司无须赔偿。

（3）对受损货物应积极采取措施进行施救和整理。保险货物受损后，作为货方的被保险人，除了应立即向保险人或其指定的代理人发出损失通知申请检验之外，还应对货物提出施救意见并及时对货物进行施救，避免损失扩大。在我国，无论是进口货物还是国内运输的货物受损后，原则上施救、整理都应由货方自行处理。

（4）对受损货物的转售、修理、改变用途等，由被保险人负责处理。在我国，无论进口货物还是国内运输的货物，受损后原则上都是由被保险人（货方）自行处理。被保险人在对受损货物进行转售、修理、改变用途等工作之前，必须通知保险人或征得保险人的同意。

（5）如果涉及第三者责任，虽然赔款一般先由保险人赔付，但被保险人应首先向责任方提出索赔，以保留追偿权利。如果损失涉及承运人、港口或车站等第三者责任方，被保险人还应提交向承运人等第三者责任方请求赔偿的函电等文件的留底或复印件，以证明被保险人确已履行了其应该办理的追偿手续，即维护了保险人的代位求偿权。有时还要申请延长索赔时效。

此外，在保险索赔中，被保险人还必须根据保险合同的规定履行应尽的合同义务，才能获得保险赔偿。

3. 索赔时效

被保险人向保险人就保险单项下的损失提出索赔时，必须在保险单规定的索赔时效内提出索赔要求。

索赔时效，即索赔的有效期。它是保险法确认的索赔权利得以行使的时间限制，索赔权利超过法定期限不行使，即归于消灭。以海洋运输货物保险为例，我国《海商法》规定，根据海上保险合同向保险人要求保险赔偿的请求权，时效间为两年，自保险事故发生之日起计算。在时效期间的最后6个月内，因不可抗力或其他障碍不能行使请求权的，时效中止。自中止时效的原因消除之日起，时效期间继续计算。时效因请求人提起诉讼、提交仲裁或者被保险人同意履行义务而中断。但是请求人撤回起诉、撤回仲裁或者起诉被裁定驳回的，时效不中断。

8.3.2 国际海运保险的理赔

保险理赔是指保险人在接到被保险人的损失通知后，通过对损失的检验和必要的调查研究，确定损失的原因、损失的程度，并对责任归属进行审定，最后计算保险赔款金额并给付赔款的一系列过程。根据我国《保险法》的规定，保险人在收到被保险人的赔偿请求后，应当及时做出赔偿与否的核定，对属于保险责任的，在与被保险人达成赔偿协议后10日内履行赔偿义务。如保险人在收到赔偿请求及有关资料60d内不能确定赔偿金额的，应当根据已有证明和资料可以确定的最低数额先予支付。最终确定赔款额后，应支付相关差额。在保险理赔过程中，重点包括以下四个环节。

1. 确定损失原因

损失原因对保险公司核定责任至关重要。损失发生后，只从损失现象看，还无法确定责任的归属。根据近因原则，保险人只对近因属于承保风险而导致的损失予以负责。在实际事故中，货物损失的情况多种多样，造成损失的原因也十分复杂，因此首先需要从若干致损原因中找出损失的近因，然后才能确定损失是否属于保险责任。

1）分析损失原因

分析损失原因是一件复杂而细致的工作，理赔工作人员要善于分析，从繁杂的现象中找出导致损失的主要原因，在分析货损原因时，经常碰到的是导致损失的原因不止一个，这就需要分别加以掌握。

（1）只有一个单独的损失原因，这一原因如果属于保险责任范围的，应予赔偿；反之，则不予赔偿。例如，货物在运输途中遭雨淋损失，加保淡水雨淋险的应予赔偿，只保水渍险的就不予赔偿。

（2）造成损失的原因同时有几个，这几个原因都是承保责任范围的，应予赔偿；反之，则不予赔偿。例如，货物在运输途中同时遭受雨淋和海水损失，投保了一切险的，应予赔偿；遭到串味和沾污的损失，只投保平安险的，就不予赔偿。几个原因中有的属于承保责任，有的不属于承保责任，如果损失能划分，保险公司只负责承保的那部分损失；如果损失无法划分，保险公司可以完全不负责。例如，棉花在运输途中遭受海水水渍斑损、钩损的，如果已投保水渍险，且海水损失与钩损的损害后果可以从价值上加以划分，保险公司只赔水渍部分损失，不赔钩损部分损失；反之，棉布遭钩损严重，水渍斑损相对较轻微，定损时只能从钩损估计出赔值，水渍斑损已无法估出，保险公司就都不赔付。

（3）损失原因前后是自然联系的，如果前后的损失原因都是保险责任内的，保险公司应予负责。例如，五金商品投保了一切险，先遭受雨淋浸损，后又碰到海水泡湿，结果发生严重锈蚀，如果前面的损因都属于承保范围，保险公司应予负责。如果前面的损因属于保险责任，后面的损因不属于保险责任，但后面的损因是前面的损因导致的必然后果，保险公司对损失应予负责。又如，包装食品投保了水渍险，先遭受海水浸湿外包装受潮，后发生霉变损失，霉变是海水打湿外包装、水汽侵入造成的结果，保险公司应予负责。反之，如果前面的损因不属于保险责任，后面的损因属于保险责任，尽管后面的损因是前面损因导致的必然结果，但是保险公司对损失不予负责。

2）运输货物损失的主要原因

从损失的表现形式看，货物在运输途中的损失大致分为以下几种。

（1）水渍损失。采用海洋运输方式时，货物经常会遇到水渍损失。造成水渍损失的原因有海水、淡水和舱汗三种。

① 海水水渍损失。海水水渍损失往往是由于船舶遭遇海事而引起的。对于这种情况，船长在海事报告或航行日志中都要加以记录，必要时船长须向船方索取这方面资料作为证明。有时货物遭受水渍，并不都有海水入舱记录，而在检验时发现有盐分，往往是因为海运货物受有盐分空气的侵袭；或者是因为货物本质的反应，有些含有钠离子或氯离子（含盐质）的货物（如皮革绒毛等），都不属于保险责任。

② 淡水水渍损失。淡水水渍损失可能是由于货物在装卸驳运时碰到雨淋、河水溅激，还可能是由于船上淡水管破裂，淡水外溢等引起的，应按照承保险别确定责任。如果保了一切险，保险人都应负责。

③ 舱汗水渍损失。舱汗水渍损失往往是由于货物在海洋运输途中遭遇恶劣气候，关闭通风筒，致使舱内水汽凝结成汗珠影响货物引起的。一般来说，受损货物的外包装表面有汗潮迹象。在这种情况下，如果投保了一切险，保险人就应负责。

（2）偷窃及短少损失。包装货整件短少的原因主要有以下几种情况。

① 货物在运输途中发生共同海损而被抛弃。

② 货物在运输途中被人整件窃走。

③ 货物在装卸时整件坠落。

包装货出现包装内数量短少，如果外包装有打开过的迹象，如包装被挖破、箱板经重钉，一般是偷窃所致，还可能由于运输途中外包装自然破裂导致货物散失短缺。

散装货重量或数量短少，可能属于自然损耗，也可能是被偷窃，或者是由于装卸时洒落所致。值得注意的是，如果同一船舱或车厢中有多个货主的同一种散装货分运几个不同的港口，可能由于先卸货的货主多卸或者先卸的货物没有扣除途耗，导致最后卸货时货物短量，这需要根据提单条款的规定，向前面的货主追索。

（3）碰损及破碎损失。造成碰损及破碎损失的原因，主要分为以下几种情况。

① 装卸不慎。由于装卸操作粗鲁或者未按操作规程作业。

② 运输工具颠震，如轮船、火车、汽车剧烈震动、颠簸。

③ 包装不妥。包装的材料不符合要求，如箱板过薄、内垫衬托材料不当，以及包装技术欠佳等。船方在装货时若发现包装明显不好，都要在提单上批注"包装不妥"字样，以免除责任。对于因包装不妥造成的损失，保险公司是不负责的。

④ 装载不妥。船方没有按习惯配载，如重货压在轻货上引起损失，对此船方是有责任的。

⑤ 海事引起。海洋运输中船舶在途中遭遇风浪，船身发生剧烈颠簸引起舱内货物碰击，这是自然灾害引起的，如果保了水渍险，保险人就应负责。

（4）钩损及沾污损失。用布、麻、化学纤维袋盛装或以上述材料捆装的货物易发生钩损。货物污染有的是在码头甲板装卸时碰沾泥水等脏物造成的，有的是堆存在仓库、船舱内与其他物资接触碰脏的，情况不一。如果在装载配舱时因为违反习惯而污染货物，属于船方装载不妥，应向船方追偿。此外，货物在运输途中还可能遭受火灾损失、串味损失等，均需要根据实际情况确定损失原因。

2. 责任审定

在确定了损失原因之后，理赔进入审定保险责任阶段。保险人应根据保险条款中的保险险别以及保险期限等规定，确定损失是否属于保险责任。

1）险别责任的审定

每一份保险单都明确规定所承保的险别，包括基本险和附加险，以及使用的保险条款。保险人应以保险条款为依据，确定损失是否属于保险责任。例如，运输货物按照我国《海洋运输货物保险条款》投保平安险，如果根据检验结果及被保险人提交的《海事声明书》，可确定因船舶在运输途中遇台风导致货物部分被水浸湿，据保险条款规定可知，货物因恶劣气候而致的部分损失不属于平安险的承保责任，所以保险人会拒赔。在附加险的责任审定时，保险人也会根据保险条款的内容掌握责任的界定。

2）保险期限的审定

保险期限的审定主要是审查损失是否发生在保险有效期限内，这是审核赔付的重要环节。保险人在审定保险期限时，一般要注重以下几点。

（1）查看保险单中被保险人的名称。保险的有效与否是受保险利益制约的。同一张保险单，起运地相同，但如果保险单上被保险人的抬头不一样，保险有效期也会因之而异。例如，在海洋运输中，假如抬头为卖方，则保险责任从发货人仓库货物运离仓库时开始；如果抬头为买方，则保险责任要从货物越过船舷时开始。如果被保险人为卖方，货物在发货人仓库时，其即具有保险利益；反之，如果被保险人为买方，则其保险利益要从货物的风险归其承担时才能开始。

（2）审查货物的损失是否发生在正常运输过程中。按照正常的航程、航线行驶并停靠港口、车站的属于正常运输，这是货运保险期限原来应该负责的范围。在审核赔付时，保险人要按照仓至仓条款的范围来掌握。非正常运输是指在运输过程中遇到一些特殊情况，没有按照正常的航程、航线行驶或停靠港口、车站。如货物在原目的港以外的某个港口卸下，发生运输合同中止、绕道、被迫卸货、重新装载、转载等情况，一般会增加保险人承担的风险。但是这些情况的发生往往不是被保险人所能控制的，所以保险人应予负责。一般在保险条款中规定，若发生非正常运输情况，被保险人应及时通知保险人，并在必要时加缴保费。

（3）注意保险单中的责任起讫地点。保险责任从货物运离保险单载明的起运地发货人仓库时开始生效。例如，货物搬离仓库放到停放在外面的卡车上卡车失火，保险人应该负责。又如，在采用海洋运输时有时货物在目的港卸下后，还需转运至内陆目的地，如果保险单载明的目的地为港口所在地，则在内陆运输发生的损失不在保险期限内，保险人无须负责。

（4）注意具体的期限限制。保险单中如果没有特别载明，海洋运输时货物在目的港卸离海轮满10d，陆上运输时货物运抵最后卸载的车站满30d，航空货物运输时货物在最后卸离地卸离飞机满30d，保险责任即终止。但是如果被保险人要求延长保险期限，保险人已在保险单中予以确认的，则应按保险单的规定办理。

3）被保险人义务的审定

由于保险合同是最大诚信合同，所以被保险人应履行合同中规定的告知、保证义务，否则保险人可以拒赔甚至解除保险合同。

（1）被保险人对保险标的及相关重要事实的告知必须是真实的，如果被保险人为了少付保险费或为了让保险人接受其投保申请等原因而故意隐瞒重要事实，保险人一旦获悉真情，即可解除保险合同，并且对发生的损失均不负责。

（2）被保险人如果做了保证，则应自始至终遵守其所做的承诺，一旦违反合同中的保证条款，保险人即有权解除保险合同，但对保险人在违反保证之前发生的保险事故损失，保险人应予以负责。

（3）如果在合同有效期间，保险货物的危险程度增加，被保险人应及时通知保险人。

（4）保险人还应审定被保险人在事故发生后是否尽力采取措施，防止损失扩大。否则，保险人对扩大的损失部分有权拒赔。

如果涉及第三者责任方，保险人还要审定被保险人是否及时向第三者责任方进行追偿，获取有关证明，有效地维护保险人代位求偿权的行使。如果被保险人放弃向第三者责任方要求赔偿的权利，或因被保险人的过错而使保险人丧失代位求偿权，保险人可以扣减保险赔款甚至拒付赔款。

3. 赔偿金额的计算

保险货物发生事故后，如果确定损失属于保险责任，保险人应当及时向被保险人进行经济补偿。我国《保险法》规定，保险人收到赔偿请求后，应当及时核定，如属保险责任，应在与被保险人达成保险赔偿协议后10d内，支付保险赔款，否则保险人应当赔偿被保险人因此受到的损失。如果案情较复杂，保险人自收到赔偿请求及有关资料60d内不能确定赔偿金额的，应当根据已有证明和资料可以确定的最低数额先予支付，等到最终确定赔款金额后，再支付相应的差额。

1) 货物损失的赔付

国际海洋运输货物保险一般采用定值保险方式，一旦发生损失，保险人以保险金额为限，计算保险赔款。

（1）全部损失。如果货物发生实际全损或发生推定全损，被保险人进行委付，保险人也接受委付，只要保险金额不超过约定的保险价值，保险人应按保险金额给予全额赔偿，而不管损失发生时货物的市价是多少。如果货物尚有残值，则归保险人所有。

（2）部分损失。如果货物因保险事故遭受部分损失，则必须按损失的程度或数量确定损失比例，然后计算保险赔款。

① 数量（重量）短少。其计算公式为

$$保险赔偿 = \frac{保险金额}{损失数量（重量）/保险货物总数量（重量）}$$

② 质量损失。其计算公式为

$$保险赔偿 = 保险金额 \times \frac{货物完好价值 - 货物受损后价值}{货物完好价值}$$

货物完好价值和货物受损后价值，一般以货物运抵目的地检验时的市场价格为准。如受损货物在中途处理不再运往目的地，则可以处理地的市场价格为准。处理地或目的地的市场价格一般指当地的批发价格。

③ 规定有免赔率的货物损失。对于易损、易耗货物的保险，保险公司往往规定有免赔率。免赔率是指保险人对某项保险标的规定一定限度内的损失免除赔偿责任的比率。免赔率的高低由各保险公司根据商品种类的不同而定，我国保险公司采用的是绝对免赔率，即无论货物损失程度如何，对于免赔额度内的损失，保险公司均不予负责。

④ 修复时的赔偿。如果保险货物遭遇损失后需要进行修复以维持原状，此时对合理的修理恢复费用，保险人一般在保险金额内予以赔偿。鉴于国外市价高于出口货价，而人工劳务费也比较昂贵，因此修理费用比较高。对此，一般不能按国内情况衡量。

（3）共同海损。如果发生共同海损，无论投保何种险别，保险人对共同海损的牺牲和费用都负责赔偿。

对保险货物的共同海损的牺牲，由保险人先按实际损失予以赔付，然后参与共同海损的分摊，摊回部分归保险人所有。被保险人可以提前得到保险赔偿，而且不受共同海损分摊价值的影响。

如果保险货物本身没有发生共同海损牺牲，但需要承担共同海损费用或其他地方的共同海损牺牲的分摊，一般先由保险人出具共同海损担保函，待分摊完毕后，保险人对分摊金额予以赔付。因为共同海损分摊价值和保险金额不一定相等，所以保险人的赔偿金额有所调整。我国《海商法》规定，保险金额低于共同海损分摊价值的，保险人按照保险金额和共同海损分摊价值的比例赔偿共同海损分摊。

（4）连续损失。连续损失指保险货物在保险期内发生几次保险事故造成的损失。我国《海商法》规定，保险标的在保险期内发生几次保险事故所造成的损失，即使损失金额的总和超过保险金额，保险人也应当赔偿。但是对发生部分损失后未经修复又发生全部损失的，保险人按照全部损失赔偿。

2) 费用的赔付

一旦发生保险事故,除了货物的损失,往往还需支付各项费用,以避免损失扩大,或用来处理损余物资,或继续完成航程,或用来对货物进行检验。这些费用包括施救费用、救助费用、续运费用、检验费用、出售费用以及理算费用等。

对于上述费用的支出,保险人赔付的原则是,如果货物损失属于保险责任,则对费用的支出予以赔付,否则保险人可以拒赔。我国《海商法》规定,被保险人为防止或减少根据保险合同可以得到赔偿的损失而支出的必要的合理费用,为确定保险事故的性质程度而支出的检验、估计的合理费用,以及为执行保险人的特别通知而支出的费用,应当由保险人在保险标的损失赔偿之外另行支付。保险人对于上述费用的支付,以相当于保险金额的数额为限。

对救助费用的赔偿,当救助费用可作为共同海损费用向保险人索赔时,如前所述,适用于我国《海商法》的规定,由保险人赔偿其分摊额,当保险金额低于共同海损分摊价值的金额时,保险人按照保险金额和共同海损分摊价值的比例赔偿共同海损分摊。在其他情况下,根据《海洋货物运输保险条款》的规定,保险人应对救助费用予以赔偿,但救助费用的赔偿和保险货物本身的损失赔偿之和不能超过保险金额。

续运费用是指船舶遭遇海难后,在中途港、避难港由于卸货、仓储以及运送货物产生的费用。各国保险条款均将这部分费用列入承保责任,由保险人负责赔偿。

出售费用则应作为货物损失的一部分,如果被保险人在对受损货物进行处理时支付了出售费用,一般只要在保险金额限度内,均可加入损失之内,由保险人补偿。出售费用和保险货物本身的损失赔偿之和不能超过保险金额。其计算公式为

$$保险赔偿 = 保险金额 \times \frac{货物损失的价值 + 出售费用}{货物完好价值}$$

4. 处理损余,行使代位追求权

根据我国《保险法》的规定,保险事故发生后,保险人已支付了全部保险金额,并且保险金额等于保险价值的,受损标的的全部权利归于保险人;保险金额低于保险价值的,保险人按照保险金额与保险价值的比例取得受损标的的部分权利。除了保险标的的物质形态完全灭失外,若受损标的仍有残值,则在实际理赔案中通常将残余物资估价,冲减赔款数额,然后将损余物资的所有权交给被保险人,必要时损余物资也可归保险公司处理。保险人处理损余物资一般坚持物尽其用的原则。

此外,根据保险的补偿原则,我国《保险法》第45条对代位求偿也做了规定,因第三者对保险标的的损害而造成保险事故的保险人自向被保险人赔偿保险金之日起,在赔偿金额范围内,代位行使被保险人对第三者请求赔偿的权利。在国际海洋运输货物保险中,通常表现为保险人代被保险人向承运人、船东、港务局和车站等第三者请求赔偿。

资料1　国际航空保险案例

1. 案情简介

2003年1月,中兴通讯股份有限公司(下称托运人或被保险人)通过北京康捷航空货

运代理有限公司（下称康捷空）深圳分公司和美国华盛顿国际速递公司（Expeditors International of Washington Inc.，以下称华盛顿速递），承运一批通信设备，自深圳经香港运抵澳门，然后由华盛顿速递代表托运人租赁一架 IL-763414 型飞机，将货物从澳门空运至东帝汶的包考（Baucau，East Timor）。康捷空深圳公司签发了航空运单，运单抬头为欧亚航空货物运输公司（Euro-Asia Aviation Air Cargo Transportation，以下称欧亚航空），另外托运人与美国华盛顿速递签订了一份慧择网货物运输租赁协议。

2003 年 1 月 31 日，东帝汶当地时间 16 时承运飞机在包考市附近撞山坠毁，机上 6 名人员全部遇难，上述承运的货物全部毁损。该批货物在中国人民财产保险股份有限公司深圳市分公司（下称保险公司）处投保了货物运输保险，保险公司聘请香港一家公估公司对货物损失进行了公估，并于 2003 年 12 月 16 日向被保险人支付了保险赔款 135.3 万美元，被保险人向保险公司出具了权益转让书。保险公司向康捷空及其深圳分公司和华盛顿速递要求赔偿货物损失，均遭到拒绝。

2. **本案评析**

（1）跨国追偿的诉讼策略。本案保险公司之所以能在不到一年的时间内成功拿到赔款，与其采取的追偿及诉讼策略密不可分，主要体现在以下两点。

① 积极调查取证，锁定承运人身份。国际航空货物运输中承运及代理关系较为复杂，保险公司在行使代位求偿权时，首先必须分清谁是承运人。本案牵涉货物运输的共有三家公司：康捷空是在中国北京注册的公司，深圳分公司是它的分支机构，是航空运单的签发人，它们主张自己是代理人；华盛顿速递是在美国纽约注册的公司，从被保险人提供的货物运输租赁协议来看，该公司代表被保险人租赁飞机安排货物运输，但是协议没有该公司签章，航空运单表面上与其不存在直接联系，该公司也主张自己是货运代理人；欧亚航空是在老挝注册的一家单机公司，事故发生后其偿付能力可能成为问题，且老挝的法律和司法制度不太为外国人所熟悉，追偿工作无从下手。由于不能拿出有力的证据证明承运人身份，保险公司初期以非诉讼方式办理保险追偿工作处处碰壁，一度陷入困境。在重新与被保险人反复沟通以后，保险公司终于成功地搜集到《投标邀请书》、《投标书》、《商务报价单》、运费发票等证据，基本上可以证明康捷空深圳分公司就是货物承运人。保险公司决定首先在国内提起诉讼，将追偿重点放在康捷空身上。在诉讼时效快要届满的最后几天内，保险公司又在美国对华盛顿速递提起诉讼。

② 正确选择诉讼策略，规避漫长而又复杂的跨国诉讼程序。跨国诉讼追偿必须考虑到送达和判决执行问题，否则很可能陷入一场前途渺茫的马拉松式的诉讼。按照 1965 年生效的《海牙送达公约》，向外国被告送达的程序相当复杂，很多案件经过多年还没完成初次送达程序。判决以后，境外执行在目前的国际司法协助环境下也是一个几乎难以解决的难题。本案的诉讼策略有几种选择。第一种是以康捷空、华盛顿速递和欧亚航空为共同被告，在国内或美国和第三国提起诉讼，优点是可以将相关当事人一网打尽，不会遗漏真正的责任人，胜诉把握较大；缺点是无法逾越涉外送达和执行障碍，很难在短时间内对被告形成诉讼压力。第二种是单独或同时就单一被告在被告所在国提起国内诉讼，优点是国内诉讼程序简单、时间短、诉讼结果可预测性强；缺点是一事多诉加大诉讼成本，并有可能形成平行诉讼，而一事一诉又会错过诉讼时效，放跑真正的责任人。在综合平衡各方面因素后，保险公司决定采取第二种方式，确立以国内诉讼为主、境外诉讼为辅、以诉促和的追偿方案。事实

证明该方案是非常成功的，境内外法院都在较短的时间内进行了多次开庭，使得案件事实得以水落石出，责任人无处遁形，最终促成和解。

（2）国际航空货物运输承运人责任归责原则和责任限制。由于对国际航空货物运输承运人责任制度的理解以及掌握的证据不同，保险公司在国内外两个诉讼中提出的赔偿金额相差巨大，而国内外两个被告的抗辩主张和举证策略也是大相径庭，由此可以看出，了解和掌握国际航空货物运输承运人责任制度的相关法律规定和国际公约对追偿工作就显得尤为重要。随着航空科学技术水平以及承运人防范航空风险能力的不断提高，承运人责任制度经历了归责原则从宽到严、责任限额从低到高的发展历程。现行国际航空货物运输承运人责任制度是通过1929年制定的《华沙公约》及其后多次修订所形成的华沙体系确立的，1999年在华沙公约体系的基础上制定了《蒙特利尔公约》，该公约于2003年11月4日生效。我国于1975年加入《华沙公约》及《海牙议定书》。《蒙特利尔公约》于2005年7月31日对我国生效。

承运人责任归责原则从最初的过错责任逐步过渡到严格责任，最终发展到双梯度归责原则。《华沙公约》及《海牙议定书》确定的是推定过错归责原则，即除非承运人能够证明存在法定的免责事由，否则，它就必须承担赔偿责任。1929年《华沙公约》第17条规定："因发生在航空货物运输期间的事故，造成托运的行李或者货物毁灭、遗失或损坏的，承运人应当承担责任。"第20条和第21条规定，承运人如能证明存在下列三种情况，则可以不承担责任：① 承运人或其受雇人为了避免损失的发生，已经采取一切必要措施，或者不可能采取此种措施的；② 损失的发生是由于领航上、航空器的操作上或导航上的过失；③ 损失是由于受害人的过错造成或促成的。1955年《海牙议定书》删除了第20条关于航行过失免责的规定。《蒙特利尔公约》实行严格责任制度，该公约第18条第1项规定："对于因货物毁灭、遗失或损坏而产生的损失，只要造成损失的事件是在航空货物运输期间发生的，承运人就应当承担责任"，《华沙公约》及《海牙议定书》规定的法定免责事由在《蒙特利尔公约》不复存在。对于旅客运输，《蒙特利尔公约》实行双梯度归责原则，即10万美元以下实行严格责任，10万美元以上实行过错责任。

承运人责任限额在旅客运输方面变化最大，从最初的1万美元、2万美元、到7.5万美元，再到10万美元，最终到双梯度无限额。货物运输责任限额则一直变化不大，《华沙公约》规定承运人对于货物的赔偿责任以每千克250法郎（约20美元）为限，《蒙特利尔公约》规定以每千克17特别提款权（约22.5美元）为限。虽然措辞稍有不同，但是《华沙公约》、《海牙议定书》和《蒙特利尔公约》均规定：如果损失是由于承运人、受雇人或代理人故意或明知可能造成损失而轻率的作为或不作为，承运人不得享受责任限制。如果托运人向承运人声明货物价值并加缴附加费，承运人必须按照声明的价值或承运人可以证明的货物实际价值赔偿，也不能享受责任限制。

我国和美国都是华沙公约及海牙议定书的会员国，本案航空事故发生时《蒙特利尔公约》还没有生效，我国也尚未批准加入该公约，航空货运单约定适用《华沙公约》及承运人责任限制。保险公司在提起国内诉讼时，是按照《华沙公约》规定的责任限制计算诉讼请求金额的。在提起美国诉讼时，保险公司根据最新掌握的《空难事故报告》，认为机组人员存在重大过失，承运人不能享受责任限制权利，于是按照全部损失和保险赔偿金提出索赔金额。华盛顿速递主张享有责任限制权利，而康捷空在国内诉讼中援引《空难事故报告》

进行了免责抗辩，该公司没有注意到海牙议定书已经删除了《华沙公约》关于航行过失免责的条款，其错误的抗辩主张和举证不当反而为保险公司打破承运人责任限制，进一步追加诉讼请求提供了依据。当然，如果原告要成功打破责任限制，还需在证明机组人员的航行过失构成"明知可能造成损失而轻率的作为或不作为"方面作进一步努力。

(3) 中外保险代位求偿诉讼程序比较。通过上述案件的国内外诉讼比较，我们发现案件的两个原告身份并不相同，在国内诉讼中保险公司作为原告，而在美国诉讼中被保险人和保险公司作为共同原告，并且被保险人作为第一原告。起诉名义的不同体现出英美法和大陆法两大法系对于保险代求偿权认识上的差异。

在英美法系国家，保险代位求偿权作为一项衡平法原则而被广为接受，他们认为被保险人是权利人，只不过为了防止被保险人不当得利和第三人白白免责等因素，才适用代位原则。在英国法下，保险人在对全损或部分损失做出赔偿后取得代位权，但保险人仅有权以被保险人的名义起诉，代位权并不使保险人产生独立以自己的名义起诉或提起诉讼程序的权利。当然，被保险人必须允许保险人以他的名义起诉，否则，法院可以判决强制他允许。美国作为英美法系的重要一员，其保险代位原则承袭英国法，但自《1873 年司法制度法》以后，保险人可以以自己的名义起诉，把被保险人列为共同原告。美国法院的这一做法并不为国内业界所熟悉。

在大陆法系国家，保险代位求偿被普遍认为是一种法定的债权转让，在保险人支付保险赔偿金之时，向第三人请求赔偿的权利就自动转让给保险人，保险人作为权利人当然地可以以自己的名义提起诉讼。至于保险人取得代位权益后，还能不能以被保险人的名义起诉，国内理论界存在争议。笔者认为，被保险人在获得保险赔款时就已经丧失了向第三人的求偿权，因此以被保险人的名义起诉没有法理依据，在实务中，借用他人名义诉讼也存在诸多掣肘因素及不便之处。

我国立法和司法实践中都支持保险人以自己的名义提起诉讼，禁止以被保险人名义进行诉讼。如《海事诉讼特别程序法》以及最高人民法院关于适用该法的若干问题意见都规定：保险人只能以自己的名义起诉，以他人名义起诉的，法院不予受理或驳回起诉；如果被保险人已经提起诉讼，保险人在取得代位权后可以向法院申请变更当事人；保险赔偿只能弥补被保险人部分损失的，保险人和被保险人可以作为共同原告提起诉讼。在非海上保险代位求偿案件中，地方各级法院对于上述规定的大部分做法都予以采纳，唯独对于被保险人先起诉的情况下保险人申请变更当事人的做法不予支持，它们一般都要求被保险人撤诉或驳回起诉，由保险人另行提起诉讼。这种做法有百害而无一利，既浪费国家诉讼资源，又增加当事人诉讼成本，还有可能耽搁诉讼时效，因此，笔者强烈建议在非海上保险代位求偿案件中采纳海事诉讼的先进立法经验，准许保险人直接申请变更当事人。

本案体现了保险代位求偿的原理，是一起典型的国际货物运输保险案例。专家建议，在购买某一险种之前需要对该险种的相关知识进行大致的了解，以免在需要用到的时候应对不及。

(资料来源：http://xuexi.huize.com/study/detal-25929.html)

资料2　国际货运代理责任保险的实践应用

责任保险是指以被保险人因过失或侵权对第三方造成伤害，依法应承担的赔偿责任为保险标的的保险。从承保的标的来看,责任保险承保的标的是被保险人因不慎、疏忽等过失造成他人财产、人身损害而依法承担的损害赔偿的民事责任。在责任保险中,保险人通常以明确赔偿限额作为最高赔偿额,超出限额部分由被保险人承担。从补偿对象来看,责任保险既补偿被保险人的损失,又补偿受害人的损失。因此许多国家将责任保险作为法定保险。从责任保险的特点来看,责任保险能够分散风险、补偿损失,从而服务社会、促进发展。

目前我国保险公司经营的责任保险产品较少,主要分为公众责任保险、雇主责任保险、产品责任保险、职业责任保险和其他特殊责任保险等,国际货运代理企业责任保险在我国尚属空白。国际货运代理企业经营范围广,业务环节复杂,具有代理人和当事人双重身份,风险因素多,责任认定专业性强,这种特点造成保险缺位。一旦风险发生,只能由企业自身来承担,从而损失较大,而货代责任险能将这种经营风险市场化,极大地降低企业的风险责任。国际货运代理企业业务开展成熟的发达国家,国际货运代理的责任保险被广泛应用,被货代人称为"护身符""防火墙"。国内企业投保无门,只能被动地选择国外保险公司。由于缺乏责任保险,使得我国国际货运代理企业自身化解经营风险的能力较弱,且在与国外同类企业的竞争中处于劣势。

1. 国际货运代理企业自身风险

(1)身份风险。根据国际货运代理企业经营范围的不同及实际业务的需要,国际货运代理企业除了托运人的代理这一身份之外,还有可能兼备契约承运人或无船承运人的身份。不同的身份所承担的法律责任是不一样的,面临的风险也不同,这种复杂的身份导致国际货运代理企业的风险大增,因而身份风险是国际货运代理企业的首要风险。

(2)未尽职责风险。国际货运代理企业要按代理协议的要求行使职责,但由于国际货运代理企业工作内容庞杂琐碎,涉及托运订舱、报关报检、内陆运输、集港安排、装船出运等多个环节,国际货运代理企业很有可能由于疏忽或业务不熟练而未能尽到应尽的职责。

(3)超越代理权限风险。在业务实践中,国际货运代理企业为了货物及时出运,有时要根据实际情况采取应对措施,比如签发各类保函、代垫运费、同意货装甲板、更改装运日期、将提单直接转给收货人等,这些行为有的可能托运人一无所知,有的可能事先得到托运人的默许或口头同意,但一旦出现问题,托运人便会矢口否认,由于没有证据证明托运人对国际货运代理企业有授权,往往导致国际货运代理企业被认定为超越代理权限而承担责任。

(4)托运人欺诈风险。在国际货运代理企业不了解托运人资信状况的情况下,很有可能会出现托运人欺诈的情况,尤其在集装箱运输方式下,货物不便查验,货主可能会实际出运低价值的货物,而去申报高价值的货物,并与收货人串通,伪造假发票、假信用证、假合同,当货物到达目的地,通过各种手段骗取无单放货后,发货人凭正本提单向国际货运代理企业索要高于出运货物实际价值的赔偿。

(5)垫付运费风险。垫付运费是国际货运代理企业承揽业务的主要手段之一,特别对一些资金相对紧张的出口单位颇有吸引力,但是这种做法存在极大风险。首先如果托运人资信不良,很有可能提货后人去楼空;其次是垫付运费的事实证明,在实践中国际货运代理企业往往举不出已垫付的证据;再次是垫付运费的权限问题,如果被代理人没有做出垫付运费的授权,那么国际货运代理企业的代垫行为很有可能被确认为超越代理权限的行为。

(6)操作风险。国际货运代理企业在实际业务操作中,由于企业管理不规范或业务员个人业务水平因素,会出现诸多操作上的问题,这些问题也许当下并不影响一单货物的出运，也不影响运杂费的收取，但在未来的诉讼纠纷中有可能因证据缺乏而使国际货运代理企业处于被动地位，乃至招致败诉的后果。

(7) 职员个人行为风险。国际货运代理企业的员工也存在良莠不齐的情况，有的员工以企业职务为掩护，在采用不正当手段攫取个人利益后逃之夭夭，其外部成本就是国际货运代理企业要为其个人行为买单。

2. 国际货运代理责任险承保范围

结合国际货运代理行业的需要和各国责任保险情况，国际货运代理责任险可以分为国际货运代理人（基本）责任保险和独立经营人（提单）责任保险两种条款。前者是企业从事国际货运代理企业活动的基本责任险，作为企业承担经营风险的基础，而后者是企业具体从事经营中，对所承担的货物运输业务投保的责任险种，是减小企业经营活动风险的基础。国际货运代理企业备案时每年投保国际货运代理人（基本）责任保险，企业申请提单审核登记时每年投保独立经营人（提单）责任保险。在发达国家，保险公司会提供专业化的货代责任保险的保险服务，货代责任保险也被众多国际货运代理企业熟知并接受，在某些欧洲国家，推行一种被称为 SVS 和 AREX 的特种国际货运代理责任保险体制。有些发达国家，国际货运代理协会设立了集体保险制度，向其会员组织提供责任保险。而我国在这方面还存在很大的空白，目前，提供专业货代责任保险的只有一家保险机构：外资互保组织联运保赔协会（TT Club）。TT Club 拥有丰富的运输行业责任保险经验，目前在全球承保超过 3 500 家国际货运代理企业、无船承运人或多式联运经营人等。

TT Club 运输经营人责任保险承保范围包括以下几个方面。

(1) 货物的损坏和灭失责任。由于国际货运代理企业、无船承运人或其代理的疏忽和过错，处理客户货物不当而造成货损、货差、灭失导致客户的索赔。

(2) 错误与疏忽责任。错误填写单证资料，延迟或错误交货，提单诈骗，无单放货等。

(3) 第三方责任。操作经营中的错误或疏忽造成第三方财产损失或人员伤亡的索赔。

(4) 罚款与关税责任。运输经营人在业务操作中可能由于职员的疏忽违反了有关政府规定或因货主过错遭受海关或行政部门的罚款。

(5) 额外费用责任。正常业务开支以外的损失处理费用、连带费用等。

TT Club 对于货代责任险的除外责任的规定包括以下几个方面。

(1) 凭借私人或银行保函，而不是提单或物权凭证交付货物，对这样的意外事故，货运代理应向客户而不是保险人索赔。

(2) 为损坏的货物签发清洁提单或预借提单，以求得赔偿，根据某些国家的法律此种赔偿被认为是欺诈，并且托运人或保证人不能得到此种赔偿。

(3) 向船舶所有人故意错误申报货物的种类和体积，这实际上是欺诈，产生的后果保险人不予赔偿。

(4) 没有从客户那里收到运费，这是货运代理不得不自己承担的信誉风险，除非其有信誉保险或运费保函。

(5) 在承保期间以外发生的危险或事故不予承保。

(6) 其他通常的除外责任，如放射性、核辐射、被保险人的破产和走私等不法贸易引起的危险，以及被保险人故意或轻率的行为。

3. 国际货物运输代理责任险在我国的实践运用

我国于 2004 年开始实施修订的《国际货物运输代理业管理规定实施细则》,在该细则中没有关于货代责任险的相关规定,后来对该细则又进行了修订,在修订的细则中只涉及国际多式联运的货代责任险。随着入世的加深,国外货物运输代理企业也越来越多地进入中国运输市场。2005 年我国颁布了《外商投资国际货物运输代理企业管理办法》,国际货物运输代理巨头开始与国内货物运输代理企业同台竞技,争夺中国这个世界航运大国的货物运输代理资源。总体来看,我国的货物运输代理企业除了在资金、技术等方面存在劣势外,还有另外一个非常重要却被忽视的方面需要引起足够的重视,那就是法律风险的防范。所以与国际货运代理保险相关的法规或行政规定也要尽快制定并实施,以便给予国际货运代理企业制度上的保障。

从保险公司来看,由于国际货物运输代理工作的复杂性和专业性,国内众多的保险公司至今尚无一家承保真正的、全面的国际货运代理责任险,虽有个别保险人曾考虑过或者承保过客户的部分责任,但因不清楚国际货运代理企业的经营范围、权利义务等情况而始终未开展这一业务;另一方面,想投保的企业也很难获得一些有参考价值的资料,所以,国际货物运输代理责任险市场是很典型的信息不完全的市场,至今这一项保险业务在中国未能真正开展起来。但从发达国家的经验及未来的发展趋势看,国际货物运输代理责任险势在必行,所以保险公司要投入一定的资源对这个险种进行调研,并在经济发达地区实行,进而全面推广。

从国际货运代理协会联合会(FIATA)来看,中国国际货运代理协会(CIFA)虽然作为 FIATA 的国家分会,但和 FIATA 的接轨并不完美,对国际货物运输代理责任险也没有给予充分的重视,更没有相关的行业规定。行业协会作为连接企业和政府的桥梁纽带,要上传下达,把国际货运代理企业在实际业务中遇到的问题进行汇总,并给予专业的指导,降低企业经营风险,同时将相关信息传递给职能部门,作为政策制定的依据。行业协会可以举办讲座或者通过网络等平台进行宣传,帮助企业了解相关信息。

从国际货运代理企业自身来看,目前主要存在三种情况。第一类企业是对国际货物运输代理责任险一无所知者,或者根本没有保险意识。很多国际货运代理企业只顾埋头做生意,从来不考虑自己的法律地位,更不了解自己从事该业务可能产生的法律责任及存在的风险,投保免灾也就无从谈起。这一类企业基本上以中小型国际货运代理企业为主。第二类企业属于心存侥幸型企业。有些国际货运代理企业虽然知道自己的法律责任,也知道有此险种,但心存侥幸,总觉得不会出事故,为了"节省"保费而不愿投保。而随着企业业务不断扩大,这类企业难免也会出现事故并承担责任,但企业仍心存侥幸而不愿投保。这种情况更多地出现在正在快速成长的中型企业身上,一些较大的国际货运代理企业也有此种心理。最后一类企业是欲保无门类型,这类企业有保险意识,从业务需要出发也有投保意愿,但现实是我国众多保险公司并无此险种。很多国际货物运输代理根本不知道 TT Club,投保更无从谈起了。所以,对于国际货物运输代理自身来讲,首先要转变思路,要从传统的、简单的货代操作中走出来,将目光投向国际大市场,要认清形势,看到竞争的严峻性,建立现代化的企业管理制度,学习发达国家国际货物运输代理企业的先进经验,全面提高自身水平。其次,增强保险意识,要充分认识到自身身份的复杂性,业务的风险性,不要心存侥幸,更不要为节省保费而因小失大。最后,投保重要,但防控风险更加重要。要做好风险防范工作,防患于未然，同时针对高风险业务投保国际货物运输责任险，这样便能将风险降到最低。

（资料来源：http://www.chinawuliu.com.cn/xsyj/201403/18/286636.shtml）

思考题

1. 简述国际海洋运输货物风险。
2. 我国海运货物保险条款有哪些？
3. 英国伦敦协会海运货物保险条款有哪些？

第9章　进出口货物报关报检

在进行国际交流和经贸往来活动中，为维护国家主权和利益，保障对外经贸和交流活动顺利进行，各国海关都依法对运输工具和货物的进出境实行报关管理制度。本章主要介绍通关基本概念和流程并分别阐述一般货物、保税区货物、特定减免税货物、暂准进出口货物、转关运输货物通关。

9.1　通关基本概念和流程

国际货物通关是国际物流中的一个重要环节，在货物通关时，海关代表国家，可以依法对进出关境的活动实施有效的监督管理。海关通关制度是主权国家为维护本国政治、经济、文化利益，对进出口货物和物品在进出口岸进行监督管理的基本制度，主要包括一般进出口货物的通关制度、保税进出口货物的通关制度、特定减免税进出口货物的通关制度、暂准进出口货物的通关制度等。

通关与报关的对象都是进出关境的货物运输工具和物品，但是两者所包含的内容和考察角度有所区别。通关不仅强调包括海关管理相对人（包括进出境运输工具负责人、进出口货物收发人、进出境物品的所有人或者他们的代理人）向海关办理有关手续，还包括海关对进出境运输工具、货物、物品依法进行监督管理，核准其进出境的管理过程。报关是从海关管理相对人即企业和报关代理人的角度出发，强调货物进出关境的手续和主体的义务。通关包括了报关，也包括对进出境运输工具、货物、物品依法进行查验，征缴税费，直至核准进出境的监督管理全过程。

9.1.1　海关概述

1. **海关的概念和性质**

1）海关的定义

《中华人民共和国海关法》第二条规定：中华人民共和国海关是国家的进出关境（以下统称进出境）监督管理机关。海关依照《中华人民共和国海关法》和其他有关法律和行政法规，监管进出境的运输工具、货物、行李物品、邮递物品和其他物品，征收关税和其他税费，查缉走私，并编制海关统计和办理其他海关业务。

2）海关的性质

《中华人民共和国海关法》明确规定了海关的性质，包括以下三层含义。

（1）海关是国家行政机关。海关是国家的行政机关之一，从属于国家行政管理体制，对内对外代表国家依法独立行使行政管理权。

（2）海关是国家进出境监督管理机关。海关依照有关法律、行政法规并通过法律赋予的权力，制定具体的行政规章和行政措施，对特定领域的活动开展监督管理，以保证其按国家的法律规范进行。

海关实施监督管理的范围是进出关境及与之有关的活动，监督管理的对象是所有进出关境的运输工具、货物、物品。关境是世界各国海关通用的概念，指适用于同一海关法或实行同一关税制度的领域。《国际海关术语汇编》中对关境的定义是一个国家的海关法得以全部实施的区域。关境与国境的关系分为三种：一是关境等于国境；二是关境大于国境，如结成关税同盟的国家，其成员国之间货物进出国境不征收关税，只对来自和运往非关税同盟成员国的货物在进出共同关境时征收关税，此时每个成员国的关境大于国境；三是关境小于国境，比如在国内设立了自由港、自由贸易区等特定区域，因进出这些特定区域的货物都是免税的，所以该国的关境小于国境。

我国海关所指的关境范围是指除享有单独关境地位的地区以外的中华人民共和国领域，包括领陆、领空和领海，是立体的空间。香港、澳门和台湾为我国的单独关税地区，各自行使单独的海关制度。可见，我国关境小于国境。

（3）海关的监督管理是国家行政执法活动。海关通过法律赋予的权力，对特定范围内的社会经济活动进行监督管理，并对违法行为依法实施行政处罚，以保证这些社会经济活动依照国家的法律规范进行。因此，海关的监督管理是保证国家有关法律、法规实施的行政执法活动。海关执法的依据是《中华人民共和国海关法》和其他有关法律、行政法规。海关事务属于中央立法事权，立法者为全国人大及其常务委员会和国务院。海关总署也可以根据法律和国务院的法规、决定、命令，制定规章，作为执法依据的补充。我国各省、自治区、直辖市人民代表大会和人民政府不得制定海关法律规范，地方法规、地方规章也不是海关执法的依据。

2. 海关的职责

根据《中华人民共和国海关法》，海关的主要职责有以下四项。

1）进出境监管

海关监管是海关监督管理海关全部行政执法活动的统称，它是指海关运用国家赋予的权力，监管进出境的运输工具、货物、行李物品、邮递物品，并通过一系列管理制度与管理程序，依法对运输工具、货物、物品进出境的活动所实施的一种行政管理。海关监管是一项国家职能，其目的在于保证一切进出境活动符合国家政策和法律的规范，维护国家主权和利益。由于海关监督管理的是海关全部行政执法活动，所以不能把海关监管理解为海关监督管理的简称。

根据监管对象的不同，海关监管分为运输工具监管、货物监管和物品监管三大体系，每个体系都有一整套规范的管理程序与方法。监管作为海关职责的一项基本职责，不仅要对进出境货物的备案、审单、查验、放行、后续管理等方式实施监管，还要执行或监督国家其他对外贸易管理制度的实施，如进出口许可制度、外汇管理制度、进出口商品检验检疫制度等，从而在政治、经济、文化、道德、公众健康等方面维护国家利益。

2）征收税费

征收关税和其他税费是海关的一项重要任务。海关征税工作的基本法律依据是《中华人民共和国海关法》《中华人民共和国进出口关税条例》（简称《关税条例》），以及其他有关法律、行政法规。征税工作包括征收关税和进口环节海关代征税。

《中华人民共和国海关法》明确将征收关税的权力授予海关，由海关代表国家行使征收关税的职能。关税是国家中央财政收入的重要来源，是国家宏观经济调控的重要工具，也是世界贸易组织允许各缔约方保护其境内经济的一种手段。海关通过执行国家制定的关税政策，对进出口货物和进出境物品征收关税，起到保护国内工农业生产、调整产业结构、组织财政收入和调节进出口贸易活动的作用。

进口货物、物品在办理海关手续放行后，允许在国内流通，应与国内货物同等对待，缴纳应征的国内税。为了节省征税人力，简化征税手续，进口货物和物品的国内税由海关代征，即我国海关对进口货物、物品征收关税的同时，还负责征收若干种类的进口环节税。目前，由海关代征的进口环节税包括增值税和消费税。

3）查缉走私

海关是查缉走私的主管部门。我国海关为维护国民经济安全和对外贸易秩序，对走私犯罪行为给予坚决打击。我国实行"联合缉私、统一处理、综合治理"的缉私体制，海关在公安、工商等其他执法部门的配合下，负责组织、协调和管理缉私工作，对查获的走私案件统一处理。

4）编制海关统计

根据《中华人民共和国海关法》规定，编制海关统计是中国海关的一项重要职责。海关统计是海关依法对进出口货物贸易的统计，是国民经济统计的组成部分，是国家制定对外经济贸易政策、进行宏观经济调控的重要依据，是研究我国对外经济贸易发展和国际经济贸易关系的重要资料，客观反映了我国对外贸易和海关依法行政的过程和结果。海关总署每月向社会发布我国对外贸易基本统计数据，定期向联合国统计局、国际货币基金组织、世界贸易组织及其他有关国际机构报送中国对外贸易的月度和年度统计数据。由此，我国海关定期编辑出版《中国海关统计》月刊和《中国海关统计年鉴》，积极为社会各界提供统计信息资料和咨询服务。

3. 海关的权利

根据《中华人民共和国海关法》及有关法律、行政法规的规定，海关权力主要有以下五项。

1）行政许可权

行政许可权包括对企业报关权及对从事海关监管货物的仓储、转关运输货物的境内运输、保税货物的加工、装配等业务的许可和对报关员的报关从业许可等权力。

2）税费征收权

税费征收权包括代表国家依法对进出口货物、物品征收关税和其他税费；根据法律、行政法规和有关规定，对特定的进出口货物、物品减征或免征关税；以及对海关放行后的有关进出口货物、物品，发现少征或者漏征税款的，依法补征、追征税款的权力。

3）行政监督检查权

这是海关履行其行使行政监督管理职能的基本权力，具体内容如下。

（1）检查权。海关有权检查进出境运输工具；检查有走私嫌疑的运输工具和有藏匿走私货物、物品的嫌疑场所；检查走私嫌疑人的身体。海关对进出境运输工具的检查不受海关监管区域的限制；对走私嫌疑人身体的检查，应在海关监管区和海关附近沿海沿边规定地区内进行，并应得到海关关长的批准；对于有走私嫌疑的运输工具和有藏匿走私货物、物品嫌疑的场所，在海关监管区和海关附近沿海沿边规定地区内，海关人员可直接进行检查，超过这个范围，在调查走私案件时，应经海关关长批准，才能进行检查，但不能检查公民住宅。

（2）查验权。海关对进出口货物、物品有查验权。

（3）查阅、复制权。包括查阅进出境人员的证件，查阅复制与进出境运输工具、货物、物品有关的合同、发票、账册、单据、记录、文件、业务函电、录音录像制品和其他有关资料。

（4）查问权。海关根据法律、行政法规的规定，对违反海关规定的当事人进行查问，调查其违法行为。

（5）查询权。在调查走私违法案件时，经海关关长批准，海关可以查询当事人在金融机构、邮政企业的存款、汇款。

（6）稽查权。海关根据《中华人民共和国海关法》《中华人民共和国海关稽查条例》的有关规定，自进出口货物放行之日起3年内或者保税货物、特定减免税货物的海关监管年限内及海关监管年限期满的次日起3年内，对有关企业进行稽查。

4）海关行政强制权

（1）扣留权。海关对违反《中华人民共和国海关法》或者其他有关法律、行政法规的进出境运输工具、货物、物品及有关的合同、发票、账册、单据、记录、文件、业务函电、录音录像制品和其他有关资料，可以扣留。在海关监管区和海关附近沿海沿边规定地区，对有走私嫌疑的运输工具、货物、物品和走私嫌疑人，经海关关长批准，可以扣留；对走私犯罪嫌疑人扣留时间不得超过24h，在特殊情况下可以延长至48h。在海关监管区和海关附近沿海沿边规定地区以外，对其中有证据证明有走私嫌疑的运输工具、货物和物品，可以扣留。海关对查获的走私嫌疑案件，应扣留的走私犯罪嫌疑人，移送海关缉私局调查和处理。

（2）滞报金、滞纳金征收权。海关对超过规定时限向海关申报的货物，征收滞报金；对逾期缴纳进出口税费的纳税人，征收滞纳金。

（3）提取货样、施加封志权。根据《中华人民共和国海关法》规定，海关认为必要时可以提取货样；海关对未办结海关手续、处于海关监管状态的运输工具、货物、物品有权施加封志，任何人不得擅自损毁封志和擅自提取、转移、动用在封的货物、物品和运输工具。

（4）提取货物变卖、先行变卖权。进口货物自进境之日起超过3个月未向海关申报的，海关可以提取依法变卖；进口货物收货人或其所有人声明放弃的货物、物品，海关有权提取依法变卖；海关依法扣留的货物、物品不宜长期保存的，经海关关长批准，可以先行变卖等。

（5）强制扣缴和变卖抵缴税款权。海关对超过规定期限未缴纳税款的纳税人或其担保人，经海关关长批准，可以书面通知其开户银行或者其他金融机构在其存款内扣缴税款；或者将应税货物依法变卖，其所得抵缴税款；或者扣留并依法变卖其价值相当于应纳税款的货物或其他财产,以变卖所得抵缴税款。

(6)税收保全措施。海关责令纳税义务人提供纳税担保,而纳税义务人不能提供担保的,经海关关长批准,海关可以采取下列税收保全措施:书面通知纳税义务人的开户银行或其他金融机构暂停支付纳税义务人相当于税款的存款;或者扣留纳税义务人价值相当于应纳税款的货物或其他财产。关于税收保全措施是指海关在征税以前依法采取的保证税款依法征收和及时入库的措施。一般海关采取的税收保全措施有:责令纳税义务人向海关提供担保;海关通知纳税义务人的开户银行冻结其相当于税款的存款;或者扣留纳税义务人相当于应纳税款的其他财产。

5)海关行政处罚权

海关对尚未构成走私罪的走私行为以及尚未构成走私的违反海关法规的行为,有权按照《中华人民共和国海关法》《中华人民共和国海关行政处罚实施条例》及有关的海关规章进行处罚。

除上述海关权力以外,海关还有佩戴和使用武器权。进出境运输工具或者个人违抗海关监管逃逸的,海关有连续追缉权、行政裁定权、行政复议权、行政命令权、行政处罚权、对知识产权实施边境海关保护权;海关缉私局还有对走私案件的调查权、侦查权,对走私罪嫌疑人的逮捕权和预审权等。

9.1.2 报关概述

1. 报关的含义

报关是指进出口货物收发货人、进出境运输工具负责人、进出境物品所有人或者他们的代理人向海关办理货物、物品或运输工具进出境手续及相关海关事务的全过程。其中,进出境运输工具负责人、进出口货物收发人、进出境物品的所有人或者他们的代理人是报关行为的承担者,是报关的主体;进出境运输工具、货物和物品是报关的对象;办理运输工具、货物、物品进出境手续是报关的内容。

2. 报关对象

1)进出境运输工具

进出境运输工具是指用以载运人员、货物、物品进出境,并在国际运营的各种境内或境外船舶、车辆、航空器和驮畜等。进出境运输工具报关的基本内容为:进出境时间、航次;载运货物情况;服务人员、自用物品、货币金银等情况;所载旅客情况;所载邮递物品、行李物品情况。

2)进出境货物

进出境货物是指一般进出口货物、保税货物、特定减免税货物、暂准进出境货物、过境货物、转运货物和通运货物及其他进出境货物。另外,一些特殊货物(如通过管道、电缆输送进出境的水、电等)以及无形货物(如附着在货品载体上的软件等)也属于报关的范围。进出境货物报关的基本内容为:准备报关单证、证件等,以电子或书面形式申报;海关审核,必要时进行查验;缴税;货物放行,安排提取或装运货物。

3)进出境物品

进出境物品是指进出境的行李物品、邮递物品和其他物品。以进出境人员携带、托运等方式进出境的物品为行李物品;以邮递方式进出境的物品为邮递物品;其他物品主要包括享有外交特权和豁免的外国机构或者人员的公务用品和自用物品,以及通过国际速递企业进出境的快件等。进出境物品报关的基本内容为:行李物品以自用合理数量为限;邮递物品必须由寄件人填写"报税单",小包邮件填写"绿色标签"。

3. 报关分类

报关分类如图 9-1 所示。

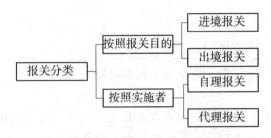

图 9-1 报关分类图

1) 进境报关和出境报关

按照报关的目的,可将报关分为进境报关和出境报关。由于海关对运输工具、货物、物品的进出境有不同的管理要求,运输工具、货物、物品根据进境或出境的目的分别形成了一套进境和出境报关手续。另外,由于运输或其他方面的需要,有些海关监管货物需要办理从一个设关地点运至另一个设关地点的海关手续,在实践中产生了转关的需要,转关货物也需办理相关的报关手续。

2) 自理报关和代理报关

按照报关活动实施者的不同,可将报关分为自理报关和代理报关。自理报关是指企业自行办理进出口货物报关纳税手续的行为。根据中国海关目前的规定,自理报关单位必须具有对外贸易经营权和报关权。因此企业要想自理报关,必须向有关商务主管部门登记获得对外贸易经营权和报关权,然后去海关进行注册登记才能自理报关。

代理报关是指企业接受进出口货物收发货人的委托,代理其办理报关手续的行为,这样的企业称为报关企业,报关企业从事代理报关业务必须先取得海关的注册登记许可,然后向海关进行注册登记手续,方能办理代理报关业务。

9.1.3 进出口货物报关程序

进出口货物的报关程序是指在海关依法注册的报关单位,由其专业的报关员填制报关单,并按照报关单的内容如实申报进出口货物的原产地、实际成交价格、成交数量、商品编码并提交有关单证,申请办理缴纳税费或进出口货物减税、免税,提取货物及结关事宜,或申请办理加工贸易合同备案、保税监管及通关等事宜。

根据海关监管制度,进出口货物分为一般进出口货物、保税区货物、特定减免税货物、暂准进出口货物、转关运输货物。因为海关对它们的监管是有区别的,因此它们的报关程序存在一定的差异,如表 9-1 所示。

表 9-1　不同进出口货物报关程序

货物类别	前期准备阶段	进出境报关阶段	后续监管阶段
一般进出口货物	—	1. 进出口申报 2. 接受并配合海关查验 3. 缴纳税费或办理保税手续 4. 提取或装运货物	—
保税区货物	加工贸易备案和申领登记手册		核销申请
特定减免税货物	特定减免税备案登记和申请减免税证明		解除海关监管申请
暂准进出口货物	办理货物暂准进出境手续		销案申请
转关运输货物	办理货物转关手续		销案申请

通常，进出口货物的报关分为以下三个基本阶段。

1. 前期准备阶段

前期准备阶段是指进出口货物收发货人或其代理人根据海关对进出境货物的监管要求，在货物进出口之前，向海关办理备案手续的过程。前期准备阶段不包括一般进出口货物，只针对以下贸易类型。

（1）保税加工货物。保税加工货物在进口之前，由进口货物收货人或其代理人办理加工贸易备案手续，申请建立加工贸易电子账册、电子化手册或者申领加工贸易纸质手册。

（2）特定减免税货物。特定减免税货物在进口之前，由进口货物收货人或其代理人办理货物减免税申请手续，申请减免税证明。

（3）暂准进出口货物。暂准进出口货物在进出口之前，由进出口货物收发货人或其代理人办理货物暂准进出口手续。

（4）出料加工货物。出料加工货物出境之前，由出口货物发货人或其代理人办理出料加工备案手续。

2. 进出境报关阶段

进出境报关阶段是指进出口货物收发货人或其代理人在货物进出境时，向海关办理进出口申报、接受并配合海关查验、缴纳税费、提取或装运货物手续的过程。以下贸易类型必须经过这个阶段：一般进出口货物、保税加工货物、特定减免税货物、暂准进出口货物和其他进出口货物。

在进出境报关阶段，进出口货物收发货人或其代理人需要完成以下几个环节。

（1）进出口申报。进出口货物的收发货人或其代理人在海关规定的期限内，按照海关规定的形式及要求完整提交有关报关单证，如实申报进出口货物实际情况。

（2）接受并配合海关查验。接受并配合海关查验是指进出口货物的收发货人或其代理人应海关指示到达查验现场，对其所申报的进出口货物按照海关要求搬移货物、开拆包装以及重新封装货物的工作环节。

（3）缴纳税费。缴纳税费是指进出口货物的收发货人或其代理人在海关对其所申报的货物提交有关单证，查验货物并在接到海关填发的税费缴纳通知书后，将有关款项税费打入指定的银行。

（4）提取或装运货物。在进口贸易中，进口货物的收货人或其代理人作为报关人在办理进口申报、配合查验、缴纳税费等手续后，海关即予以放行，进口货物的收货人或其代理人便可凭海关加盖放行章的进口提货凭证，或海关通过计算机发送的放行通知书，在通知港区、机场、车站等场所提取进口货物。在出口贸易中，出口货物的收货人或其代理人作为报关人在办理了出口申报、配合查验、缴纳税费等手续后，海关则予以放行，出口货物的收货人或其代理人便可凭海关加盖放行章的出口装货凭证，或海关通过计算机发送的放行通知书，在通知港区、机场、车站等场所提取出口货物。

3. 后续监管阶段

后续监管是指进出口货物的收发货人或其代理人根据海关对进出境货物的监管要求，在货物进出境储存、加工、装配、使用、维修后，在规定的期限内按照规定的要求向海关办理上述进出口货物的核销、销案、申请、解除、监管等手续的过程。它主要包括以下几个环节。

（1）保税加工货物进口货物的收货人或其代理人在规定的期限内办理申请核销的手续。

（2）特定减免税货物进口货物的收货人或其代理人在海关监管期满或者在海关监管期内，经海关批准，出售、转让、退运、放弃并办妥有关手续后，向海关申请办理解除海关监管的手续。

（3）暂准进境货物的收货人或其代理人在暂准进境规定期限内，或者在经过海关批准延长暂准进境期限到期之前，办理复运出境手续或正式进口手续，然后申请办理销案手续。暂准出境货物的发货人或其代理人在暂准出境规定的期限内或者在经过海关批准延长暂准出境期限到期之前，办理复运进境手续或正式的出口手续，然后申请办理销案手续。

（4）其他进出境货物如出料加工货物、修理货物、部分租赁货物等进出口货物的收发货人或其代理人在规定的期限内办理销案手续。

9.2　一般进出口货物通关

9.2.1　一般进出口货物的含义

一般进出口货物是一般进口货物和一般出口货物的总称，是指在进出境环节缴纳了应征的进出口税费并办结了所有必要的海关手续，海关放行后不再进行监管，可以直接进入生产和消费领域流通的进出口货物。

一般进出口货物是从海关监管的角度来划分的，是海关一种监管制度的体现，是相对于保税货物、特定减免税货物、暂准进出口货物而言的，因为这些货物都需要经过前期和后续的监管阶段，但一般进出口货物在报关过程中，只经过进出口申报、配合并接受海关查验、缴纳税费、提取和装运货物这些正常手续进出境并结关，而没经过前期准备环节和后续监管环节。

9.2.2　一般进出口货物的特征

一般进出口货物具有以下三个特征。

1）进出境时缴纳进出口税费

一般进出口货物的收发货人应当按照《中华人民共和国海关法》和其他有关法律、行政法规的规定，在货物进出境时向海关缴纳应当缴纳的税费。

2）进出口时提交相关的许可证件

货物进出口受国家法律、行政法规管制，进出口货物收发货人或其代理人应当向海关提交相关的进出口许可证件。

3）海关放行即办结了海关手续

海关征收了全额的税费，审核了相关的进出口许可证件，并对货物进行实际查验（或做出不予查验的决定）以后，按规定签章放行。这时，进出口货物收发货人或其代理人才能办理提取进口货物或者装运出口货物的手续。对一般进出口货物来说，海关放行就意味着海关手续已经全部办结，海关不再监管，可以直接进入生产和消费领域流通。

9.2.3 一般进出口货物的范围

一般进出口货物包括以下几种类型。

（1）不享受特定减免税或不批准保税的一般进口货物。

（2）转为实际进口的原保税进口货物。

（3）转为实际进口的暂准进境货物或转为实际出口的暂准出境货物。

（4）易货贸易、补偿贸易、进出口货物。易货贸易是买卖双方之间进行的货物或劳务等值或基本等值的直接交换。补偿贸易是交易的一方在对方提供信贷的基础上，进口设备或技术，而用向对方返销进口设备及技术所产生的直接产品或相关产品或其他产品或劳务所得的价款分别偿还进口价款的一种贸易做法。

（5）不批准保税的寄售代销贸易货物。寄售是一种委托代售的贸易方式，寄售人（卖方、货主）先将准备销售的货物运往国外寄售地，委托当地代销人按照寄售协议中的条件和办法代为销售。

（6）承包工程项目实际进出口货物。

（7）边境小额贸易进出口货物。

（8）外国驻华商业机构进出口陈列用的样品。

（9）外国旅游者小批量订货出口的商品。

（10）随展览品进境的小卖品。

（11）实际进出口货样广告品。

（12）免费提供的进口货物，例如，外商在经济贸易活动中赠送的进口货物；我国在境外的企业、机构向国内单位赠送的进口货物。

9.2.4 一般进出口货物报关程序

一般进出口货物的报关程序没有前期准备阶段和后续监管阶段，包括四个环节，如图9-2所示。

1. 进出口申报

进出口申报是指在一般进出口货物进出口时，进出口货物收发货人或受委托的报关企业，依照《中华人民共和国海关法》以及有关法律、行政法规的要求，在规定的期限、规定的地点，采用电子数据报关单和纸质报关单形式向海关报告实际进出口货物的情况，并接

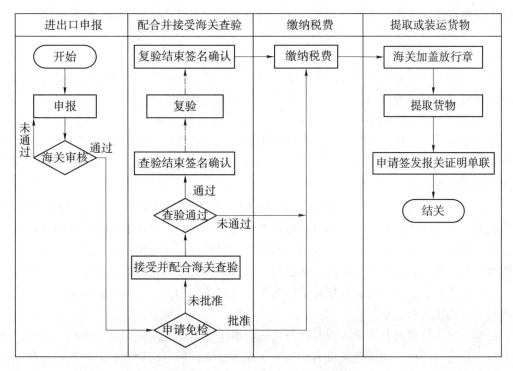

图 9-2 一般进出口货物报关程序图

受海关审核的行为。

1）准备进出口申报单证

准备进出口申报单证是报关员开始进行申报工作的第一步，这是关系整个报关工作能否顺利开展的关键一步。申报单证可以分为报关单和随附单证两类。其中，随附单证包括基本单证和特殊单证。

基本单证是指进出口货物的货运单据和商业单据，主要有进出口合同进口提货单据（如提单）、出口装货单据、商业发票、装箱单等。通常，任何货物的申报都必须有基本单证。

特殊单证就是向海关表明适用何种监管制度的证明文件，主要有进出口许可证件、出口收汇核销单、原产地证明书等。对于保税货物，申报应有加工贸易手册（包括纸质手册、电子账册、电子化手册）。对于特定减免税货物，申报应有特定减免税证明。对于其他进出境货物，如退运货物，申报应有原进出口货物的报关单、租赁货物的租赁合同等。

进出口货物的收发货人或其代理人向海关提供基本单证、特殊单证，报关员应该对这些单证的真实性、有效性、完整性履行合理的审查义务，并在此基础上按照《中华人民共和国进出口货物报关单填制规范》填制报关单。申报单证的准备工作必须符合以下三条标准：基本单证、特殊单证齐全、有效、合法；填制报关单真实、准确、完整；报关单与随附单证的数据一致。

2）申报前看货取样

进口货物的收货人，为了确定进口货物的品名、规格、型号等，在向海关申报前，可以向海关提出查看货物或者提取货样的书面申请。在涉及动植物及其产品，以及其他须依法提供检疫证明的货物，如果需提取货样，应当按照国家的有关法律规定，事先取得主管部门签发的书面批准证明，海关审核同意的，派员到场监管。提取货样后，到场监管的海关工作人员与进口货物的收货人在海关开具的取样记录和取样清单上签字确认。

3）申报

申报包括电子数据报关单和纸质报关单两种申报形式，电子数据报关单和纸质报关单均具有法律效力。电子数据报关单申报形式是指进出口货物的收发货人、受委托的报关企业，按照《中华人民共和国海关进出口货物报关单填制规范》的要求，通过计算机系统向海关传送报关单的电子数据，并备齐随附单证的申报方式。纸质报关单申报形式是指进出口货物的收发货人、受委托的报关企业，按照海关的规定填制纸质报关单，备齐随附单证，向海关当面递交的申报过程。

一般情况下，进口货物的收货人或其代理人应当在货物的进境地向海关申报；出口货物的发货人或其代理人应当在货物的出境地向海关申报。当进出口货物申请办理转关运输手续时，进口货物的收货人或其代理人应当在设有海关的货物指运地申报；出口货物的发货人或其代理人应当在设有海关的货物启运地申报。以保税、展览及其他特殊使用目的等方式进境后，因故改变性质，或者改变使用目的转为实际进口的货物，进口货物的收货人或其代理人应当向货物的主管海关申报。

通常，进出口货物收发货人或其代理人先以电子数据报关形式向海关申报，后提交纸质报关单。在边远地区，由于海关没有配备电子通关系统，进出口货物收发货人或其代理人可以只以纸质报关单形式向海关申报。在实行无纸通化通关的海关，进出口货物的收发货人或其代理人可以单独以电子数据报关单形式向海关申报。

以电子数据报关单形式申报时，申报日期为海关计算机系统接受申报数据时记录的日期，该日期将反馈给数据发送单位，或公布于海关业务现场，或通过公共信息系统发布；以纸质报关单形式申报时，申报日期为海关接受纸质报关单并对报关单进行登记处理的日期。在采用电子数据和纸质报关单申报的情况下，申报日期以海关接受电子数据报关单申报的时间为准，海关审结电子数据报关单后，进出口货物的收发货人受委托的报关企业，应当自接到海关"现场交单"或"放行交单"通知之日起10d内，持打印出的纸质报关单，备齐规定的随附单证并签名盖章，到货物所在地海关递交书面单证并办理相关海关手续。

4）修改申报内容或撤销申报

报关单数据一经海关接受，即产生法律效力，海关应根据报关单上的内容进行审核，并结合查验确认单货是否相符，进出口货物的收发货人或其代理人必须对其提交给海关的报关单内容的合法性、准确性负责。海关接受进出口货物的申报后，一般申报内容不得修改或撤销。如果确实有正当理由，可以由进出口货物的收发货人或其代理人向海关提出申请，经海关审核批准后，进行修改或撤销。

以下情况可以进行修改或撤销。

（1）由于报关人员操作或者书写失误造成所申报的报关单内容有误，并且未发现有走私违规或者其他违法嫌疑。

（2）出口货物放行后由于装运、配载等原因造成原申报货物部分或者全部退关变更运输工具。

（3）进出口货物在装载、运输、存储过程中因不可抗力的灭失、短损等原因造成原申报数据与实际货物不符。

(4) 根据贸易惯例先行采用暂时价格成交、实际结算时按商检品质认定或者国际市场实际价格付款时，需要修改申报内容的。

(5) 由于计算机、网络系统等方面的原因导致电子数据申报错误。

(6) 其他特殊情况经海关核准同意。

2. 接受并配合海关查验

根据《中华人民共和国海关法》规定，进出口货物应当接受海关查验。海关查验货物时，进口货物的收货人、出口货物的发货人应当到场并负责搬移货物，开拆和重封货物的包装。海关认为必要时，可以径行开验、复验或者提取货样。经收发货人申请，海关总署批准的，其进出口货物可以免验。

货物收发货人或其代理人应当配合海关查验其报关的进出口货物，这是报关单位的义务。对进出口货物进行查验是海关的权力，通过查验，海关审核进出口货物的收发货人或其代理人的申报与实际货物是否相符，通过查验确认有无伪报、瞒报和申报不实等走私违规行为，也为海关的征税、统计、后续管理提供可靠的资料。海关并不对所有的进出口货物进行查验，而是根据对进出口货物进行风险分析或商品归类、完税价格的审定等需要，决定是否对货物进行查验。

1）查验时间

查验时间一般在海关正常工作时间内。当海关决定查验时，将查验决定以书面形式通知进出口货物收发货人或其代理人，并约定查验的时间。在一些进出口业务繁忙的口岸，海关也可以接受进出口货物收发货人或其代理人的请求，在海关正常工作时间以外实施查验。对于危险物品或者鲜活、易腐、易烂、易失效、易变质等不宜长期保存的货物，以及因其他特殊情况需要紧急验放的货物，经进出口货物收发货人或其代理人申请，海关可以优先实施查验。

2）查验地点

查验应当在海关监管区内实施。如果因货物易受温度、静电、粉尘等自然因素影响，不宜在海关监管区内实施查验，或者因其他特殊原因需要在海关监管区外查验的，经进出口货物收发货人或其代理人书面申请，海关可以派人员到海关监管区外实施查验。

3）查验方式

海关实施查验的方式为抽查或彻底查验。抽查是指按照一定比例有选择地对一票货物中的部分货物验核实际状况。彻底查验是指对一票货物逐件开拆包装、验核货物实际状况。

按照操作方式的不同，查验操作可以分为人工查验和设备查验，海关可以根据货物情况以及实际执法需要，确定具体的查验方式。

(1) 人工查验。人工查验包括外形查验和开箱查验。外形查验是指对外部特征直观、易于判断基本属性的货物的包装、运输标志和外观等状况进行验核。开箱查验是指将货物从集装箱、货柜车箱等箱体中取出并拆除外包装后对货物实际状况进行验核。

(2) 设备查验。设备查验是指借助专用的仪器设备对货物实际状况进行验核。

4）配合查验

海关查验货物时，进出口货物收发货人或其代理人应当到场，配合海关查验。进出口货物收发货人或其代理人配合海关查验应当作好如下工作。

(1) 负责按照海关要求搬移货物，开拆包装，以及重新封装货物。

（2）预先了解和熟悉所申报货物的情况，如实回答查验人员的询问以及提供必要的资料。

（3）协助海关提取需要作进一步检验、化验或鉴定的货样，收取海关出具的取样清单。

（4）查验结束后，认真阅读查验人员填写的"海关进出境货物查验记录单"，如果对记录单结论无异议应进行签名确认。如不签名的，海关查验人员在查验记录中应予以注明原因，并由货物所在监管场所的经营人签名证明。

5）径行开验

径行开验是指海关在进出口货物收发货人或其代理人不在场的情况下，对进出口货物直接进行开拆包装查验。海关可以径行开验的情形有以下两种。

（1）出口货物有违法嫌疑。

（2）经海关通知查验，进出口货物收发货人或其代理人届时未到场。

海关径行开验时，存放货物的海关监管场所经营人、运输工具负责人应当到场协助，并在查验记录上签名确认。

6）复验

为了使海关的监管更加有效，对已经查验过的货物海关可以进行复验，但是规定已经参加过初查的查验人员不得参加对同一票货物的复验。海关可以对以下情形进行复验。

（1）由于初次查验未能查明货物的真实属性，需要对已查验货物的某些性状作进一步确认。

（2）进出口货物收发货人对海关查验结论有异议，提出复验要求并经海关同意。

（3）货物涉嫌走私违规，需要重新查验。

（4）其他海关认为必要的情形。

7）被查验货物损坏赔偿

在查验过程中，可能会因开启、搬运不当等原因导致进出口货物损毁，需要海关查验人员在查验过程中予以特别注意的，进出口货物收发货人或其代理人应当在海关实施查验前申明。如果证实海关在查验过程中，确实因为海关查验人员的责任造成被查验货物损毁的，进出口货物的收发货人或其代理人可以要求海关赔偿。海关赔偿的范围仅限于在实施查验过程中由于查验人员的责任造成被查验货物损毁的直接经济损失。直接经济损失的金额根据被损毁货物及其部件的受损程度确定，或者根据修理费确定。以下情况下的损失不属于海关赔偿范围。

（1）进出口货物的收发货人或其代理人搬移、开拆、封装货物或保管不善造成的损失。

（2）易腐、易失效货物在海关正常工作程序所需时间内（含扣留或代管期间）所发生的变质或失效。

（3）海关正常查验时产生的不可避免的磨损。

（4）在海关查验之前已发生的损毁和海关查验之后发生的损毁。

（5）由于不可抗拒的原因造成货物的损毁。

（6）进出口货物的发货人或其代理人在海关查验时对货物是否受损坏未提出异议，事后发现货物有损毁的，海关不负赔偿的责任。

3. 缴纳税费

对于应向海关缴纳进出口税费的一般进出口货物，在海关查验后，计算应缴纳的关税、进出口环节增值税、消费税、滞纳税等税费，开具关税和代征税款缴款书或收费专用票据。缴费的通常方式是进出口货物收发货人或其代理人在规定时间内，持缴款书或收费票据向指定银行办理税费交付手续，由银行将税费缴入海关专用账户。在部分试行电子口岸网上缴税和付费的海关，进出口货物收发货人或其代理人也可以通过电子口岸接收海关发出的税款缴款书和收费票据，在网上向指定银行进行电子支付税费。一旦收到银行缴款成功的信息，即可报请海关办理货物放行手续。

另外，对于一些易腐、急需，但有关手续无法立即办完的货物，海关允许纳税人在履行了有关担保手续后，先行放行货物，然后再办理税费缴纳手续。采用这种方式纳税的，只有在纳税人交付海关部分货样、提供担保金或其他担保之后，才可以获准放行通关。

4. 提取或装运货物

1) 海关进出境现场放行和货物结关

海关接受进出口货物的申报、审核电子数据报关单和纸质报关单及随附单证、查验货物、征免税费或接受担保以后，在进口货物提货凭证或者出口货物装货凭证上加盖海关放行章。进出口货物收发货人或其代理人签收进口货物提货凭证或者出口货物装货凭证，就可据以提取进口货物或者将出口货物装上运输工具离境。海关允许进出口货物离开海关监管现场的工作环节即海关进出境现场放行。

在实行"无纸通关"申报方式的海关，海关做出现场放行决定时，通过计算机系统将"海关放行"报文发送给进出口货物收发货人或其代理人和海关监管货物保管人。进出口货物收发货人或其代理人从计算机上自行打印海关通知放行的凭证，据以提取进口货物或将出口货物装运到运输工具上离境。对于一般进出口货物，由收发货人或其代理人向海关办理完所有的海关手续，履行了法律规定的与进出口有关的一切义务，就办结了海关手续，海关不再进行监管，因此海关进出境现场放行即等于结关。

2) 提取货物或装运货物

提取货物是指当进口货物到港后，进口货物收货人或其代理人签收海关加盖海关放行章戳记的进口提货凭证，据以到货物进境地的港区、机场、车站或邮局等地的海关监管区办理提取进口货物的手续。

装运货物是指当出口货物到港后，出口货物发货人或其代理人签收海关加盖海关放行章戳记的出口装货凭证，凭以到货物出境地的港区、机场车站或邮局等地的海关监管区办理将货物装上运输工具离境的手续。

3) 申请签发报关单证明联

进出口报关单证明联是在进出口货物的收发货人或其代理人办结了相关海关手续后，经进出口货物的收发货人或其代理人申请由海关签发的证明进出口货物进出境的证明文件，并据以向国家外汇管理局、国家税务部门、银行等办理相关手续。申请海关签发的报关单证明联如下。

（1）进口付汇证明联。对需要在银行或国家外汇管理部门办理进口付汇核销的进口货物，报关员应当向海关申请签发"进口货物报关单付汇证明联"，经海关审核符合条件的即在进口货物报关单上签名、加盖海关验讫章，作为进口付汇证明联签发给报关员。同时，通过电子口岸执法系统，向银行和国家外汇管理部门发送证明联的电子数据。

（2）出口收汇证明联。对需要在银行或国家外汇管理部门办理出口收汇核销的出口货物，报关员应当向海关申请"出口货物报关单收汇证明联"。海关经审核，对符合条件的，即在出口货物报关单上签名加盖验讫章，作为出口收汇证明联签发给报关员，同时，通过电子口岸执法系统，向银行和国家外汇管理部门发送证明联的电子数据。

（3）出口收汇核销单。对需要办理出口收汇核销的出口货物，报关员应当在申报时，向海关提交国家外汇管理部门核发的出口收汇核销单。海关放行货物后，由海关关员在出口收汇核销单上签名加盖海关单证章，出口货物的发货人凭海关签发的出口货物的报关单证收汇证明联和出口收汇核销单等单证向外汇管理部门办理出口核汇手续。

（4）出口退税证明。对需要向国家税务机构办理出口退税的出口货物，报关员应向海关申请签发出口货物报关单出口退税证明联。海关经审核对符合条件的予以签发，并在证明联上签名、加盖海关验讫章交给报关员。同时，通关电子口岸执法系统，向国家税务机构发送证明联的电子数据。

（5）进口货物证明书。对进口汽车、摩托车等商品，报关员应当向海关申请签发进口货物证明书。进口货物的收货人据以向国家交通管理部门办理汽车、摩托车的牌照申领手续。海关放行汽车、摩托车后，向报关员签发进口货物证明书。同时，将进口货物证明书上的内容通过计算机系统发送海关总署，再转发给国家管理部门。

9.3 保税区货物与特定减免税货物通关

9.3.1 保税区货物通关

1. 保税区概述

保税区是经国务院批准，在中华人民共和国境内设立的，具有保税加工、储存、转口功能的海关监管的特定区域。我国保税区的主要功能是加工、转口贸易、仓储和展示。凡为加工、转口贸易、仓储和展示而进口的货物，在保税区内均可以保税。因此，保税区既有保税加工的功能，又有保税物流的功能。

目前，我国保税区享有以下免税优惠：区内生产厂的基础设施建设项目所需的机器、设备和其他基建物资，除交通车辆和生活用品外，予以免税；区内企业自用的生产、管理设备和自用合理数量的办公用品及其所需的维修零配件生产用燃料，建设生产厂房、仓储设施所需的物资、设备予以免税。

保税区与境内其他地区之间，应当设立符合海关监管要求的隔离设施。在保税区内设立的企业，应当向海关办理注册手续。区内企业应当与海关实行电子计算机联网，进行电子数据交换。海关对进出保税区的货物、运输工具、物品、人员及区内有关场所，有权依照《中华人民共和国海关法》和《保税区海关监管办法》的规定实施监管。

2. 保税区进出货物通关

保税区进出货物通关分为进出境通关和进出区通关两种。

1）进出境通关

进出境通关采用报关制和备案相结合的通关运行机制。保税区和境外之间进出的货物，如果属于自用的，采取报关制，填写进出口货物报关单；如果属于非自用的，包括加工、转口贸易、仓储和展示等货物，则采用备案制，填写进出境备案清单进入备案程序。

从境外进入保税区的以下货物可以免税。

（1）区内生产性的基础设施建设项目所需要的机器、设备和其他基础建筑物资。

（2）区内企业自身使用的生产、管理设备和合理数量的自用办公用品以及维修零配件。

（3）保税区行政管理机构自用合理数量的管理设备和办公用品以及维修零配件。

2）进出区通关

进出区通关要根据以下不同的情况进入不同的通关程序。

（1）保税加工货物进出区。保税进口料件以及用保税进口料件生产的成品、半成品进区、报出口，要有加工贸易登记手册，填写出口货物报关单，提供有关的许可证件，海关不签发出口货物报关单（退税证明联）。

出区、报进口，按不同的流向填写不同的进口货物报关单。出区货物进入国内市场，进入一般进口报关程序，填写一般进口货物报关单，提供有关的许可证件，全部用进口料件制成的成品、半成品按成品、半成品缴纳进口税，部分用进口料件制成的成品、半成品按成品、半成品所含进口料件缴纳进口税；出区用于加工贸易的，进入保税货物报关程序，填写加工贸易报关单，提供加工贸易登记手册，按批准的保税额度保税；出区给可以享受特定减免税的企业使用的，进入特定减免税货物报关程序，提供《中华人民共和国海关进出口货物征免税证明》和应当提供的许可证件，免缴进口税。

（2）进出区外发加工。外发加工是指加工贸易企业出口产品生产的某一环节由其他企业代为加工的业务。保税区企业出区外发加工，或区外企业进区外发加工，须经主管海关核准。

进区凭外发加工合同向保税区海关备案，加工出区后核销，不进入进出境报关程序，不填写进出口报关单，不缴纳税费。出区外发加工的，须由区外加工企业在加工企业所在地海关办理备案手续，进入加工贸易合同备案程序，包括台账程序，加工期限最长6个月。如情况特殊，经海关批准可延长，最长期限6个月；备案后进入加工贸易货物出区报关程序。

（3）设备进出区。不管是施工，还是投资设备，进出区均需向保税区海关备案。设备进区不进入报关程序，不填写报关单，不缴纳出口税，海关不签发出口货物报关单出口退税证明联；设备系从国外进口已征进口税的，不退进口税。设备退出区外，不必填写报关单申报，但要报保税区海关销案。

3. **报关注意事项**

（1）保税区与境外之间进出的货物，除易制毒化学品、监控化学品、消耗臭氧层物质等国家规定的特殊货物外，不实行进出口许可证件管理，免予交验许可证。

（2）保税区内企业开展加工贸易，国家明令禁止进出口的货物不准开展加工贸易，但是不实行银行保证金台账制度，料件全额保税。

（3）从非保税区进入保税区的货物，按照出口货物办理手续。企业在办结海关手续后，可办理结汇、境外核销、加工贸易核销等手续。出口退税必须在货物实际报关离境后才能办理。

（4）保税区内的转口货物可以在区内仓库或者区内其他场所进行分级、挑选、刷贴标志、改换包装等简单加工。

9.3.2 特定减免税货物通关

1. 特定减免税货物的含义

特定减免税货物指海关根据国家的政策规定,准予减税、免税进口专门使用于特定地区、特定企业、特定用途的货物。

1) 特定地区

特定地区是指我国关境内由行政法规规定的某一特别限定区域。如出口加工区、保税区、保税物流园区、保税港区等经国务院批准的海关特殊监管区域。

特定地区内减免税的进口货物主要包括以下几类。

(1) 保税区行政管理机构自用的合理数量的进口办公用品和管理设备,进口用于基础设施建设的屋子,以及保税区内企业进口的用于生产的机器设备或其他从建物资。

(2) 出口加工区用于基础建设的进口物资,行政管理进口的合理数量的自用管理设备和办公用品,以及出口加工区内企业进口用于生产的设备或其他物资。

(3) 从境外进入保税物流园区的货物,包括园区为开展各项业务所需的仓储设施、装卸设备、管理设备、机器和维修使用的消耗品、工具以及零配件;园区的基础设施建设项目所需的设备、物资等;园区的行政管理机构及其经营主体和园区企业自用合理数量的办公用品等。

2) 特定企业

特定企业主要是指由国务院指定的行政法规专门规定的企业,如外商投资勘探和开发海洋或陆地石油等企业,可以享受海关给予的减免税优惠。

特定企业进口货物主要是指外商投资企业按照规定在投资额以及经批准追加的投资额内进口的生产、管理设备。外商投资企业主要指在我国境内建立的中外合资经营企业、中外合作经营企业以及外商独资经营企业,简称"三资企业"。港、澳、台及华侨在境内的投资也属于外商投资。

3) 特定用途

特定用途是指国家规定可以享受减免税优惠的进口货物,这类货物只能用于行政法规规定的用途,比如残疾人专用用品及残疾人组织和单位进口的货物,国家重点项目进口的货物,通信、港口、公路、铁路、机场建设进口设备,科学研究机构和学校进口的专门科教用品等。

2. 特定减免税货物的特征

1) 特定条件下减免进口关税和进口环节增值税

特定减免税是我国为了优先发展特定地区经济,鼓励外商在我国直接投资,促进国有大中型企业和科学、教育、文化、卫生事业的发展而特别制定的海关关税优惠政策,是关税优惠政策的重要组成部分,是国家对符合条件的进口货物使用企业所提供的关税优惠。所以这种关税优惠有鲜明的特定性,只适用于符合条件的进口货物。

2) 应当提交进口许可证件

特定减免税货物也是实际进口货物。按照国家进出境管理的相关法律法规,凡是属于进口配额许可证管理、进口自动许可证管理、其他有关进口管制的,以及纳入国家检验检疫范围的进口货物,除非另有规定,进口货物的收货人或者其代理人都应该在进口申报时向海关提交进口许可证件。

3)进口后有特定的海关监管期限

进入我国境内的特定减免税货物,应当在特定的条件下使用。进口货物享受特定减免税的其中一个条件就是在规定的期限内,在特定的地区、企业和用途范围内使用,并且要接受海关的监管。

《中华人民共和国海关进出口货物征税管理办法》规定,特定减免税货物的海关监管期限,是自货物进口之日开始起算,货物种类不同,海关监管年限也不同。以下是特定减免税货物的监管年限。

(1) 船舶、飞机、建筑材料(包括钢材、木材、胶合板、人造板、玻璃等)的监管年限为8年。

(2) 机动车辆(特种车辆)、家用电器的监管年限为6年。

(3) 机器设备、其他设备、材料的监管年限为5年。

监管期限届满时,特定减免税货物的收货人应当向海关申请解除对特定减免税货物的监管。

3. 特定减免税货物的通关程序

特定减免税货物的通关程序包括三个阶段:前期阶段、进出境阶段和后续阶段(见图9-3)。前期阶段主要是办理减免税申请备案,申领有关的证明手续,以及审批;进出境阶段主要是货物进口报关手续的办理;后续阶段主要是货物进口之后的处置方法和申请解除监管的手续。

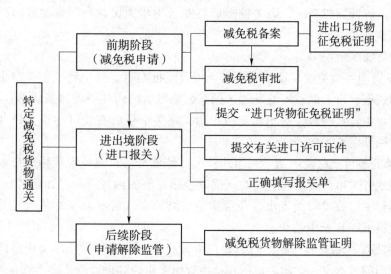

图9-3 特定减免税货物的通关程序

1)减免税申请和审批

减免税申请人应当向其所在地海关申请办理减免税备案、审批手续,特殊情况除外。投资项目所在地海关与减免税申请人所在地海关不是同一海关的,减免税申请人应当向投资项目所在地海关申请办理减免税备案、审批手续。

(1) 减免税备案。减免税申请人按照有关进出口税收优惠政策的规定申请减免税进出口相关货物，海关需要事先对申请人的资格或者投资项目等情况进行确认的，减免税申请人应当在申请办理减免税审批手续前，向主管海关申请办理减免税备案手续。海关确认完成之后，对需要颁发企业征免税登记手册的申请人颁发征免税手册。

特定地区减免税申请步骤如下。

① 备案登记。保税区企业向保税区海关办理减免税备案登记时，应当提交企业批准证书、营业执照、企业合同、章程等，并将企业的有关情况输入海关的计算机系统。海关审核后准予备案即签发企业征免税登记手册，企业据以办理货物减免税申请手续。

出口加工区企业向出口加工区海关办理减免税备案登记时，应当提交出口加工区管理委员会的批准文件、营业执照等，并将企业的有关情况输入海关的计算机系统。海关审核后即批准建立企业设备电子账册，企业据以办理货物减免税申请手续。

② 进出口货物征免税证明的申领。保税区企业在进口特定减免税机器设备等货物之前，向出口加工区海关提交发票装箱单等，海关核准后在企业设备电子账册中进行登记，并签发"进出口货物征免税证明"给申请企业。

特定企业减免税申请。

① 备案登记。特定企业主要是指外商投资企业。外商投资企业向企业主管海关办理减免税备案登记时，应当提交商务主管部门的批准文件、营业执照、企业合同、章程等，并将企业的有关情况输入海关的计算机系统。海关审核后准予备案即签发外商投资企业征免税登记手册，企业凭以办理货物减免税申请手续。

② 进出口货物征免税证明的申领。外商投资企业在进口特定减免税机器设备等货物之前，向主管海关提交外商投资企业征免税登记手册发票、装箱单等，并将申请进口货物的有关数据输入海关的计算机系统，海关核准后签发《中华人民共和国海关进出口货物征免税证明》给申请企业。

特定用途货物减免税申请。

① 国内投资项目减免税申请。国内投资项目经批准后，减免税货物进口企业应当持国务院有关部门或省、市人民政府签发的《国家鼓励发展的内外资项目确认书》、发票、装箱单等单证向项目主管直属海关提出减免税申请，海关审核后签发《中华人民共和国海关进出口货物征免税证明》给申请企业。

② 利用外资项目减免税申请。利用外资项目经批准后，减免税货物进口企业应当持国务院有关部门或省、市人民政府签发的《国家鼓励发展的内外资项目确认书》、发票、装箱单等单证向项目主管直属海关提出减免税申请，海关审核后签发《中华人民共和国海关进出口货物征免税证明》给申请企业。

③ 科教用品减免税进口申请。科教单位办理科学研究和教学用品免税进口申请时应当持有关主管部门的批准文件，向单位所在地主管海关申请办理资格认定手续，海关审批后签发《科教用品免税登记手册》。科教单位在进口特定减免税科教用品之前向主管海关提交科教用品免税登记手册合同等单证，并将申请进口货物的有关数据输入海关的计算机系统，海关核准后签发《中华人民共和国海关进出口货物征免税证明》给申请单位。

④ 残疾人专用品减免税进口申请。残疾人在进口特定减免税专用品之前向主管海关提交民政部门的批准文件，海关核准后签发《中华人民共和国海关进出口货物征免税证明》。

民政部门或中国残疾人联合会所属单位批量进口残疾人专用品，应当向所在地直属海关申请提交民政部门（包括省、自治区、直辖市的民政部门）或中国残疾人联合会（包括省、自治区、直辖市的残疾人联合会）出具的证明函，海关核准后签发《中华人民共和国海关进出口货物征免税证明》。

（2）减免税审批。减免税备案后，减免税申请人应当在货物申报进口前，向主管海关申请办理进口货物减免税审批手续，并同时提交下列材料。

① 海关进出口货物征免税证明申请表。

② 企业营业执照或者事业单位法人证书、国家机关设立文件、社团登记证书、非企业单位登记证书、基金会登记证书等证明材料。

③ 进出口合同发票及相关货物的产品情况资料。

④ 相关政策规定的享受进出口税收优惠政策资格的证明材料；海关认为需要提供的其他材料。

海关收到减免税申请人的减免税审批申请后，经审核符合相关规定的，确定其所申请货物征税、减税或者免税的决定，并签发《中华人民共和国海关进出口货物征免税证明》。海关进出口货物征免税证明的有效期按照具体政策规定签发，但最长不得超过6个月，持证人应当在征免税证明的有效期内办理有关进口货物通关手续。如情况特殊，可以向海关申请延期一次，延期时间自有效期届满之日起算，延长期限不得超过6个月，海关总署批准的特殊情况除外。

《中华人民共和国海关进出口货物征免税证明》实行一证一批的原则，即一份征免税证明上的货物只能在一个进口口岸一次性使用。如果一批特定减免税货物需要分两个口岸进口，或者分两次进口，持证人应向审批海关事先申明，并按到货口岸、到货日期分别申请征免税证明。

2）进口报关

特定减免税货物的进口报关程序与一般进出口货物的报关程序中的有关内容相似。但是，特定减免税货物的报关手续与一般进出口货物的报关手续有所不同。主要表现为以下三个方面。

（1）提交进口货物征免税证明。向海关申报特定减免税货物进口时，进出口货物的收发货人或其代理人除了向海关提交报关单及随附的基本单证外，还应当向海关提交《中华人民共和国海关进出口货物征免税证明》。海关在审单时，从计算机调阅征免税证明的电子数据，核对纸质的《中华人民共和国海关进出口货物征免税证明》。

（2）提交有关进口许可证件。办理特定减免税货物的进口，一律需提交有关进口许可证件，但对符合某种特定规定的设备与产品可以豁免进口许可证件。外资企业和香港、澳门、台湾同胞及华侨的投资企业进口本企业自用的机器设备，可免予交验进口许可证件；外资企业在投资总额内进口涉及自动进口许可管理的机电产品，规定有特殊优惠政策，所以这些货物也可以豁免进口许可证件。

（3）享受减税或免税优惠必须正确填写报关单。填制特定减免税货物进口报关单时，报关员应当特别注意报关单上"备案号"栏目的填写。"备案号"栏内填写《中华人民共和国海关进出口货物征免税证明》上的12位编号，若12位编号填写错误，将不能通过海关计算机的逻辑审核。若采用纸质报关单，填写错误则不能通过海关审单。

3）减免税货物的处置和管理

（1）变更使用地点。在海关监管期限内，减免税货物应当在主管海关核准的地点使用。需要变更使用地点的，应当由减免税申请人向主管海关提出申请，并说明理由。经过海关批准后方可变更使用地点。减免税货物需要移出主管海关管辖地使用的，减免税申请人应当事先持有关单证及需要异地使用的说明材料，向主管海关申请办理异地监管手续，经主管海关审核同意，并通知转入地海关后，减免税申请人可以将减免税货物运至转入地海关管辖地。转入地海关确认减免税货物情况后进行异地监管。

减免税货物在异地使用结束后，减免税申请人应当及时向转入地海关申请办结异地监管手续。经转入地海关审核同意，并通知主管海关后，减免税申请人应当将减免税货物运回主管海关管辖地。

（2）转结。在海关监管年限内，减免税申请人将进口减免税货物转让给进口同一货物享受同等减免税优惠待遇的其他单位的，应当按照下列规定办理减免税货物转结手续。

① 减免税货物的转出申请人持有关单证向转出地主管海关提出申请，转出地主管海关审核同意后通知转入地主管海关。

② 减免税货物的转入申请人向转入地主管海关申请办理减免税审批手续。转入地主管海关审核无误后签发征免税证明。

③ 转出、转入减免税货物的申请人应当分别向各自的主管海关申请办理减免税货物的出口进口报关手续。

④ 转出地主管海关办理转出减免税货物的解除监管手续。结转减免税货物的监管年限应当连续计算，转入地主管海关在剩余监管年限内对转结减免税货物继续实施后续监管。

（3）转让。在海关监管年限内，减免税申请人将进口减免税货物转让给不享受进口优惠政策或者进口同一货物不享受同等减免税优惠待遇的其他单位的，应当事先向减免税申请人主管海关申请办理减免税货物补缴税款和解除监管手续。

（4）移作他用。移作他用是指在海关监管期限内，减免税申请人将减免税货物交给减免税申请人以外的其他单位（企业）而行为，或者未按原定的用途、地区等使用减免税的行为。应当事先向主管海关提出申请。经海关批准，减免税申请人按照海关批准的使用地区、用途、企业将减免税货物移作他用。

将减免税货物移作他用，减免税申请人应当按照移作他用的时间补缴税款。移作他用时间不能确定的，应当提交相应的税款担保，税款担保不得低于剩余监管年限应补缴税款的总额。

（5）变更、终止。

① 变更。在海关监管期限内，减免税申请人发生分立、合并、股东变更、改制等情形，其权利义务承接人应当自营业执照颁发之日起30d内，向原减免税申请人的主管海关报告主体变更情况及原减免税申请人进口减免税货物的情况。经海关审核，需要补征税款的，承接人应当按照规定申请办理补税手续；符合继续享受减免税货物资格的，承接人应当按照规定申请办理减免税备案变更，或者减免税货物的转结手续。

② 终止。在海关监管的期限内，因破产、改制或者其他情形导致减免税申请人中途停止享受优惠政策待遇的情形，没有承接人的，减免税申请人或者其他依法应当承担关税及进

口环节海关代征税缴纳义务的主体,应当自资产清算之日起30d内向主管海关申请办理减免税货物补交税款和解除监管的手续。

(6) 退运、出口。在海关监管年限内,减免税申请人要求将进口减免税货物退运出境或者出口的,应当报主管海关核准。减免税货物退运出境后,减免税申请人应当持出口货物报关单向主管海关办理原进口减免税货物的解除监管手续。减免税货物退运出境或者出口的,海关不再对其补征相关税款。

(7) 贷款抵押。贷款抵押在海关监管年限内,减免税申请人要求以减免税货物向金融机构办理贷款抵押的,应当向主管海关提出书面申请。经审核符合有关规定的,主管海关可以批准其办理贷款抵押手续。减免税申请人不得以减免税货物向金融机构以外的公民、法人或者其他组织办理贷款抵押。

(8) 解除监管。

① 监管期限届满解除海关监管。特定减免税货物限于特定地区、特定企业、特定用途使用,一般情况下解除海关监管的前提是特定减免税货物监管期限届满,经过有关企业的申请,海关核准后签发《中华人民共和国海关进口减免税货物解除监管证明》,解除对货物的监管。

② 在监管期内解除海关监管。报海关核准,提交单证、缴纳税费后,海关签发《中华人民共和国海关进口减免税货物解除监管证明》,企业即可在境内出售或转让原特定减免税货物。

退运出境的特定减免税货物应办理退运出境申报手续,在货物出境后,海关签发出口货物报关单。企业凭该报关单及其他有关单证向主管海关申领《中华人民共和国海关进口减免税货物解除监管证明》。

放弃的特定减免税货物交海关处理,海关将货物拍卖后签发收据,企业据以向主管海关申领《中华人民共和国海关进口减免税货物解除监管证明》。

9.4 暂准进出境货物与转关运输货物通关

9.4.1 暂准进出境货物通关

1. 暂准进出境货物概述

暂准进出境货物是暂准进境货物或暂准出境货物的合称,是指进口货物收货人为了特定的目的,经海关批准暂时进境,并在规定的期限内保证按原状复运出境的货物。

2. 暂准进出境货物的特征

1) 有条件暂免进出口税费

暂准进出境货物在向海关申报进出境时不必缴纳进出口税费,但收发货人须向海关提供担保。

2) 除另有规定外,免交进出口许可证件

除因涉及公共道德、公共安全、公共卫生等实施外贸管制的暂准进出境货物应当凭许可证件进出境外，其他暂准进出境货物可以免交进出口许可证件。

3）规定期限内原状复运进出境

暂准进出境货物应当自进境或出境之日起6个月内复运出境或复运进境，经申请可以延长复运出境或复运进境的时间。

4）按货物实际使用情况办理核销结关手续

所有的暂准进出境货物都必须在规定期限内，由货物的收发货人或其代理人根据货物的实际使用情况向海关办理核销结关手续。

3. 暂准进出境货物通关的基本程序

按照我国海关对暂准进出境货物的监管方式，可以把它们分为：适用《ATA单证册》报关的暂准进出境货物、不适用《ATA单证册》的展览品等货物、集装箱箱体、暂时进出口货物。

1）适用《ATA单证册》报关的暂准进出境货物

我国于1993年加入《关于货物暂准进口的ATA单证册海关公约》及其相关附约。在我国，使用《ATA单证册》的范围仅限于展览会、交易会、会议及类似活动项下的货物。一份《ATA单证册》由8页ATA单证组成：一页绿色封面、一页黄色出口单证、一页白色进口单证、一页白色复出口单证、两页蓝色过境单证、一页黄色复进口单证、一页绿色封底。

（1）进境申报。收发货人或其代理人持《ATA单证册》向海关申报进境展览品时，先在海关核准的出证协会——中国国际商会以及其他商会，将《ATA单证册》上的内容预录入海关和商会联网的《ATA单证册》电子核销系统，然后向展览会主管海关提交纸质《ATA单证册》、提货单等单证。海关在白色进口单证上签注，并留存白色进口单证正联，存根联随《ATA单证册》其他各联退给收发货人或其代理人。

（2）出境申报。收发货人或其代理人持《ATA单证册》向海关申报出境展览品时，向出境地海关提交国家主管部门的批准文件、纸质《ATA单证册》、装货单等单证。海关在绿色封面单证和黄色出口单证上签注，并留存黄色出口单证正联，存根联随《ATA单证册》其他各联退给收发货人或其代理人。

（3）过境申报。展览品所有人或其代理人持《ATA单证册》向海关申报将货物通过我国转运至第三国参加展览会的，不必填制过境货物报关单，海关在两份蓝色过境单证上分别签注后，留存蓝色过境单证正联，存根联随《ATA单证册》的其他各联退给展览品所有人或其代理人。

（4）担保和许可证件。若持《ATA单证册》向海关申报进出境展览品，则不需向海关提交进出口许可证，也不需提供担保。但如果进出境展览品及相关货物受公共道德、公共安全、公共卫生、动植物检疫、濒危野生动植物保护、知识产权保护等限制，展览品所有人或其代理人应向海关提交进出口许可证件。

（5）《ATA单证册》申报文字。我国海关接受中文或英文填写的《ATA单证册》的申报，英文填写的ATA单证册，海关可要求提供中文译本。用其他文字填写的，则必须随附中文或英文译本。

2）不适用《ATA单证册》的展览品

不适用《ATA单证册》的展览品通关基本程序，如图9-4所示。

（1）进出境展览品的范围。

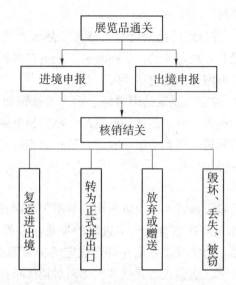

图 9-4　不适用《ATA 单证册》的展览品通关基本程序

① 进境展览品。进境展览品包含在展览会中展示或示范用的货物、物品，为示范展出的机器或器具所需的物品，展览者设置临时展台的建筑材料及装饰材料，供展览品做示范宣传用的电影片、幻灯片、录像带、说明书、广告等。

② 出境展览品。出境展览品包含国内单位赴境外举办展览会或参加境外博览会、展览会而运出的展览品，以及与展览活动有关的宣传品、布置品、招待品及其他公用物品。

(2) 展览品的暂准进出境期限。进境展览品自展览品进境之日起 6 个月内复运出境，如需延长期限，应向主管海关提出申请，经批准后最多延长 6 个月；出境展览品的暂准出境期限也为 6 个月。

(3) 展览品的进出境申报。

① 进境申报。展览品进境之前，展览会主办单位应将举办展览会的批准文件连同展览品清单一起送展出地海关，办理登记备案手续；展览品进境申报手续可以在展出地海关办理，从非展出地海关进口的，可以申请在进境地海关办理转关运输手续，在海关监管下将货物运至展览会举办地主管海关办理申报手续；展览会主办单位或其代理人向海关提供担保。

② 出境申报。展览品出境申报手续应当在出境地海关办理；在境外举办展览会或参加境外展览会的企业应当向海关提交国家主管部门的批准文件报关单、展览品清单一式两份等单证；随展览品出境的小卖品、展卖品，应当按一般出口申报；海关对展览品开箱查验核对，核准后海关留存一份清单，另一份封入关封交还给收发货人或其代理人，据以办理复运进境申报手续。

(4) 进出境展览品的核销结关。

① 复运进出境。在规定期限内复运进出境的，海关分别签发报关单证明联；未能在规定期限内复运进出境的，展览会主办单位应向主管海关申请延期，在延长期内办理复运进出境手续。

② 转为正式进出口。进境展览品在展览期间被人购买的，由展览会主办单位向海关办理进口申报、纳税手续；出境展览品在境外展览会后被销售的，由海关核对展览品清单后要

求企业补办有关正式出口手续。

③ 展览品放弃或赠送。进口展览品的所有人将展览品放弃给海关的，由海关变卖后将款项上缴国库；有单位接受放弃展览品的，应向海关办理进口申报纳税手续；展览品所有人将展览品赠送的，受赠人应向海关办理进口手续。

④ 展览品毁坏、丢失、被窃。展览品因毁坏、丢失、被窃而不能复运出境的，展览会主办单位或其代理人向海关报告，对于毁坏的展览品，海关根据毁坏程度估价征税；对于丢失或被窃的展览品，海关按照进口同类货物征收进口税；因不可抗力遭受损毁或丢失的，海关根据受损情况，减征或免征进口税。

3）集装箱箱体

这里的集装箱是作为运输设备暂时进出境所用，其报关有两种情况。

（1）境内生产的集装箱及我国运营人购买进口的集装箱在投入国际运输前，运营人向其所在地海关办理登记手续。海关准予登记并符合规定的集装箱箱体，无论是否装载货物，海关准予暂时进境或异地出境，运营人或其代理人无需对箱体单独向海关办理报关手续，进出境也不受规定的期限限制。

（2）境外集装箱箱体暂准进境，无论是否装载货物，运营人或其代理人应当对箱体单独向海关申报，并自入境之日起 6 个月内复运出境；如因特殊情况不能按期复运出境的，运营人应当向暂准进境地海关提出延期申请，但延长期不超过 3 个月，逾期须办理进口及纳税手续。

4）暂时进出口货物

暂时进出口货物通关基本程序如图 9-5 所示。

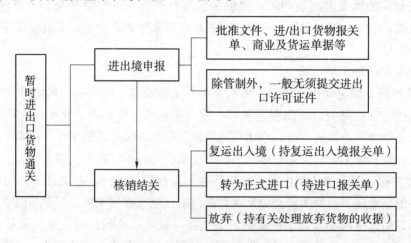

图 9-5 暂时进出口货物通关基本程序

（1）暂时进出口货物的适用范围。
① 在展览会、交易会、会议及类似活动中展示或者使用的货物。
② 在文化体育交流活动中使用的表演、比赛用品。
③ 进行新闻报道或者摄制电影、电视节目使用的仪器、设备及用品。
④ 开展科研、教学、医疗活动使用的仪器、设备及用品。
⑤ 上述四项所列活动中使用的交通工具及特种车辆。

⑥ 暂时进出的货样。
⑦ 供安装、调试、检测设备使用的仪器、工具。
⑧ 盛装货物的容器。
⑨ 其他暂时进出境用于非商业目的的货物。

以上货物除《ATA 单证册》项下货物、展览品、集装箱箱体外，均适用"暂时进出口货物"的监管方式。

（2）暂时进出口货物的期限。暂时进出口货物应当自进境或出境之日起 6 个月内复运出境或者复运进境，如因特殊情况需延长期限的，延期不超过 6 个月。

（3）暂时进出口货物进出境申报。

① 暂时进口货物进境申报，收货人或其代理人应当向海关提交主管部门的批准文件、进口货物报关单、商业及货运单据等。除涉及公共安全、公共卫生等原因而实施对外贸易管制的暂时出口货物外，暂时进口货物一般无须提交进口货物许可证件。暂时进口货物免缴进口税，但收货人或其代理人必须向海关提供担保。

② 暂时出口货物进境申报，收货人或代理人应当向海关提交主管部门的批准文件、进口货物报关单、商业及货运单据等。除涉及公共安全、公共卫生等原因而实施对外贸易管制的暂时出口货物外，暂时出口货物一般无须提交出口货物许可证件。

（4）核销结关。

① 复运出入境。暂时进出口货物复运出入境后，收发货人或其代理人凭海关签章的复运出入境报关单向海关报核，申请结关。经海关审核，退还保证金或办理其他担保销案手续，予以结关。

② 转为正式进口。暂时进口货物转为正式进口的，收货人或其代理人应当向海关提出申请，办理货物正式进口的报关手续，再凭海关签章的进口报关单向海关报核，申请结关。海关经审核，退还保证金或办理其他担保销案手续，予以结关。

③ 放弃。若暂时进口货物放弃给海关，收货人或其代理人凭海关签发的处理放弃货物的收据向海关报核，申请结关。海关经审核，退还保证金后办理其他担保销案手续，予以结关。

④ 核销结关。暂时进出口货物复运进出境、转为正式进口或者放弃以后，收发货人或其代理人持海关签注的进出口报关单、有关处理放弃货物的收据及其他相关单证，向海关报核，申请结关。海关经审核，退还保证金，或办理其他担保销案手续，予以结关。

9.4.2 转关运输货物通关

1. 转关运输货物概述

转关运输是指已经办理入境手续的海关监管货物在海关监管下，从境内一个设关地点运往境内另一个设关地点，办理某项海关手续的行为。转关运输可分为进口转关运输和出口转关运输。进口转关运输是指货物由进境地入境后，向海关申请转关，运往另一个设关地点（指运地）办理进口海关手续。出口转关运输是指在境内一设关地点（起运地）办理出口海关手续后运往出境地，由出境地海关监管放行。

转关运输货物是指由进境地入境后，运往另一设关地点办理进口海关手续的货物；在起运地已办理出口海关手续运往出境地，由海关放行的货物；由国内一设关地点转运到另一设关地点的应受海关监管的货物。转关运输货物属海关监管货物，承运转关运输货物的国内运输工具也受海关监管。

2. 转关运输货物通关程序

转关运输货物通关的办理程序可归纳如下。

（1）进口货物的收货人或其代理人在进口货物抵达进境地前，向指运地海关提出进口转关申请并递交有关审批所需单证。经指运地海关审查批准，签发进口转关运输货物联系单和进口转关运输货物关封。

进口转关运输货物通关的工作流程如图9-6所示。

出口转关运输货物的发货人或其代理人向起运地海关提出出口转关申请，申请人除递交满足报关纳税手续所需的单证外，还应填报出口货物转关运输货物申报单。经起运地海关审查批准，签发出口转关运输货物申报单和出口转关货物关封。如图9-7所示。

（2）进口货物的收货人或其代理人在进口货物抵达进境地后，进行进口转关运输货物联系单预录入（一式三份），并向入境地海关发送电子数据进行电子申报；出口货物的发货人或其代理人在出口货物运抵出境地海关监管港区装船前，进行出口转关运输货物申报关预录入，并向出境地海关发送电子数据，进行电子申报。

（3）转关运输货物的收发货人或其代理人到入出境地海关接单窗口递交书面单证，办理货物验放手续。

进口转关运输货物应提交以下单证：进口转关运输货物申报单（一式三份；指运地海关签发的进口转关运输货物联系单；转关运输手册；发票、装箱单；属进口许可证商品的，须提供进口许可证副本；属法定检验等商品的，须交验有关主管部门签发的证件；进口货物的海运提单或铁路运单；其他海关所需要的单证。

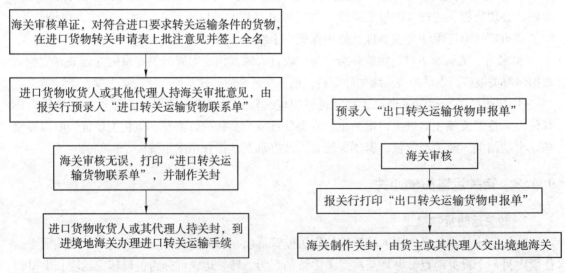

图9-6 进口转关运输货物通关工作流程简图　　**图9-7 出口转关运输货物通关工作流程简图**

出口转关运输货物应提交以下单证：起运地海关的关封；场站清单；境内运单；其他海关所需要的单证。

（4）凡需查验的货物，货主或其代理人须到场陪同，查验结束后须在查验记录单上签字。

（5）入境地海关放行进口转关运输货物，并制作关封，交货运代理人签收后代交至指运地海关。货主凭加盖海关放行章的提单提货，并通过海关监管车辆将进口转关货物运到指定港口、车站等发运至指运地，或由海关监管车辆将进口转关货物直接运到指运地。出境地海关放行出口转关运输货物，货主凭加盖海关放行章的场站清单，通过海关监管车辆将出口货物运到指定的港口装船出境。

（6）出口货物的代理人必须在船舶离港、海运清洁舱单输入海关计算机后 3d 内，凭盖有出境地海关关员工号章的出口转关运输申报单的复印件向起运地海关办理回执核销。

9.5 海关税费的计算

关税是由海关代表国家，对进出口关境的货物和物品按照国家制定的关税政策和公布实施的税法及进出口税则，代表国家向纳税义务人征收的一种流转税。

关税纳税义务人是指依法负有直接向国家缴纳关税义务的单位或个人，亦称为关税纳税人或关税纳税主体。中国关税的纳税义务人是进口货物的收货人、出口货物的发货人、进（出）境物品的所有人。

关税是国家税收的重要组成部分，是国家保护国内经济、实施财政政策、调整产业结构、发展进出口贸易的重要手段，也是世界贸易组织允许各缔约方保护其境内经济的一种手段。

1. 进口关税

进口关税在国际贸易中，被各国公认为一种重要的经济保护手段。中国进口关税分为正税与附加税。正税即按税则法定进口税率征收的关税，可分为从价关税、从量关税、复合关税、滑准关税；进口附加税是由于一些特定需要对进口货物除征收关税正税之外另行征收的进口税，一般具有临时性。

1）从价关税

从价关税是包括中国在内的大多数国家使用的主要计税标准。从价关税是以进口货物的完税价格作为计税依据，以应征税额占货物完税价格的百分比作为税率，货物进口时，以此税率和实际完税价格相乘计算应征税额。

（1）计算公式。

$$正常征收的进口关税税额 = 完税价格 \times 法定进口关税税率$$
$$减税征收的进口关税税额 = 完税价格 \times 减免进口关税税率$$

（2）计算程序。

① 按照归类原则确定税则归类，将应税货物归入恰当的税目税号。
② 根据原产地规则，确定应税货物所适用的税率。
③ 根据完税价格审定办法和规定，确定应税货物的完税价格。
④ 根据汇率使用原则，将外币折算成人民币。
⑤ 按照计算公式正确计算应征税款。

2）从量关税

中国目前对石油原油、啤酒、胶卷和冻鸡等进口商品征收从量关税。从量关税是以进口商品的数量、体积、重量等为计量单位计征关税的方法。计税时以货物的计量单位乘以每单位应纳税金额，即可得出该货物的关税税额。

（1）计算公式。

$$进口关税税额 = 进口货物数量 \times 从量关税税率$$

（2）计算程序。

① 按照归类原则确定税则归类，将应税货物归入恰当的税目税号。

② 根据原产地规则，确定应税货物所适用的税率。

③ 确定其实际进口量。

④ 根据完税价格审定办法、规定，确定应税货物的完税价格（计征增值税需要）。

⑤ 根据汇率使用原则，将外币折算成人民币。

⑥ 按照计算公式正确计算应征税款。

3）复合关税

复合关税是指对某种进口商品混合使用从价关税和从量关税计征关税。在海关税则中，一个税目中的商品同时使用从价、从量两种标准计税，计税时按照两者之和作为应征税额征收的关税。从价、从量两种计税标准各有优缺点，两者混合使用可以取长补短，有利于关税作用的发挥。例如，20世纪80年代中国对录像机、放像机、摄像机、非家用型摄录一体机、照相机等进口商品征收复合关税。

4）滑准关税

滑准关税是指在《中华人民共和国进出口税则》中预先按产品的价格高低分栏制定不同的税率，然后根据进口商品价格的变动而增减税率的一种关税。当商品价格上涨时采用较低税率，当商品价格下跌时则采用较高税率，其目的是使该种商品的国内市场价格保持稳定。目前，中国对关税配额外进口的一定数量的棉花实行滑准关税。

（1）计算公式。

$$从价应征进口关税税额 = 完税价格 \times 暂定关税税率$$
$$从量应征进口关税税额 = 进口货物数量 \times 暂定关税税率$$

其中，确定滑准关税暂定关税税率的具体方式如下。

① 当进口棉花单位完税价格高于或等于 11.397 元/kg 时，按 0.570 元/kg 计征从量关税。

② 当进口棉花单位完税价格低于 11.397 元/kg 时，暂定关税税率按下述公式计算

$$R = \frac{8.686}{P} + 2.526\% \times P - 1$$

式中：R——暂定关税税率，四舍五入保留3位小数，高于40%时，取40%；

P——单位关税完税价格，单位为元/kg。

（2）计算程序。

① 按照归类原则确定税则归类，将应税货物归入适当的税目税号。

② 根据原产地规则和税率适用规定，确定应税货物所适用的税率。

③ 根据审定完税价格的有关规定，确定应税货物的完税价格。

④ 根据关税税率计算公式确定暂定关税税率。

⑤ 根据汇率适用规定，将外币折算成人民币。

⑥ 按照计算公式正确计算应征税款。

5）进口附加税

进口附加税主要有反倾销税、反补贴税、保障性关税、特别关税（报复性关税）等。

（1）计算公式。

$$反倾销税税额 = 海关完税价格 \times 适用的反倾销税税率$$

（2）计算程序。

① 按照归类原则确定税则归类，将应税货物归入适当的税目税号。
② 根据反倾销税有关规定，确定应税货物所适用的反倾销税税率。
③ 根据审定完税价格的有关规定，确定应税货物的完税价格。
④ 根据汇率适用规定，将外币折算成人民币。
⑤ 按照计算公式正确计算应征税款。

此外，为应对他国对中国出口产品实施的歧视性关税或待遇，中国还相应地对其产品征收特别关税。特别关税是为抵制外国对本国出口产品的歧视而对原产于该国的进口货物特别征收的一种报复性关税。

2. 出口关税

出口关税是海关以出境货物和物品为课税对象所征收的关税。世界各国为鼓励出口，一般不征收出口关税，征收出口关税的主要目的是为了限制、调控某些商品的过度、无序出口，特别是一些重要自然资源和原材料的无序出口。

1）计算公式

$$应征出口关税税额 = 出口货物完税价格 \times 出口关税税率$$
$$= \frac{离岸价格}{1 + 出口关税税率} \times 出口关税税率$$

其中

$$出口货物完税价格 = \frac{离岸价格}{1 + 出口关税税率}$$

即出口货物是以离岸价格（即FOB价）成交的，应以该价格扣除出口关税后作为完税价格；如果是以其他价格成交的，应换算成离岸价格后再按上述公式计算。

2）计算程序

① 按照归类原则确定税则归类。
② 根据完税价格审定办法，规定将应税货物归入恰当的税目税号。
③ 根据汇率使用原则，将外币折算成人民币。
④ 按照计算公式正确计算应征税款。

3. 进口环节税

进口环节税是指进口的货物物品，在办理海关手续放行后进入国内流通领域与国内货物同等对待，所以应缴纳应征的国内税，而这些国内税依法由海关在进口环节征收。由海关征收的国内税费主要有消费税和增值税两种。

1）消费税

消费税是指以消费品或消费行为的流转额作为课税对象而征收的一种流转税。中国消费税的立法宗旨和原则是调节中国的消费结构，引导消费方向，确保国家财政收入。中国消费税是在对货物普遍征收增值税的基础上,选择少数消费品再予征收的税。中国消费税采用价内税的计税方法,即计税价格的组成中包括了消费税税额。

(1) 计算公式。中国消费税采用从价、从量的方法计算应纳税额。

实行从价征收的消费税按照组成的计税价格计算。其计算公式为

$$消费税组成计税价格 = \frac{进口关税完税价格 + 进口关税税额}{1 - 消费税税率}$$

$$应纳消费税税额 = 消费税组成计税价格 \times 消费税税率$$

实行从量征收的消费税的公式为

$$应纳消费税税额 = 应征消费税消费品数量 \times 消费税单位税额$$

同时,实行从量从价征收的消费税是上述两种征税方法之和。其计算公式为

$$应纳消费税税额 = 应征消费税消费品数量 \times 消费税单位税额 +$$
$$消费税组成计税价格 \times 消费税税率$$

(2) 计算程序。

① 按照归类原则确定税则归类,将应税货物归入适当的税目税号。

② 根据有关规定,确定应税货物所适用的消费税税率。

③ 根据审定完税价格的有关规定,确定应税货物的组成计税价格。

④ 根据汇率适用规定,将外币折算成人民币(完税价格)。

⑤ 按照计算公式正确计算消费税税款。

2) 增值税

增值税是指以商品的生产、流通和劳务服务各个环节所创造的新增价值为课税对象的一种流转税。中国自1994年全面推行并采用国际通行的增值税制。征收增值税的意义在于,有利于促进专业分工与协作,体现税负的公平合理,稳定国家财政收入,同时也有利于出口退税的规范操作。

(1) 计算公式。

$$增值税组成价格 = 进口关税完税价格 + 进口关税税额 + 消费税税额$$

$$应纳增值税税额 = 增值税组成价格 \times 增值税税率$$

(2) 计算程序。

首先计算关税税额,然后计算消费税税额,再计算增值税税额。

4. 船舶吨税

1) 含义

船舶吨税是由海关在设关口岸对进出、停靠中国港口的国际航行船舶征收的一种使用税(简称吨税),征收船舶吨税的目的是用于航道设施的建设。

2) 征收依据

根据《中华人民共和国船舶吨税暂行条例》的规定,自中华人民共和国境外港口进入境内港口的船舶,使用了中国的港口和助航设备,应缴纳船舶吨税。凡征收了船舶吨税的船舶,不再征收车船税;对已经征收车船税的船舶,不再征收船舶吨税。

船舶吨税分为优惠税率和普通税率两种。中华人民共和国国籍的应税船舶,船籍国(地区)与中华人民共和国签订含有相互给予船舶税费最惠国待遇条款的条约或者协定的应税船舶,适用优惠税率;其他应税船舶,适用普通税率。

3）征收范围

根据现行办法规定，应征吨税的船舶有以下几种。

（1）在中国港口行驶的外国籍船舶。

（2）外商租用（程租除外）的中国籍船舶。

（3）中外合营海运企业自有或租用的中外国籍船舶。

（4）中国租用的外国籍国际船舶。

（5）包括专门在港内行驶的船舶。

根据规定，香港、澳门回归后，香港、澳门特别行政区为单独关税区。对于香港、澳门特别行政区海关已征收船舶吨税的外国籍船舶，进入内地港口时，仍应照章征收船舶吨税。

4）计算公式

首先确定船舶吨位税率，然后再计算税款。计算公式为

$$船舶吨位 = 净吨位 \times 吨位税率（元/净吨）$$

5. 税款滞纳金

1）含义

征收税款滞纳金，目的在于使纳税人通过承担增加的经济制裁责任促使其尽早履行纳税义务。

征收滞纳金是海关税收管理中的一种行政强制措施，关税、进口环节增值税、消费税、船舶吨税等的纳税人或其代理人，应当自海关填发税款缴款书之日起15d内缴纳税款，逾期缴纳的，海关依法在原应纳税款的基础上，按日加收滞纳税款0.5‰的滞纳金。起征额为50元，不足人民币50元的免予征收。

2）计算公式

$$关税滞纳金金额 = 滞纳的关税税额 \times 0.5‰ \times 滞纳天数$$

$$进口环节税滞纳金金额 = 滞纳的进口环节税额 \times 0.5‰ \times 滞纳天数$$

根据《中华人民共和国海关法》规定，进出口货物的纳税义务人，应当自海关填发税款缴款书之日起15d内缴纳税款；逾期缴纳的，由海关征收滞纳金。在实际计算缴纳期限时，应从海关填发税款缴款书之日的第二天起计算，当天不计入。缴纳期限的最后一日是星期六、星期天或法定节假日的，关税缴纳期限顺延至周末或法定节假日过后的第一个工作日。如果税款缴纳期限内包含的星期六、星期天或法定节假日不予扣除，滞纳天数按照实际滞纳天数计算，其中星期六、星期天或法定节假日一并计算。

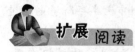

资料1　进口跨境电商保税仓储及报关报检平台趋势崛起

电子商务已成为国家层面的政策支持战略重点，而进口跨境电子商务则被视为我国倒逼国内产业升级的有效策略。在国家鼓励政策利好的状态下，挟裹强劲的购买力和对进口商品的强烈需求，进口跨境电商以迅雷不及掩耳之势，瞬间席卷中国，实体店如雨后春笋。

作为进口跨境电商配套支撑的物流服务，包括诸如保税仓租赁、报关报检、分拆贴单等配套服务，也一片欣欣向荣，导致保税仓一寸难求、从业人员蜂拥而至、薪酬水涨船高。

由于发展过于迅猛，导致出现巨大的物流资源缺口，南沙保税仓，每平方米已涨至100

元/m², 而以前则是15元/m², 而且不托关系找熟人还拿不到地; 至于广州机场保税仓, 则全部租罄。

对于进口跨境电商, 物流是一个必争的市场, 保税仓储、报关报检作为其重要的服务内容, 由于资源的布局适应不了跨境电商发展的迅猛势头, 目前已成为各方争抢的阵地。京东一如既往发挥自建仓的传统, 在广州南沙布局; 而阿里系则在广州机场开辟阵地。

一家从黄埔码头起步的企业, 经过多年发展, 业务区域渐渐拓展到南沙, 业务范围也涵盖物流、报关、仓储、贸易、金融等, 开始走上多元化的道路, 但是其核心业务依旧是以报关报检衍生物为主。在国家未取消大部分出口法检目录以前, 该企业就已经酝酿通过一系列的借壳运作, 与国检局开设垄断收费的集中查验场地, 因此租赁了南沙口岸许多场地, 作为业务运作场所。由于有霸王收费嫌疑, 曾经一度引发了拖车司机围堵罢工的群体事件。

但是好景不长, 国家取消出口法检目录后, 此项业务呈急剧萎缩态势。却不想国家发力支持进口跨境电商, 该企业凭借原先的租赁场地和口岸关系, 短时间内形成了场地和关系门槛, 在南沙一枝独秀, 引来京东收购控股, 所谓无心栽柳柳成荫。

为保证通关优势, 京东和天猫均规定, 入驻店铺售卖跨境商品, 均须由所属菜鸟网络和京东物流提供仓储物流及报关报检服务, 否则视同不履行发货义务进行处理。

这样一来, 就限制了入驻商家选择保税仓储和报关报检服务的自主性, 被迫接受其收费价格和服务水平, 虽有微词却无可奈何。

所幸淘宝卖家不受此限, 可以自主选择其他发货途径和方式, 这才给了其他小型跨境电商报关报检企业分一杯羹的机会。

在广州机场和南沙以外的能开展进口跨境电商的老黄埔技术开发区、深圳前海、珠海横琴, 两大巨头也开展了阵地战。但更多的是象征性意义, 并无实际收益。

老黄埔技术开发区的跨境电商企业入驻门槛高, 监管技术相对落后, 因此到目前为止, 仅有有限的几家公司开展有限的业务。

深圳前海审批程序烦琐、办事流程冗长、技术对接堵塞、现场监管严格, 实质上是一潭死水。

珠海横琴, 由于毗邻以旅游业和博彩业为主的澳门, 天然缺乏跨境电商的基因, 因此基本上处于不温不火的状态。

广州海关则以开放的姿态、务实的作风和严谨的态度积极推进网购保税进口及直购进口的跨境电商试点业务, 成立专门团队和组织专业人员, 在申请流程、审批时限、准入门槛等方面, 进行了科学合理的规划, 催生了进口跨境电商的欣欣向荣, 广州市上半年跨境电商进出口额居全国城市第一名。

鲜为人知的是, 进口跨境电商实行"三单对碰"(订单、支付单、运单)的科学构想, 是由广州海关率先提出来的, 其设计有效地将海关监管前推后移, 借助独立第三方的信息流、资金流和物流, 拓展监管时空, 为确保进出境合法性和时效性的高度统一, 降低企业运营成本等提供了机制保障。

在跨境电商业务试点开展过程中, 可以明显感受海关"边试点、边规范"的严谨态度。从订单的价格构成, 到支付信息的报送形式, 再到理货程序的完善, 正在一步步走向规范。

目前, 网购保税进口(所谓BBC模式)和直购进口(所谓BC模式)两种形式的优劣及未来趋势, 正在热议。前者的优点是发货快、成本低, 缺点是品种有限、需要垫资金; 后者的优点是品种多、选择广,缺点是发货慢、成本高。

其实无论怎样的优缺点,未来发展趋势还是要看准入政策的设计,也就是说,需要视出入境检验检疫局对两者模式的最终监管版本而定。

对于进口跨境电商,国家政策规定是先有个人订单,再进行进境申报,才能享受行邮税优惠。那么,如何改变原有的销售模式,培养和改变消费者的购物习惯,将是那些既有线下销售渠道者占领市场的抓手和扶手。

为了迎合传统消费者的购买习惯而进行刷单等违法操作,即增加了违法风险性,又增加了成本,得不偿失。

(资料来源:http://china.56en.com/Info/563490/Index.shtml)

资料2 跨境电商三大服务平台解析

2014年8月,海关总署相继出台的56、57号文件中,明确提到电商企业或个人可运用跨境电商通关服务平台进行分送集报、结汇退税。至此,"跨境电商服务平台"一词开始受到业内的广泛关注。到目前为止,主要出现了三种跨境电商服务平台,分别是跨境电商通关服务平台、跨境电商公共服务平台和跨境电商综合服务平台。

虽然这三种平台都服务于传统中小型外贸企业及跨境进出口电商企业,但却是分别由海关、政府和企业建设的,在整个进出口流程中把控着不同的环节,承担着不同的职能。三种平台之间相互联系,形成信息数据之间的统一交换和层层传递。为此,前瞻性产业研究院发布的《站在跨境电商的风口——中国传统商贸企业转型方向与策略研究报告》对这三种服务平台进行了总结和对比分析。

1. 跨境电商通关服务平台:海关总揽全局

全国首个统一版海关总署跨境电商通关服务平台已于2014年7月在广东东莞正式上线运营,这是一个为外贸企业进出口通关提供便利服务的系统平台,意在统一报关流程。该平台所上传的数据可直接对接海关总署内部系统,节省报关时间,提升通关效率。在跨境电商通关服务平台上,货物通关采用"三单对比"的方式进行监管,"三单"指电商企业提供的报关单、支付企业提供的支付清单、物流企业提供的物流运单。"三单"数据确认无误后即可放行。

从目前的统一版通关服务平台来看,服务对象主要集中在小包裹的出口领域。但从实际操作上看,小包裹主要是个人消费者或小卖家习惯使用的进出口方式,这类卖家大多存在"捞一票就走"的心理,使用通关服务平台会在短时间内增加成本,作用微乎其微。因此,通关服务平台真正服务的对象应该是进出口规模较大的外贸企业小订单业务。

2. 跨境电商公共服务平台:政府企业面对面

跨境电商公共服务平台由政府投资兴建,其含义具有双向性,一方面为各地政府的职能部门之间搭建公共信息平台,另一方面是服务于大众(主要是指外贸企业)。

阳光化的外贸环节众多,涉及国检(检验检疫)、国税(纳税退税)、外管局(支付结汇)、商委或外经贸委(企业备案、数据统计)等政府职能部门及银行结汇等,传统外贸企业需一一对接。而跨境电商行业多碎片化订单,若每笔订单都重复与职能部门对接将带来极其繁重的工作。另外,政府职能部门之间也需要一个公共区域共享企业上传的数据,并进行数据采集、交换对比、监管等工作。

目前，公共服务平台均由各地政府自行建设，并无全国统一版本，服务内容有所差异，界面操作也不同。这些地方性公共服务平台也普遍采用"三单对比"的方式进行监管，"三单"手续齐全并监管认可，才可享受正常的结汇退税。跨境电商公共服务平台在政府各职能部门之间形成了一个交集圈，也在政府与外贸企业之间搭建了一座沟通的桥梁。

3. 跨境电商综合服务平台：新兴代理服务

由于一些传统中小型外贸企业和跨境电商平台个人卖家在面对新出现的监管政策时，产生了不适应和紧迫感。而一些大型跨境电商企业在对接政府、海关等部门，处理跨境电商长链条环节上出现的问题上比较有经验，于是孕育出了跨境电商综合服务平台。

跨境电商综合服务平台一般由大型跨境电商企业建设，意在为中小企业和个人卖家提供代理服务，包括金融、通关、物流、退税、外汇等方面。目前，业内知名的综合服务平台主要有阿里巴巴建设的一达通、大龙网建设的海通易达等。

跨境电商综合服务平台在降低外贸门槛、处理外贸问题、降低外贸风险等方面为相关企业提供了便利和解决方案。目前，这类平台适用于小包裹、小订单等多种业态，也将随着跨境电商的发展拓展出更深层次、更专业的服务。

从以上分析可以看出，跨境电商通关服务平台、公共服务平台、综合服务平台是从三个不同层面出发建设的平台（通关服务平台对应的是海关，公共服务平台对应的是政府，综合服务平台对应的是企业）。三种平台之间相互联系，形成信息数据之间的统一交换和层层传递，无论是跨境电商企业或是个人卖家，都需要对这些平台进行充分的了解。随着跨境电商相关扶持政策的落实，各地的跨境电商通关服务平台和公共服务平台将会更加高效和完善，而市场上跨境电商综合服务平台也将朝着多样化和专业化的趋势发展，围绕跨境电商的配套服务将成为跨境电商"升级版"的入口。

（资料来源：张亮. 跨境电商三大服务平台解析 [J]. 中国对外贸易，2015（10）：46 - 47.）

思考题

1. 简述进出口通关的基本程序。
2. 简述一般进出口货物报关程序。
3. 什么是保税区货物、特定减免税货物和暂准进出境货物？
4. 简述海关关税的一般计算方法。

第10章　国际货运代理

国际货运代理从报关行发展而来，已有上百年的历史，属于传统服务业中运输业的子业。20世纪末至21世纪初，全球货运代理行业迅猛发展。如今，据国际货运代理协会联合会（Fédération Internationale des Associations de Transitazires et Assimilés，FIATA）统计，全世界70%~80%的集装箱货物运输是由货运代理掌控的，它们对国际贸易及世界经济的发展起着越来越重要的作用。本章主要介绍国际海运货运代理的相关内容。

10.1　国际货运代理概述

10.1.1　国际货运代理的概念

国际的交易活动不仅涉及面广、环节多，而且情况复杂多变，任何一个贸易商或承运人都不可能亲自到世界各地处理每一项业务，很多业务需要委托代理人代为办理。为了适应这种需要，在国际贸易和运输领域就产生了很多从事代理业务的代理人，他们接受委托人的委托，代办各种运输业务，并按提供的劳务收取一定的报酬。随着国际贸易和国际货物运输的发展，这种运输使代理业也迅速而广泛地发展起来。当前，货运代理业务已渗透到运输领域内各个角落，成为国际贸易和国际货物运输业乃至国际服务贸易不可缺少的重要组成部分。

国际货运代理协会联合会（FIATA）定义：国际货运代理是根据客户的指示，并为客户的利益而揽取货物运输的人，其本身并不是承运人。国际货运代理也可以依这些条件，从事与运输合同相关的活动，如储货（也含寄存）、报关、验收和收款等。商务部1992年7月13日颁布的《关于国际货物运输代理行业管理的若干规定》所下的定义：国际货物运输代理是介于货主与承运人之间的中间人，是接受货主或承运人的委托，在授权范围内办理国际货物运输业务的企业。这是中国最早对货运代理给出的明确定义。

1995年6月29日国务院批准颁布的《中华人民共和国国际货物运输代理业管理规定》给予了明确定义：国际货运代理是指国际货运代理组织接受进出口收货人、发货人的委托，以委托人的名义或以自己的名义，为委托人办理国际货物运输及相关业务，并收取服务报酬的经济活动。

10.1.2　国际货运代理的性质及类型

国际货运代理主要是接受委托方的委托，就有关货物运输、转运、仓储、装卸等事宜。一方面它与货物托运人订立运输合同；另一方面又与运输部门签订合同，对货物托运人来说，它又是货物的承运人。目前，相当部分的货运代理人掌握各种运输工具和储存货物的库场，在经营其业务时办理包括各种运输方式的货物运输。

国际货运代理本质上属于货物运输关系人的代理，是联系发货人、收货人和承运人的货物运输中介人，既代表货方、保护货方的利益，又协调承运人进行承运工作。也就是说，国际货运代理在以发货人和收货人为一方，承运人为另一方的两者之间承担连接作用。

国际货运代理可划分为不同的类型，按法律特征的不同，国际货运代理可以分为以下三种类型。

1. 中间人型

这种类型的国际货运代理的特点是其经营收入来源为佣金，即作为中间人，根据委托人的指示和要求，向委托人提供订约的机会或进行订约的介绍活动，在成功促成双方达成交易后有权收取相应的佣金。这种类型的国际货运代理企业一般规模较小，业务品种较单一，在信息日渐公开化的今天，生存能力和抗风险能力都较差。

2. 代理人型

这种类型的国际货运代理的特点是其经营收入来源为代理费。根据代理人开展业务活动中是否披露委托人身份，可再细分为以下两种类型。

（1）披露委托人身份的代理人，即代理人以委托人名义与第三方发生业务关系。传统意义上的代理人即属于此种类型，在英美法系国家，这类代理通常称为直接代理或显名代理。

（2）未披露委托人身份的代理人，即代理人以自己名义与第三方发生业务关系，在英美法系国家，这类代理通常称为间接代理或隐名代理；在德国、法国、日本等大陆法系国家，这类代理通常被称为经纪人。我国吸收了英美法系有关这类代理的相关规定。

3. 当事人型

当事人型，也称委托人型或独立经营人型。这种类型的国际货运代理的特点是其经营收入的来源为运费或仓储费差价，即已突破传统代理人的界限，成为独立经营人，具有承运人或场站经营人的功能。

在实际业务中，国际货运代理力图同时兼有中间人、代理人和当事人等多种功能，以便能向委托人提供全方位的服务。因此，现代国际货运代理人大多具有多重角色。

10.1.3 国际货运代理的业务范围

国际货运代理的服务对象包括：发货人（出口商）、收货人（进口商）、海关、承运人、班轮公司、航空公司，以及工商企业等。其服务内容包括：选择运输线路、运输方式和适当的承运人，订舱接收货物，包装、储存、称重、签发单证、报关、办理单证手续，安排货物运输和转运、安排保险、支付运费及其他费用、进行外汇交易、交货及分拨货物、协助收货人索赔，提供与工程建筑有关的机械和设备，提供挂运服务和海外展品等特种货物的服务。此外，国际货运代理还根据客户的需要，提供与运输有关的其他服务、特殊服务，如混装、拼箱、多式联运及物流服务等。国际货运代理的业务范围很广泛，但主要是接受客户的委托，完成货物运输的某一个环节或与此有关的各个环节的任务。除非客户（发货人或收货人）想亲自参与运输过程和办理单证手续，否则，国际货运代理可以直接或通过其分支机构及其雇用的某个机构为客户提供各种服务，也可以利用其在海外的机构提供服务。

从服务对象和服务作用两个不同角度，可以将国际货运代理的业务进行如下分类。

1. 以服务对象分类

根据国际货运代理的不同服务对象，可将其业务内容分为以下五类。

1）国际货运代理为发货人服务

国际货运代理为发货人承担在各种不同阶段的货物运输中的一切业务。例如，以最快的运输方式，安排合适的货物包装，选择货物的运输路线；向客户提供仓储与分拨建议；选择可靠、高效的承运人，并缔结运输合同；安排货物的计重和计量（尺码）；办理货物的保险；拼装货物；装运前或在目的地分拨货物之前，将货物存仓；安排货物在装运港的运输；办理海关和有关单证手续，并将货物交给承运人；代表托运人或收货人承付运费、关税、税费等；办理有关运输的外汇交易；从承运人处取得各种签发的提单，并将它们交给发货人；通过与承运人和国际货运代理在国外的代理关系，监督货物运输的进程，并使托运人知道货物的去向。

2）国际货运代理为海关服务

当国际货运代理作为海关代理，办理有关进出口商品的海关手续时，国际货运代理不仅代表客户，也代表海关当局。实际上，在许多国家，国际货运代理已取得这些当局的许可，能够办理海关手续，并对海关负责，负责在法定的单证中申报货物的金额、数量和品名，以使政府在这些方面的收入不受损失。

3）国际货运代理为承运人服务

国际货运代理向承运人及时订舱，认定对承运人和发货人都是公平合理的运输费用，安排在适当的时间里交货，以及以发货人的名义解决与承运人的运费结算等问题。

4）国际货运代理为班轮公司服务

国际货运代理与班轮公司的关系随业务的不同而改变。在一些服务于欧洲国家的商业航线上，班轮公司已承认在提高利润方面国际货运代理的重要作用，并愿意付给国际货运代理一定的佣金。近几年，国际货运代理提供的拼箱服务，已使它们与班轮公司及其他承运人之间建立起一种较为密切的联系。

5）国际货运代理为航空公司服务

国际货运代理在空运业务上，充当航空公司的代理，并在国际航空货物运输协会为空运货物而制定的规则上，被指定为国际航空货物运输协会的代理。因此，国际货运代理利用航空公司的服务手段为货主服务，并由航空公司支付其佣金。

2. 以服务作用分类

根据国际货运代理在提供服务中所起的作用和扮演的角色，可将其业务内容分为以下七类。

1）顾问

国际货运代理应当成为其客户的顾问，向客户提供有关服务的意见或建议。例如，选择包装形式；选择路线和运输方式；投保货物所需的险种；出口清关；随附单证（承运人）及信用证规定。

2）组织者

国际货运代理是货物运输的组织者，负责有关货物的安排。例如，进出口和运输发货；

合并运输；特殊和重型运输。

3）进出口代理

国际货运代理为进出口商的代理，负责接运、包装和标记、向承运人订舱、向承运人交货、签发货运单证、监督离港、向客户发出速遣通知、从承运人的运输工具卸下货物、合并运输、货物拆解及清关。

4）转运代理

国际货运代理作为转运代理，负责选择样品、下积载、二次货运代理。

5）委托人

随着国际贸易中集装箱运输的增长，促进了集运和拼箱服务。在提供这种服务中，国际货运代理担负着委托人的作用。

6）经营人

集装箱化的一个更深远的影响是使国际货运代理介入了多式联运。因此，国际货运代理充当了总承运人，并且承担组织在一个单一合同下，通过多种运输方式进行门到门的货物运输。国际货运代理作为多式联运经营人，通常需要提供包括所有运输和分拨过程的全面的一揽子服务，并对其客户承担更高水平的责任。

7）运输延伸

提供物流服务是国际货运代理为满足客户的更高要求，提高其市场竞争能力，顺应国际发展的一种新趋势。物流服务是一项从产品生产到消费的高层次、全方位、全过程的综合性服务。与多式联运相比，物流服务不仅提供一条龙的运输服务，而且延伸到运输前、运输中、运输后的各项服务。这就需要国际货运代理熟悉客户的业务，了解客户的生产乃至销售的各环节，主动为其运营进行设计，提供其所需，从而使国际货运代理在运输的延伸服务中获得附加值。

10.1.4 国际货运代理的职能

国际货运代理通晓国际贸易环节，精通各种运输业务，熟悉有关法律、法规，信息来源准确、及时，与各种承运人、仓储经营人、保险人、港口、机场、车站、堆场、银行等相关企业，与海关、检验检疫局、进出口管制等有关政府部门存在着密切的业务关系，无论对于进出口货物的收货人、发货人，还是对于承运人和港口、机场、车站、仓库经营人，都起着重要的桥梁和纽带作用。国际货运代理不仅可以促进国际贸易和国际运输事业发展，而且可以为国家创造外汇来源，对于本国国民经济发展和世界经济的全球化起着重要的推动作用。

国际货运代理主要有以下几方面的职能。

1. 组织协调职能

国际货运代理历来被称为"运输的设计师""门到门"运输的组织者和协调者，负责组织运输活动，设计运输路线，选择运输方式和承运人（或货主），协调货主、承运人及其仓储保管人、保险人、银行、港口、机场、车站、堆场经营人和海关商检、卫检、动植检、进出口管制等有关部门的关系，可以节省委托人的时间，使其减少许多不必要的麻烦，从而专心致力于主营核心业务。

2. 专业服务职能

国际货运代理的本职工作是利用自身的专业知识和经验，为委托人提供货物的承揽、交运、拼装、集运、接卸、交付服务，接受委托人的委托，办理货物的保险、海关三检（商检、卫检和动植检）、进出口管制等手续，甚至要代理委托人支付、收取运费，垫付税金和其他费用。国际货运代理人通过向委托人提供各种专业服务，可以使委托人不必在自己不够熟悉的业务领域花费更多的心思和精力，使不便或难以依靠自己力量办理的事宜得到恰当、有效的处理，有助于提高委托人的工作效率。

3. 沟通控制职能

国际货运代理拥有广泛的业务关系、发达的服务网络、先进的信息技术手段，可以随时保持货物运输关系人之间以及与其他有关部门的有效沟通，对货物运输的全过程进行准确跟踪和控制，保证货物安全、及时运达目的地，顺利办理相关手续，准确送达收货人，并应委托人的要求提供全过程的信息服务及其他相关服务。

4. 咨询顾问职能

国际货运代理通晓国际贸易环节，精通各种运输业务，熟悉有关法律法规，了解世界各地有关情况，信息来源准确、及时，可以就货物相关问题向委托人提出明确、具体的咨询意见，协助委托人设计、选择适当的处理方案，减少不必要的风险、周折和浪费。

5. 降低成本职能

国际货运代理掌握货物的运输、仓储、装卸、保险市场行情，拥有丰富的专业知识和业务经验、有利的谈判地位、娴熟的谈判技巧。通过国际货运代理的努力，可以选择货物的最佳运输路线与运输方式，以及最佳仓储保管人、装卸作业人和保险人，争取公平、合理的费率，甚至可以通过集运效应使得相关各方受益，降低货物运输关系人的业务成本，提高其主营业务效益。

6. 资金融通职能

国际货运代理与货物的运输关系人、仓储保管人、装卸作业人及银行、海关当局相互了解，关系密切，长期合作，彼此信任，国际货运代理人可以代替收、发货人支付有关费用税金，提前与承运人、仓储保管人、装卸作业人结算有关费用，凭借自己的实力和信誉向承运人、仓储保管人、装卸作业人及银行和海关当局提供费用税金担保或风险担保，可以帮助委托人融通资金，减少资金占压，提高资金利用效率。

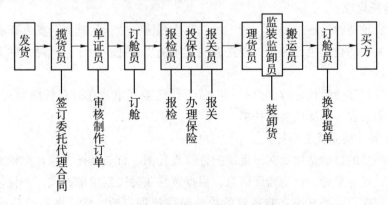

图10-1　国际货运代理的主要业务内容

10.2 国际海运货运代理

10.2.1 国际海运货运代理概念

国际海运货运代理是随着海上贸易的形成、国际贸易运输领域的逐渐扩大、社会分工越来越细发展起来的。海上货物运输业务范围广、头绪多，使得任何一个承运人（船公司）或货主都很难亲自处理好运输业务中每一个环节的具体业务，很多工作需要委托代理人代为办理。虽然花费一些酬金，但从代理提供的服务中可以得到补偿。

从事国际海运货运代理业务的从业人员都是经营运输业务多年，精通业务，经验比较丰富，熟悉各种运输程序、手续和规章制度的人。他们与交通运输部门及贸易、银行、保险、海关、商检等部门有着广泛的联系和密切的关系，从而具有有利条件为委托人代办各种运输事项，甚至比委托人自己亲自去办理更为有利。国际海运货运代理还可将小票货物从不同的货主那里集中起来向班轮公司订舱，以争取优惠运价。集装箱运输可将同一装、卸港的不同托运人的小票货物拼装，享受包箱费率。事实上不仅货主愿意委托给国际海运货运代理，而且船公司也乐于支付佣金给国际海运货运代理以求得到稳定的货源。

国际海运货运代理是指在合法的授权范围内接受货主的委托并代表货主办理有关海运货物的报关、交接、仓储、调拨、检验、包装、装箱、转运、订舱等业务的人。国际海运货运代理属于国际货运代理中的一类。

10.2.2 国际海运出口代理业务流程

国际海运出口代理业务流程，主要包含以下 12 个环节：货主委托代理—货代接单—订舱—做箱—报关—核对舱单—提单确认—签单—航次费用结算—提单、发票发放—查询二程信息—退关处理。

1. 货主委托代理

在集装箱班轮货物运输过程中，货主一般都委托国际货运代理人为其办理有关的货运业务。货运代理关系的建立也是由作为委托人的货主提出委托、由作为代理人的国际货运代理企业接受委托后建立。

在货主委托国际货运代理时，会有一份货运代理委托书。在订有长期货运代理合同时，可能会用货物明细表等单证代替委托书。

2. 货代接单（接受货主委托）

接单操作环节的目的是接受客户提供的订舱委托书。订舱委托书包含原始委托信息，其中包含委托人、业务来源、货物详细信息，根据贸易条件决定出单方式，并且包括一些特殊的订舱要求，根据订舱委托书，制造订舱单给舱位代理订舱。然后在订舱获得确认后向在"客户"及"仓库/车队"发送通知，分为：门到门、内装、自送三种类型发送装箱通知。

（1）业务来源。国际货运代理所操作的业务基本分为海外代理指定货、自揽货和同行 COLO 三种，若是海外代理指定货则需要知道海外代理资料，自揽货则选择本公司，同行

COLO 业务则需要知道同行资料。

（2）配箱类型。基本分为 FCL、LCL、自拼箱三类。FCL 为整箱业务，LCL 为拼箱业务，自拼箱的含义则是由委托客户自己确定如何拼箱的业务。其中 LCL 又有两种操作模式：①由国际货运代理企业坐庄拼箱的，则与客户自拼箱业务一样需要做拼箱环节的操作；②国际货运代理企业无法坐庄拼箱业务，而把业务拼箱给同行，那么这样的业务则与整箱的操作模式一致，不需要做拼箱环节的操作。

（3）出单方式。

① 出 HB/L（需要出副提单给客户）。这种情况下国际货运代理以本企业名义向船公司或舱位代理订舱，订舱单上的信息与主提单基本一致，并不体现实际委托人。在 HB/L 中 Shipper 为出口商，CNEE 为进口商（实际收货人）。

② 直发单（不出副提单，直接将船公司的主提单给客户）。这种情况下，国际货运代理便直接以实际客户的名义去订舱，而不出 HB/L，MB/L 上直接显示的为实际客户和收货人。

（4）船期。需要知道客户预订的船期。

（5）中转港、目的港。中转港和目的港，也是在接单的时候，需要知道的信息。

（6）件数/毛重、尺码。

（7）箱型、箱量。

① 箱型。干货箱（DC）、冷藏箱（RC）开顶箱、框架箱、挂衣箱及其他特种箱。

② 尺寸：20GP（箱内 5.898m×2.352m×2.385m）、40GP（箱内 12.032m×2.352m×2.385m）、40HQ（箱内 12.032m×2.352m×2.69m）、45HQ（箱内 13.556m×2.352m×2.69m）。

③ 容积、载重量。

④ 箱体材料。大部分集装箱为钢制，也有一些为铝制。钢制集装箱采用焊接工艺，铝制集装箱采用铆接工艺。值得注意的是，许多铝制集装箱由于使用年限较长，箱体老化，在铆钉铆合处会有渗水现象。故部分货主拒绝用铝制集装箱。

（8）付费条款。预付货在配船前需让销售人员批价、签名，特殊情况下若销售人员一时间还无法批价的，可待其确认后先做箱后补批价。

（9）运费支付方。接到客户托单时，若为预付货，则向客户了解 USD 及 RMB 的支付方（详细抬头）；若为到付货则向客户了解其详细的 RMB 支付方即可，输单时将此详细抬头输入计算机系统中"USD 货主"及"RMB 货主"一栏中。

3. 订舱

国际货运代理人接受委托后，应根据货主提供的有关贸易合同或信用证条款的规定，在货物出运之前一定的时间内，填制订舱单向船公司或其代理人申请订舱。船公司或其代理人在决定是否接受发货人的托运申请时，会考虑其航线、船舶、运输要求、港口条件、运输时间等方面能否满足运输的要求。船方一旦接受订舱，就会着手编制订舱清单，然后分送集装箱码头堆场、集装箱空箱堆场等有关部门，并将据此安排办理空箱及货运交接等工作。

在订舱时，国际货运代理人会填制"场站收据"联单、预配清单等单据。

订舱环节主要包括：由操作部根据客户服务所传递过来的信息制作订舱单，向船公司或舱位代理订舱，以及提单确认和 MB/L 和 HB/L 的制作。舱位代理是指以国际货运代理订舱为对象，并不一定是船公司，可能是有舱位的一级货运代理公司。承运人一般为实际船公司，如 COSCO、APL、MAERSK、P&O 等。S&O No. 亦称关单号（Shipping Order No.）。截关日期是指报关最后截止日期，通常为开船前 1~2d。

海运出口订舱业务流程如图 10-1 所示。

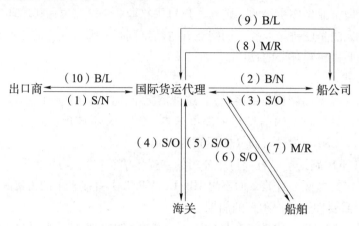

图 10-1 国际海运出口订舱业务流程

（1）缮制委托书（十联单）。接到委托书后第一时间输入计算机，一般不超过半个工作日。输单时应最大限度地保证原始托单的数据正确性、相符性，以减少后续过程的频繁更改，输完单后将配载回单传真给客户，让客户能在第一时间了解配船信息。

（2）加盖公司订舱章订舱。提供订舱所需资料，应一并备齐方能去订舱。若遇到船公司舱位紧张的，则需第一时间告知销售人员或客户。

（3）取得订舱确认回单、船公司设备交接单（即箱单），盖有进港确认章的装箱单后可按客户要求做箱。

4. 做箱

做箱包括三种：门到门、内装、自送。注意记录业务实际装箱的情况，包括集装箱箱号、封号以及具体的每个集装箱中所装的件数、重量、体积。集装箱箱号的前 3 位为集装箱公司的代码，第 4 位为 U，加上后 7 位数字，其中最后一位为校验码。系统对箱号栏位系统具有校验的功能，但目前实际情况中存在一些特殊的箱号没有按照此规则编制，所以系统在此栏位的功能是可以跳过的。

1）门到门

（1）提取空箱。在订舱后，国际货运代理人应提出使用集装箱的申请，船方会给予安排并发放集装箱设备交接单。凭设备交接单，国际货运代理人就可安排提取所需的集装箱。在整箱货运输时，通常是由国际货运代理人安排集装箱卡车运输公司（实践中，通常称为集卡车队）到集装箱空箱堆场领取空箱，但也可以由货主自己安排提箱。无论由谁安排提箱，在领取空箱时，提箱人都应与集装箱堆场办理空箱交接手续，并填制设备交接单。

（2）货物装箱。整箱货的装箱工作大多是由国际货运代理人安排进行，并可以在货主的工厂、仓库装箱或是由货主将货物交由国际货运代理人的集装箱货运站装箱，当然也可以由货主自己安排货物的装箱工作。装箱人应根据订舱清单的资料核对场站收据和货物装箱的情况，填制集装箱货物装箱单。

（3）整箱货交接签证。由国际货运代理人或发货人自行负责装箱并加封志的整箱货，通过内陆运输运至承运人的集装箱码头堆场，并由码头堆场根据订舱清单核对场站收据和装箱单接收货物。整箱货出运前也应办妥有关出口手续。

集装箱码头堆场在验收货箱后，即在场站收据上签字，并将签署的场站收据交还给国际货运代理人或发货人。国际货运代理人或发货人可以凭据经签署的场站收据要求承运人签发提单。

集装箱包括普通箱种和特殊箱种。

① 普通箱种。向客户了解门到门地址、工厂名称、联系人、电话或手机号码及明确的装柜时间，须于截关日前2d排好车班。

集装箱一般在开船前5d才能进港，应合理安排装箱时间，避免提早拖柜而无法进港区。

同一方向的两个小柜可拼一辆集卡车到工厂装柜；若遇到一辆集卡车拖一小柜的，则需衡量此柜总重量（总重量：货重加箱重），一般10t以上的属重箱，需放在集卡车拖板的中间，10t以下的属轻箱，可放前也可放后，但最好放在集卡车拖板的中部。若客户有要求拖柜时箱子需放在车尾且单放去工厂拖柜的，则必须按上述标准去衡量。因重箱放在车尾，集卡车就会头轻尾重，无法正常拖柜，严重的还可能引发集装箱从车尾掉下来的事故。

② 特殊箱种。一是冷冻箱（指冻鱼、冻虾等）；二是食品箱（指罐头、茶叶等）；值得注意的是装茶叶的集装箱不能是受潮箱或新箱，因为新箱有异味，而茶叶恰恰易受潮且容易串味；三是危险物品箱；四是熏蒸箱，包括木托盘熏蒸和货物熏蒸。

2）内装

（1）普通箱种。由工厂或客户把货送到货物代理指定的仓库，由货代安排将货物装入集装箱。收到配舱回单或进仓通知书后，根据开港日期和货物情况与客户协调安排货物的交接日期，做好装箱准备工作。若装箱数据更改及客户有装箱要求、需做装箱记录、需验货、监装的，要及时通知仓库负责人，截关前一天与仓库核对进仓情况，未进仓的及时通知货主。所有进仓货柜均要求客户的送货工厂凭进仓单进货。所有仓库装箱的货必须取得客户的确认回执才能进港，特殊情况下可先进港后补确认件，且将此确认件留底。

（2）特殊箱种。基本与门到门拖柜的时间标准相同。

5. 报关

1）了解出口货物报关所需资料

（1）普通货物，备妥正本报关委托书、核销单、报关单、发票、装箱单。

（2）进料加工与来料加工。备妥普通货物报关所需的单证外，还需要加上进料或来料加工的手册。

（3）需植检、商检、熏蒸。备妥普通货物报关所需的单证外，再加上植检通关单或商检通关单。

① 商检。办理商检通关单一般分两种情况：一种为货物生产地在出口港市区以内的，客户可直接提供商检通关单；另一种为货物生产地在出口港市区以外的，客户委托国际货运代理代办商检，需提供报关用的发票、装箱单、报检委托书、盖有公章的外销合同，再加一张"中华人民共和国出入境检验检疫出境货物换证凭单"以及该公司在当地检疫局的十位数登记号即可（注意：凭单上的发货人需与报检委托书上的抬头一致，凭单上的有效期不能晚于报关日期）；若客户提供的为换证凭条，则只需换证凭条及报检委托书即可换单。

② 植检。办理植检通关单一般分两种情况。一种为货物生产地在出口港市区以内的，

客户委托国际货运代理代办植检需提供以下资料：报关用的发票、装箱单、报检委托书、盖公章的外销合同、另加一张工厂在出口港出入境检验检疫局登记的"出口商品生产企业登记证书"的复印件、协检单。另一种为货物生产地在出口港市区以外的，客户委托国际货运代理代办植检，需提供发票、装箱单、报检委托书、盖公章的外销合同，再加一张"中华人民共和国出入境检验检疫出境货物换证凭单"或提供换证凭条和报检委托书进行换证。

值得注意的是，一般办理植检需在报关前四天进行报验，办换证则需提前一到两天报验。

2）报关前交接

（1）报关前一天复核整船委托单，查目的港、中转港、箱型、箱量是否与配载清单一致。

（2）报关当天上午 9：00 前查进港信息，查中转港、箱型、箱号、封号是否与箱号清单一致。

3）跟踪场站收据，确保配载上船

报关当晚审核放行员所给的黄联及箱号清单上的目的港、中转港、箱号是否一致，若有错误，应及时通知港区配载中心进行更改，配载还需保留整船报关预录单用于舱单核对。

4）海关办理退关

海关退关包括两种情况：报关单证办理退关和办理重箱退关（从港区）。

6. 核对舱单

舱单主要核对其每票的件数、毛重、尺码（最好不要忽略）是否与报关单上的数据一致。

7. 提单确认

1）问明顾客提单的发放形式

（1）预借提单（如可行）。预借提单（advanced bill of lading）是指承运人对未装船或未完成装船的货物签发的已装船提单。顾客需提供正本"预借保函"（留底）后出具公司"保函"到船公司预借，一般船公司严禁预借提单。

（2）倒签提单。倒签提单（anti-dated bill of lading）是指承运人签发的比实际装船日期提前的已装船提单，顾客需提供正本"倒签保函"（留底），后出具公司"保函"到船公司倒签。注意，在此情况下多半是签发 House B/L。一般近洋航线不允许倒签。

预借提单和倒签提单两者的共同点是：①装船日期均属伪造，比实际装船日期提前；②均在托运人请求下，由承托双方合谋而为，目的是为了顺利结汇取得货款，掩盖货物实际装船日期，使信用证无法有效控制装货这一环节，无法保证货物准时到达，从而避免了迟延交货的责任，使收货人蒙受损失；③两者均应托运人请求，由托运人出具保函。两者的不同之处在于：预借提单是在货物装船完毕前签发；而倒签提单则是在货物已装船完毕后签发。

（3）电放。电放俗称电报放货，是指收货人不出示提单正本，凭公司保函的一种放货方式，主要用于托运人来不及邮寄提单或为了减少邮寄之程序而将原正本缴回船公司或其代理，由船公司或其代理通知其目的港的相关代理予以放货。电放一般需顾客提供正本"电放保函"（留底），后出具公司"保函"到船公司电放。

（4）海运提货单。海运提货单或快速提货单（seaway bill），是为简化文书提货手续，以达到迅速提货的目的而生的。在近距离航线上，如北大西洋、美欧等水陆行程极短，为避免货到目的港而单据未到，影响提货时间及增加费用，因而产生海运提货单，属于简式提单的一种。多用于母子公司，关系企业之间的交易或赠品、样品、贵重物品和私人行李之托运。在这类提货单中，收货人与通知方不得作"To Order"字样，而需直接表示，无须经由银行押汇，不具流通性。

(5) 分单。候舱单送达海关后（以保证退税），再向船公司申请将一票提单拆成多票提单。

(6) 并单。候舱单送达海关后（以保证退税），再向船公司申请将多票提单合成一票提单。

(7) 异地放单。须经船公司同意并取得货主保函和异地接单之联系人电话、传真、公司名、地址等资料方可放单。

2) 确认提单

提单确认依据原始资料，传真于货主确认，并根据回传确立提单内容是否正确。

8. 签单

货运代理人或发货人凭经签署的场站收据，在支付了预付运费后（在预付运费的情况下），可以向负责集装箱运输的人或其代理人换取提单。发货人取得提单后，就可以去银行结汇。

承运人的责任早于集装箱运输方式应用之前就已开始，因此理论上在装船前就应签发提单。这种提单是收货待运提单，而收货待运提单在使用传统价格术语的贸易合同下是不符合要求的。所以为了满足贸易上的要求，也为了减少操作程序上的麻烦，实践中的做法是在装船后才签发提单，即已装船提单才符合使用传统价格术语的贸易合同的需要。

(1) 查看每张正本提单是否都签有所需的证章。已签章的提单作废，须撕毁后再扔掉。

(2) 提单遗失。

9. 航次费用结算

航次费用结算相关内容参考第 4 章相关内容。

10. 提单、发票发放

(1) 通过快递送达的，应在信封上标明诸如"船名""航次""提单号"（注：尽量将发票跟提单一起寄，且在计算机系统中"邮寄日期"一栏标明寄单时间，并在"单证员操作清单"上做登记）、"发票号""核销单号""许可证号""配额号"等要素，签名后交到行政部邮寄，以备日后查证。

(2) 货主自取件的，需签收，且在计算机系统中"邮寄日期"一栏标明取件时间，并在"单证员操作清单"上登记。

11. 查询二程信息

(1) 远洋线船开 10d 内向船公司查询二程信息。

(2) 本港线（如在 HKG、PUS、SHA 中转）船开 3～4d 内向船公司查询二程信息。

(3) 直达船事先提供到货时间将所查询到的二程输入计算机系统中"二程信息"一栏后把此二程提供给客户，以便客户能及时通知收货人进行收货。

12. 退关处理

货运代理人代委托单位订妥舱位并可能已办妥通关手续或者货已集港，但在装运过程中因故中止装运称为退关（shut out）。

发生退关后除弄清情况、分清责任外，当务之急是迅速做好善后处理。

1) 单证处理

委托单位主动提出退关的，一方面国际货运代理人在接到委托方通知后须尽快通知船公司或其代理人以便对方在有关单证上注销此批货物，并通知港区现场理货人员注销场站收据或装货单；另一方面国际货运代理人须向海关办理退关手续，将注销的报关单及相关单证外汇核销单、出口许可证、商检证件、来料或进料登记手册等尽早取回退还委托方。如不属于委托单位主动提出退关而由于船方、港方或海关手续不完备等各种原因造成退关的，国际货运代理人在办理以上单证手续前须先通知委托方说明情况并听取处理意见。

2) 货物处理

（1）通关后如货物尚未进入港区，国际货运代理人须分别通知发货人、集卡车队、装箱点停止发货、派车及装箱。

（2）货物已经进入港区，如退关后不再出运的，须向港区申请，结清货物在港区的堆存费用，把货物拉出港区拆箱后送还发货人。

（3）退关后如准备该船下一航次或原船公司的其他航班随后出运，则暂留港区，待装下一航次或其他航班的船（限同一港区作业）。

（4）如换装另一船公司的船只，则因各船公司一般只接受本公司的集装箱，此种情况下，须将货物拉出港区换装集装箱后再送作业港区。

退关处理相当麻烦，国际货运代理人在处理此项工作时需要注意以下事项。

（1）必须抓紧时间，跟踪处理，不可延缓。

（2）对委托方提出的退关要求应采取积极配合的态度，但不宜轻率做出承诺，因为现场装船时间很紧，情况多变，往往不易控制。

（3）内外各部门、各环节之间除电话联系外，还须作书面通知，从时间界线上划清责任。

10.2.3 国际海运进口业务流程

国际海运进口的货运代理业务是我国货运代理业务中涉及面最广、线最长、量最大、货种最复杂的货运代理业务。完整的海运进口业务，从国外接货开始，包括安排装船、安排运输、代办保险，直至货物运到我国港口后的卸货、接运报关报检、转运等业务。

1. 货运代理人接受委托

货运代理人与货主双方建立的委托关系可以是长期的，也可以是就某一批货物而签订的，在建立了长期代理关系的情况下，委托人往往会把代理人写在合同的一些条款中，这样，国外发货人在履行合约有关运输部分时会直接与代理人联系，有助于提高工作效率和避免联系脱节的现象发生。

在国际货运代理人与货主双方之间订立的协议中，通常应明确以下项目。

（1）委托人和国际货运代理人的全称、注册地址。

（2）明确代办事项的范围，如是否包括海洋运输；是否包括装运前的拆卸工作、集港运输等；到港后是提单交货还是送货上门等。

（3）委托方应该提供的单证及提供的时间。提供的时间应根据该单证需用的时间而定。

（4）服务费收取标准及支付时间、支付方法。

（5）委托方和国际货运代理人的特别约定。

（6）违约责任条款。

（7）有关费用如海洋运费、杂费及关税等支付时间。

（8）发生纠纷后，协商失败后的解决途径及地点。通常解决争议的途径有仲裁或诉讼等，地点可以在双方同意的地点，仲裁一般在契约地，诉讼则可以在契约地也可以在被告所在地。

（9）协议必须加盖双方公章并经法定代表人签字，这是协议成立的要件。

2. 卸货地订舱

如果货物以 FOB（装运港船上交货价格）条件成交，国际货运代理人接受收货人委托后，就负有订舱或租船的责任，并有将船名、装船期通知发货人的义务，特别是在采用特殊集装箱运输时，更应尽早预订舱位。

3. 接货准备

接货工作要做到及时、迅速。主要工作内容如下。

（1）加强内部管理，做好接货准备，及时告知收货人，汇集单证，及时与港方联系。

（2）谨慎接卸。

（3）换取提货单。

4. 报检报关

根据国家有关法律、法规的规定，进口货物必须办理验放手续后，收货人才能提取货物。因此，必须及时办理有关报检、报关等手续。

注意事项如下。

（1）进口货物的收货人或其国际货运代理人应当自载运该货物的运输工具申报进境之日起 14d 内向海关办理进口货物的通关申报手续。

（2）入境报检一般可分为进境一般报检、进境流向报检（口岸清关转异地施检的报检）和异地施检报检。

（3）监管转运货物。进口货物入境后，一般在港口报关放行后再内运，但经收货人要求，经海关核准也可运往另一设关地点办理海关手续，称为转关运输货物。转关运输货物属于海关监管货物。

办理转关运输货物的进境地申报人必须持有海关颁发的转关登记手册，承运转关运输货物的承运单位必须是经海关核准的运输企业，持有转关运输准载证。监管转关运输货物在到达地申报时，必须递交进境地海关转关关封、转关登记手册和转关运输准载证，申报必须及时，并由海关签发回执，交进境地海关。

5. 提取货物

国际货运代理人向货主交货有两种情况：一是象征性交货，即以单证交接，货物到港经海关验收，并在提货单上加盖海关放行章，将该提货单交给货主，即为交货完毕；二是实质性交货，即除完成报关放行外，国际货运代理人负责向港口装卸区办理提货，并负责将货物运送至货主指定地点，交给货主，集装箱运输中的整箱货通常还需要负责空箱的还箱工作。以上两种交货，都应做好交货工作的记录。

在作为装货地从事集拼业务的国际货运代理企业在卸货地的代理人从事分拨业务的情况下，国际货运代理人应注意及时提取整箱货拆箱，并办理有关手续，同时向收货人发出提货通知（deliver notice），正确无误地根据国际货运代理提单签发分拨提货单。

参考文献

[1] Chang, Young-Tae; Lee, Sang-Yonn; Tongzon, Jose L. Port selection factors by shipping lines: different perspectives between trunk liners and feeder service providers [J]. Marine policy, 2008, 32 (6): 877-885.

[2] LI L, ZHANG R Q. Cooperation through capacity between competing forwarders [J]. Transportation research part E, 2015, 75: 115-131.

[3] SAEED N. Cooperation among freight forwarders: mode choice and intermodal freight transport [J]. Research in transportation economics, 2013, 42 (1): 77-86.

[4] SALLNAS U. Coordination to manage dependencies between logistics service providers and shippers - An environmental perspective [J]. International journal of physical distribution & Logistics management, 2016, 46 (3): 316-340.

[5] SEMEIJN J, VELLENGA D B. International logistics and one-stop shopping [J]. International journal of physical distribution & logistics management, 1995, 25 (10): P26-44.

[6] SEMEIJN J. Service priorities in international logistics [J]. The international journal of logistics management, 1995, 6 (1): 27-36.

[7] TONGZON J L. Port choice and freight forwarders [J]. Transportation research part E, 2009, 45 (1): 186-195.

[8] VEN A D M, RIBBERS A M A. International logistics: a diagnostic method for the allocation of production and distribution facilities [J]. The international journal of logistics management, 1993, 4 (1): 67-83.

[9] WAN Z, ZHANGY, WANG X F, et al. Policy and politics behind Shanghai's free trade zone program [J]. Journal of transport geography, 2014, 34 (Complete): 1-6.

[10] WOOD D F. International logistics channels [J]. International journal of physical distribution & logistics management, 1990, 20 (9): 3-9.

[11] YANG Y C, CHEN S L. Determinants of global hub ports: comparison of the port development policies of Taiwan, Korean, and Japan [J]. Transport policy, 2016, 45: 179-189.

[12] YANG Y C. A comparative analysis of free trade zone policies in Taiwan and Korea based on a port hinterland perspective [J]. The Asian journal of shipping and logistics, 2009, 25 (2): 273-303.

[13] 白世贞, 沈欣. 国际物流学 [M]. 北京: 科学出版社, 2010.

[14] 蔡茂森, 李永. 国际贸易理论与实务 [M]. 北京: 清华大学出版社, 2011.

[15] 柴庆春. 国际物流管理 [M]. 北京: 北京大学出版社, 2011.

[16] 常宏峰. 论货代公司选择国际物流方案现存问题及对策 [J]. 现代经济信息, 2014 (6): 175-175.

[17] 陈彩凤. 国际物流业务中的责任划分和风险防范 [J]. 广西社会科学, 2013 (11): 93-99.

[18] 陈光林. 中国保税区国际物流发展面临的问题及其对策 [J]. 经济与管理, 2007 (5): 78-80.

[19] 陈小愚. 货物报关实务与管理 [M]. 上海: 复旦大学出版社, 2010.

[20] 陈洋, 秦同瞬. 港口业务与操作 [M]. 北京: 人民交通出版社, 2009.

[21] 陈长彬. 保税区国际物流运作模式与管理机制研究 [J]. 商业研究, 2012 (9): 81-85.

[22] 戴维, 斯图尔特. 国际物流. [M]. 北京: 清华大学出版社, 2007.

[23] 高晓亮, 尹春健. 国际物流 [M]. 北京: 清华大学出版社, 2009.

[24] 顾永才, 王斌义. 国际物流实务 [M]. 北京: 首都经济贸易大学出版社, 2010.

[25] 蒋长兵. 国际物流实务 [M]. 北京: 中国物资出版社, 2008.

[26] 李勤昌. 国际货物运输 [M]. 大连: 东北财经大学出版社, 2012.

[27] 李勇杰. 论国际物流保险的发展策略 [J]. 国际商务研究, 2008, (4): 65–68.

[28] 栗丽. 国际货物运输与保险 [M]. 北京: 中国人民大学出版社, 2012.

[29] 刘军. 国际物流 [M]. 北京: 电子工业出版社, 2009.

[30] 刘宪. 国际货物运输 [M]. 北京: 清华大学出版社, 2012.

[31] 刘昭晖, 杨毅. 国际物流信息化发展分析 [J]. 经济管理, 2011, 13 (3): 123–125.

[32] 梅园. 国际物流中港口的作用与类型探讨 [J]. 经济视野, 2014, (19): 355–355.

[33] 倪淑如. 进出口报关实务 [M]. 北京: 电子工业出版社, 2011.

[34] 沈欣, 徐玲玲. 国际陆空货物运输 [M]. 北京: 化学工业出版社, 2010.

[35] 苏振东. 国际物流管理 [M]. 大连: 大连理工大学出版社, 2010.

[36] 孙慧, 李建军. "一带一路"国际物流绩效对中国中间产品出口影响分析 [J]. 社会科学研究, 2016, (2): 16–24.

[37] 孙明, 王学峰. 多式联运组织与管理 [M]. 上海: 上海交通大学出版社, 2011.

[38] 汪长江. 港口物流学 [M]. 杭州: 浙江大学出版社, 2010.

[39] 王卉. 我国港口城市国际物流竞争力提升研究 [J]. 商业经济研究, 2015 (32): 44–46.

[40] 王娟. 国际物流对贸易结构变化的影响及对策实证研究 [J]. 经贸实践, 2015 (7): 22–23.

[41] 项义军, 张金萍. 国际贸易 [M]. 北京: 经济科学出版社, 2013.

[42] 许仲生, 罗娟娟. 关于增强我国保税区国际物流功能的研究 [J]. 商业研究, 2006 (1): 133–136.

[43] 杨长春. 论国际贸易与国际物流的管理 [J]. 国际贸易, 2007 (10): 28–31.

[44] 姚新超. 国际贸易运输 [M]. 北京: 对外经贸大学出版社, 2010.

[45] 叶波, 刘颖. 国际贸易实务 [M]. 北京: 清华大学出版社, 2012.

[46] 余庆瑜. 国际贸易实务: 原理与案例 [M]. 北京: 中国人民大学出版社, 2014.

[47] 翟士军, 李春艳. 海关与报关实务 [M]. 北京: 机械工业出版社, 2012.

[48] 张兵. 进出口报关实务 [M]. 北京: 清华大学出版社, 2010.

[49] 张炳达, 余静. 国际货运代理实务 [M]. 上海: 上海财经大学出版社, 2011.

[50] 张海燕, 吕明哲. 国际物流 [M]. 大连: 东北财经大学出版社, 2010.

[51] 张建辉, 宋丽芝. 国际贸易理论与实务 [M]. 北京: 清华大学出版社, 2010.

[52] 张清, 栾琨. 国际物流实务 [M]. 北京: 清华大学出版社, 2012.

[53] 张旖, 尹传忠. 港口物流 [M]. 上海: 上海交通大学出版社, 2012.

[54] 赵娜, 王军锋. 港口管理 [M]. 北京: 中国物资出版社, 2010.